공사공단
고졸채용

인·적성검사 초(超)단기완성

시대에듀

2025 최신판 시대에듀 공사공단 고졸채용 인 · 적성검사 초(超)단기완성 + 무료상식특강

Always **with you**

사람의 인연은 길에서 우연하게 만나거나 함께 살아가는 것만을 의미하지는 않습니다.
책을 펴내는 출판사와 그 책을 읽는 독자의 만남도 소중한 인연입니다.
시대에듀는 항상 독자의 마음을 헤아리기 위해 노력하고 있습니다. 늘 독자와 함께하겠습니다.

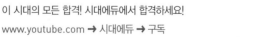

머리말 PREFACE

정부는 양질의 일자리를 창출하고자 다각도로 채용을 진행하고 있으며, 필기전형에 국가직무능력표준(NCS)을 도입하여 우리 사회에 직무 위주의 채용 문화를 정착시키는 데 기여하고 있다. 이처럼 NCS를 도입함에 따라 공사공단의 필기전형이 직무평가 위주로 진행되고 있지만, 공사공단 중에는 인·적성검사를 평가하는 곳도 있다. 따라서 공사공단 채용을 준비하는 수험생들은 필기전형에서 고득점을 받기 위해 인·적성검사에 대한 폭넓은 학습과 문제풀이능력을 높이는 등 철저한 준비가 필요하다.

공기업 필기전형 합격을 위해 시대에듀에서는 NCS 도서 시리즈 판매량 1위의 출간 경험을 토대로 다음과 같은 특징을 가진 도서를 출간하였다.

도서의 특징

❶ 기출복원문제를 통한 출제 유형 확인!
 • 2024년 주요 공기업 NCS 및 대기업 적성검사 기출문제를 복원하여 기업별 필기 출제 유형을 파악할 수 있도록 하였다.

❷ 직무적성검사 핵심이론 및 적중예상문제를 통한 실력 상승!
 • 직무적성검사 핵심이론 및 적중예상문제를 수록하여 필기전형을 체계적으로 준비할 수 있도록 하였다.

❸ 상식 적중예상문제를 통한 빈틈없는 학습!
 • 상식(총칙/역사/경제·경영/과학·IT·공학) 적중예상문제를 수록하여 필기전형에 완벽히 대비할 수 있도록 하였다.

❹ 다양한 콘텐츠로 최종 합격까지!
 • 공사공단 인성검사&면접 가이드 및 기출질문을 수록하여 취업 전반에 대비할 수 있도록 하였다.
 • 온라인 모의고사를 무료로 제공하여 실전 연습을 할 수 있도록 하였다.

끝으로 본 도서를 통해 공기업 채용을 준비하는 모든 수험생 여러분이 합격의 기쁨을 누리기를 진심으로 기원한다.

SDC(Sidae Data Center) 씀

PSAT형

| 수리능력

04 다음은 신용등급에 따른 아파트 보증률에 대한 사항이다. 자료와 상황에 근거할 때, 갑(甲)과 을(乙)의 보증료의 차이는 얼마인가?(단, 두 명 모두 대지비 보증금액은 5억 원, 건축비 보증금액은 3억 원이며, 보증서 발급일로부터 입주자 모집공고 안에 기재된 입주 예정 월의 다음 달 말일까지의 해당 일수는 365일이다)

- (신용등급별 보증료)=(대지비 부분 보증료)+(건축비 부분 보증료)
- 신용평가 등급별 보증료율

구분	대지비 부분	건축비 부분				
		1등급	2등급	3등급	4등급	5등급
AAA, AA	0.138%	0.178%	0.185%	0.192%	0.203%	0.221%
A⁺		0.194%	0.208%	0.215%	0.226%	0.236%
A⁻, BBB⁺		0.216%	0.225%	0.231%	0.242%	0.261%
BBB⁻		0.232%	0.247%	0.255%	0.267%	0.301%
BB⁺ ~ CC		0.254%	0.276%	0.296%	0.314%	0.335%
C, D		0.404%	0.427%	0.461%	0.495%	0.531%

※ (대지비 부분 보증료)=(대지비 부분 보증금액)×(대지비 부분 보증료율)×(보증서 발급일로부터 입주자 모집공고 안에 기재된 입주 예정 월의 다음 달 말일까지의 해당 일수)÷365

※ (건축비 부분 보증료)=(건축비 부분 보증금액)×(건축비 부분 보증료율)×(보증서 발급일로부터 입주자 모집공고 안에 기재된 입주 예정 월의 다음 달 말일까지의 해당 일수)÷365

- 기여고객 할인율 : 보증료, 거래기간 등을 기준으로 기여도에 따라 6개 군으로 분류하며, 건축비 부분 요율에서 할인 가능

구분	1군	2군	3군	4군	5군	6군
차감률	0.058%	0.050%	0.042%	0.033%	0.025%	0.017%

〈상황〉

- 갑 : 신용등급은 A⁺이며, 3등급 아파트 보증금을 내야 한다. 기여고객 할인율에서는 2군으로 선정되었다.
- 을 : 신용등급은 C이며, 1등급 아파트 보증금을 내야 한다. 기여고객 할인율은 3군으로 선정되었다.

① 554,000원
② 566,000원
③ 582,000원
④ 591,000원
⑤ 623,000원

특징
▶ 대부분 의사소통능력, 수리능력, 문제해결능력을 중심으로 출제(일부 기업의 경우 자원관리능력, 조직이해능력을 출제)
▶ 자료에 대한 추론 및 해석 능력을 요구

대행사
▶ 엑스퍼트컨설팅, 커리어넷, 태드솔루션, 한국행동과학연구소(행과연), 휴노 등

모듈형

| 문제해결능력

41 문제해결절차의 문제 도출 단계는 (가)와 (나)의 절차를 거쳐 수행된다. 다음 중 (가)에 대한 설명으로 적절하지 않은 것은?

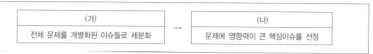

(가)		(나)
전체 문제를 개별화된 이슈들로 세분화	→	문제에 영향력이 큰 핵심이슈를 선정

① 문제의 내용 및 영향 등을 파악하여 문제의 구조를 도출한다.
② 본래 문제가 발생한 배경이나 문제를 일으키는 메커니즘을 분명히 해야 한다.
③ 현상에 얽매이지 말고 문제의 본질과 실제를 봐야 한다.
④ 눈앞의 결과를 중심으로 문제를 바라봐야 한다.
⑤ 문제 구조 파악을 위해서 Logic Tree 방법이 주로 사용된다.

특징
▶ 이론 및 개념을 활용하여 푸는 유형
▶ 채용 기업 및 직무에 따라 NCS 직업기초능력평가 10개 영역 중 선발하여 출제
▶ 기업의 특성을 고려한 직무 관련 문제를 출제
▶ 주어진 상황에 대한 판단 및 이론 적용을 요구

대행사
▶ 인트로맨, 휴스테이션, ORP연구소 등

피듈형(PSAT형 + 모듈형)

| 자원관리능력

07 다음 자료를 근거로 판단할 때, 연구모임 A ~ E 중 세 번째로 많은 지원금을 받는 모임은?

〈지원계획〉

• 지원을 받기 위해서는 한 모임당 5명 이상 9명 미만으로 구성되어야 한다.
• 기본지원금은 모임당 1,500천 원을 기본으로 지원한다. 단, 상품개발을 위한 모임의 경우는 2,000천 원을 지원한다.
• 추가지원금

등급	상	중	하
추가지원금(천 원/명)	120	100	70

※ 추가지원금은 연구 계획 사전평가결과에 따라 달라진다.
• 협업 장려를 위해 협업이 인정되는 모임에는 위의 두 지원금을 합한 금액의 30%를 별도로 지원한다.

〈연구모임 현황 및 평가결과〉

특징
▶ 기초 및 응용 모듈을 구분하여 푸는 유형
▶ 기초인지모듈과 응용업무모듈로 구분하여 출제
▶ PSAT형보다 난도가 낮은 편
▶ 유형이 정형화되어 있고, 유사한 유형의 문제를 세트로 출제

대행사
▶ 사람인, 스카우트, 인크루트, 커리어케어, 트리피, 한국사회능력개발원 등

주요 공기업 적중 문제 TEST CHECK

코레일 한국철도공사

01 다음 글의 제목으로 가장 적절한 것은?

중세 유럽에서는 토지나 자원을 왕실이 소유하고 있었다. 사람들은 이러한 토지나 자원을 이용하려면 일정한 비용을 지불해야 했다. 예를 들어 광산을 개발하거나 수산물을 얻는 사람들은 해당 자원의 이용에 대한 비용을 왕실에 지불하였고 이는 왕실의 권력과 부의 유지를 돕는 동시에 국가의 재정을 보충하는 역할을 하였는데, 이때 지불한 비용이 바로 로열티이다.

로열티의 개념은 산업 혁명과 함께 발전하였다. 산업 혁명을 통해 특허, 상표 등의 지적 재산권이 보호되기 시작하면서 기업들은 이러한 권리를 보유한 개인이나 조직에게 사용에 대한 보상을 지불하게 되었다. 지적 재산권은 기업이 특정한 기술, 디자인, 상표 등을 보유하고 있을 때 그들에게 독점적인 권리를 제공하는 것이며, 이러한 권리의 보호와 보상을 위해 로열티 제도가 도입되었다.

로열티는 기업과 지적 재산권 소유자 간의 계약에 의해 설정되는 형태로 발전하였다. 기업이 특정 제품을 판매하거나 특정 기술을 이용하는 경우 지적 재산권 소유자에게 계약에 따라 정해진 로열티를 지불하게 된다. 이로써 지적 재산권을 보유한 개인이나 조직은 자신들의 창작물이나 기술의 사용에 대한 보상을 받을 수 있으며, 기업들은 이러한 지적 재산권의 이용을 허가받아 경쟁 우위를 확보할 수 있게 되었다.

현재 로열티는 제품 판매나 라이선스, 저작물의 이용 등 다양한 형태로 나타나며 지적 재산권의 보호와 경제적 가치를 확보하는 중요한 수단으로 작용하고 있다. 로열티는 지식과 창조성의 보상으로서의 역할을 수행하며 기업들의 연구 개발을 촉진하고 혁신을 격려한다. 이처럼 로열티 제도는 기업

한국전력공사

10 다음은 도서코드(ISBN)에 대한 자료이다. 주문한 도서에 대한 설명으로 옳은 것은?

〈[예시] 도서코드(ISBN)〉

국제표준도서번호					부가기호		
접두부	국가번호	발행자번호	서명식별번호	체크기호	독자대상	발행형태	내용분류
123	12	1234567		1	1	1	123

※ 국제표준도서번호는 5개의 군으로 나누어지고 군마다 '–'로 구분한다.

〈도서코드(ISBN) 세부사항〉

접두부	국가번호	발행자번호	서명식별번호	체크기호
978 또는 979	한국 89 미국 05 중국 72 일본 40 프랑스 22	발행자번호 – 서명식별번호 7자리 숫자 [예] 8491 – 208 : 발행자번호가 8491번인 출판사에서 208번째 발행한 책		0 ~ 9

독자대상	발행형태	내용분류
0 교양	0 문고본	030 백과사전
1 실용	1 사전	100 철학
2 여성	2 신서판	170 심리학
3 (예비)	3 단행본	200 종교
4 청소년	4 전집	360 법학
5 중고등 학습참고서	5 (예비)	470 생명과학

국민건강보험공단

접속사 ▶ 유형

08 다음 중 빈칸에 들어갈 접속사로 가장 적절한 것은?

> 날이 추우면 통증이 커질 수 있는 질환이 몇 가지 있다. 골관절염이나 류마티스 관절염 등 관절 관련 질환이 여기에 해당한다. 통증은 신체에 어떤 이상이 있으니 상황이 악화되지 않도록 피할 방법을 준비하라고 스스로에게 알리는 경고이다.
>
> 골관절염과 류마티스 관절염은 여러 면에서 차이가 있으나 환절기에 추워지면 증상이 악화될 수 있다는 공통점이 있다. 날씨에 따라 관절염 증상이 악화되는 이유를 의학적으로 명확하게 설명할 수 있는 근거는 다소 부족하지만 추위로 인해 관절염 통증이 심해질 수 있다. 우리는 신체의 신경을 통해 통증을 느끼는데, 날이 추워지면 신체의 열을 빼앗기지 않고자 조직이 수축한다. 이 과정에서 신경이 자극을 받아 통증을 느끼게 되는 것이다. 즉, 관절염의 질환 상태에는 큰 변화가 없을지라도 평소보다 더 심한 통증을 느끼게 된다.
>
> _____ 날이 추워질수록 외부 온도 변화에 대응할 수 있도록 가벼운 옷을 여러 개 겹쳐 입어 체온을 일정하게 유지해야 한다. 특히 일교차가 큰 환절기에는 아침, 점심, 저녁으로 변화하는 기온에 따라 옷을 적절하게 입고 벗을 필요가 있다. 오전에 첫 활동을 시작할 때는 가벼운 스트레칭을 통해 체온을 올린 후 활동하는 것도 효과적이다. 춥다고 웅크린 상태에서 움직이지 않으면 체온이 유지되지 않을 수 있으므로 적절한 활동을 지속하는 것이 중요하다.

① 그러나 ② 따라서
③ 한편 ④ 그리고

건강보험심사평가원

데이터베이스 ▶ 키워드

35 다음 글을 읽고 S대학교의 문제를 해결하기 위한 대안으로 가장 적절한 것은?

> S대학교는 현재 학생 관리 프로그램, 교수 관리 프로그램, 성적 관리 프로그램의 3개의 응용 프로그램을 갖추고 있다. 학생 관리 프로그램은 학생 정보를 저장하고 있는 파일을 이용하고 교수 관리 프로그램은 교수 정보 파일, 성적 관리 프로그램은 성적 정보 파일을 이용한다. 즉, 각각의 응용 프로그램들은 개별적인 파일을 이용한다.
>
> 이런 경우, 파일에는 많은 정보가 중복 저장되어 있다. 그렇기 때문에 중복된 정보가 수정되면 관련된 모든 파일을 수정해야 하는 불편함이 있다. 예를 들어, 한 학생이 자퇴하게 되면 학생 정보 파일뿐만 아니라 교수 정보 파일, 성적 정보 파일도 수정해야 하는 것이다.

① 데이터베이스 구축 ② 유비쿼터스 구축
③ RFID 구축 ④ NFC 구축
⑤ 와이파이 구축

주요 대기업 적중 문제 TEST CHECK

추리 ▶ 진실게임

Hard

04 S그룹에서 근무하는 A ~ E사원 중 한 명은 이번 주 금요일에 열리는 세미나에 참석해야 한다. 다음 A ~ E사원의 대화에서 2명이 거짓말을 하고 있다고 할 때, 다음 중 이번 주 금요일 세미나에 참석하는 사람은?(단, 거짓을 말하는 사람은 거짓만을 말한다)

> A사원 : 나는 금요일 세미나에 참석하지 않아.
> B사원 : 나는 금요일에 중요한 미팅이 있어. D사원이 세미나에 참석할 예정이야.
> C사원 : 나와 D는 금요일에 부서 회의에 참석해야 하므로 세미나는 참석할 수 없어.
> D사원 : C와 E 중 한 명이 참석할 예정이야.
> E사원 : 나는 목요일부터 금요일까지 휴가라 참석할 수 없어. 그리고 C의 말은 모두 사실이야.

① A사원
② B사원
③ C사원
④ D사원
⑤ E사원

SK

언어이해 ▶ 비판적 독해

16 다음 글의 주장에 대한 반박으로 가장 적절한 것은?

> 우리는 우리가 생각한 것을 말로 나타낸다. 또 다른 사람의 말을 듣고, 그 사람이 무슨 생각을 가지고 있는가를 짐작한다. 그러므로 생각과 말은 서로 떨어질 수 없는 깊은 관계를 가지고 있다.
> 그러면 말과 생각이 얼마만큼 깊은 관계를 가지고 있을까? 이 문제를 놓고 사람들은 오랫동안 여러 가지 생각을 하였다. 그 가운데 가장 두드러진 것이 두 가지 있다. 그 하나는 말과 생각이 서로 꼭 달라붙은 쌍둥이인데 한 놈은 생각이 되어 속에 감추어져 있고 다른 한 놈은 말이 되어 사람 귀에 들리는 것이라는 생각이다. 다른 하나는 생각이 큰 그릇이고 말은 생각 속에 들어가는 작은 그릇이어서 생각에는 말 이외에도 다른 것이 더 있다는 생각이다.
> 이 두 가지 생각 가운데서 앞의 것은 조금만 깊이 생각해 보면 틀렸다는 것을 즉시 깨달을 수 있다. 우리가 생각한 것은 거의 대부분 말로 나타낼 수 있지만, 누구든지 가슴 속에 응어리진 어떤 생각이 분명히 있기는 한데 그것을 어떻게 말로 표현해야 할지 애태운 경험을 가지고 있을 것이다. 이것 한 가지만 보더라도 말과 생각이 서로 안팎을 이루는 쌍둥이가 아님은 쉽게 판명된다.
> 인간의 생각이라는 것은 매우 넓고 큰 것이며, 말이란 결국 생각의 일부분을 주워 담는 작은 그릇에 지나지 않는다. 그러나 아무리 인간의 생각이 말보다 범위가 넓고 큰 것이라고 하여도 그것을 가능한 한 말로 바꾸어 놓지 않으면 그 생각의 위대함이나 오묘함이 다른 사람에게 전달되지 않기 때문에 생각이 형님이요, 말이 동생이라고 할지라도 생각은 동생의 신세를 지지 않을 수가 없게 되어 있다.

① 말이 통하지 않아도 생각은 얼마든지 전달될 수 있다.
② 생각을 드러내는 가장 직접적인 수단은 말이다.
③ 말은 생각이 바탕이 되어야 생산될 수 있다.
④ 말과 생각은 서로 영향을 주고받는 긴밀한 관계를 유지한다.
⑤ 사회적 · 문화적 배경이 우리의 생각에 영향을 끼친다.

LG

언어추리 ▶ 진실게임

Hard

04 환경부의 인사실무 담당자는 환경정책과 관련된 특별위원회를 구성하는 과정에서 외부 환경전문가를 위촉하려 한다. 현재 거론되고 있는 외부 전문가는 A ~ F 6명이지만, 인사실무 담당자는 B를 위촉하지 않기로 결정했다. 제시된 명제가 모두 참일 때, 총 몇 명의 환경전문가가 위촉되는가?

> • A가 위촉되면, B와 C도 위촉되어야 한다.
> • A가 위촉되지 않는다면, D가 위촉되어야 한다.
> • B가 위촉되지 않는다면, C나 E가 위촉되어야 한다.
> • C와 E가 위촉되면, D는 위촉되지 않는다.
> • D나 E가 위촉되면, F도 위촉되어야 한다.

① 1명   ② 2명
③ 3명   ④ 4명
⑤ 5명

포스코

추리 ▶ 버튼도식

※ 다음 규칙을 바탕으로 〈보기〉에 제시된 도형을 변환하려 한다. 도형을 보고 이어지는 질문에 답하시오.
[5~6]

작동 버튼	기능
▮	모든 칸의 색을 바꾼다(흰색 ↔ 회색).
▲	홀수가 적힌 곳의 색을 바꾼다(흰색 ↔ 회색).
▽	모든 숫자를 1씩 뺀다(단, 1의 경우 4로 바꾼다).
○	도형을 180° 회전한다.

Easy

05 〈보기〉의 왼쪽 도형에서 버튼을 눌렀더니 오른쪽 도형으로 변형되었다. 다음 중 작동 버튼의 순서를 바르게 나열한 것은?

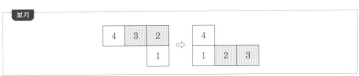

① ○▮▽▲   ② ▽▲▮○
③ ▽○▲▮   ④ ○▮▲▽

도서 200% 활용하기 STRUCTURES

1 기출복원문제로 출제경향 파악

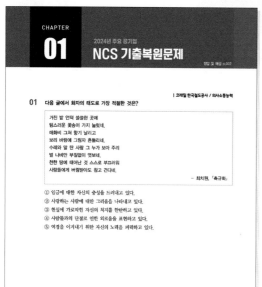

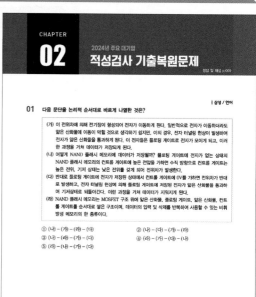

▶ 2024년 주요 공기업 NCS 및 대기업 적성검사 기출문제를 복원하여 기업별 필기 출제경향을 파악할 수 있도록 하였다.

2 핵심이론 + 적중예상문제로 체계적 학습

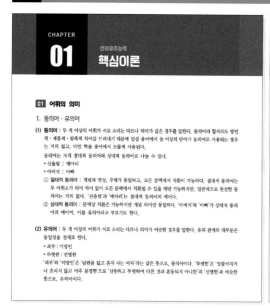

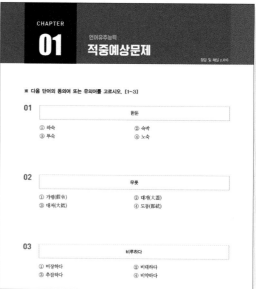

▶ 직무적성검사 핵심이론 및 적중예상문제를 수록하여 직무적성검사를 체계적으로 학습할 수 있도록 하였다.

3 상식 적중예상문제로 빈틈없는 학습

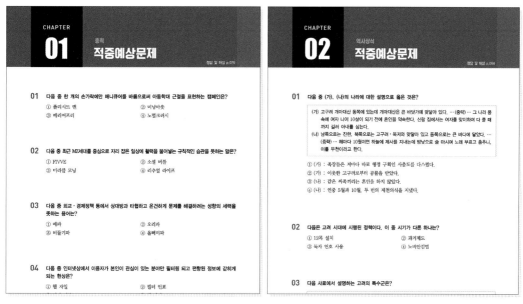

▶ 상식(총칙/역사/경제 · 경영/과학 · IT · 공학) 적중예상문제를 수록하여 상식까지 효과적으로 학습할 수 있도록 하였다.

4 인성검사부터 면접까지 한 권으로 최종 마무리

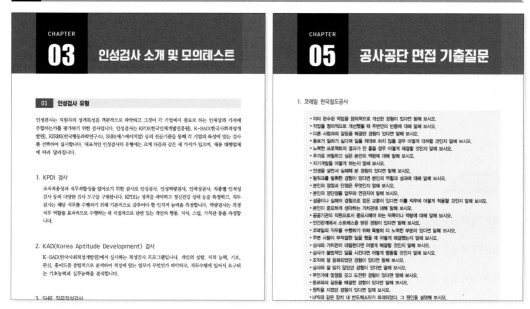

▶ 인성검사 모의테스트를 통해 인성검사 유형 및 문항을 확인할 수 있도록 하였다.
▶ 공사공단 면접 기출질문을 통해 면접에서 나오는 질문을 미리 파악하고 대비할 수 있도록 하였다.

이 책의 차례 CONTENTS

Add+

특별부록

※ 다양한 기출문제를 수록하기 위해 대졸 및 고졸의 기출문제를 함께 사용했음을 알려드립니다.

┃ 코레일 한국철도공사 / 의사소통능력

01 다음 글에서 화자의 태도로 가장 적절한 것은?

> 거친 밭 언덕 쓸쓸한 곳에
> 탐스러운 꽃송이 가지 눌렀네.
> 매화비 그쳐 향기 날리고
> 보리 바람에 그림자 흔들리네.
> 수레와 말 탄 사람 그 누가 보아 주리
> 벌 나비만 부질없이 엿보네.
> 천한 땅에 태어난 것 스스로 부끄러워
> 사람들에게 버림받아도 참고 견디네.
>
> — 최치원, 「촉규화」

① 임금에 대한 자신의 충성을 드러내고 있다.
② 사랑하는 사람에 대한 그리움을 나타내고 있다.
③ 현실에 가로막힌 자신의 처지를 한탄하고 있다.
④ 사람들과의 단절로 인한 외로움을 표현하고 있다.
⑤ 역경을 이겨내기 위한 자신의 노력을 피력하고 있다.

02 다음 중 한자성어의 뜻이 바르게 연결되지 않은 것은?

① 水魚之交 : 아주 친밀하여 떨어질 수 없는 사이

② 結草報恩 : 죽은 뒤에라도 은혜를 잊지 않고 갚음

③ 靑出於藍 : 제자나 후배가 스승이나 선배보다 나음

④ 指鹿爲馬 : 윗사람을 농락하여 권세를 마음대로 함

⑤ 刻舟求劍 : 말로는 친한 듯 하나 속으로는 해칠 생각이 있음

03 다음 중 밑줄 친 부분의 띄어쓰기가 옳지 않은 것은?

① 운전을 어떻게 해야 <u>하는지</u> 알려 주었다.

② 오랫동안 <u>애쓴 만큼</u> 좋은 결과가 나왔다.

③ 모두가 떠나가고 남은 사람은 고작 <u>셋 뿐이다.</u>

④ 참가한 사람들은 누구의 키가 <u>큰지 작은지</u> 비교해 보았다.

⑤ 민족의 큰 명절에는 온 나라 방방곡곡에서 <u>씨름판이</u> 열렸다.

04 길이가 200m인 A열차가 어떤 터널을 60km/h의 속력으로 통과하였고, 잠시 후 길이가 300m인 B열차가 같은 터널을 90km/h의 속력으로 통과하였다. A열차와 B열차가 이 터널을 완전히 통과할 때 걸린 시간의 비가 10 : 7일 때, 이 터널의 길이는?

① 1,200m   ② 1,500m

③ 1,800m   ④ 2,100m

⑤ 2,400m

05 다음은 2023년 K톨게이트를 통과한 차량에 대한 자료이다. 이에 대한 설명으로 옳지 않은 것은?

〈2023년 K톨게이트 통과 차량〉

(단위 : 천 대)

구분	승용차			승합차			대형차		
	영업용	비영업용	합계	영업용	비영업용	합계	영업용	비영업용	합계
1월	152	3,655	3,807	244	2,881	3,125	95	574	669
2월	174	3,381	3,555	222	2,486	2,708	101	657	758
3월	154	3,909	4,063	229	2,744	2,973	139	837	976
4월	165	3,852	4,017	265	3,043	3,308	113	705	818
5월	135	4,093	4,228	211	2,459	2,670	113	709	822
6월	142	3,911	4,053	231	2,662	2,893	107	731	838
7월	164	3,744	3,908	237	2,721	2,958	117	745	862
8월	218	3,975	4,193	256	2,867	3,123	115	741	856
9월	140	4,105	4,245	257	2,913	3,170	106	703	809
10월	135	3,842	3,977	261	2,812	3,073	107	695	802
11월	170	3,783	3,953	227	2,766	2,993	117	761	878
12월	147	3,730	3,877	243	2,797	3,040	114	697	811

① 전체 승용차 수와 전체 승합차 수의 합이 가장 많은 달은 9월이고, 가장 적은 달은 2월이었다.

② 4월을 제외하고 K톨게이트를 통과한 비영업용 승합차 수는 월별 300만 대 미만이었다.

③ 전체 대형차 수 중 영업용 대형차 수의 비율은 모든 달에서 10% 이상이었다.

④ 영업용 승합차 수는 모든 달에서 영업용 대형차 수의 2배 이상이었다.

⑤ 승용차가 가장 많이 통과한 달의 전체 승용차 수에 대한 영업용 승용차 수의 비율은 3% 이상 이었다.

06 다음 글에서 알 수 있는 논리적 사고의 구성요소로 가장 적절한 것은?

> A는 동업자 B와 함께 신규 사업을 시작하기 위해 기획안을 작성하여 논의하였다. 그러나 B는 신규 기획안을 읽고 시기나 적절성에 대해 부정적인 입장을 보였다. A가 B를 설득하기 위해 B의 의견들을 정리하여 생각해 보니 B는 신규 사업을 시작하는 데 있어 다른 경쟁사보다 늦게 출발하여 경쟁력이 부족하는 점 때문에 신규 사업에 부정적이라는 것을 알게 되었다. 이에 A는 경쟁력을 높이기 위한 다양한 아이디어를 추가로 제시하여 B를 다시 설득하였다.

① 설득
② 구체적인 생각
③ 생각하는 습관
④ 타인에 대한 이해
⑤ 상대 논리의 구조화

07 면접 참가자 A ~ E 5명은 〈조건〉과 같이 면접장에 도착했다. 동시에 도착한 사람은 없다고 할 때, 다음 중 항상 참인 것은?

> **조건**
> • B는 A 바로 다음에 도착했다.
> • D는 E보다 늦게 도착했다.
> • C보다 먼저 도착한 사람이 1명 있다.

① E는 가장 먼저 도착했다.
② B는 가장 늦게 도착했다.
③ A는 네 번째로 도착했다.
④ D는 가장 먼저 도착했다.
⑤ D는 A보다 먼저 도착했다.

08 다음 글의 내용으로 적절하지 않은 것은?

K공단은 의사와 약사가 협력하여 지역주민의 안전한 약물 사용을 돕는 의·약사 협업 다제약물 관리사업을 6월 26일부터 서울 도봉구에서 시작했다고 밝혔다.

지난 2018년부터 K공단이 진행 중인 다제약물 관리사업은 10종 이상의 약을 복용하는 만성질환자를 대상으로 약물의 중복 복용과 부작용 등을 예방하기 위해 의약전문가가 약물관리 서비스를 제공하는 사업이다. 지역사회에서는 K공단에서 위촉한 자문 약사가 가정을 방문하여 대상자가 먹고 있는 일반 약을 포함한 전체 약을 대상으로 약물의 복용상태, 부작용, 중복 등을 종합적으로 검토하고 그 결과를 바탕으로 상담, 교육 및 처방조정 안내를 실시함으로써 약물관리가 이루어지고, 병원에서는 입원 및 외래환자를 대상으로 의사, 약사 등으로 구성된 다학제팀(전인적인 돌봄을 위해 의사, 간호사, 약사, 사회복지사 등 다양한 전문가들로 이루어진 팀)이 약물관리 서비스를 제공한다.

다제약물 관리사업 효과를 평가한 결과 약물관리를 받은 사람의 복약순응도가 56.3% 개선되었고, 효능이 유사한 약물을 중복해서 복용하는 환자가 40.2% 감소되었다. 또한, 병원에서 제공된 다제약물 관리사업으로 응급실 방문 위험이 47%, 재입원 위험이 18% 감소되는 등의 효과를 확인하였다.

다만, 지역사회에서는 약사의 약물 상담결과가 의사의 처방조정에까지 반영되는 다학제 협업 시스템이 미흡하다는 의견이 제기되었다. 이러한 문제점의 개선을 위해 K공단은 도봉구 의사회와 약사회, 전문가로 구성된 지역협의체를 구성하고, 지난 4월부터 3회에 걸친 논의를 통해 의·약사 협업 모형을 개발하고, 사업 참여 의·약사 선정, 서비스 제공 대상자 모집 및 정보공유 방법 등의 현장 적용방안을 마련했다. 의사나 K공단이 선정한 약물관리 대상자는 자문 약사의 약물점검(필요시 의사 동행)을 받게 되며, 그 결과가 K공단의 정보 시스템을 통해 대상자의 단골 병원 의사에게 전달되어 처방 시 반영될 수 있도록 하는 것이 주요 골자이다. 지역 의·약사 협업 모형은 2023년 12월까지 도봉구지역의 일차의료 만성질환관리 시범사업에 참여하는 의원과 자문약사를 중심으로 우선 실시한다. 이후 사업의 효과성을 평가하고 부족한 점은 보완하여 다른 지역에도 확대 적용할 예정이다.

① K공단에서 위촉한 자문 약사는 환자가 먹는 약물을 조사하여 직접 처방할 수 있다.
② 다제약물 관리사업으로 인해 환자는 복용하는 약물의 수를 줄일 수 있다.
③ 다제약물 관리사업의 주요 대상자는 10종 이상의 약을 복용하는 만성질환자이다.
④ 다제약물 관리사업은 지역사회보다 병원에서 보다 활발히 이루어지고 있다.

09 다음 문단 뒤에 이어질 내용을 논리적 순서대로 바르게 나열한 것은?

> 아토피 피부염은 만성적으로 재발하는 양상을 보이며 심한 가려움증을 동반하는 염증성 피부 질환으로, 연령에 따라 특징적인 병변의 분포와 양상을 보인다.
>
> (가) 이와 같이 아토피 피부염은 원인을 정확히 파악할 수 없기 때문에 아토피 피부염의 진단을 위한 특이한 검사소견은 없으며, 임상 증상을 종합하여 진단한다. 기존에 몇 가지 국외의 진단기준이 있었으며, 2005년 대한아토피피부염학회에서는 한국인 아토피 피부염에서 특징적으로 관찰되는 세 가지 주진단 기준과 14가지 보조진단 기준으로 구성된 한국인 아토피 피부염 진단기준을 정하였다.
>
> (나) 아토피 피부염 환자는 정상 피부에 비해 민감한 피부를 가지고 있으며 다양한 자극원에 의해 악화될 수 있으므로 앞의 약물치료와 더불어 일상생활에서도 이를 피할 수 있도록 노력해야 한다. 비누와 세제, 화학약품, 모직과 나일론 의류, 비정상적인 기온이나 습도에 대한 노출 등이 대표적인 피부 자극 요인들이다. 면제품 속옷을 입도록 하고, 세탁 후 세제가 남지 않도록 물로 여러 번 헹구도록 한다. 또한 평소 실내 온도, 습도를 쾌적하게 유지하는 것도 중요하다. 땀이나 자극성 물질을 제거하는 목적으로 미지근한 물에 샤워를 하는 것이 좋으며, 샤워 후에는 3분 이내에 보습제를 바르는 것이 좋다.
>
> (다) 아토피 피부염을 진단받아 치료하기 위해서는 보습이 가장 중요하고, 피부 증상을 악화시킬 수 있는 자극원, 알레르겐 등을 피하는 것이 필요하다. 국소 치료제로는 국소 스테로이드제가 가장 기본적이다. 국소 칼시뉴린 억제제도 효과적으로 사용되는 약제이며, 국소 스테로이드제 사용으로 발생 가능한 피부 위축 등의 부작용이 없다. 아직 국내에 들어오지는 않았으나 국소 포스포디에스테라제 억제제도 있다. 이 외에는 전신치료로 가려움증 완화를 위해 사용할 수 있는 항히스타민제가 있고, 필요시 경구 스테로이드제를 사용할 수 있다. 심한 아토피 피부염 환자에서는 면역 억제제가 사용된다. 광선치료(자외선치료)도 아토피 피부염 치료로 이용된다. 최근에는 아토피 피부염을 유발하는 특정한 사이토카인 신호 전달을 차단할 수 있는 생물학적 제제인 두필루맙(Dupilumab)이 만성 중증 아토피 피부염 환자를 대상으로 사용되고 있으며, 치료 효과가 뛰어나다고 알려져 있다.
>
> (라) 많은 연구에도 불구하고 아토피 피부염의 정확한 원인은 아직 밝혀지지 않았다. 현재까지는 피부 보호막 역할을 하는 피부장벽 기능의 이상, 면역체계의 이상, 유전적 및 환경적 요인 등이 복합적으로 상호작용한 결과 발생하는 것으로 보고 있다.

① (다) – (가) – (라) – (나)

② (다) – (나) – (라) – (가)

③ (라) – (가) – (나) – (다)

④ (라) – (가) – (다) – (나)

10 다음은 2019 ~ 2023년 건강보험료 부과 금액 및 1인당 건강보험 급여비에 대한 자료이다. 이에 대한 설명으로 옳지 않은 것은?

<건강보험료 부과 금액 및 1인당 건강보험 급여비>

구분	2019년	2020년	2021년	2022년	2023년
건강보험료 부과 금액 (십억 원)	59,130	63,120	69,480	76,775	82,840
1인당 건강보험 급여비(원)	1,300,000	1,400,000	1,550,000	1,700,000	1,900,000

① 건강보험료 부과 금액과 1인당 건강보험 급여비는 모두 매년 증가하였다.

② 2020 ~ 2023년 동안 전년 대비 1인당 건강보험 급여비가 가장 크게 증가한 해는 2023년이다.

③ 2020 ~ 2023년 동안 전년 대비 건강보험료 부과 금액의 증가율은 항상 10% 미만이었다.

④ 2019년 대비 2023년의 1인당 건강보험 급여비는 40% 이상 증가하였다.

11 다음 명제가 모두 참일 때 빈칸에 들어갈 명제로 옳은 것은?

> • 잎이 넓은 나무는 키가 크다.
> • 잎이 넓지 않은 나무는 덥지 않은 지방에서 자란다.
> • _____
> • 따라서 더운 지방에서 자라는 나무는 열매가 많이 맺힌다.

① 잎이 넓지 않은 나무는 열매가 많이 맺힌다.

② 열매가 많이 맺히지 않는 나무는 키가 작다.

③ 벌레가 많은 지역은 열매가 많이 맺히지 않는다.

④ 키가 작은 나무는 덥지 않은 지방에서 자란다.

※ 다음은 2019 ～ 2023년 J국의 인구 수에 대한 자료이다. 이어지는 질문에 답하시오. [12~13]

〈2019 ～ 2023년 J국의 인구 수〉

(단위 : 천 명)

구분	2019년	2020년	2021년	2022년	2023년
전체 인구 수	36,791	36,639	36,498	36,233	35,956
경제활동인구 수	25,564	25,134	25,198	25,556	25,580
취업자 수	24,585	24,130	24,280	24,824	24,891

※ (전체 인구 수)＝(경제활동인구 수)＋(비경제활동인구 수)

※ (고용률)＝$\dfrac{(\text{취업자 수})}{(\text{전체 인구 수})}$

※ (실업률)＝$\dfrac{(\text{실업자 수})}{(\text{경제활동인구 수})}$＝$\dfrac{(\text{경제활동인구 수})-(\text{취업자 수})}{(\text{경제활동인구 수})}$

12 다음 중 자료에 대한 설명으로 옳은 것은?

① 취업자 수는 꾸준히 증가하였다.

② 실업자 수는 꾸준히 감소하였다.

③ 경제활동인구 수는 꾸준히 증가하였다.

④ 비경제활동인구 수는 꾸준히 감소하였다.

⑤ 2019 ～ 2023년 동안 고용률은 70%를 넘지 못하였다.

13 다음 중 연도별 실업자 수와 실업률로 옳은 것은?

	연도	실업자 수	실업률
①	2019년	979,000명	약 2.7%
②	2020년	1,004,000명	약 4.8%
③	2021년	918,000명	약 8.6%
④	2022년	732,000명	약 2.9%
⑤	2023년	689,000명	약 1.7%

※ 다음은 국제표준도서번호(ISBN-13)와 부가기호의 기본 구조에 대한 자료이다. 이어지는 질문에 답하시오. **[14~16]**

〈국제표준도서번호 기본 구조〉

제1군		제2군		제3군		제4군		제5군
접두부		국별번호		발행자번호		서명식별번호		체크기호
978	–	89	–	671876	–	6	–	8

- 접두부 : 국제상품코드관리협회에서 부여하는 3자리 수이며, 도서의 경우 '978', '979'를 부여한다. 단, '978'은 배정이 완료되어 2013년 3월 6일 이후로 '979'를 부여한다.
- 국별번호 : 국가, 지역별 또는 언어별 군을 나타내는 수이다. 대한민국의 경우 제1군(접두부)의 숫자가 '978'일 때 '89'를 부여하고 '979'일 때 '11'을 부여한다.
- 발행자번호 : 출판사, 개인, 기관 등의 발행처를 나타내는 수이며, 대한민국은 국립중앙도서관 한국서지표준센터에서 배정한다.
- 서명식별번호 : 발행처가 간행한 출판물의 특정 서명이나 판을 나타내는 수이며, 제3군(발행자번호)의 자릿수와 제4군의 자릿수의 합은 항상 7이다.
- 체크기호 : ISBN의 정확성 여부를 자동으로 점검할 수 있는 기호로, 다음과 같은 규칙을 따른다.
  1. ISBN번호의 1번째 자리부터 12번째 자리까지 1, 3, 1, 3, … 의 가중치를 부여한다.
  2. 각 자릿수와 가중치를 곱하여 더한다.
  3. 2.의 값에 10을 나눈 나머지를 구한다.
  4. 10에서 3.에서 구한 나머지를 뺀 값이 체크기호 수이다.

예 어떤 도서의 ISBN-13기호가 978-89-671876-6-8일 때

ISBN	9	7	8	8	9	6	7	1	8	7	6	6
가중치	1	3	1	3	1	3	1	3	1	3	1	3

$9 \times 1 + 7 \times 3 + 8 \times 1 + 8 \times 3 + 9 \times 1 + 6 \times 3 + 7 \times 1 + 1 \times 3 + 8 \times 1 + 7 \times 3 + 6 \times 1 + 6 \times 3 = 152$

$152 \div 10 = 15 \cdots 2 \rightarrow 10 - 2 = 8$

따라서 978-89-671876-6-8 도서의 체크기호는 정확하다.

〈부가기호 기본 구조〉

제1행	제2행	제3행
독자대상기호	발행형태기호	내용분류기호
1	3	320

- 독자대상기호

기호	0	1	2	3	4
내용	교양	실용	(예비)	(예비)	청소년(비교육)
기호	5	6	7	8	9
내용	중등·고등 교육	초등교육	아동(비교육)	(예비)	학술·전문

단, 기호가 2개 이상 중복될 경우, 발행처가 선택할 수 있다.

- 발행형태기호

기호	0	1	2	3	4
내용	문고본	사전	신서판	단행본	전집
기호	5	6	7	8	9
내용	전자출판물	도감	만화 및 그림책	혼합 자료	(예비)

1. 발행형태기호로 '9'는 임의사용이 불가능하다.
2. 발행형태기호를 2개 이상 적용할 수 있다면 가장 큰 수를 적용하되, 전자출판물은 항상 '5'를 적용한다.

- 내용분류기호

주제 – 세부분야 – 0으로 이루어져 있으며, 다섯 번째 자리 숫자는 '0' 이외의 숫자는 예외 없이 사용이 불가능하다.

번호	000 ~ 099	100 ~ 199	200 ~ 299	300 ~ 399	400 ~ 499
내용	수필, 간행물 등	철학, 심리학 등	종교	사회과학	자연과학
번호	500 ~ 599	600 ~ 699	700 ~ 799	800 ~ 899	900 ~ 999
내용	기술과학	예술	언어	문학	역사

| 한국전력공사 / 정보능력

14 다음 중 자료에 대한 설명으로 옳지 않은 것은?

① 부가기호 '53415'는 존재하지 않는다.
② 아동 대상의 학습용 만화 단행본의 부가기호 앞 두 자리 숫자는 '77'이다.
③ 고등학교 교육용 도서와 중학교 교육용 도서의 부가기호 앞자리 숫자는 다르다.
④ 국제표준도서번호의 앞 다섯 자리 숫자가 '97889'인 도서는 2013년 3월 6일 이전에 번호가 부여됐다.
⑤ 2024년 초 신규 발행처에서 발행한 국내도서의 국제표준도서번호의 앞 다섯 자리 숫자는 '97911'이다.

| 한국전력공사 / 정보능력

15 어떤 도서의 국제표준도서번호가 '979112548336O'일 때, 이 도서의 체크기호(O)는?

① 6   ② 7
③ 8   ④ 9
⑤ 0

| 한국전력공사 / 정보능력

16 다음 중 도서의 주제와 부가기호의 내용분류기호의 범위가 바르게 연결되지 않은 것은?

① 동아시아사 – 900 ~ 999   ② 행정학 – 800 ~ 899
③ 일본어 – 700 ~ 799   ④ 천문학 – 400 ~ 499
⑤ 불교 – 200 ~ 299

※ 다음 글을 읽고 이어지는 질문에 답하시오. [17~18]

헤겔의 정반합 이론은 변증법이라고도 하며, '정', '반', '합'의 3단계 과정으로 이루어진다. 먼저 '정'이라는 하나의 명제가 존재하고 여기에 반대되는 주장인 '반'이 등장해 둘 사이는 갈등을 통해 통합된 하나의 주장인 '합'을 도출해낸다. 이 이론의 각 단계를 살펴보면 다음과 같다.

먼저 '정'이라는 하나의 추상적인 또는 객관적인 명제로부터 이 이론은 시작된다. '정' 단계에서는 그 명제 자체만으로도 독립적인 의미를 가지고 있는 상태로, 어떠한 갈등이나 대립도 없어 다음 단계로 발전하지 못하는 잠재적인 무의식의 단계이다.

그 다음 단계인 '반'은 앞선 단계인 '정'의 명제에 대해 반대되거나 모순되어 갈등 상황을 일으키는 명제이다. 비록 부정적이지만 이성에 근거한 이 명제는 '정'으로 하여금 이미 자신이 내포하고 있었던 내재적 모순을 표면적으로 드러나게 하여 스스로를 객관적으로 바라보고 이를 반성할 수 있도록 이끈다. 따라서 이 단계는 직접적인 갈등 과정이 표면으로 드러나면서 이를 자각하고 이전보다 한걸음 발전했기 때문에 의식적 단계라고 볼 수 있다.

마지막 단계인 '합'은 '정'과 '반' 두 명제를 통합하는 과정으로, 두 명제 사이의 갈등을 해결해 마침내 이성적이고 긍정적인 판단을 이끌어 내는 것이다. 이로써 '합'은 두 명제의 모순을 해결해 하나로 합쳐 스스로를 인식하는 진정한 의식적 단계에 다다른 것이다.

하지만 헤겔의 변증법적 발전은 '합' 단계에서 그치는 것이 아니다. '합'은 다시 '정'이 되어 스스로가 내재적으로 가지고 있는 모순을 다시금 꺼내어 정반합의 단계를 되풀이하면서 계속하여 발전해 간다. 즉, 이 이론의 핵심은 _____이다.

| 건강보험심사평가원 / 의사소통능력

17 다음 중 윗글에 대한 설명으로 적절하지 않은 것을 〈보기〉에서 모두 고르면?

> 보기
>
> ㄱ. '정'과 '반'의 명제가 무조건적으로 대립되는 관계는 아니다.
> ㄴ. 헤겔의 정반합 이론에서 '합'은 '정'과 '반'보다 더 발전된 명제이다.
> ㄷ. '정'과 '반'의 명제의 우위를 가려 더 발전적 결과인 '합'을 도출하여야 한다.
> ㄹ. '정'과 '반'을 하나의 의견으로 도출해 내지 못한다면, 이는 헤겔의 정반합 이론이 적용되었다고 보기 어렵다.

① ㄱ, ㄴ   ② ㄱ, ㄷ
③ ㄴ, ㄷ   ④ ㄷ, ㄹ

| 건강보험심사평가원 / 의사소통능력

18 다음 중 윗글의 빈칸에 들어갈 내용으로 가장 적절한 것은?

① 개인과 사회는 정반합의 과정처럼 계속하여 갈등상황에 놓이게 된다는 것
② 개인과 사회는 정반합의 과정을 계속하면서 이전보다 더 발전하게 된다는 것
③ 개인과 사회는 발전하기 위해 끊임없이 '반'에 해당하는 명제를 제시해야 한다는 것
④ 개인과 사회는 발전하기 위해 서로 상반된 주장도 통합할 수 있는 판단을 이끌어 내야 한다는 것

19 다음과 같이 일정한 규칙으로 수를 나열할 때 빈칸에 들어갈 수는?

• 6	13	8	8	144
• 7	11	7	4	122
• 8	9	6	2	100
• 9	7	5	1	( )

① 75   ② 79

③ 83   ④ 87

20 두 주사위 A, B를 던져 나온 수를 각각 a, b라고 할 때, $a \neq b$일 확률은?

① $\dfrac{2}{3}$ ② $\dfrac{13}{18}$

③ $\dfrac{7}{9}$ ④ $\dfrac{5}{6}$

21 신입사원 A ~ G 7명이 다음 〈조건〉에 따라 5층까지 있는 사택에서 살 때, 각 층에 사는 사원을 바르게 연결한 것은?

> **조건**
> • 한 층에 최대 2명까지 들어갈 수 있다.
> • A, B는 같은 층에 산다.
> • C는 A보다 아래에 산다.
> • D, E는 서로 다른 층에 산다.
> • F는 E의 바로 위에 산다.
> • G와 같은 층에 사는 신입사원은 없다.
> • 3층은 사택 복지 공간이므로 사람이 살 수 없다.

① 1층 – G   ② 2층 – D, F

③ 4층 – E   ④ 5층 – B, C

22 다음은 K놀이공원에서 판매하는 이용권에 대한 자료이다. 이를 바탕으로 〈보기〉에서 이용권 구매 비용이 가장 큰 사람을 고르면?

〈K놀이공원 이용권〉			
구분	BIG 3	BIG 5	자유이용권
가격	10,000원 / 장	18,000원 / 장	25,000원 / 장
단체할인	10인 이상일 때, 이용권 장당 500원 할인	15인 이상일 때, 이용권 장당 1,000원 할인	20인 이상일 때, 이용권 장당 가격 15% 할인
멤버십 할인	미적용	이용권 장당 500원 추가 할인 (단체할인과 중복 적용)	전체 가격의 10% 할인 (단체할인과 중복 적용)

예 자유이용권 20인 멤버십 적용으로 구매 시 가격 : $(25,000 \times 0.85) \times 20 \times 0.9 = 382,500$원

보기

구매자	구매 이용권	인원	멤버십
A	BIG 3	30명	○
B	BIG 5	25명	×
C	BIG 5	30명	○
D	자유이용권	25명	○

① A ② B
③ C ④ D

23 다음 중 파일 여러 개가 열려 있는 상태에서 즉시 바탕화면으로 돌아가고자 할 때, 입력해야 할 단축키로 옳은 것은?

① 〈Window 로고 키〉+〈R〉

② 〈Window 로고 키〉+〈I〉

③ 〈Window 로고 키〉+〈L〉

④ 〈Window 로고 키〉+〈D〉

24 다음은 S마트에 진열된 과일 7종의 판매량에 대한 자료이다. 30개 이상 팔린 과일의 개수를 구하기 위해 [C9] 셀에 입력해야 할 함수식으로 옳은 것은?

〈S마트 진열 과일 판매량〉

	A	B	C
1	번호	과일	판매량(개)
2	1	바나나	50
3	2	사과	25
4	3	참외	15
5	4	배	23
6	5	수박	14
7	6	포도	27
8	7	키위	32
9			

① =MID(C2:C8)

② =COUNTIF(C2:C8, "> =30")

③ =MEDIAN(C2:C8)

④ =AVERAGEIF(C2:C8, "> =30")

⑤ =MIN(C2:C8)

25 다음 중 갈등의 과정 단계를 순서대로 바르게 나열한 것은?

ㄱ. 이성과 이해의 상태로 돌아가며 협상과정을 통해 쟁점이 되는 주제를 논의하고, 새로운 제안을 하고, 대안을 모색한다.
ㄴ. 설득보다는 강압적·위협적인 방법 등 극단적인 모습을 보이며 상대방의 생각이나 의견, 제안을 부정하고, 상대방은 그에 대한 반격으로 대응함으로써 자신들의 반격을 정당하게 생각한다.
ㄷ. 의견 불일치가 해소되지 않아 감정이 개입되어 상대방의 주장에 대한 문제점을 찾기 시작하고, 상대방의 입장은 부정하면서 자기주장만 하려고 한다.
ㄹ. 서로 간의 생각이나 신념, 가치관 차이로 인해 의견 불일치가 생겨난다.
ㅁ. 회피, 경쟁, 수용, 타협, 통합의 방법으로 서로 간의 견해를 일치하려 한다.

① ㄹ － ㄱ － ㄴ － ㄷ － ㅁ

② ㄹ － ㄴ － ㄷ － ㄱ － ㅁ

③ ㄹ － ㄷ － ㄴ － ㄱ － ㅁ

④ ㅁ － ㄱ － ㄴ － ㄷ － ㄹ

⑤ ㅁ － ㄹ － ㄴ － ㄷ － ㄱ

26 다음 〈보기〉 중 근로윤리의 덕목과 공동체윤리의 덕목을 바르게 구분한 것은?

> **보기**
>
> ㉠ 근면   ㉡ 봉사와 책임의식
> ㉢ 준법   ㉣ 예절과 존중
> ㉤ 정직   ㉥ 성실

	근로윤리	공동체윤리
①	㉠, ㉡, ㉥	㉢, ㉣, ㉤
②	㉠, ㉢, ㉤	㉡, ㉣, ㉥
③	㉠, ㉤, ㉥	㉡, ㉢, ㉣
④	㉡, ㉣, ㉤	㉠, ㉢, ㉥
⑤	㉡, ㉤, ㉥	㉠, ㉢, ㉣

27 다음 중 경력개발의 단계별 내용으로 적절하지 않은 것은?

① 직업선택 : 외부 교육 등 필요한 교육을 이수함
② 조직입사 : 조직의 규칙과 규범에 대해 배움
③ 경력 초기 : 역량을 증대시키고 꿈을 추구해 나감
④ 경력 중기 : 이전 단계를 재평가하고 더 업그레이드된 꿈으로 수정함
⑤ 경력 말기 : 지속적으로 열심히 일함

28 1 ~ 200의 자연수 중에서 2, 3, 5 중 어느 것으로도 나누어떨어지지 않는 수는 모두 몇 개인가?

① 50개   ② 54개
③ 58개   ④ 62개

29 다음 그림과 같은 길의 A지점에서부터 최단거리로 이동하여 B지점에 도착하는 경우의 수는?

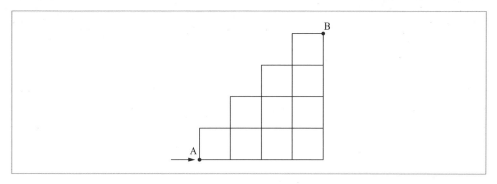

① 36가지
② 42가지
③ 48가지
④ 54가지

30 다음은 2019 ~ 2023년 발전설비별 발전량에 대한 자료이다. 이에 대한 설명으로 옳은 것은?

〈발전설비별 발전량〉

(단위 : GWh)

구분	수력	기력	원자력	신재생	기타	합계
2019년	7,270	248,584	133,505	28,070	153,218	570,647
2020년	6,247	232,128	145,910	33,500	145,255	563,040
2021년	7,148	200,895	160,184	38,224	145,711	552,162
2022년	6,737	202,657	158,015	41,886	167,515	576,810
2023년	7,256	199,031	176,054	49,285	162,774	594,400

① 2020 ~ 2023년 동안 기력 설비 발전량과 전체 설비 발전량의 전년 대비 증감 추이는 같다.
② 2019 ~ 2023년 동안 수력 설비 발전량은 항상 전체 설비 발전량의 1% 미만이다.
③ 2019 ~ 2023년 동안 신재생 설비 발전량은 항상 전체 설비 발전량의 5% 이상이다.
④ 2019 ~ 2023년 동안 원자력 설비 발전량과 신재생 설비의 발전량은 전년 대비 꾸준히 증가하였다.
⑤ 2020 ~ 2023년 동안 전년 대비 전체 설비 발전량의 증가량이 가장 많은 해와 신재생 설비 발전량의 증가량이 가장 적은 해는 같다.

▌삼성 / 언어

01 다음 문단을 논리적 순서대로 바르게 나열한 것은?

> (가) 이 전위차에 의해 전기장이 형성되어 전자가 이동하게 된다. 일반적으로 전자가 이동하더라도 얇은 산화물에 이동이 막힐 것으로 생각하기 쉽지만, 이의 경우, 전자 터널링 현상이 발생하여 전자가 얇은 산화물을 통과하게 된다. 이 전자들은 플로팅 게이트로 전자가 모이게 되고, 이러한 과정을 거쳐 데이터가 저장되게 된다.
>
> (나) 어떻게 NAND 플래시 메모리에 데이터가 저장될까? 플로팅 게이트에 전자가 없는 상태의 NAND 플래시 메모리의 컨트롤 게이트에 높은 전압을 가하면 수직 방향으로 컨트롤 게이트는 높은 전위, 기저 상태는 낮은 전위를 갖게 되어 전위차가 발생한다.
>
> (다) 반대로 플로팅 게이트에 전자가 저장된 상태에서 컨트롤 게이트에 0V를 가하면 전위차가 반대로 발생하고, 전자 터널링 현상에 의해 플로팅 게이트에 저장된 전자가 얇은 산화물을 통과하여 기저상태로 되돌아간다. 이런 과정을 거쳐 데이터가 지워지게 된다.
>
> (라) NAND 플래시 메모리는 MOSFET 구조 위에 얇은 산화물, 플로팅 게이트, 얇은 산화물, 컨트롤 게이트를 순서대로 쌓은 구조이며, 데이터의 입력 및 삭제를 반복하여 사용할 수 있는 비휘발성 메모리의 한 종류이다.

① (나) - (가) - (라) - (다)   ② (나) - (다) - (가) - (라)

③ (나) - (라) - (가) - (다)   ④ (라) - (가) - (다) - (나)

⑤ (라) - (나) - (가) - (다)

02 다음 글을 읽고 추론한 내용으로 적절하지 않은 것은?

> 레이저 절단 가공은 고밀도, 고열원의 레이저를 절단하고자 하는 소재로 쏘아 절단 부위를 녹이고 증발시켜 소재를 절단하는 최첨단 기술이다. 레이저 절단 가공은 일반 가공법으로는 작업이 불가능한 절단면 및 복잡하고 정교한 절단 형상을 신속하고 정확하게 절단하여 가공할 수 있고, 절단하고자 하는 소재의 제약도 일반 가공법에 비해 자유롭다. 또한, 재료와 직접 접촉하지 않으므로 절단 소재의 물리적 변형이 적어 깨지기 쉬운 소재도 다루기 쉽고, 다른 열 절단 가공에 비해 열변형의 우려가 적다. 이런 장점으로 반도체 소자가 나날이 작아지고 더욱 정교해지면서 레이저 절단 가공은 반도체 산업에서는 이제 없어서는 안 될 필수적인 과정이 되었다.

① 레이저 절단 가공은 절단 부위를 녹이므로 열변형의 우려가 큰 가공법이다.
② 레이저 절단 가공 작업 중에는 기체가 발생한다.
③ 두께가 얇아 깨지기 쉬운 반도체 웨이퍼는 레이저 절단 가공으로 가공하여야 한다.
④ 과거 반도체 소자의 정교함은 현재 반도체 소자에 미치지 못하였을 것이다.
⑤ 현재 기술력으로는 다른 가공법을 사용하여 반도체 소자를 다루기 힘들 것이다.

03 다음은 수도권별 배, 귤, 사과 판매량에 대한 자료이다. 수도권 중 서울에서 판매된 배의 비율을 a, 경기도에서 판매된 귤의 비율을 b, 인천에서 판매된 사과의 비율을 c라고 할 때, $a+b+c$의 값은?(단, 수도권은 서울, 경기, 인천이다)

〈수도권별 배, 귤, 사과 판매량〉

(단위 : 개)

구분	서울	경기	인천
배	800,000	1,500,000	200,000
귤	7,500,000	3,000,000	4,500,000
사과	300,000	450,000	750,000

① 0.9
② 0.94
③ 0.98
④ 1.02
⑤ 1.06

04 다음은 A ~ D사의 2020년부터 2023년까지 DRAM 판매 수익에 대한 자료이다. 이에 대한 설명으로 옳지 않은 것은?

〈2020 ~ 2023년 DRAM 판매 수익〉

(단위 : 조 원)

구분	2020년	2021년	2022년	2023년
A사	20	18	9	22
B사	10	6	−2	8
C사	10	7	−6	−2
D사	−2	−5	−8	−4

※ 그 해의 판매 수익이 음수라면 적자를 기록한 것이다.

① 2021 ~ 2023년 A ~ D사의 전년 대비 수익 증감 추이는 모두 같다.
② A ~ D사의 2022년 전체 판매 수익은 적자를 기록하였다.
③ 2022년 A ~ D사의 전년 대비 판매 수익 감소율은 모두 50% 이하이다.
④ B사와 D사의 2020년 대비 2023년의 판매 수익이 감소한 금액은 같다.
⑤ 2020년 대비 2023년의 판매 수익이 가장 크게 증가한 곳은 A사이다.

05 A ~ F는 각각 뉴욕, 파리, 방콕, 시드니, 런던, 베를린 중 한 곳으로 여행을 가고자 한다. 다음 〈조건〉에 따라 여행지를 고를 때, 항상 참인 것은?

> **조건**
> • 여행지는 서로 다른 곳으로 선정한다.
> • A는 뉴욕과 런던 중 한 곳을 고른다.
> • B는 파리와 베를린 중 한 곳을 고른다.
> • D는 방콕과 런던 중 한 곳을 고른다.
> • A가 뉴욕을 고르면 B는 파리를 고른다.
> • B가 베를린을 고르면 E는 뉴욕을 고른다.
> • C는 시드니를 고른다.
> • F는 A ~ E가 선정하지 않은 곳을 고른다.

① A가 뉴욕을 고를 경우, E는 런던을 고른다.
② B가 베를린을 고를 경우, F는 뉴욕을 고른다.
③ D가 런던을 고를 경우, B는 파리를 고른다.
④ E가 뉴욕을 고를 경우, D는 런던을 고른다.
⑤ F는 뉴욕을 고를 수 없다.

06 다음 제시된 도형의 규칙을 토대로 물음표에 들어갈 도형으로 옳은 것은?

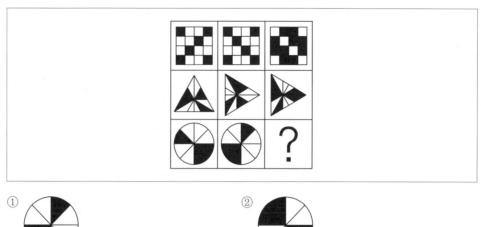

①

②

③

④

⑤

07 다음 중 A의 주장에 대해 반박할 수 있는 내용으로 가장 적절한 것은?

A : 우리나라의 장기 기증률은 선진국에 비해 너무 낮아. 이게 다 부모로부터 받은 신체를 함부로 훼손해서는 안 된다는 전통적 유교 사상 때문이야.

B : 맞아. 그런데 장기기증 희망자로 등록이 돼 있어도 유족들이 장기기증을 반대하여 기증이 이뤄지지 않는 경우도 많아.

A : 유족들도 결국 유교 사상으로 인해 신체 일부를 다른 사람에게 준다는 방식을 잘 이해하지 못하는 거야.

B : 글쎄, 유족들이 동의해서 기증이 이뤄지더라도 보상금을 받고 '장기를 팔았다.'는 죄책감을 느끼는 유족들도 있다고 들었어. 또 아직은 장기기증에 대한 생소함 때문일 수도 있어.

---

① 제도 변화만으로는 장기 기증률을 높이기 어렵다.

② 장기기증 희망자는 반드시 가족들의 동의를 미리 받아야 한다.

③ 캠페인을 통해 장기기증에 대한 사람들의 인식을 변화시켜야 한다.

④ 유족에게 지급하는 보상금 액수가 증가하면 장기 기증률도 높아질 것이다.

⑤ 장기 기증률이 낮은 이유에는 유교 사상 외에도 여러 가지 원인이 있을 수 있다.

08 다음 글의 빈칸에 들어갈 내용으로 가장 적절한 것은?

1979년 경찰관 출신이자 샌프란시스코 시의원이었던 화이트씨는 시장과 시의원을 살해했다는 이유로 1급 살인죄로 기소되었다. 화이트의 변호인은 피고인이 스낵을 비롯해 컵케이크, 캔디 등을 과다 섭취해 당분 과다로 뇌의 화학적 균형이 무너져 정신에 장애가 왔다고 주장하면서 책임 경감을 요구하였다. 재판부는 변호인의 주장을 인정하여 계획 살인죄보다 약한 일반 살인죄를 적용하여 7년 8개월의 금고형을 선고했다. 이 항변은 당시 미국에서 인기 있던 스낵의 이름을 따 '트윙키 항변'이라 불렸고 사건의 사회성이나 의외의 소송 전개 때문에 큰 화제가 되었다.

이를 계기로 1982년 슈엔달러는 교정시설에 수용된 소년범 276명을 대상으로 섭식과 반사회 행동의 상관관계에 대해 실험을 하였다. 기존의 식단에서 각설탕을 꿀로 바꾸어 보고, 설탕이 들어간 음료수에서 천연 과일주스를 주는 등으로 변화를 주었다. 이처럼 정제한 당의 섭취를 원천적으로 차단한 결과 시설 내 폭행, 절도, 규율 위반, 패싸움 등이 실험 전에 비해 무려 45%나 감소했다는 것을 알게 되었다. 따라서 이 실험을 통해 _____

---

① 과다한 영양 섭취가 범죄 발생에 영향을 미친다는 것을 알 수 있다.

② 과다한 정제당 섭취는 반사회적 행동을 유발할 수 있다는 것을 알 수 있다.

③ 가공식품의 섭취가 일반적으로 폭력 행위를 증가시킨다는 것을 알 수 있다.

④ 정제당 첨가물로 인한 범죄 행위는 그 책임이 경감되어야 한다는 것을 알 수 있다.

⑤ 범죄 예방을 위해 교정시설 내에 정제당을 제공하지 말아야 한다는 것을 알 수 있다.

09 같은 헤어숍에 다니고 있는 A와 B는 일요일에 헤어숍에서 마주쳤다. 서로 마주친 이후 A는 10일 간격으로, B는 16일마다 방문했다. 두 사람이 다시 헤어숍에서 만났을 때의 요일은?

① 월요일
③ 수요일
⑤ 금요일

② 화요일
④ 목요일

10 다음은 주요 온실가스의 연평균 농도 변화 추이를 나타낸 자료이다. 이에 대한 설명으로 옳지 않은 것은?

〈주요 온실가스의 연평균 농도 변화 추이〉

구분	2017년	2018년	2019년	2020년	2021년	2022년	2023년
이산화탄소(CO_2, ppm)	387.2	388.7	389.9	391.4	392.5	394.5	395.7
오존 전량(O_3, DU)	331	330	328	325	329	343	335

① 오존 전량은 계속해서 증가하고 있다.

② 이산화탄소의 농도는 계속해서 증가하고 있다.

③ 오존 전량이 가장 크게 감소한 해는 2023년이다.

④ 2023년 오존 전량은 2017년의 오존 전량보다 4DU 증가했다.

⑤ 2023년 이산화탄소의 농도는 2018년보다 7ppm 증가했다.

11 다음 명제가 모두 참일 때, 빈칸에 들어갈 명제로 가장 적절한 것은?

> • 광물은 매우 규칙적인 원자 배열을 가지고 있다.
> • 다이아몬드는 광물이다.
> • _____

① 광물은 다이아몬드이다.
② 광물이 아니면 다이아몬드이다.
③ 다이아몬드가 아니면 광물이 아니다.
④ 다이아몬드는 매우 규칙적인 원자 배열을 가지고 있다.
⑤ 광물이 아니면 규칙적인 원자 배열을 가지고 있지 않다.

12 다음 글을 읽고 추론할 수 있는 내용으로 적절하지 않은 것은?

> 한국인의 대표적 만성질환인 당뇨병은 소변을 통해 포도당이 대량으로 유출되는 병이다. 대한당뇨병학회가 공개한 자료에 따르면 2020년 기준 30세 이상 한국인 중 당뇨 유병자는 약 600만 명으로, 6명 중 1명이 당뇨병을 앓는 것으로 나타났다.
> 우리 몸은 식사와 소화를 통해 생산한 포도당을 세포에 저장하기 위해 췌장에서 인슐린을 분비한다. 인슐린은 세포의 겉에 있는 인슐린 수용체와 결합하여 포도당을 글리코겐으로 변환하게 된다. 이 과정에서 문제가 생기면 혈액 속의 포도당을 처리하지 못해 당뇨병에 걸리게 되는데 췌장에 문제가 생겨 인슐린이 분비되지 않으면 1형 당뇨, 인슐린 수용체가 부족하거나 인슐린 저항성이 생겨 인슐린 작용에 문제가 생기면 2형 당뇨로 구분한다. 특히 대부분의 당뇨병 환자는 2형 당뇨로, 전체 당뇨병 환자의 약 90%를 차지한다.
> 유전적 요인이 크게 작용하는 1형 당뇨는 평생 인슐린 주사에 의존해야 하며, 비만, 운동부족 등 생활 습관적 요인이 크게 작용하는 2형 당뇨는 생활 습관 개선이나 경구 혈당강하제로 관리할 수 있지만 지속될 경우 인슐린 주사가 필요할 수 있다.

① 나쁜 생활 습관은 1형 당뇨를 유발할 수 있다.
② 2형 당뇨 초기에는 혈당강하제를 통해 혈당을 관리할 수 있다.
③ 당뇨병은 혈액 속에 남아있는 포도당이 소변을 통해 배출되는 병이다.
④ 2020년 당뇨 유병자 기준 2형 당뇨를 앓고 있는 사람은 약 540만 명이다.
⑤ 포도당이 글리코겐으로 세포에 저장되기 위해서는 인슐린과 인슐린 수용체가 결합해야 한다.

13 다음과 같이 일정한 규칙에 따라 수를 나열할 때 빈칸에 들어갈 수로 옳은 것은?

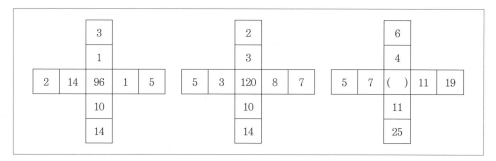

① 120

② 240

③ 360

④ 480

⑤ 600

14 S사가 자재를 보관하기 위해 가로 65m, 세로 55m인 건물을 매입하였다. 건물 보안을 위해 건물의 각 외벽으로부터 5m 떨어진 곳에 울타리를 설치할 때, 설치한 울타리의 길이는?

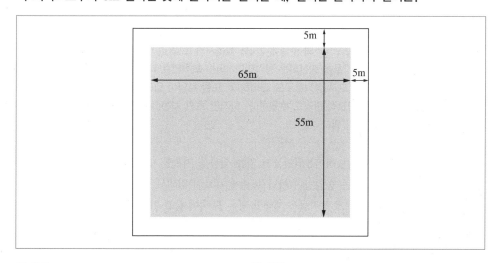

① 240m

② 250m

③ 260m

④ 270m

⑤ 280m

15 다음 〈조건〉을 바탕으로 A ~ F 6명을 일렬로 줄 세울 때, 가능한 경우의 수는?

> **조건**
> • A는 B의 바로 뒤쪽에 서야 한다.
> • C는 D와 붙어 있어야 한다.
> • E는 맨 앞이나 맨 뒤에 서야 한다.

① 10가지　　　　　　　　　　② 12가지
③ 24가지　　　　　　　　　　④ 48가지
⑤ 64가지

16 다음 글의 내용으로 적절하지 않은 것은?

> 지난해 충청남도에서 청년농업인의 맞춤형 스마트팜인 '온프레시팜 1호'가 문을 열었다. 이는 청년농업인이 안정적으로 농업을 경영하여 자리 잡고 살아갈 수 있는 영농 터전을 마련하기 위한 맞춤형 사업이다. 이를 통해 이제 막 농업에 뛰어든 농작물 재배 능력이 낮고 영농 기반이 부족한 청년농업인들이 농촌 안에서 안정적으로 농작물을 생산하고, 경제적으로 정착할 수 있을 것으로 기대되고 있다.
> 온프레시팜은 에어로포닉스와 수열에너지를 접목시켜 토양 없이 식물 뿌리와 줄기에 영양분이 가득한 물을 분사해 농작물을 생산하는 방식이다. 이는 화석연료 대비 경제적으로 우수할 뿐만 아니라 병해충의 발생이 적고 시설적으로도 쾌적하다. 또한 토양이 없어 공간 활용에 유리하며, 재배 관리 자동화가 가능해 비교적 관리도 수월하다. 하지만 초기 시설비용이 많이 들고 재배 기술의 확보가 어려워 접근이 쉽지 않다.

① 온프레시팜 사업은 청년농업인들이 영농 활동을 지속할 수 있도록 지원하는 사업이다.
② 온프레시팜은 기존 농업인이 아닌 농촌에 새로 유입되고 있는 청년농업인을 위한 사업이다.
③ 온프레시팜 방식으로 농작물을 재배할 경우 흙 속에 살고 있는 병해충으로 인해 발생하는 피해를 예방할 수 있다.
④ 온프레시팜 방식은 같은 재배 면적에서 기존 농업방식보다 더 많은 농작물의 재배를 가능하게 한다.
⑤ 청년농업인들은 기존의 농업방식보다는 자동화 재배 관리가 가능한 온프레시팜 방식의 접근이 더 수월하다.

17 다음과 같이 일정한 규칙에 따라 수를 나열할 때 빈칸에 들어갈 수로 옳은 것은?

( ) 3 81   2 4 16   3 5 125

① 1   ② 3
③ 4   ④ 5
⑤ 7

18 다음 〈조건〉을 바탕으로 내린 〈보기〉에 대한 판단으로 옳은 것은?

> **조건**
> • 원숭이를 좋아하면 코끼리를 좋아한다.
> • 낙타를 좋아하면 코끼리를 좋아하지 않는다.
> • 토끼를 좋아하면 원숭이를 좋아하지 않는다.

> **보기**
> A : 코끼리를 좋아하면 토끼를 좋아한다.
> B : 낙타를 좋아하면 원숭이를 좋아하지 않는다.

① A만 옳다.
② B만 옳다.
③ A, B 모두 옳다.
④ A, B 모두 틀리다.
⑤ A, B 모두 옳은지 틀린지 판단할 수 없다.

※ 다음 도식의 기호들은 일정한 규칙에 따라 도형을 변화시킨다. 〈보기〉의 규칙을 찾고 물음표에 들어갈 알맞은 도형을 고르시오(단, 규칙은 A ~ C 각각의 4개의 칸에 동일하게 적용된 것을 말하며, A ~ C 규칙은 서로 다르다). [19~20]

 19

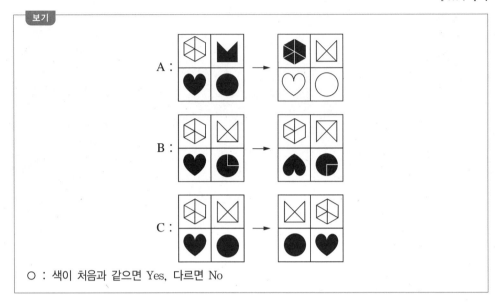

○ : 색이 처음과 같으면 Yes, 다르면 No

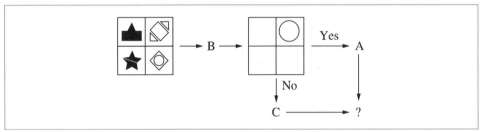

①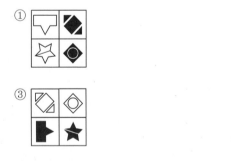

②

③

④

⑤

20

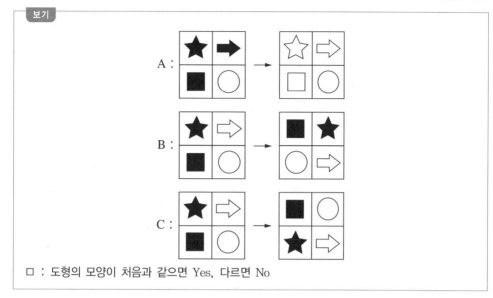

□ : 도형의 모양이 처음과 같으면 Yes, 다르면 No

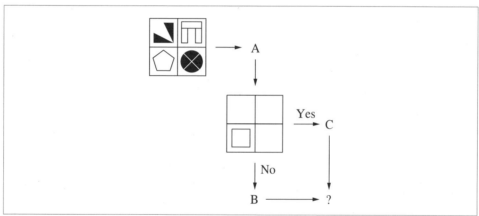

①   ②

③   ④

⑤

21 다음 글과 비슷한 의미를 가진 한자성어는?

> 성호는 원하는 P그룹에 입사하고자 여러 차례 입사지원서를 제출한 장수생이다. 명절 때만 되면 친척들이 그만 포기하고 다른 일자리를 알아보라고 하였으나, 개의치 않고 끊임없이 도전하였다. 그 결과 작년 하반기에 최종 합격을 하여 P그룹에 입사하게 되었다.

① 가렴주구(苛斂誅求)   ② 고진감래(苦盡甘來)

③ 오비이락(烏飛梨落)   ④ 안빈낙도(安貧樂道)

22 다음은 동북아시아 3개국 수도의 30년간의 인구변화를 나타낸 자료이다. 이에 대한 설명으로 옳지 않은 것은?

〈동북아시아 3개국 수도 인구수〉

(단위 : 십만 명)

구분	1993년	2003년	2013년	2023년
서울	80	120	145	180
베이징	50	80	158	205
도쿄	300	330	356	360

① 1993년 대비 2003년의 서울의 인구 증가율은 50%이다.

② 2003년 대비 2013년의 인구 증가폭은 베이징이 가장 높다.

③ 2013년을 기점으로 인구수가 2번째로 많은 도시가 바뀐다.

④ 세 도시 중 해당 기간 동안 인구가 감소한 도시가 있다.

※ 다음 규칙을 보고 이어지는 질문에 답하시오. [23~24]

작동 버튼	기능
○	알파벳 소문자를 모두 대문자로 바꾼다.
●	알파벳 대문자를 모두 소문자로 바꾼다.
◇	두 번째와 세 번째 문자의 자리를 바꾼다.
◆	첫 번째와 네 번째 문자의 자리를 바꾼다.

※ 맨 위 칸의 알파벳이 첫 번째 문자이다.

| 포스코 / 추리

23 〈보기〉의 왼쪽 상태에서 작동 버튼을 두 번 눌렀더니, 오른쪽과 같은 결과가 나타났다. 다음 중 작동 버튼의 순서를 바르게 나열한 것은?

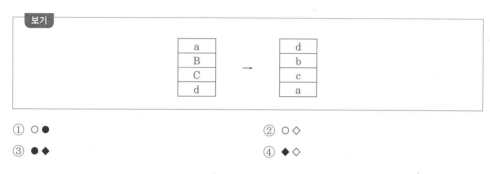

① ○●   ② ○◇

③ ●◆   ④ ◆◇

| 포스코 / 추리

24 〈보기〉의 왼쪽 상태에서 작동 버튼을 두 번 눌렀더니, 오른쪽과 같은 결과가 나타났다. 다음 중 작동 버튼의 순서를 바르게 나열한 것은?

보기

T	I
y	U
U	y
I	T

① ◆○   ② ◇◆

③ ◇●   ④ ◆●

25 다음 글과 동일한 오류를 범하고 있는 것은?

> 영희야, 우리나라 여성 세 명이 8,848m나 되는 에베레스트산 정복에 성공했다는 소식을 들었니? 남성들도 하기 힘든데 여성의 몸으로 그런 커다란 업적을 이룩했다는 것은 우리나라 등반사뿐만 아니라 여성사에도 기록될 만한 일일 거야. 이것만 봐도 우리나라 여성은 대단해.

① 영희는 자장면을 좋아하지 않으니까 틀림없이 자장면을 싫어할 거야.

② 지옥에는 행복이 없다. 이 세상은 지옥이다. 따라서 이 세상에는 행복이 없다.

③ 이 차는 작년에 최고 판매량을 기록하였습니다. 따라서 현명한 소비자는 이 차를 택합니다.

④ 그 시인은 결코 훌륭한 시인일 수 없다. 왜냐하면 그 집안의 혈통은 결코 문학가의 집안이 아니기 때문이다.

⑤ 저 젊은이는 나이 많은 할머니에게 자리를 양보해 주지 않는다. 이런 것을 보더라도 요즘 젊은이들은 어른을 공경할 줄 모른다.

26 다음은 2023년 11월 시도별 이동자 수 및 이동률을 조사한 자료이다. 이에 대한 설명으로 옳지 않은 것은?(단, 소수점 둘째 자리에서 반올림한다)

〈2023년 11월 시도별 이동자 수(총 전입)〉

(단위 : 명)

구분	전국	서울	부산	대구	인천	광주
이동자 수	650,197	132,012	42,243	28,060	40,391	17,962

〈2023년 11월 시도별 이동률(총 전입)〉

(단위 : %)

구분	전국	서울	부산	대구	인천	광주
이동률	1.27	1.34	1.21	1.14	1.39	1.23

① 총 전입자 수가 가장 낮은 지역은 광주이다.

② 부산의 총 전입자 수는 광주의 총 전입자 수의 약 2.35배이다.

③ 서울의 총 전입자 수는 전국의 총 전입자 수의 약 20.3%이다.

④ 서울, 부산, 대구, 인천, 광주 중 대구의 총 전입률이 가장 낮다.

⑤ 서울은 총 전입자 수와 총 전입률 모두 다른 지역에 비해 가장 높다.

27 다음 명제로부터 일반화할 수 있는 결론으로 타당한 것은?

> • 책은 휴대할 수 있고, 값이 싸며, 읽기 쉬운 데 반해 컴퓨터는 들고 다닐 수가 없고, 값도 비싸며, 전기도 필요하다.
> • 전자기술의 발전은 이런 문제를 해결할 것이다. 조만간 지금의 책 크기만 한, 아니 더 작은 컴퓨터가 나올 것이고, 컴퓨터 모니터도 훨씬 정교하고 읽기 편해질 것이다.
> • 조그만 칩 하나에 수백 권 분량의 정보가 기록될 것이다.

① 컴퓨터는 종이책을 대신할 것이다.
② 컴퓨터는 종이책을 대신할 수 없다.
③ 컴퓨터도 종이책과 함께 사라질 것이다.
④ 종이책의 역사는 앞으로도 계속될 것이다.
⑤ 전자기술의 발전은 종이책의 발전과 함께할 것이다.

28 아이스링크장에서 2종목의 경기가 열리고 있다. 참가자는 피겨 스케이팅 4명, 쇼트트랙 8명이다. 모든 경기가 토너먼트 방식으로 진행된다고 할 때, 두 경기의 가능한 대진표의 경우의 수의 합은?

① 100가지
② 102가지
③ 108가지
④ 115가지
⑤ 120가지

29 다음 기호들은 일정한 규칙에 따라 도형을 변화시킨다. 기호에 해당하는 규칙을 파악하여 물음표에 들어갈 알맞은 도형은?

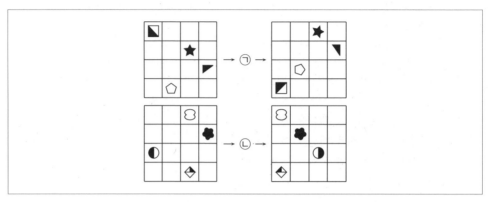

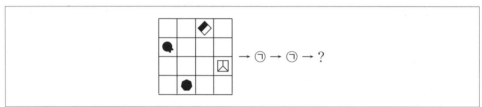

① 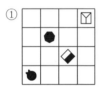　　②

④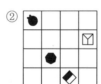

③ 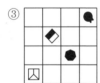　　⑥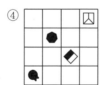

⑤

30 다음 도형들은 일정한 규칙으로 변화하고 있다. 물음표에 들어갈 도형으로 알맞은 도형은?

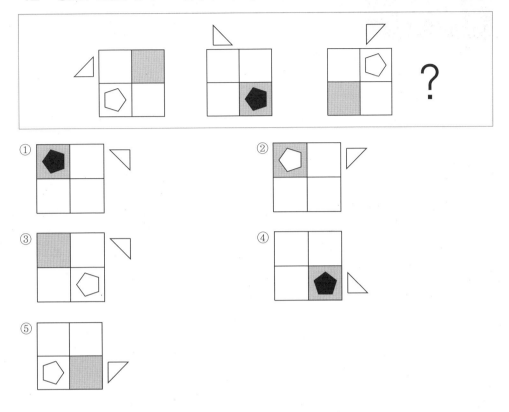

01 언어유추능력

어휘력

어휘력은 풍부한 어휘를 갖고, 이를 활용하면서 그 단어의 의미를 정확히 이해하고, 이미 알고 있는 단어와 문장 내에서의 쓰임을 바탕으로 단어의 의미를 추론하며 의사소통 시 정확한 표현력을 구사할 수 있는 능력을 측정하는 영역이다. 일반적인 문제 유형에는 동의어 / 반의어 찾기, 어휘의 의미 찾기 및 빈칸 넣기 등을 들 수 있다. 그렇기 때문에 대표적인 동의어와 반의어 및 어휘들은 반드시 암기해 두고 실전문제를 통해 순발력을 길러 두어야 한다.

기출유형 01

다음 단어와 같거나 유사한 의미를 가진 것은?

개명

① 개선　　　　　　　　　　　　　　　② 개정
③ 개화　　　　　　　　　　　　　　　④ 개혁

《 정답 및 해설 》

해설　• 개명(開明) : 지혜가 계발되고 문화가 발달하여 새로운 사상, 문물 따위를 가지게 됨
　　　　• 개화(開化) : 사람의 지혜가 열려 새로운 사상, 문물, 제도 따위를 가지게 됨

오답분석　① 개선(改善) : 잘못된 것이나 부족한 것, 나쁜 것 따위를 고쳐 더 좋게 만듦
　　　　② 개정(改正) : 주로 문서의 내용 따위를 고쳐 바르게 함
　　　　④ 개혁(改革) : 제도나 기구 따위를 새롭게 뜯어 고침

정답 ③

기출유형 02

다음 중 짝지어진 어휘 사이의 관계가 나머지와 다른 것은?

① 개방 – 폐쇄
② 환희 – 비애
③ 자립 – 의존
④ 전거 – 이전

〈 정답 및 해설 〉

해설　'전거(轉居)'는 '살던 곳에서 옮김'이라는 뜻으로, '이전'과 유의어 관계이다.

오답분석　①·②·③ 반의어 관계이다.

정답　④

기출유형 03

다음 중 밑줄 친 부분과 같은 의미로 쓰인 것은?

오랜 기간 진행된 건설 사업이 마침내 완공 단계에 <u>이르렀다</u>.

① 노력도 하지 않고 포기하기엔 아직 <u>이르다</u>.
② 현재 지구를 돌고 있는 인공위성은 수천 개에 <u>이른다</u>.
③ 그는 매번 아이들에게 차를 주의하라고 <u>이른다</u>.
④ 내 잘못을 선생님에게 모두 <u>이르는</u> 철수와 싸웠다.

〈 정답 및 해설 〉

해설　제시문과 ②의 '이르다'는 '어떤 정도나 범위에 미치다.'라는 의미이다.

오답분석　① 대중이나 기준을 잡은 때보다 앞서거나 빠르다.
③ 무엇이라고 말하다.
④ 어떤 사람의 잘못을 윗사람에게 말하여 알게 하다.

정답　②

기출유형 04

다음 중 짝지어진 단어의 관계와 다른 것은?

> 표리부동 – 양두구육, 진퇴 – 거취

① 영고성쇠 – 새옹지마
② 팔방미인 – 능소능대
③ 누란지세 – 맥수지탄
④ 와신상담 – 호시탐탐

〈정답 및 해설〉

해설 제시된 단어는 유의어 관계이다. 따라서 이와 다른 것은 ③이다.
- 표리부동 : 마음이 음흉하고 불량하여 겉과 속이 다름
- 양두구육 : 양의 머리를 걸어 놓고 개고기를 판다는 뜻으로, 겉보기만 그럴듯하게 보이고 속은 변변하지 아니함을 이르는 말
- 진퇴 : 앞으로 나아가고 뒤로 물러남, 직위나 자리에서 머물러 있음과 물러남
- 거취 : 버림과 취함
- 누란지세 : 층층이 쌓아 놓은 알의 형세라는 뜻으로, 몹시 위태로운 형세를 비유적으로 이르는 말
- 맥수지탄 : 고국의 멸망을 한탄함

정답 ③

기출유형 05

다음 중 제시된 의미를 가진 단어는?

> 야위거나 메말라 윤기가 없고 조금 거칠다.

① 살망하다
② 조쌀하다
③ 까칠하다
④ 해쓱하다

〈정답 및 해설〉

오답분석 ① 살망하다 : 아랫도리가 가늘고 어울리지 않게 조금 길다.
② 조쌀하다 : 늙었어도 얼굴이 깨끗하고 맵시 있다.
④ 해쓱하다 : 얼굴에 핏기가 없고 파르께하다.

정답 ③

우리말 어법

우리말 어법은 표준화된 말의 규칙을 제대로 알고, 이를 활용하여 일상생활의 언어생활까지 가능한지 능력을 측정하는 영역이다. 표준어, 맞춤법, 로마자·외래어 표기법 등의 기본적인 수준의 문제들이 출제되며, 난도 높은 유형의 문제도 출제될 수 있으므로 소홀히 할 수 없는 영역이다. 우리말에 대한 소양이 어느 정도의 수준에 이르렀다고 해도 언제나 완벽하게 어법과 맞춤법을 바르게 지켜 쓰기는 힘든 것이 사실이고, 단기간에 습득하는 것 또한 매우 어려운 일이다. 그렇기 때문에 정확한 기본 지식을 지니고, 실전문제를 가능한 한 많이 풀어봐야 한다.

기출유형 06

다음 중 밑줄 친 부분의 맞춤법이 옳은 것은?

① 그의 초라한 모습이 내 호기심에 불을 <u>땅겼다</u>.

② 아버지께서 <u>목거리</u>를 사오셨다.

③ 한약을 <u>다릴</u> 때는 불 조절이 중요하다.

④ 그는 긴 여행에 체력이 <u>부쳤다</u>.

〈 정답 및 해설 〉

오답분석 ① 땅겼다 → 당겼다
② 목거리 → 목걸이
③ 다릴 → 달일

정답 ④

기출유형 07

다음 중 밑줄 친 부분이 어법에 맞고, 가장 자연스러운 문장은?

① 요즈음 <u>어떻게</u> 공부하고 있어? ② 저작권 문제에 대해 <u>어떡해</u> 생각하니?

③ 오늘밤 집에 혼자 있는데 <u>어떻게</u>. ④ 이 일을 <u>어떡해</u> 처리하지?

〈 정답 및 해설 〉

해설 • 어떻게 : '어떠하다'가 줄어든 '어떻다'에 어미 '-게'의 결합
• 어떡해 : '어떻게 해'가 줄어든 말

오답분석 ②·④ 어떡해 → 어떻게 : '의견, 성질, 형편, 상태가 어찌 되어 있다.'라는 의미로, '어떻게'가 옳다.
③ 어떻게 → 어떡해

정답 ①

기출유형 08

다음 중 띄어쓰기가 옳지 않은 것은?

① 나는 책을 읽어도 보고 했으나 머릿속에 들어오지 않았다.

② "어디, 나한테 덤벼들어 봐라!"

③ 신발이 그만 물에 떠내려가 버렸다.

④ 하늘을 보니 비가 올듯도 하다.

< 정답 및 해설 >

해설 '듯'은 의존 명사이므로 앞에 오는 관형형 '올'과 띄어 써야 한다.

정답 ④

관용적 표현

관용적 표현은 관용어, 속담, 한자성어 등의 의미를 정확하게 알고, 이를 적절하게 사용할 수 있는가를 측정하는 영역이다. 관용어에서는 단어 개개의 의미는 크게 중요하지 않으며, 사전적 의미와 관계없이 두 단어의 결합으로 전혀 새로운 의미를 형성하므로 모르는 관용어라도 문장이나 상황 속에서 유추해 낼 수 있는 능력을 길러야 한다. 속담은 상황에 맞는 속담을 찾는 부분에 중점을 두고 학습을 해야 한다. 한자와 한자성어는 단독으로 제시되어 단순한 뜻풀이를 묻는 유형보다는 특정 상황을 제시하고 그 상황에 적절한 표현을 고르거나 완성하는 문제 유형이 자주 출제된다. 따라서 단순히 외우기보다는 그와 관련된 속담, 어휘 등을 연관시켜 정리해 두는 것이 필요하다.

기출유형 09

다음 중 속담의 빈칸에 공통으로 들어갈 내용으로 가장 적절한 것은?

- 얌전한 _____ 부뚜막에 먼저 올라간다.
- 정승 날 때 _____ 난다.

① 고양이   ② 강아지

③ 소   ④ 돼지

< 정답 및 해설 >

해설 첫 번째 속담에서는 '얌전한 고양이 부뚜막에 먼저 올라간다.'와 '얌전한 강아지 부뚜막에 먼저 올라간다.'가 가능하므로 '고양이'와 '강아지' 둘 다 적절하다. 그러나 두 번째 속담에서는 '정승 날 때 강아지 난다.'가 적절하므로 두 속담의 빈칸에 공통으로 들어갈 내용으로는 ②가 가장 적절하다.

정답 ②

기출유형 10

다음 글을 참고할 때 연상되는 속담은?

> 아무리 쉬운 일이라도 힘을 들여 이용하지 아니하면 소용이 없다.

① 뚝배기보다 장맛이 좋다.
② 부뚜막의 소금도 집어넣어야 짜다.
③ 개똥도 약에 쓰려면 없다.
④ 소 잃고 외양간 고친다.

〈 정답 및 해설 〉

오답분석 ① 뚝배기보다 장맛이 좋다 : 겉모양은 보잘것없으나 내용은 훨씬 훌륭함을 이르는 말
③ 개똥도 약에 쓰려면 없다 : 평소에 흔하던 것도 막상 긴하게 쓰려고 구하면 없다는 말
④ 소 잃고 외양간 고친다 : 일이 이미 잘못된 뒤에는 손을 써도 소용이 없음을 이르는 말

정답 ②

기출유형 11

다음 중 '일이 잘못된 후 후회한다.'의 의미를 가진 한자성어가 아닌 것은?

① 만시지탄(晚時之歎)
② 망양보뢰(亡羊補牢)
③ 서제막급(噬臍莫及)
④ 고성낙일(孤城落日)

〈 정답 및 해설 〉

해설 '고성낙일'은 '외딴 성과 서산에 지는 해'라는 뜻으로, 세력이 다하고 남의 도움이 없는 매우 외로운 처지를 가리킬 때 쓰는 말이다.

오답분석 ① 만시지탄 : 시기가 늦었음을 안타까워하는 탄식
② 망양보뢰 : '양을 잃고 우리를 고친다.'는 뜻으로, 실패한 뒤에 뉘우쳐도 소용이 없음을 비유한 말
③ 서제막급 : '배꼽을 물려고 하여도 입이 닿지 않는다.'는 뜻으로, 일이 그릇된 뒤에는 후회하여도 아무 소용이 없음을 비유한 말

정답 ④

> **언어추론**
>
> 언어추론에서는 단어의 관계와 속성, 단어나 문장이 두 가지 이상의 의미로 해석되는 중의적 표현, 단어에 내포된 의미 및 상징, 장문의 구조와 이해 등 제시된 단어 또는 문장의 관계나 속성을 빨리 파악해서 적용하는 능력을 측정한다. 또한, 매우 다양한 기준으로 어휘를 분류하기 때문에 고정관념에서 벗어나서 다양한 사고를 가지고 접근해야 한다. 여러 문제를 풀어 보면서 가능한 한 많은 단어의 관계와 속성 그리고 제시문과 문장의 내용을 통해 그 뜻을 파악하는 것이 중요하다.

기출유형 12

다음 중 중의적 표현이 없는 문장은?

① 이 작품은 이러한 주목에 값한다.   ② 작은 시내의 조약돌이 아름답다.

③ 선배는 영수와 철수를 때려 주었다.   ④ 철수는 택시를 안 탔다.

〈 정답 및 해설 〉

오답분석 ② '작은 시내'의 조약돌(시내가 작다)
　　　　　　작은 '시내의 조약돌'(조약돌이 작다)
　　　　 ③ 선배는 영수와 / 철수를 때려 주었다.
　　　　　　선배는 / 영수와 철수를 때려 주었다.
　　　　 ④ 철수는 택시를 타지 않고 다른 것을 탔다.
　　　　　　철수가 택시를 타지 않았다.

정답 ①

기출유형 13

다음 중 단어의 대응관계로 볼 때, 빈칸에 들어갈 단어로 가장 적절한 것은?

부채 : 선풍기 = 인두 : _____

① 분무기   ② 다리미

③ 세탁소   ④ 세탁기

〈 정답 및 해설 〉

해설 부채와 선풍기는 같은 기능을 가지고, 인두와 다리미도 같은 기능을 가진다.

정답 ②

기출유형 14

다음 9개의 단어 중 3개의 단어를 통해 공통적으로 연상되는 단어는?

까치	건망증	백아절현
망운지정	이별	스승
벗	각골난망	비둘기

① 효도

② 은혜

③ 우정

④ 기억

〈〈 정답 및 해설 〉〉

해설   까치, 스승, 각골난망을 통해 '은혜'를 연상할 수 있다.

정답 ②

기출유형 15

다음 시에서 죽은 아이를 비유한 보조관념으로 해석할 수 있는 것은?

밤에 홀로 유리를 닦는 것은 외로운 황홀한 심사이어니, 고운 폐혈관(肺血管)이 찢어진 채로 아아, 너는 산(山)새처럼 날아갔구나.

① 유리

② 폐혈관

③ 너

④ 새

〈〈 정답 및 해설 〉〉

해설   주어진 시는 정지용의 「유리창」으로, 자식을 잃은 젊은 아버지의 비통한 심경을 주제로 하면서 그것을 절제된 언어와 시적 형상으로 객관화하여 나타냈다. 이 시에서는 죽은 아이의 영혼을 한 마리의 가련한 새로 비유하였다.

오답분석   ① 유리 : 서정적 자아를 그리워하는 대상과 단절시킴과 동시에 별(죽은 아이의 영혼)과 영상으로 대면하게 하는 매개체, 즉 창 안(삶)과 밖(죽음)을 단절시키는 동시에 연결해주는 매개 역할을 한다.
② 폐혈관 : 죽음을 형상화하는 대상이다.
③ 너 : 죽은 아이를 의미한다.

정답 ④

기출유형 16

다음 글의 내용으로 가장 적절한 것은?

독일의 발명가 루돌프 디젤이 새로운 엔진에 대한 아이디어를 내고 특허를 얻은 것은 1892년의 일이었다. 1876년 오토가 발명한 가솔린 엔진의 효율은 당시에 무척 떨어졌으며, 가동 비용도 많이 드는 단점이 있었다. 디젤의 목표는 고효율의 엔진을 만드는 것이었고, 그의 아이디어는 훨씬 더 높은 압축 비율로 연료를 연소시키는 것이었다.

일반적으로 가솔린 엔진은 기화기에서 공기와 연료를 먼저 혼합하고, 그 혼합 기체를 실린더 안으로 흡입하여 압축한 후, 점화 플러그로 스파크를 일으켜 동력을 얻는다. 이러한 과정에서 문제는 압축 정도가 제한된다는 것이다. 만일 기화된 가솔린에 너무 큰 압력을 가하면 멋대로 점화되어 버리는데, 이것이 엔진의 노킹 현상이다. 공기를 압축하면 뜨거워진다는 것은 알려져 있던 사실이다. 디젤 엔진의 기본 원리는 실린더 안으로 공기만을 흡입하여 피스톤으로 강하게 압축시킨 다음, 그 압축 공기에 연료를 분사하여 저절로 착화가 되도록 하는 것이다. 따라서 디젤 엔진에는 점화 플러그가 필요 없는 대신, 연료 분사기가 장착되어 있다. 또 압축 과정에서 디젤 엔진은 최대 12 : 1의 압축 비율을 갖는 가솔린 엔진보다 훨씬 더 높은 25 : 1 정도의 압축 비율을 갖는다. 압축 비율이 높다는 것은 그만큼 효율이 좋다는 것을 의미한다.

사용하는 연료의 특성도 다르다. 디젤 연료인 경유는 가솔린보다 훨씬 무겁고 점성이 강하며 증발하는 속도도 느리다. 왜냐하면 경유는 가솔린보다 훨씬 더 많은 탄소 원자가 길게 연결되어 있기 때문이다. 일반적으로 가솔린은 5 ~ 10개, 경유는 16 ~ 20개의 탄소를 가진 탄화수소들의 혼합물이다. 한편, 경유는 가솔린보다 에너지 밀도가 높다. 1갤런의 경유는 약 1억 5,500만 줄(Joule)의 에너지를 가지고 있지만, 가솔린은 1억 3,200만 줄을 가지고 있다. 이러한 연료의 특성들이 디젤 엔진의 높은 효율과 결합되면서, 디젤 엔진은 가솔린 엔진보다 좋은 연비를 내게 되는 것이다.

발명가 디젤은 디젤 엔진이 작고 경제적인 엔진이 되어야 한다고 생각했지만, 그의 생전에는 크고 육중한 것만 만들어졌다. 하지만 그 후 디젤의 기술적 유산은 이 발명가가 꿈꾼 대로 널리 보급되었다. 디젤 엔진은 원리상 가솔린 엔진보다 더 튼튼하고 고장도 덜 난다. 디젤 엔진은 연료의 품질에 민감하지 않고 연료의 소비 면에서도 경제성이 뛰어나 오늘날 자동차 엔진용으로 확고한 자리를 잡았다. 환경론자들이 걱정하는 디젤 엔진의 분진 배출 문제도 필터 기술이 나아지면서 점차 극복되고 있다.

① 디젤 엔진은 가솔린 엔진보다 내구성이 뛰어나다.
② 디젤 엔진은 가솔린 엔진보다 먼저 개발되었다.
③ 가솔린 엔진은 디젤 엔진보다 분진을 많이 배출한다.
④ 디젤 엔진은 가솔린 엔진보다 연료의 품질에 민감하다.

해설　마지막 문단을 통해 디젤 엔진은 원리상 가솔린 엔진보다 더 튼튼하고 고장도 덜 나는 것을 알 수 있다.

오답분석　② 가솔린 엔진은 1876년에, 디젤 엔진은 1892년에 등장했다.
　　　　③ 디젤 엔진에는 분진을 배출하는 문제가 있다. 그러나 디젤 엔진과 가솔린 엔진 중 어느 것이 분진을 더
　　　　　 많이 배출하는지를 언급한 내용은 없다.
　　　　④ 디젤 엔진은 연료의 품질에 민감하지 않다.

정답　①

기출유형 17

다음 중 빈칸에 들어갈 내용으로 가장 적절한 것은?

> • A팀장은 B과장보다 야근을 한 시간 더 했다.
> • C대리는 B과장보다 야근을 30분 덜 했다.
> • D차장은 C대리보다 야근을 10분 더 했다.
> 그러므로 _____

① C대리는 B과장보다 야근을 더 했다.
② B과장은 C대리보다 야근을 덜 했다.
③ 네 사람 중 A팀장이 야근을 가장 오래 했다.
④ 네 사람 중 D차장이 가장 먼저 퇴근했다.

해설　• A팀장의 야근 시간은 B과장의 야근 시간보다 60분 많다.
　　　• C대리의 야근 시간은 B과장의 야근 시간보다 30분 적다.
　　　• D차장의 야근 시간은 B과장의 야근 시간보다 20분 적다.
　　　따라서 C대리＜D차장＜B과장＜A팀장이다.

정답　③

기출유형 18

다음 글의 제목으로 가장 적절한 것은?

대부분의 사람들이 주식 투자를 하는 목적은 자산을 증식하는 것이지만, 항상 이익을 낼 수는 없으며 이익에 대한 기대에는 언제나 손해에 따른 위험이 동반된다. 이러한 위험을 줄이기 위해서 일반적으로 투자자는 포트폴리오를 구성하는데, 이때 전반적인 시장 상황에 상관없이 나타나는 위험인 '비체계적 위험'과 시장 상황에 연관되어 나타나는 위험인 '체계적 위험' 두 가지를 동시에 고려해야 한다.

비체계적 위험이란 종업원의 파업, 경영 실패, 판매의 부진 등 개별 기업의 특수한 상황과 관련이 있는 것으로 '기업 고유 위험'이라고도 한다. 기업의 특수 사정으로 인한 위험은 예측하기 어려운 상황에서 돌발적으로 일어날 수 있는 것들로, 여러 주식에 분산투자함으로써 제거할 수 있다. 즉, 어느 회사의 판매 부진에 의한 투자 위험은 다른 회사의 판매 신장으로 인한 투자 수익으로 상쇄할 수가 있으므로 서로 상관관계가 없는 종목이나 분야에 나누어 투자해야 한다. 따라서 여러 종목의 주식으로 이루어진 포트폴리오를 구성하는 경우, 그 종목 수가 증가함에 따라 비체계적 위험은 점차 감소하게 된다.

반면에 체계적 위험은 시장의 전반적인 상황과 관련한 것으로, 예를 들면 경기 변동, 인플레이션, 이자율의 변화, 정치 사회적 환경 등 여러 기업들에게 공통적으로 영향을 주는 요인들에서 기인한다. 체계적 위험은 주식 시장 전반에 관한 위험이기 때문에 비체계적 위험에 대응하는 분산투자의 방법으로도 감소시킬 수 없으므로 '분산 불능 위험'이라고도 한다.

그렇다면 체계적 위험에 대응할 수 있는 방법은 없을까? '베타 계수'를 활용한 포트폴리오 구성에 의해 투자자는 체계적 위험에 대응할 수 있다. 베타 계수란 주식 시장 전체의 수익률의 변동이 발생했을 때 이에 대해 개별 기업의 주가 수익률이 얼마나 민감하게 반응하는가를 측정하는 계수로, 종합주가지수의 수익률이 1% 변할 때 개별 주식의 수익률이 몇 % 변하는가를 나타낸다. 베타 계수는 주식 시장 전체의 변동에 대한 개별 주식 수익률의 민감도로 설명할 수 있는데, 만약 종합주가지수의 수익률이 1% 증가(또는 감소)할 때 어떤 주식 A의 수익률이 0.5% 증가(또는 감소)한다면, 주식 A의 베타 계수는 0.5가 된다. 이때, 주식 B의 수익률은 2% 증가(또는 감소)한다면 주식 B의 베타 계수는 2가 된다. 그러므로 시장 전체의 움직임에 더욱 민감하게 반응하는 것은 주식 B이다.

따라서 투자자는 주식 시장이 호황에 진입할 경우 베타 계수가 큰 종목의 투자 비율을 높이는 반면, 불황이 예상되는 경우에는 베타 계수가 작은 종목의 투자 비율을 높여 위험을 최소화할 수 있다.

① 비체계적 위험과 체계적 위험의 사례 분석
② 비체계적 위험을 활용한 경기 변동의 예측 방법
③ 비체계적 위험과 체계적 위험을 고려한 투자 전략
④ 종합주가지수 변동에 민감한 비체계적 위험의 중요성

〈 정답 및 해설 〉

해설 제시문은 주식에 투자할 때 나타나는 비체계적 위험과 체계적 위험에 대해 각각 설명하고, 이러한 위험에 대응하는 방법도 함께 설명하고 있으므로 제시문의 제목으로는 ③이 가장 적절하다.

정답 ③

기출유형 19

아프리카의 어느 나라에 A ~ E 다섯 부족이 있다. A부족은 매우 호전적이어서 기회만 있으면 다른 부족을 침공하려고 한다. 다음 전제를 근거로 A부족이 침공할 부족을 모두 고르면?

- A부족은 E부족을 침공하지 않는다.
- A부족이 D부족을 침공하지 않는다면 B부족을 침공한다.
- A부족은 C부족을 침공하거나 E부족을 침공한다.
- A부족이 C부족을 침공한다면 D부족은 침공하지 않는다.

① B부족

② C부족

③ B부족과 C부족

④ B부족과 D부족

〈 정답 및 해설 〉

해설   첫 번째와 세 번째 전제를 통해 A부족이 E부족을 침공하지 않고, C부족을 침공할 것을 알 수 있고, 네 번째 전제를 통해 D부족을 침공하지 않는다는 것을 알 수 있다. D부족을 침공하지 않기 때문에 B부족을 침공할 것이므로 A부족이 침공할 부족은 B부족과 C부족이다.

정답 ③

기출유형 20

다음 문장을 논리적 순서대로 바르게 나열한 것은?

(가) 그래서 부모나 교사로부터 영향을 받을 가능성이 큽니다.
(나) 이는 성인이 경험을 통해서 자신의 판단력을 향상시킬 수 있는 데 비해 청소년은 그럴 기회가 별로 없기 때문입니다.
(다) 대다수 청소년은 정치적 판단 능력이 성숙하지 않습니다.
(라) 따라서 청소년에게 정치적 판단에 대한 책임을 지우기 전에 이를 감당할 수 있도록 돕는 것이 우선이라고 봅니다.

① (다) – (가) – (나) – (라)

② (다) – (가) – (라) – (나)

③ (다) – (나) – (라) – (가)

④ (다) – (라) – (가) – (나)

〈 정답 및 해설 〉

해설   (다)는 문제에 대한 주장으로, 그 뒤에 '그래서'로 이어지는 주장에 따른 결과 (가)가 나와야 한다. 그 결과에 대한 이유는 (나)에서 제시되며, 이는 문맥의 흐름과 '때문입니다.'라는 표현을 통해 알 수 있다. 마지막으로 주장에 대한 결론을 제시해야 하는데 (라)에서 '따라서'라는 결론을 나타내는 부사어를 사용하여 주장을 정리하고 있다.

정답 ①

기출유형 21

다음 글의 빈칸에 들어갈 내용으로 가장 적절한 것은?

사회가 변하면 사람들은 그때까지의 생활을 그대로 수긍하지 못한다. 새로운 생활에 맞는 새로운 언어를 필요로 하게 된다. 그 언어가 자연스럽게 육성되기를 기다릴 수도 있지만, 사람들은 대개 외국으로부터 그러한 개념의 언어를 빌려오려고 한다. 돈이나 기술을 빌리는 것에 비하면 언어는 대가 없이 빌려 쓸 수 있으므로 대개는 제한 없이 외래어를 차용한다. 이처럼 _____ 광복 이후 우리 사회에서 외래어가 넘쳐나는 것은 그간 우리나라의 고도성장과 결코 무관하지 않다.

① 외래어의 증가는 사회의 팽창과 함께 진행된다.
② 새로운 언어는 사회의 변화를 선도하기도 한다.
③ 외래어가 증가하면 범람한다는 비판을 받게 된다.
④ 새로운 언어는 인간의 욕망을 적절히 표현해 준다.

〈 정답 및 해설 〉

해설 빈칸의 다음 문장에서 '외래어가 넘쳐나는 것은 그간 우리나라의 고도성장과 결코 무관하지 않다.'라고 했다. 즉, '사회의 성장과 외래어의 증가는 관계가 있다.'라는 의미이므로 이를 포함하는 일반적 진술이 빈칸에 위치해야 한다.

정답 ①

기출유형 22

다음 사례에서 범하고 있는 오류는 무엇인가?

이번 '한국 : 일본' 축구 경기는 꼭 이겨야 하니까 너는 경기 중계방송을 보면 안 돼. 네가 중계방송을 볼 때마다 꼭 우리나라가 졌잖아.

① 잘못된 인과관계의 오류   ② 대중에 호소하는 오류
③ 성급한 일반화의 오류   ④ 논점 일탈의 오류

〈 정답 및 해설 〉

해설 아무런 관련이 없는 일을 인과관계로 추리하는 '잘못된 인과관계의 오류(원인 오판의 오류)'를 범하고 있다.

정답 ①

기초수리는 기본적인 사칙연산이나 단순계산, 수의 대소비교 등에 관한 문제가 출제되고 있다. 난이도는 높지 않으나, 짧은 시간 안에 많은 문제를 해결해야 하므로 연산 순서와 계산을 정확하게 하는 연습을 통해 계산 도중 발생할 수 있는 오류를 방지해야 한다.

기출유형 23

다음 중 빈칸에 들어갈 수로 옳은 것은?

$$1.5 \times (\quad) \div 2 + 1 = 4$$

① 2   ② 3
③ 4   ④ 5

〈 정답 및 해설 〉

해설　$(\quad) = (4-1) \times 2 \div 1.5 = 4$

정답 ③

기출유형 24

다음 계산식의 빈칸에 들어갈 수의 합은?

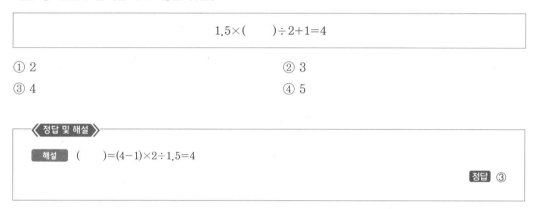

① 11   ② 12
③ 13   ④ 14

〈 정답 및 해설 〉

해설

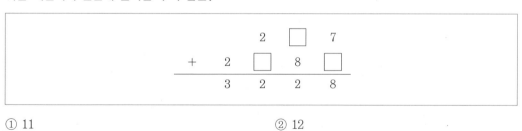

$\therefore 9 + 4 + 1 = 14$

정답 ④

기출유형 25

다음 중 ○ 안에 들어갈 사칙연산 기호로 옳은 것은?

$$12\square4○6\square3=1$$

① $+$ ② $-$

③ $\times$ ④ $\div$

〈〈 정답 및 해설 〉〉

해설 $12\div4-6\div3=1$

정답 ②

기출유형 26

다음 중 A, B의 대소 관계로 옳은 것은?

$$A=(-1)^{n+1}\times(-1)^{n-1},\ B=(-1)^{n-3}\times(-1)^{n+2}$$

① $A>B$ ② $A<B$

③ $A=B$ ④ 알 수 없다.

〈〈 정답 및 해설 〉〉

해설
- $(-1)^n = \begin{cases} -1 : n \text{은 홀수} \\ \ \ 1 : n \text{은 짝수} \end{cases}$
- $2n,\ 4n,\ 6n,\ \cdots$: 항상 짝수

$A=(-1)^{n+1}\times(-1)^{n-1}=(-1)^{n+1+n-1}=(-1)^{2n}$
→ $2n$은 짝수이므로 $A=1$

$B=(-1)^{n-3}\times(-1)^{n+2}=(-1)^{n-3+n+2}=(-1)^{2n-1}$
→ $2n$이 짝수이므로 $2n-1$은 홀수이다. 즉, $B=-1$

∴ $A>B$

정답 ①

04 응용수리능력

응용수리는 일상생활과 연관된 농도·나이·작업시간·가격·거리·속도 등을 구하는 방정식 문제,
동전의 앞뒷면·주사위 눈의 수 등의 확률 문제가 주로 출제된다. 경우의 수를 하나하나 따져서 풀어
도 되지만, 공식을 알고 있으면 더 빠르고 쉽게 해결할 수 있으므로 꼭 암기하도록 하자.

기출유형 27

수정이는 부서 사람들과 함께 놀이공원을 방문하려고 한다. 이 놀이공원의 입장료는 1인당 16,000원이며,
정가에서 25% 할인된 금액에 10인 단체 티켓을 구매할 수 있다. 이때 부서원이 몇 명 이상일 때부터 단체
티켓 2장을 구매하는 것이 더 유리해지는가?(단, 부서원은 10명 이상이다)

① 15명   ② 16명
③ 17명   ④ 18명

〈 정답 및 해설 〉

해설 10인 단체 티켓 가격은 $10 \times 16,000 \times 0.75 = 120,000$원이다.
놀이공원에 방문하는 부서원 수를 x명이라 하자.
부서원이 10명 이상이라면 10인 단체 티켓 1장과 개인 티켓을 구매하는 방법이 있고, 10인 단체 티켓 2장을
구매하는 방법이 있다.
단체 티켓 2장을 구매하는 것이 더 유리하기 위해서는
$16,000 \times (x-10) > 120,000 \rightarrow x > 17.5$
따라서 부서원이 18명 이상일 때, 10인 단체 티켓 2장을 구매하는 것이 더 유리하다.

정답 ④

기출유형 28

A씨에게는 배우자와 자녀 2명이 있다. 배우자에게는 자녀의 상속분보다 50%를 더 상속할 때 총상속금이
7억 원이라면, 배우자가 받을 상속금은 얼마인가?

① 1억 원   ② 2억 원
③ 3억 원   ④ 4억 원

〈 정답 및 해설 〉

해설 자녀 한 명이 받을 상속금을 x억 원이라 하면, 배우자가 받을 상속금은 $1.5x$억 원이다.
$2x + 1.5x = 7 \rightarrow x = 2$
∴ (배우자가 받을 상속금)$= 1.5 \times 2 = 3$억 원

정답 ③

기출유형 29

지하철 1호선과 3호선을 운행하는 두 기관사는 A역에서 오전 6시 30분에 운행을 같이 시작한다. 1호선 기관사는 A역에 30분마다, 3호선 기관사는 A역에 40분마다 정차한다. 기관사들이 오후 12시부터 1시 사이 A역에 같이 정차하는 시각에 만나 점심을 먹기로 하였을 때, 점심을 먹는 시각과 운행을 시작하고 점심시각까지 A역에 같이 정차하는 횟수로 옳은 것은?(단, 정차하는 횟수에서 처음 출발 시각은 제외하고, 점심시각은 포함한다)

	점심시각	정차하는 횟수
①	12:30	4번
②	12:00	4번
③	12:30	3번
④	12:00	3번

〈정답 및 해설〉

해설 1·3호선 기관사가 A역에서 같이 정차하는 시각은 30분과 40분의 최소공배수인 120분, 즉 2시간마다 만난다. 지하철 1호선과 3호선은 6시 30분에 출발하여 1시 전까지 A역에 3번을 같이 정차한다. 이 중에서 점심을 같이 먹기로 한 시각은 오후 12시부터 1시 사이이므로 12시 30분이 된다. 따라서 점심시각은 12시 30분이며, 운행을 시작하고 점심시각까지 같이 정차하는 횟수는 3번임을 알 수 있다.

 정답 ③

기출유형 30

어느 해의 5월 달력에서 금요일의 날짜를 모두 더한 값이 66이다. 이 달에 일요일의 날짜를 모두 더한 값은?

① 74 ② 75

③ 81 ④ 82

〈정답 및 해설〉

해설 첫 번째 금요일을 x일이라 하면
$x+(x+7)+(x+14)+(x+21)=66$
→ $4x+42=66$
∴ $x=6$
첫째 주 일요일 : 1일
둘째 주 일요일 : 1+7=8일
           ⋮
다섯째 주 일요일 : 1+28=29일
∴ 1+8+15+22+29=75

정답 ②

기출유형 31

둘레의 길이가 10km인 원형의 공원이 있다. 어느 지점에서 민수와 민희는 서로 반대 방향으로 걷기 시작했다. 민수의 속력이 시속 3km, 민희의 속력이 시속 2km일 때, 둘은 몇 시간 후에 만나는가?

① 1시간 ② 2시간

③ 2시간 30분 ④ 2시간 50분

〈〈 정답 및 해설 〉〉

해설   (민수의 이동 거리)+(민희의 이동 거리)=10km이다.
둘이 x시간 후에 만난다고 하면, 두 사람의 이동 시간은 같으므로
$3x+2x=10$
∴ $x=2$

정답 ②

기출유형 32

농도 8%의 소금물 20g을 증발시켜 10%의 소금물을 만들었다. 이때 증발된 물의 양은?

① 1g ② 2g

③ 3g ④ 4g

〈〈 정답 및 해설 〉〉

해설   증발시킨 소금물을 xg이라 하면, 물이 증발해도 소금의 양은 변함이 없으므로
$$\frac{8}{100}\times20=\frac{10}{100}\times(20-x)$$
→ $160=200-10x$
∴ $x=4$

정답 ④

기출유형 33

다음 중 A ~ E 다섯 명이 일렬로 설 때, A와 B가 양 끝에 서는 경우의 수는?

① 6가지

② 12가지

③ 24가지

④ 32가지

기출유형 34

다음 중 A ~ C 세 명의 친구가 가위바위보를 할 때, 세 번 안에 승자와 패자가 가려질 확률은?

① $\dfrac{1}{2}$

② $\dfrac{1}{3}$

③ $\dfrac{1}{21}$

④ $\dfrac{26}{27}$

05 자료해석능력

자료해석에서는 제시된 통계자료, 데이터 수치, 그래프 등을 신속하고 정확하게 분석하는 능력을 평가한다. 즉, 기초적인 계산 능력과 수치자료로부터 정확한 의사결정을 내리거나 추론하는 능력을 측정하고자 한다. 도표, 그래프 등 실생활에서 접할 수 있는 수치자료를 제시하여 필요한 정보를 선별적으로 판단·분석하고, 대략적인 수치를 빠르고 정확하게 계산하는 유형이다. 이런 유형의 문제를 해결할 때는 문제에서 제시한 조건의 최우선순위와 전체 구조를 파악하는 것이 관건이고, 불필요한 정보나 한 번 사용한 정보는 지워가면서 남아 있는 정보를 활용하여 문제를 해결하는 것이 좋다.

기출유형 35

다음은 모바일 뱅킹 서비스 이용 실적에 대한 분기별 자료이다. 이에 대한 설명으로 옳지 않은 것은?

〈모바일 뱅킹 서비스 이용 실적〉

(단위 : 천 건, %)

구분	2023년				2024년
	1분기	2분기	3분기	4분기	1분기
조회 서비스	817	849	886	1,081	1,106
자금이체 서비스	25	16	13	14	25
합계	842(18.6)	865(2.7)	899(3.9)	1,095(21.8)	1,131(3.3)

※ (   )는 전 분기 대비 증가율이다.

① 조회 서비스 이용 실적은 매 분기마다 계속 증가하였다.
② 2023년 2분기의 조회 서비스 이용 실적은 전 분기보다 3만 2천 건 증가하였다.
③ 자금이체 서비스 이용 실적은 2023년 2분기에 감소하였다가 다시 증가하였다.
④ 모바일 뱅킹 서비스 이용 실적의 전 분기 대비 증가율이 가장 높은 분기는 2023년 4분기이다.

〈 정답 및 해설 〉

해설 자금이체 서비스 이용 실적은 2023년 3분기에도 감소하였다.

오답분석 ① 조회 서비스 이용 실적은 매 분기마다 계속 증가한 것을 확인할 수 있다.
② 2023년 2분기 조회 서비스 이용 실적은 849천 건이고, 전 분기의 이용 실적은 817천 건이므로 849-817 =32, 즉 3만 2천 건 증가하였다.
④ 모바일 뱅킹 서비스 이용 실적의 전 분기 대비 증가율이 가장 높은 분기는 2023년 4분기인 것을 확인할 수 있다.

정답 ③

다음은 A병원 사망자 1,500명을 대상으로 사망원인을 조사한 자료이다. 이에 대한 설명으로 옳은 것은?

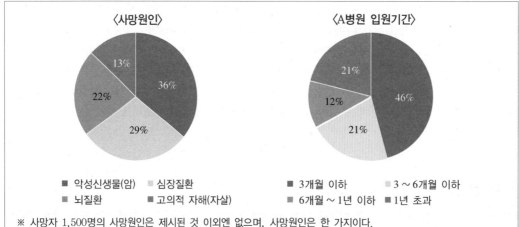

〈사망원인〉

- 악성신생물(암)
- 심장질환
- 뇌질환
- 고의적 자해(자살)

〈A병원 입원기간〉

- 3개월 이하
- 3 ~ 6개월 이하
- 6개월 ~ 1년 이하
- 1년 초과

※ 사망자 1,500명의 사망원인은 제시된 것 이외엔 없으며, 사망원인은 한 가지이다.
※ 입원기간은 A병원 입원일부터 사망일까지 이르는 기간을 나타낸다.
※ 입원기간 그래프는 A병원 사망자 1,500명의 수치를 나타낸다.

〈사망자 연령〉

구분	10대	20대	30대	40대	50대 이상
비율	8%			17%	51%

※ 사망자 연령의 비율 합은 100%이다.

① 20대 사망자 비율이 30대 사망자 비율의 2배라고 할 때, 20대 사망자 수는 40대 사망자 수보다 많다.
② 10대와 20대 사망원인 전체가 자살이라고 할 때, 자살로 인한 20대 사망자 수는 80명 이상이어야 한다.
③ 자살로 인한 사망자 전체의 입원기간이 3개월 이하라면, 이는 전체 3개월 이하인 사망자 수의 30% 이상이다.
④ 입원기간이 1년 초과인 사망자 전체가 암으로 인해 사망했다면, 이는 전체 암으로 인한 사망자 수의 55% 이상을 차지한다.

정답 및 해설

해설 입원기간이 1년 초과인 사망자는 $1,500 \times 0.21 = 315$명, 암으로 인한 사망자 수는 $1,500 \times 0.36 = 540$명으로 $\frac{315}{540} \times 100 = 58\%$이다. 따라서 55% 이상을 차지한다.

오답분석 ① 20대와 30대 사망자 비율은 24%이다. 20대 사망자 비율이 30대 사망자 비율의 2배라고 한다면, 20대 사망자 비율은 16%이다. 이는 40대 사망자 비율보다 낮으므로 사망자 수 또한 적다.
② 자살로 인한 사망자 수는 $1,500 \times 0.13 = 195$명, 10대 사망자 수는 $1,500 \times 0.08 = 120$명이다. 10대와 20대 사망자 모두 자살이라고 할 때, 20대 사망자 수는 $195 - 120 = 75$명 이하여야 한다.
③ 자살로 인한 사망자 수는 $1,500 \times 0.13 = 195$명, 입원기간이 3개월 이하인 사망자 수는 $1,500 \times 0.46 = 690$명이다. 따라서 $\frac{195}{690} \times 100 = 28\%$이므로 30% 미만이다.

정답 ④

기출유형 37

다음은 소득, 성별, 나이, 교육수준을 이용하여 구한 소득 결정 원인의 모형식이다. Y는 백만 원 단위로 나타낸 월 소득이고, AGE는 나이, GENDER는 남자가 1, 여자가 0이며, HIGH는 최종학력이 고졸이면 1, 아니면 0, COL은 최종학력이 대졸 이상이면 1, 아니면 0을 의미할 때, 30세 석사졸업 남자의 월 소득은 얼마인가?

$$Y = -0.91 + 0.05AGE + 0.65GENDER + 0.39HIGH + 0.98COL$$

① 222만 원   ② 233만 원

③ 245만 원   ④ 261만 원

《 정답 및 해설 》

해설 $Y = -0.91 + (0.05 \times 30) + (0.65 \times 1) + (0.39 \times 0) + (0.98 \times 1) = 2.22$

따라서 30세 석사졸업 남자의 월 소득은 222만 원이다.

정답 ①

기출유형 38

다음은 전년 동월 대비 2024년의 특허 심사건수 증감 및 등록률 증감 추이를 나타낸 자료이다. 〈보기〉 중 옳지 않은 것을 모두 고르면?

〈특허 심사건수 증감 및 등록률 증감 추이(전년 동월 대비)〉

(단위 : 건, %p)

구분	2024년 1월	2024년 2월	2024년 3월	2024년 4월	2024년 5월	2024년 6월
심사건수 증감	125	100	130	145	190	325
등록률 증감	1.3	−1.2	−0.5	1.6	3.3	4.2

보기

㉠ 전년 동월 대비 등록률은 2024년 3월에 가장 많이 낮아졌다.
㉡ 2024년 6월의 심사건수는 325건이다.
㉢ 2024년 5월의 등록률은 3.3%이다.
㉣ 2023년 1월의 심사건수가 100건이라면, 2024년 1월의 심사건수는 225건이다.

① ㉠
② ㉠, ㉡
③ ㉢, ㉣
④ ㉠, ㉡, ㉢

〈 정답 및 해설 〉

해설 ㉠ 전년 동월 대비 등록률은 2024년 2월에 가장 많이 낮아진 것을 확인할 수 있다.
㉡ 제시된 자료의 심사건수는 전년 동월 대비 325건 증가하였다는 의미일 뿐이므로 2024년 6월의 심사건수는 알 수 없다.
㉢ 제시된 자료의 등록률은 전년 동월 대비 3.3%p 증가하였다는 의미일 뿐이므로 2024년 5월의 등록률은 알 수 없다.

오답분석 ㉣ 2023년 1월의 심사건수가 100건이라면, 2024년 1월의 심사건수는 전년 동월 대비 125건이 증가했으므로 100+125=225건으로 옳은 설명이다.

정답 ④

06 추리능력

수 · 문자추리

수추리는 일정한 규칙에 따라 숫자를 배열하여 흐름을 파악하는 것으로, 여기서 규칙이란 결국 숫자의 반복에 의해 나타나는 법칙성을 말한다. 이런 유형은 반복된 숫자가 어떤 규칙에 따라 변하는지를 빠르게 파악하는 것이 관건이다. 문자추리 또한 숫자와의 연계를 통한 규칙성을 파악하는 유형이 주로 출제된다.

기출유형 39

다음과 같이 일정한 규칙으로 수를 나열할 때, 빈칸에 들어갈 수로 옳은 것은?

27 81 9 27 3 ( )

① 6 ② 7
③ 8 ④ 9

> **◁◁ 정답 및 해설 ▷▷**
>
> **해설** 제시된 수열은 ×3과 ÷9가 반복되는 수열이다. 따라서 빈칸에 들어갈 수는 3×3=9이다.
>
> **정답** ④

기출유형 40

다음 중 빈칸에 들어갈 수로 옳은 것은?

$$7♡5=2,\ 3♡13=6,\ 11♡23=4,\ 15♡8=(\quad)$$

① 2

② 3

③ 4

④ 5

기출유형 41

다음은 일정한 규칙에 의해 나열된 문자이다. 빈칸에 들어갈 알맞은 문자는?

$$ㅅ-ㅂ-ㅇ-ㅁ-ㅈ-ㄹ-(\quad)$$

① ㄴ

② ㄷ

③ ㅊ

④ ㅋ

기출유형 42

다음은 일정한 규칙으로 나열한 수열이다. 빈칸에 들어갈 알맞은 수는?

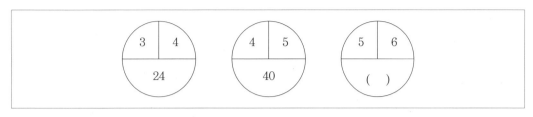

① 30

② 55

③ 60

④ 90

기출유형 43

다음과 같이 일정한 규칙으로 도형을 나열할 때, 물음표에 들어갈 도형으로 옳은 것은?

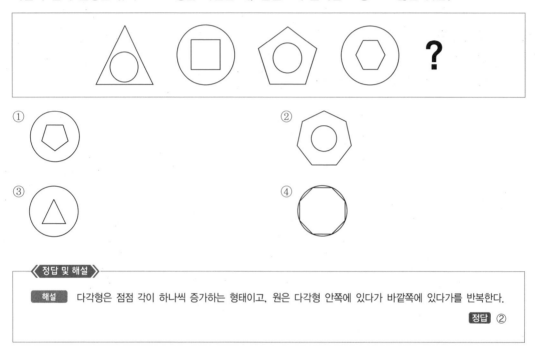

정답 및 해설

해설 다각형은 점점 각이 하나씩 증가하는 형태이고, 원은 다각형 안쪽에 있다가 바깥쪽에 있다가를 반복한다.

정답 ②

기출유형 44

다음 도형 내부의 기호들은 일정한 패턴을 가지고 변화한다. 다음 중 물음표에 들어갈 도형은?

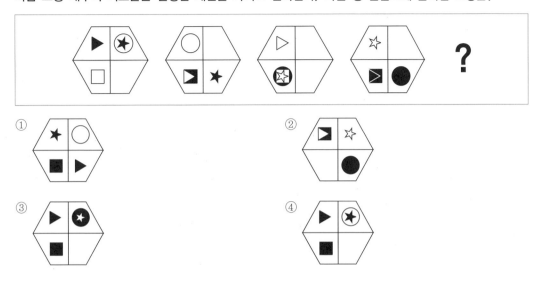

①

②

③

④

공간지각에서는 입체도형이나 주사위의 전개도를 보고 어떤 도형인지 파악하거나 숫자를 고르는 유형, 블록의 개수를 묻는 유형에서부터 겉넓이를 구하는 형태의 문제 등이 출제된다. 짧은 시간 안에 많은 문제들을 풀어내기 위해서는 문제지를 이리저리 돌리지 말고, 입체도형이나 전개도를 머릿속으로 회전해 보거나 그려볼 수 있는 방법을 미리 연습해 두어야 한다.

기출유형 45

다음 제시된 도형을 회전하였을 때, 나올 수 있는 도형은?

①

②

③

④

───〈 정답 및 해설 〉───

해설   ①은 제시된 도형을 시계 반대 방향으로 90° 회전한 것이다.

정답 ①

기출유형 46

회전축을 중심으로 평면도형을 회전시켰을 때, 다음과 같은 회전체가 나타나는 것은?

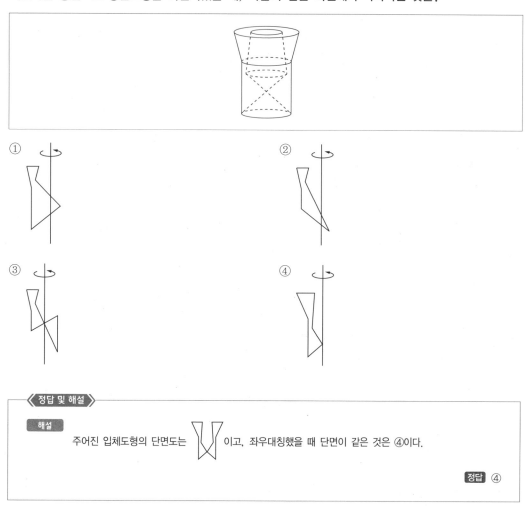

① ② ③ ④

〈정답 및 해설〉

해설

주어진 입체도형의 단면도는 [도형] 이고, 좌우대칭했을 때 단면이 같은 것은 ④이다.

정답 ④

다음 제시된 전개도를 접었을 때, 나타나는 입체도형으로 옳은 것은?

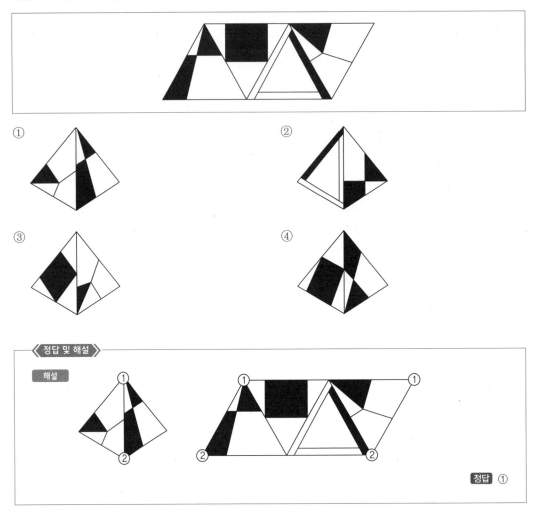

①

②

③

④

기출유형 48

다음 제시된 도형을 만들 때 필요한 블록의 개수는?

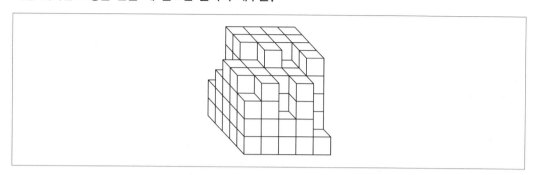

① 97개

② 102개

③ 107개

④ 112개

《 정답 및 해설 》

해설 1층 : 5×5=25개, 2층 : 25−1=24개, 3층 : 25−3=22개, 4층 : 25−5=20개, 5층 : 25−14=11개
∴ 25+24+22+20+11=102개

정답 ②

사무지각에서는 주로 문자나 기호·숫자 등을 나열하고 같거나 다른 문자나 기호·숫자를 찾는 유형, 기본 문장과 비교하여 다른 문장 찾기 등의 문제가 출제된다. 짧은 시간 안에 많은 문제를 풀려다 보면 마음이 급해져 자칫 실수할 수 있다. 복잡하게 나열된 기호나 문자·숫자열을 정확히 파악하기 위해서는 전체를 한 번에 보려고 하지 말고 일정한 개수씩 나눠서 비교하는 방식으로 풀어야 실수 없이 정확하게 해결할 수 있다.

기출유형 49

다음 제시된 문자와 다른 것은?

so mister grunt scampered

① so mister grunt scampered   ② so mister grunt scampered

③ so mister grunt scampared   ④ so mister grunt scampered

〈 **정답 및 해설** 〉

해설   scamp<u>a</u>red → scamp<u>e</u>red

정답 ③

기출유형 50

다음 제시된 단어와 같은 단어의 개수는?

땅콩

땀콤	땀콩	땅공	땅콜	땅콩	땅콤	땅꽁	땅콩	땀꽁	땅꽁
땀콤	땀콩	땅공	땅콩	땅꽁	땅공	땀콩	땅콤	탕꼼	땅깡
땅콤	딸콩	땅캉	땅꼴	땅꼼	땅쿵	땅꽁	땅콩	탕꽁	땅껑

① 4개   ② 5개
③ 6개   ④ 7개

《 정답 및 해설 》

해설   땀콤 땀콩 땅공 땅콜 <u>땅콩</u> 땅콤 땅꽁 <u>땅콩</u> 땀꽁 땅꽁
　　　 땀콤 땀콩 땅공 <u>땅콩</u> 땅꽁 땅공 땀콩 땅콤 탕꼼 땅깡
　　　 땅콤 딸콩 땅캉 땅꼴 땅꼼 땅쿵 땅꽁 <u>땅콩</u> 탕꽁 땅껑

정답 ①

인생이란 결코 공평하지 않다. 이 사실에 익숙해져라.

- 빌 게이츠 -

PART 1

직무적성검사

01 어휘의 의미

1. 동의어 · 유의어

(1) 동의어 : 두 개 이상의 어휘가 서로 소리는 다르나 의미가 같은 경우를 말한다. 동의어라 할지라도 방언적 · 계층적 · 함축적 차이를 드러내기 때문에 일상 용어에서 둘 이상의 단어가 동의어로 사용되는 경우는 거의 없고, 다만 학술 용어에서 드물게 사용된다.

동의어는 크게 절대적 동의어와 상대적 동의어로 나눌 수 있다.
- 산울림 : 메아리
- 아버지 : 아빠

① **절대적 동의어** : 개념과 연상, 주제가 동일하고, 모든 문맥에서 치환이 가능하다. 절대적 동의어는 두 어휘소가 의미 차이 없이 모든 문맥에서 치환될 수 있을 때만 가능하지만, 일반적으로 완전한 동의어는 거의 없다. '산울림'과 '메아리'는 절대적 동의어의 예이다.

② **상대적 동의어** : 문맥상 치환은 가능하지만 개념 의미만 동일하다. '아버지'와 '아빠'가 상대적 동의어의 예이며, 이를 유의어라고 부르기도 한다.

(2) 유의어 : 두 개 이상의 어휘가 서로 소리는 다르나 의미가 비슷한 경우를 말한다. 유의 관계의 대부분은 동일성을 전제로 한다.
- 과부 : 미망인
- 뚜렷한 : 선명한

'과부'와 '미망인'은 '남편을 잃고 혼자 사는 여자'라는 같은 뜻으로, 동의어이다. '뚜렷한'은 '엉클어지거나 흐리지 않고 아주 분명한'으로 '산뜻하고 뚜렷하여 다른 것과 혼동되지 아니한'의 '선명한'과 비슷한 뜻으로, 유의어이다.

2. 반의어

반의어(反意語)는 둘 이상의 단어에서 의미가 서로 짝을 이루어 대립하는 경우, 즉 어휘의 의미가 서로 대립하는 단어를 말하며, 이러한 어휘들의 관계를 반의 관계라고 한다. 한 쌍의 단어가 반의어가 되려면, 두 어휘 사이에 공통적인 의미 요소가 있으면서도 동시에 하나의 의미 요소만 서로 달라야 한다. 반의어는 반드시 한 쌍으로만 존재하는 것이 아니라, 다의어(多義語)이면 그에 따라 반의어가 여러 개로 달라질 수 있다. 즉, 하나의 단어에 대하여 여러 개의 반의어가 있을 수 있다.
- 남자 : 여자
- 벗다 : 입다, (모자를) 쓰다, (양말을) 신다, (시계를) 차다

'남자'와 '여자'는 둘 다 '사람'이라는 공통 요소가 있지만, '성(性)'이라는 다른 의미 요소가 있고, '벗다'는 '입다, 쓰다, 신다, 차다'라는 여러 개의 반의어가 있을 수 있다.

반의어에는 상보 반의어와 정도 반의어, 관계 반의어, 방향 반의어가 있다.

- 있다 : 없다
- 크다 : 작다
- 부모 : 자식
- 위 : 아래

(1) 상보 반의어 : 한쪽 말을 부정하면 다른 쪽 말이 되는 반의어이며, 중간항은 존재하지 않는다. '있다'와 '없다'가 상보적 반의어이며, '있다'와 '없다' 사이의 중간 상태는 존재할 수 없다.

(2) 정도 반의어 : 한쪽 말을 부정하면 반드시 다른 쪽 말이 되는 것이 아니며, 중간항을 갖는 반의어이다. '크다'와 '작다'가 정도 반의어이며, 크지도 작지도 않은 중간이라는 중간항을 갖는다.

(3) 관계 반의어 : 관계 반의어는 상대가 존재해야만 자신이 존재할 수 있는 반의어이다. '부모'와 '자식'이 관계 반의어의 예이다.

(4) 방향 반의어 : 동작의 진행 방향이 대립되는 데서 생겨난, 즉 맞선 방향을 전제로 해 관계나 이동의 측면에서 대립하는 단어의 쌍이 방향 반의어이며, '위'와 '아래'가 방향 반의어의 예이다.

3. 다의어

하나의 소리가 둘 이상의 다르면서도 서로 연관된 의미를 가지고 있는 어휘들의 관계를 '다의 관계'라고 하고, 다의 관계에 있는 어휘를 '다의어'라고 한다. 다의어는 그 단어가 지니는 기본적인 뜻 이외에 문맥에 따라 다른 뜻으로 쓰인다.

(1) 다의어의 특징

① 낱말의 의미들 사이에는 상호 연관성이 있다.
② 다의어에는 하나의 중심 의미가 있다.
③ 여러 개의 주변 의미를 가진다.
④ 국어사전에서는 하나의 표제어 안에 번호로 구분한다.

> **자주 출제되는 문제 유형**
> ㉠ 철수는 숲 속에서 길을 잃고 한참을 헤매었다.
> ㉡ 종적을 감춘 성수를 찾을 길이 없다.
> ㉢ 그는 출장 가는 길에 고향에 들렀다.

⊙의 '길'은 '걷거나 탈것을 타고 어느 곳으로 가는 노정(路程)'으로, 기본적인 의미의 '길'이고, ⓒ의 '길'은 '방법이나 수단'의 의미이고, ⓒ은 '어떠한 일을 하는 도중이나 기회'를 의미한다. 즉, 다의어는 하나의 단어 형태가 여러 가지의 의미를 지니는 단어이다.

4. 동음이의어

두 개 이상의 단어가 우연히 같은 소리를 가지고 있으나, 의미가 다른 어휘들의 관계를 '동음이의 관계'라고 하고, 동음이의 관계에 있는 어휘를 '동음이의어'라고 한다.

(1) 특징

① 낱말의 의미들 사이에 상호 연관성이 없다.
② 국어사전에서는 각각의 단어를 별개의 표제어로 다루고 있다.

(2) 동음이의어의 의미 구별

① 문맥과 상황에 따라 구별할 수 있다.
② 말소리의 길고 짧음으로 구별할 수 있다.
③ 보충하여 쓴 한자를 통해 의미를 구별할 수 있다.

> **자주 출제되는 문제 유형**
> ⊙ 그는 배가 나와 걷기 힘들었다.
> ⓒ 태풍 때문에 배가 뜨지 못했다.
> ⓒ 아람이는 물이 많고 단 배를 좋아한다.

⊙의 '배'는 '사람이나 동물의 몸에 있는 곳'이고, ⓒ의 '배'는 '사람이나 짐 따위를 싣고 물 위로 떠다니도록 만든 물건'이고, ⓒ의 '배'는 '배나무의 열매'를 의미한다.

5. 상·하위어

두 개의 어휘 중에서 하나의 의미가 다른 하나의 의미를 포함하고 있을 때, 포함하는 어휘의 관계를 '상위 관계'라고 하며, 상위 관계에 있는 어휘를 '상위어'라고 하고, 포함되는 어휘의 관계를 '하위 관계'라고 하며, 하위 관계에 있는 어휘를 '하위어'라고 한다. 즉, 단어 A의 의미가 다른 단어 B의 의미 전체를 포함할 때 단어 A를 상위어라고 하고 단어 B를 하위어라고 한다.
• 과일 – 사과
• 사과 – 풋사과
'과일'은 '사과'의 '상위어'이며, '사과'는 '과일'의 '하위어'이고, '사과'는 '풋사과'의 '상위어'이고, '풋사과'는 '사과'의 '하위어'이다.

02 알맞은 어휘

1. 나이에 관련된 어휘

- 충년(沖年) : 10세 안팎의 어린 나이
- 지학(志學) : 15세가 되어 학문에 뜻을 둠
- 약관(弱冠) : 남자 나이 20세, 여자는 묘령(妙齡), 묘년(妙年), 방년(芳年), 방령(芳齡) 등
- 이립(而立) : 30세, 인생관이 섰다고 함 − 『논어』
- 불혹(不惑) : 40세, 세상일에 미혹되지 않음을 뜻함
- 지천명(知天命) : 50세, 하늘의 뜻을 깨달음
- 이순(耳順) : 60세, 경륜이 쌓이고 사려와 판단이 성숙하여 남의 어떤 말도 거슬리지 않음
- 화갑(華甲) : 61세, 회갑(回甲), 환갑(還甲). 육십갑자의 '갑(甲)'으로 되돌아온다는 뜻
- 진갑(進甲) : 62세, 환갑의 이듬해, 또는 그해의 생일
- 고희(古稀) : 70세, 두보의 「곡강시(曲江詩)」에서 유래, 사람의 나이 70세는 예부터 드문 나이라는 뜻
- 희수(喜壽) : 77세, '喜'자의 초서체 '㐂'자가 '七十七'과 비슷한 데서 유래
- 산수(傘壽) : 80세, '傘'자를 파자(破字)하면 '八十'이 되는 데서 유래
- 미수(米壽) : 88세, '米'자를 파자하면 '八十八'이 되는 데서 유래
- 졸수(卒壽) : 90세, '卒'의 초서체 '卆(졸)'자를 파자하면 '九十'이 되는 데서 유래
- 망백(望百) : 91세, 100세를 바라봄
- 백수(白壽) : 99세, '백(百)'에서 '일(一)'을 빼면 '백(白)'이 되는 데서 유래
- 상수(上壽) : 100세, 사람의 수명 중 최상의 수명
- 기이(期頤) : 100세, 사람의 수명은 100년으로서 기(期)로 함
- 다수(茶壽) : 108세, '茶'자를 파자하면 '十'이 두 개라서 '二十'이고, 아래 '八十八'이니 합하면 108이 됨
- 천수(天壽) : 120세, 병 없이 늙어서 죽음을 맞이하면 하늘이 내려 준 나이를 다 살았다는 뜻

2. 단위에 관련된 어휘

(1) 척도 단위

① 길이
- 자 : 한 치의 열 배, 약 30.3cm
- 마장 : 주로 5리나 10리가 못되는 몇 리의 거리를 일컫는 단위
- 발 : 두 팔을 펴 벌린 길이

- 길 : 사람의 키의 한 길이, 또는 여덟 자(2.4m) 혹은 열 자(3m)
- 치 : 길이를 재는 단위. 한 자의 1/10
- 간(間) : 길이를 재는 단위(한 간은 6자임)
- 뼘 : 엄지손가락과 다른 손가락을 완전히 펴서 벌렸을 때에 두 끝 사이의 거리
- 긴 : 윷놀이에서 자기의 말로 남의 말을 쫓아 잡을 수 있는 거리

② 넓이
- 갈이 : 소 한 마리가 하루에 갈 수 있는 넓이를 나타내는 단위. 약 2,000평
- 단보(段步) : 논밭의 넓이. 1단보는 남한에서는 300평(991.74m^2), 북한에서는 30평(99.174m^2)
- 마지기 : 논밭의 넓이의 단위(볍씨 한 말의 모 또는 씨앗을 심을 만한 넓이). 논은 150~300평, 밭은 100평
- 목 : 세금을 매기기 위한 논밭의 넓이 단위로서, 그 넓이는 시대에 따라 달랐다.
- 되지기 : 논밭의 넓이를 헤아리는 단위(볍씨 한 되의 모 또는 씨앗을 심을 만한 넓이). 한 마지기의 1/10
- 줌 : 논밭 넓이의 단위. 세금을 계산할 때 썼다. 한 줌은 한 뭇의 10분의 1로, 그 넓이는 시대에 따라 달랐다.

③ 부피
- 홉 : 곡식 같은 것들을 재는 단위(180밀리리터). 또는 그 그릇. 한 되의 1/10
- 되 : 곡식, 액체 등의 분량을 헤아리는 단위. 홉의 열 배, 즉 열 홉의 단위
- 되들이 : 한 되를 담을 수 있는 분량이라는 뜻으로, 한 홉의 1/10의 양
- 말 : 곡식, 액체, 가루 따위의 부피를 재는 단위. 한 말은 한 되의 열 배로 약 18리터에 해당
- 춤 : 가늘고 긴 물건을 한 손으로 쥘 만한 분량
- 덩저리 : 뭉쳐서 쌓은 물건의 부피
- 부룻 : 무더기로 놓인 물건의 부피
- 조짐 : 쪼갠 장작을 사방 6자 부피로 쌓은 양

④ 무게
- 돈 : 무게의 단위. 3.75그램이며, 한 돈은 한 냥의 10분의 1, 한 푼의 열 배에 해당
- 푼 : 약 0.375그램이며, 0.1돈에 해당
- 대푼쭝 : 한 푼의 무게
- 냥 : 수관형사(수사) 밑에 쓰는 돈(엽전). 또는 중량의 단위의 하나(약 37.5그램)
- 냥쭝 : 한 냥의 무게
- 돈쭝 : 한 돈의 무게. 약이나 금, 은 등의 무게를 다는 저울의 단위. 무게의 단위
- 수동이 : 광석의 무게 단위로, 37.5kg에 해당함

(2) 묶음 단위
- 가락 : 가느스름하고 기름하게 토막 친 엿가락과 같은 물건의 낱개를 세는 단위
- 가리 : 곡식, 장작더미의 수효를 세는 단위
- 가마 : 쌀가마니처럼 물건을 담는 가마니를 세는 말
- −가웃 : 되, 말, 자의 수를 셀 때 사용된 단위의 약 절반 정도의 분량을 뜻하는 접미사
- 가지 : 어떤 기준에 따라 구별 짓는 낱낱의 부류를 이르는 말
- 갓 : 비웃·굴비 따위의 10마리, 고사리·고비 따위의 10모숨
- 모숨 : 한 줌 안에 들어올 만한 길고 가느다란 물건의 분량

- 강다리 : 쪼갠 장작 100개비를 한 단위로 이르는 말
- 거리 : 오이, 가지 등의 50개
- 고랑배미 : 밭고랑이나 논배미(논두렁으로 둘러싸인 구역)를 세는 단위
- 고리 : 소주 열 사발을 한 단위로 이르는 말
- 그루 : 식물, 특히 나무를 세는 단위. 또는 한 해에 같은 땅에 농사짓는 횟수
- 깃 : 무엇을 나눌 때 각자의 앞으로 돌아올 한몫=노느몫
- 꼭지 : 모숨을 지어 잡아 맨 긴 물건을 세는 단위. 또는 실의 길이를 재는 단위(약 6.6m)
- 꾸러미 : 달걀 10개를 꾸리어 싼 것. 꾸리어 싼 것을 세는 단위
- 꿰미 : 노끈 같은 것으로 꿰어서 다루는 물건을 세는 단위
- 끗 : 접쳐서 파는 피륙의 길이를 나타내는 단위. 또는 노름 등에서 셈치는 점수
- 끼 : 밥을 먹는 횟수를 셀 때 쓰는 말
- 낱 : 셀 수 있는 물건의 하나하나를 세는 단위
- 닢 : 잎, 쇠붙이로 만든 돈. 가마니같이 납작한 물건을 낱낱의 뜻으로 세는 말
- 담불 : 벼 백 섬을 세는 단위
- 대 : 담배를 피우는 분량. 또는 때리는 매의 횟수를 세는 단위
- 되사 : 말을 단위로 하여 셀 때에 남는 한 되가량의 분량
- 떨기 : 무더기진 풀, 꽃 따위의 식물을 세는 단위
- 마투리 : 한 가마나 한 섬에 차지 못하고 남는 양
- 모춤 : 볏모나 모종을 3~4움큼씩 묶은 단
- 못가새 : 3~4움큼으로 가새모춤한 모의 매 움큼
- 무지 : 무더기로 쌓인 더미나 그것을 세는 단위
- 묶음 : 묶어 놓은 덩이를 세는 단위
- 뭇 : 생선 10마리, 미역 10장, 자반 10개를 이르는 단위
- 바리 : 마소의 등에 잔뜩 실은 짐을 세는 단위
- 벌 : 옷, 그릇 따위의 짝을 이룬 한 덩이를 세는 단위를 이르는 말
- 사리 : 윷놀이에서 나오는 모나 윷을 세는 말
- 새 : 피륙의 날을 세는 단위. 한 새는 날실 여든 올
- 섬 : 한 말의 열 갑절, 즉 10말
- 섬지기 : 볍씨 한 섬의 모나 씨앗을 심을 만한 넓이로, 한 마지기의 10배. 논은 약 2,000평, 밭은 약 1,000평
- 섭수 : 볏짚의 수량 단위. 잎나무의 수량 단위
- 손 : 물건을 한 손으로 집어 낼 때 한 번 집는 수량
- 쌈 : 바늘 24개의 분량, 피륙을 다듬기 알맞은 분량으로 싼 덩이
- 오가재비 : 굴비나 자반 준치 따위를 다섯 마리씩 한 줄에 엮은 단위
- 우리 : 기와를 세는 단위. 기와 2,000장
- 임 : 머리 위에 인 물건을 세는 단위
- 자래 : 쌍으로 된 생선의 알주머니를 세는 데 쓰이는 단위
- 접 : 과일, 무, 배추, 마늘 등 채소 따위의 100개를 이르는 단위
- 죽 : 옷, 신, 그릇 따위의 10벌을 이르는 말
- 줄 : 사람이나 물건의 죽 늘어선 열을 세는 말

- 짐 : 사람의 등이나 지게에 한 번 질 수 있는 물건의 단위
- 쾌 : 북어 20마리를 세는 단위. 또는 엽전 10냥
- 토리 : 실 뭉치를 세는 말
- 톳 : 김 100장씩을 한 묶음으로 묶은 덩이(경우에 따라서는 40장씩 묶기도 한다)
- 편거리 : 인삼을 한 근씩 자를 때 그 개수를 세는 말

3. 호칭어와 지칭어에 관련된 어휘

호칭어는 상대방을 부를 때 쓰는 말이고, 지칭어는 상대방을 가리킬 때 쓰는 말이다.

(1) 시댁 식구

① 남편의 형 : 아주버님, 시숙
② 남편의 누나 : 형님
③ 남편의 여동생 : 아가씨
④ 남편의 동생(시동생) : 도련님(미혼), 서방님(기혼)
⑤ 남편 형의 아내 : 형님
⑥ 남편 누나의 남편 : 아주버님
⑦ 남편 여동생의 남편 : 서방님
⑧ 남편 남동생의 아내 : 동서

(2) 처가 식구

① 아내의 오빠 : 처남(나이가 적을 경우), 형님(나이가 많을 경우)
② 아내의 남동생 : 처남
③ 아내의 언니 : 처형
④ 아내의 여동생 : 처제
⑤ 아내 오빠의 아내 : 처남댁, 아주머니
⑥ 아내 언니의 남편 : 형님(나이가 많을 경우), 동서(나이가 적을 경우)
⑦ 아내 남동생의 부인 : 처남댁
⑧ 아내 여동생의 남편 : 동서

(3) 기타

① 돌아가신 아버지를 남에게 지칭할 때 : 선친(先親), 선군(先君), 망부(亡父)
② 돌아가신 어머니를 남에게 지칭할 때 : 선비(先妣), 선자(先慈), 망모(亡母)
③ 남의 아버지를 지칭할 때 : 춘부장(椿府丈)
④ 남의 어머니를 지칭할 때 : 자당(慈堂)
⑤ 돌아가신 남의 아버지를 지칭할 때 : 선대인(先大人)
⑥ 돌아가신 남의 어머니를 지칭할 때 : 선대부인(先大夫人)

4. 접속어

접속어는 단어와 단어, 구절과 구절, 문장과 문장을 이어 주는 구실을 하는 문장 성분이다.

(1) 순접 관계 : 앞의 내용을 순조롭게 받아 연결시켜 주는 역할

　[예] 그리고, 그리하여, 그래서, 이와 같이, 그러므로 등

(2) 역접 관계 : 앞의 내용과 상반된 내용을 이어 주는 역할

　[예] 그러나, 그렇지만, 하지만, 그래도, 반면에 등

(3) 인과 관계 : 앞뒤의 문장을 원인과 결과로, 또는 결과와 원인으로 연결시켜 주는 역할

　[예] 그래서, 따라서, 그러므로, 왜냐하면 등

(4) 환언·요약 관계 : 앞 문장을 바꾸어 말하거나 간추려 짧게 말하며 이어 주는 역할

　[예] 즉, 요컨대, 바꾸어 말하면, 다시 말하면 등

(5) 대등·병렬 관계 : 앞 내용과 뒤의 내용을 대등하게 이어 주는 역할

　[예] 또는, 혹은, 및, 한편 등

(6) 전환 관계 : 뒤의 내용이 앞의 내용과는 다른, 새로운 생각이나 사실을 서술하여 화제를 바꾸어 이어 주는 역할

　[예] 그런데, 한편, 아무튼, 그러면 등

(7) 예시 관계 : 앞 문장에 대한 구체적인 예를 들어 설명하며 이어 주는 역할

　[예] 예컨대, 이를테면, 가령, 예를 들어 등

03 술어 파악

- 가다 : 가늠이 가다, 금이 가다, 녹이 가다, 눈길이 가다, 맛이 가다, 살로 가다, 소식이 가다, 주름이 가다, 봄이 가다, 수긍이 가다, 큰돈이 가다 등
- 갖다(가지다) : 권력을 갖다, 모임을 갖다, 애착을 갖다, 집을 갖다, 교제를 갖다, 자식을 갖다, 관심을 갖다, 불만을 갖다 등
- 놀다 : 나사가 놀다, 태아가 놀다, 물고기가 놀다, 손가락이 놀다, 곱사춤을 놀다, 주사위를 놀다, 방해를 놀다, 싱겁게 놀다, 돈이 놀다 등
- 담다 : 쌀을 담다, 항아리에 담다, 마음을 담다, 정성을 담다, 경치를 화폭에 담다 등
- 닦다 : 이를 닦다, 땀을 닦다, 길을 닦다, 행실을 닦다, 기반을 닦다, 터를 닦다, 학업을 닦다, 호적을 닦다 등

- 두다 : 책상 위에 두다, 영향 아래 두다, 자식을 두다, 쌀밥에 팥을 두다, 버선에 솜을 두다, 사람을 두다, 본진을 두다, 위원회를 두다, 초점을 두다, 염두에 두다, 인정을 두다, 대학에 적을 두다, 목적을 두다, 강을 앞에 두다, 간격을 두다, 시간을 두다, 비서를 두다, 바둑을 두다, 세상과 거리를 두다 등
- 두르다 : 치마를 두르다, 담을 두르다, 팔을 두르다, 기름을 두르다, 마을을 두르다, 사람을 두르다 등
- 들다 : 짐을 들다, 칼이 들다, 날이 들다, 사랑에 들다, 잠이 들다, 병이 들다, 습관이 들다, 새집에 들다, 돈이 들다, 단풍이 들다, 함정에 들다 등
- 먹다 : 밥을 먹다, 담배를 먹다, 귀가 먹다, 마음을 먹다, 나이를 먹다, 겁을 먹다, 뇌물을 먹다, 습기를 먹다, 우승을 먹다, 골을 먹다, 화장이 먹다, 좀이 먹다, 잊어 먹다 등
- 무겁다 : 머리가 무겁다, 세금이 무겁다, 몸이 무겁다, 마음이 무겁다, 걸음이 무겁다, 분위기가 무겁다, 죄가 무겁다, 책임이 무겁다, 슬픔이 무겁다 등
- 묻다 : 정답을 묻다, 잉크가 묻다, 책임을 묻다, 거름을 묻다, 비밀을 묻다, 얼굴을 묻다, 침대에 묻다 등
- 받다 : 선물을 받다, 세금을 받다, 귀염을 받다, 벌을 받다, 물건을 받다, 공을 받다, 죄를 받다, 햇빛을 받다, 도전을 받다, 손님을 받다, 칼을 받다, 선창을 받다, 알을 받다, 꽃씨를 받다, 술을 받다, 버선볼을 받다, 물을 욕조에 받다, 옷이 받다, 고기가 몸에 받다, 화장품이 받다, 사진이 받다 등
- 벗다 : 고통을 벗다, 옷을 벗다, 배낭을 벗다, 누명을 벗다, 때를 벗다, 허물을 벗다, 얼굴을 벗다, 관복을 벗다 등
- 부리다 : 수단을 부리다, 멋을 부리다, 욕심을 부리다, 꾀를 부리다, 수작을 부리다, 일꾼을 부리다, 차를 부리다, 활을 부리다, 재주를 부리다, 부두에 부리다 등
- 사다 : 책을 사다, 돈을 사다, 공로를 사다, 사람을 사다, 의심을 사다, 저녁을 사다, 원성을 사다, 호감을 사다 등
- 새다 : 비가 새다, 불빛이 새다, 소리가 새다, 돈이 새다, 정보가 새다, 날이 새다 등
- 쓰다 : 이름을 쓰다, 편지를 쓰다, 곡을 쓰다, 약에 쓰다, 인부를 쓰다, 빚을 쓰다, 시간을 쓰다, 힘을 쓰다, 턱을 쓰다, 애를 쓰다, 억지를 쓰다, 반말을 쓰다 등
- 오다 : 느낌이 오다, 기회가 오다, 평화가 오다, 무리가 오다, 허리에 오다, 여름이 오다, 추위가 오다, 졸음이 오다, 밤길을 오다, 전학을 오다, 밝아 오다, 일해 오다 등
- 읽다 : 글을 읽다, 신문을 읽다, 성경을 읽다, 황순원을 읽다, 악보를 읽다, 사태를 읽다, 감정을 읽다, 수를 읽다 등
- 잇다 : 가업을 잇다, 말을 잇다, 끈을 잇다, 줄을 잇다, 생계를 잇다, 꼬리를 잇다 등
- 짓다 : 밥을 짓다, 약을 짓다, 시를 짓다, 말을 짓다, 한숨을 짓다, 죄를 짓다, 매듭을 짓다, 결론을 짓다, 이름을 짓다, 짝을 짓다, 미소를 짓다 등
- 잡다 : 멱살을 잡다, 고기를 잡다, 개를 잡다, 주도권을 잡다, 한밑천을 잡다, 단서를 잡다, 범행 현장을 잡다, 기회를 잡다, 말꼬리를 잡다, 장땡을 잡다, 손님을 잡다, 균형을 잡다, 음을 잡다, 초안을 잡다, 말머리를 잡다, 자세를 잡다, 불길을 잡다, 마음을 잡다, 균형을 잡다, 물을 잡다, 담보물로 잡다, 기간을 잡다, 방향을 잡다 등
- 적다 : 답을 적다, 번호를 적다, 잔술서를 적다, 가계부를 적다 등
- 주다 : 먹이를 주다, 시간을 주다, 혜택을 주다, 임무를 주다, 고통을 주다, 연줄을 주다, 암시를 주다, 눈길을 주다, 주사를 주다, 힘을 주다, 마음을 주다 등
- 지다 : 짐을 지다, 바람을 지다, 오라를 지다, 은혜를 지다, 책임을 지다, 빚을 지다 등
- 찍다 : 도장을 찍다, 잉크를 찍다, 연지 곤지를 찍다, 마침표를 찍다, 벽돌을 찍다, 책을 찍다, 문자를 찍다, 영화를 찍다, 답을 찍다, 후보를 찍다, 신랑감으로 찍다 등

- 취하다 : 휴식을 취하다, 연락을 취하다, 자세를 취하다, 돈을 취하다, 잠에 취하다, 분위기에 취하다, 사람에 취하다, 말에 취하다 등
- 치다 : 공을 치다, 손뼉을 치다, 볼링을 치다, 못을 치다, 전보를 치다, 꼬리를 치다, 헤엄을 치다, 사기를 치다, 점을 치다, 촌수로 치다, 커튼을 치다, 벼락이 치다, 기름을 치다 등
- 커다 : 통나무를 커다, 바이올린을 커다, 고치를 커다, 엿을 커다 등
- 크다 : 키가 크다, 신발이 크다, 책임이 크다, 재목이 크다, 소리가 크다, 액수가 크다, 실망이 크다, 통이 크다, 담이 크다, 가능성이 크다, 크게 나누다, 결심이 크다, 업적이 크다, 키가 크다 등
- 타다 : 배를 타다, 나무를 타다, 틈을 타다, 바람을 타다, 썰매를 타다, 그네를 타다, 연줄을 타다 등
- 털다 : 이불을 털다, 호주머니를 털다, 은행을 털다, 과거를 털다 등
- 트다 : 길을 트다, 난장을 트다, 마음을 트다, 거래를 트다, 말을 트다 등
- 튼튼하다 : 밧줄이 튼튼하다, 몸이 튼튼하다, 국가 경제가 튼튼하다, 이데올로기가 튼튼하다 등
- 틀다 : 몸을 틀다, 수도꼭지를 틀다, 라디오를 틀다, 일을 틀다, 머리를 틀다, 가마니를 틀다, 솜을 틀다, 똬리를 틀다, 가부좌를 틀다, 진로를 틀다 등
- 틀리다 : 답이 틀리다, 잠자기는 틀리다, 인간이 틀리다 등
- 파다 : 땅을 파다, 도장을 파다, 목둘레선을 파다, 진상을 파다, 손톱을 파다, 책을 파다, 젖을 파다, 호적을 파다 등
- 팔다 : 땅을 팔다, 사람을 팔다, 정신을 팔다, 이름을 팔다, 나라를 팔다, 쌀을 팔다 등
- 풀다 : 보따리를 풀다, 화를 풀다, 회포를 풀다, 문제를 풀다, 피로를 풀다, 의심을 풀다, 물감을 풀다, 꿈을 풀다, 코를 풀다, 말을 풀다 등
- 품다 : 알을 품다, 가슴에 은장도를 품다, 냉기를 품다, 기상을 품다, 앙심을 품다, 의문을 품다 등
- 펴다 : 날개를 펴다, 주름살을 펴다, 허리를 펴다, 뜻을 펴다, 돗자리를 펴다, 계엄령을 펴다, 세력을 펴다 등
- 피다 : 꽃이 피다, 숯이 피다, 얼굴이 피다, 먹구름이 피다, 형편이 피다, 향기가 피다, 보푸라기가 피다, 웃음이 피다, 곰팡이가 피다, 잉크가 피다 등
- 하다 : 운동을 하다, 나무를 하다, 얼굴을 하다, 술을 하다, 목걸이를 하다, 문학을 하다, 주인공을 하다, 급제를 하다, 반지를 하다, 얼굴값을 하다, 떡 주무르듯 하다, 양자로 하다, 만나기로 하다 등
- 하얗다 : 눈이 하얗다, 얼굴이 하얗다 등
- 헐다 : 울타리를 헐다, 독을 헐다, 수표를 헐다 등
- 헤어지다 : 일행과 헤어지다, 부부가 헤어지다, 구슬들이 헤어지다, 입술이 헤어지다 등
- 흐르다 : 시간이 흐르다, 바지가 흐르다, 물이 흐르다, 방향으로 흐르다, 구름이 흐르다, 촌티가 흐르다, 윤기가 흐르다, 달빛이 흐르다, 땀이 흐르다 등
- 흔들다 : 손을 흔들다, 천지를 흔들다, 집안을 흔들다, 마음을 흔들다, 정계를 흔들다 등
- 흘리다 : 물을 흘리다, 돈을 흘리다, 정보를 흘리다, 웃음을 흘리다, 피를 흘리다, 말씀을 흘리다, 글씨를 흘리다 등
- 힘들다 : 어렵고 힘들다, 끝내기 힘들다, 인간관계가 힘들다, 참기 힘들다 등
- 힘쓰다 : 학업에 힘쓰다, 남을 위해 힘쓰다, 독립에 힘쓰다 등

04 한글 맞춤법, 표준어, 띄어쓰기

1. 한글 맞춤법

(1) 자모

① 한글 자모의 수는 스물넉 자로 하고, 그 순서와 이름은 다음과 같이 정한다.

ㄱ(기역) ㄴ(니은) ㄷ(디귿) ㄹ(리을) ㅁ(미음) ㅂ(비읍) ㅅ(시옷) ㅇ(이응) ㅈ(지읒) ㅊ(치읓) ㅋ(키읔) ㅌ(티읕) ㅍ(피읖) ㅎ(히읗)

ㅏ(아) ㅑ(야) ㅓ(어) ㅕ(여) ㅗ(오) ㅛ(요) ㅜ(우) ㅠ(유) ㅡ(으) ㅣ(이)

② 두 개 이상의 자모를 어울러서 적되, 그 순서와 이름은 다음과 같이 정한다.

ㄲ(쌍기역) ㄸ(쌍디귿) ㅃ(쌍비읍) ㅆ(쌍시옷) ㅉ(쌍지읒)

ㅐ(애) ㅒ(얘) ㅔ(에) ㅖ(예) ㅘ(와) ㅙ(왜) ㅚ(외) ㅝ(워) ㅞ(웨) ㅟ(위) ㅢ(의)

③ 사전에 올릴 적의 자모 순서는 다음과 같이 정한다.

ㄱ 자음

ㄱ ㄲ ㄴ ㄷ ㄸ ㄹ ㅁ ㅂ ㅃ ㅅ ㅆ ㅇ ㅈ ㅉ ㅊ ㅋ ㅌ ㅍ ㅎ

ㄴ 모음

ㅏ ㅐ ㅑ ㅒ ㅓ ㅔ ㅕ ㅖ ㅗ ㅘ ㅙ ㅚ ㅛ ㅜ ㅝ ㅞ ㅟ ㅠ ㅡ ㅢ ㅣ

(2) 소리

① **된소리** : 한 단어 안에서 뚜렷한 까닭 없이 나는 된소리는 다음 음절의 첫소리를 된소리로 적는다.

예 소쩍새, 움찔, 깍두기 등

② **구개음화** : 'ㄷ, ㅌ' 받침 뒤에 종속적 관계를 가진 '-이(-)'나 '-히-'가 올 적에는, 그 'ㄷ, ㅌ'이 'ㅈ, ㅊ'으로 소리 나더라도 'ㄷ, ㅌ'으로 적는다.

예 해돋이[해도지], 굳이[구지], 맏이[마지] 등

③ **'ㄷ'소리 받침** : 'ㄷ' 소리로 나는 받침 중에서 'ㄷ'으로 적을 근거가 없는 것은 'ㅅ'으로 적는다.

예 덧저고리, 돗자리, 웃어른 등

④ **모음**

ㄱ '계, 례, 메, 폐, 혜'의 'ㅖ'는 'ㅔ'로 소리나는 경우가 있더라도 'ㅖ'로 적는다.

예 계수[계수], 사례[사례], 혜택[혜택] 등

다만, 다음 말은 본음대로 적는다.

예 게송, 게시판, 휴게실 등

ㄴ '의'나 자음을 첫소리로 가지고 있는 음절의 'ㅢ'는 'ㅣ'로 소리나는 경우가 있더라도 'ㅢ'로 적는다.

예 무늬[무니], 씌어[씨어], 본의[본이] 등

⑤ **두음법칙**

ㄱ 한자음 '녀, 뇨, 뉴, 니'가 단어 첫머리에 올 적에는, 두음법칙에 따라 '여, 요, 유, 이'로 적는다.

예 여자[녀자], 연세[년세], 요소[뇨소] 등

• 단어의 첫머리 이외의 경우에는 본음대로 적는다.

예 남녀(男女), 당뇨(糖尿), 은닉(隱匿) 등

- 접두사처럼 쓰이는 한자가 붙어서 된 말이나 합성어에서, 뒷말의 첫소리가 'ㄴ' 소리로 나더라도 두음법칙에 따라 적는다.
  예 신여성(新女性), 공염불(空念佛), 남존여비(男尊女卑) 등
ⓛ 한자음 '랴, 려, 례, 료, 류, 리'가 단어의 첫머리에 올 적에는, 두음법칙에 따라 '야, 여, 예, 요, 유, 이'로 적는다.
  예 양심[량심], 역사[력사], 이발[리발] 등
- 단어의 첫머리 이외의 경우에는 본음대로 적는다.
  예 개량(改良), 수력(水力), 급류(急流) 등
- 모음이나 'ㄴ' 받침 뒤에 이어지는 '렬, 률'은 '열, 율'로 적는다.
  예 나열[나렬], 분열[분렬], 전율[전률] 등
- 접두사처럼 쓰이는 한자가 붙어서 된 말이나 합성어에서, 뒷말의 첫소리가 'ㄴ' 또는 'ㄹ' 소리로 나더라도 두음법칙에 따라 적는다.
  예 역이용(逆利用), 연이율(年利率), 열역학(熱力學) 등
ⓒ 한자음 '라, 래, 로, 뢰, 루, 르'가 단어의 첫머리에 올 적에는, 두음법칙에 따라 '나, 내, 노, 뇌, 누, 느'로 적는다.
  예 낙원[락원], 노인[로인], 뇌성[뢰성] 등
- 단어의 첫머리 이외의 경우에는 본음대로 적는다.
  예 쾌락(快樂), 극락(極樂), 지뢰(地雷) 등
- 접두사처럼 쓰이는 한자가 붙어서 된 단어는 뒷말을 두음법칙에 따라 적는다.
  예 상노인(上老人), 중노동(重勞動), 비논리적(非論理的) 등
⑥ 겹쳐 나는 소리 : 한 단어 안에서 같은 음절이나 비슷한 음절이 겹쳐 나는 부분은 같은 글자로 적는다.
  예 눅눅하다[눙눅하다], 꼿꼿하다[꼿곳하다], 씁쓸하다[씁슬하다] 등

(3) 형태

① 사이시옷
ⓛ '순우리말＋순우리말'의 형태로 합성어를 만들 때 앞말에 받침이 없을 경우
- 뒷말의 첫소리가 된소리로 나야 한다.
  예 귓밥(귀＋밥), 나뭇가지(나무＋가지), 쇳조각(쇠＋조각) 등
- 뒷말의 첫소리가 'ㄴ, ㅁ'이고, 그 앞에서 'ㄴ' 소리가 덧나야 한다.
  예 아랫마을(아래＋ㅅ＋마을), 뒷머리(뒤＋ㅅ＋머리), 잇몸(이＋ㅅ＋몸) 등
- 뒷말의 첫소리 모음 앞에서 'ㄴㄴ' 소리가 덧나야 한다.
  예 깻잎[깬닙], 나뭇잎[나문닙], 댓잎[댄닙] 등

ⓛ '순우리말＋한자어' 혹은 '한자어＋순우리말'의 형태로 합성어를 만들 때 앞말에 받침이 없을 경우
  • 뒷말의 첫소리가 된소리로 나야 한다.
    예 콧병[코뼝], 샛강[새깡], 아랫방[아래빵] 등
  • 뒷말의 첫소리가 'ㄴ, ㅁ'이고, 그 앞에서 'ㄴ' 소리가 덧나야 한다.
    예 훗날[훈날], 제삿날[제산날], 툇마루[퇸마루] 등
  • 뒷말의 첫소리 모음 앞에서 'ㄴㄴ' 소리가 덧나야 한다.
    예 가욋일[가왼닐], 예삿일[예산닐], 훗일[훈닐] 등
ⓒ 한자어＋한자어로 된 두 음절의 합성어 가운데에서는 다음 6개만 인정한다.
    예 곳간(庫間), 숫자(數字), 횟수(回數), 툇간(退間), 셋방(貰房), 찻간(車間)

② 준말
  ㉠ 단어의 끝모음이 줄어지고 자음만 남은 것은 그 앞의 음절에 받침으로 적는다.
    예 엊그저께(어제그저께), 엊저녁(어제저녁), 온갖(온가지) 등
  ㉡ 체언과 조사가 어울려 줄어지는 경우에는 준 대로 적는다.
    예 그건(그것은), 그걸로(그것으로), 무얼(무엇을) 등
  ㉢ 모음 'ㅏ, ㅓ'로 끝난 어간에 '-아/-어, -았-/-었-'이 어울릴 적에는 준 대로 적는다.
    예 가(가아), 갔다(가았다), 폈다(펴었다) 등
  ㉣ 모음 'ㅗ, ㅜ'로 끝난 어간에 '-아/-어, -았-/-었-'이 어울려 'ㅘ/ㅝ, 왔/웠'으로 될 적에는 준 대로 적는다.
    예 꽜다(꼬았다), 쐈다(쏘았다), 줬다(주었다) 등
  ㉤ 'ㅣ' 뒤에 '-어'가 와서 'ㅕ'로 줄 적에는 준 대로 적는다.
    예 가져(가지어), 버텨(버티어), 치여(치이어) 등
  ㉥ 'ㅏ, ㅕ, ㅗ, ㅜ, ㅡ'로 끝난 어간에 '-이-'가 와서 각각 'ㅐ, ㅖ, ㅚ, ㅟ, ㅢ'로 줄 적에는 준 대로 적는다.
    예 쌔다(싸이다), 폐다(퍼이다), 씌다(쓰이다) 등
  ㉦ 'ㅏ, ㅗ, ㅜ, ㅡ' 뒤에 '-이어'가 어울려 줄어질 적에는 준 대로 적는다.
    예 보여(보이어), 누여(누이어), 트여(트이어) 등
  ㉧ 어미 '-지' 뒤에 '않-'이 어울려 '-잖-'이 될 적과 '-하지' 뒤에 '않-'이 어울려 '찮-'이 될 적에는 준 대로 적는다.
    예 그렇잖은(그렇지 않은), 만만찮다(만만하지 않다), 변변찮다(변변하지 않다) 등
  ㉨ 어간의 끝음절 '하'의 'ㅏ'가 줄고 'ㅎ'이 다음 음절의 첫소리와 어울려 거센소리로 될 적에는 거센소리로 적는다.
    예 간편케(간편하게), 연구토록(연구하도록), 흔타(흔하다) 등
    • 'ㅎ'이 어간의 끝소리로 굳어진 것은 받침으로 적는다.
      예 아무렇다 – 아무렇고 – 아무렇지 – 아무렇든지
    • 어간의 끝음절 '하'가 아주 줄 적에는 준 대로 적는다.
      예 거북지(거북하지), 생각건대(생각하건대), 넉넉지 않다(넉넉하지 않다) 등
  ㉩ 다음과 같은 부사는 소리대로 적는다.
    예 결단코, 기필코, 무심코, 하여튼, 요컨대 등

③ '-쟁이', '-장이'
   ㉠ 그것이 나타내는 속성을 많이 가진 사람은 '-쟁이'로 적는다.
      예 거짓말쟁이, 욕심쟁이, 심술쟁이 등
   ㉡ 그것과 관련된 기술을 가진 사람은 '-장이'로 적는다.
      예 미장이, 대장장이, 토기장이 등

틀리기 쉬운 어휘
- 너머 : 높이나 경계로 가로막은 사물의 저쪽
  넘어 : 일정한 시간, 시기, 범위 따위에서 벗어나 지나다.
- 띄다 : 눈에 보이다.
  띠다 : 빛깔이나 성질을 가지다.
- 틀리다 : 바라거나 하려는 일이 순조롭게 되지 못하다.
  다르다 : 비교가 되는 두 대상이 서로 같지 아니하다.
- 가리키다 : 어떤 방향이나 대상을 집어서 보이거나 말하거나 알리다.
  가르치다 : 상대편에게 지식이나 기능, 이치 따위를 깨닫거나 익히게 하다.
- 금새 : 물건의 값
  금세 : 지금 바로
- 어느 : 여럿 가운데 대상이 되는 것이 무엇인지 물을 때 쓰는 말
  여느 : 그 밖의 예사로운. 또는 다른 보통의
- 늘이다 : 본디보다 더 길게 하다.
  늘리다 : 길이나 넓이, 부피 따위를 본디보다 커지게 하다.
- -던지 : 막연한 의문이 있는 채로 그것을 뒤 절의 사실이나 판단과 관련시킬 때
  -든지 : 나열된 동작이나 상태, 대상 중에서 어느 것이든 선택될 수 있음을 나타낼 때
- 부치다 : 일정한 수단이나 방법을 써서 상대에게로 보내다.
  붙이다 : 맞닿아 떨어지지 않게 하다.
- 삭이다 : 긴장이나 화가 풀려 마음이 가라앉다.
  삭히다 : 김치나 젓갈 따위의 음식물이 발효되어 맛이 들다.
- 일절 : 아주, 전혀, 절대로의 뜻
  일체 : 모든 것, 모든 것을 다

---

2. 표준어 규정

(1) 자음

① 거센소리를 가진 형태의 단어를 표준어로 삼는다.
   예 끄나풀, 살쾡이, 나팔꽃 등
② 거센소리로 나지 않는 형태의 단어를 표준어로 삼는다.
   예 가을갈이, 거시기, 분침 등
③ 어원에서 멀어진 형태로 굳어져서 널리 쓰이는 것은, 그것을 표준어로 삼는다.
   예 강낭콩, 사글세, 고삿 등

④ 다음 단어들은 의미를 구별함이 없이, 한 가지 형태만을 표준어로 삼는다(다만, '둘째'는 십 단위 이상의 서수사에 쓰일 때에 '두째'로 한다).

예 돌, 둘째, 빌리다 등

⑤ 수컷을 이르는 접두사는 '수-'로 통일한다.

예 수꿩, 수나사, 수소 등

㉠ 다음 단어의 접두사는 '숫-'으로 한다.

예 숫양, 숫염소, 숫쥐

㉡ 다음 단어에서는 접두사 다음에서 나는 거센소리를 인정한다.

예 수캉아지, 수퇘지, 수평아리, 수키와 등

(2) 모음

① 양성 모음이 음성 모음으로 바뀌어 굳어진 단어는 음성 모음 형태를 표준어로 삼는다.

예 깡충깡충, 발가숭이, 오뚝이 등

※ 다만, 어원 의식이 강하게 작용하는 단어에서는 양성 모음 형태를 그대로 표준어로 삼는다.

예 부조, 사돈, 삼촌 등

② 'ㅣ' 역행 동화현상에 의한 발음은 원칙적으로 표준 발음으로 인정하지 아니하되, 그러한 동화가 적용된 형태를 표준어로 삼는다.

예 풋내기, 냄비, 동댕이치다 등

③ 모음이 단순화한 형태의 단어를 표준어로 삼는다.

예 괴팍하다, 미루나무, 으레, 케케묵다 등

④ 모음의 발음 변화를 인정하여, 발음이 바뀌어 굳어진 형태의 단어를 표준어로 삼는다.

예 깍쟁이, 상추, 허드레 등

⑤ '위-, 윗-, 웃-'

㉠ '위'를 가리키는 말은 '위-'로 적는 것이 원칙이다.

예 위층, 위쪽, 위턱 등

㉡ '위-'가 뒷말과 결합하면서 된소리가 되거나 'ㄴ'이 덧날 때는 '윗-'으로 적는다.

예 윗입술, 윗목, 윗눈썹 등

㉢ 아래, 위의 대립이 없는 낱말은 '웃-'으로 적는다.

예 웃돈, 웃어른, 웃옷 등

⑥ 한자 '구(句)'가 붙어서 이루어진 단어는 '귀'로 읽는 것을 인정하지 아니하고, '구'로 통일한다.

예 구절(句節), 시구(詩句), 인용구(引用句) 등

※ 다음의 단어들은 '귀'로 발음되는 형태를 표준어로 삼는다.

예 귀글, 글귀

(3) 단수 표준어

비슷한 발음의 몇 형태가 쓰일 경우, 그 의미에 아무런 차이가 없고 그중 하나가 더 널리 쓰이면 그 한 형태만을 표준어로 삼는다.

예 귀고리, 꼭두각시, 우두커니, 천장 등

(4) 복수 표준어

① 다음 단어는 앞의 것을 원칙으로 하고, 뒤의 것도 허용한다.
　　예 네 – 예, 쇠고기 – 소고기 등

② 어감의 차이를 나타내는 단어 또는 발음이 비슷한 단어들이 다 같이 널리 쓰이는 경우에는, 모두를 표준어로 삼는다.
　　예 거슴츠레하다 – 게슴츠레하다, 고까 – 꼬까, 고린내 – 코린내 등

③ 한 가지 의미를 나타내는 형태 몇 가지가 널리 쓰이며 표준어 규정에 맞으면, 모두를 표준어로 삼는다.
　　예 넝쿨 – 덩굴, 민둥산 – 벌거숭이산, 살쾡이 – 삵, 어림잡다 – 어림치다, 옥수수 – 강냉이 등

3. 띄어쓰기

① 조사는 그 앞말에 붙여 쓴다.
　　예 꽃이, 꽃마저, 웃고만 등

② 의존명사는 띄어 쓴다.
　　예 아는 것이 힘이다, 나도 할 수 있다, 먹을 만큼 먹어라 등

③ 단위를 나타내는 명사는 띄어 쓴다.
　　예 한 개, 열 살, 집 한 채 등
　　단, 순서를 나타내는 경우나 숫자와 어울려 쓰이는 경우에는 붙여 쓸 수 있다.
　　예 삼학년, 육층, 80원 등

④ 수를 적을 적에는 '만(萬)' 단위로 띄어 쓴다.
　　예 십이억 삼천사백오십육만 칠천팔백구십팔 → 12억 3456만 7898

⑤ 두 말을 이어 주거나 열거할 적에 쓰이는 말들은 띄어 쓴다.
　　예 국장 겸 과장, 열 내지 스물, 청군 대 백군 등

⑥ 단음절로 된 단어가 연이어 나타날 적에는 붙여 쓸 수 있다.
　　예 그때 그곳, 좀더 큰것, 한잎 두잎 등

⑦ 보조용언은 띄어 씀을 원칙으로 하되, 경우에 따라 붙여 씀도 허용한다.
　　예 불이 꺼져 간다. / 불이 꺼져간다. 비가 올 성싶다. / 비가 올성싶다. 등

⑧ 성과 이름, 성과 호 등은 붙여 쓰고, 이에 덧붙는 호칭어, 관직명 등은 띄어 쓴다.
　　예 채영신 씨, 최치원 선생, 충무공 이순신 장군 등

⑨ 성명 이외의 고유명사는 단어별로 띄어 씀을 원칙으로 하되, 단위별로 띄어 쓸 수 있다.
　　예 대한 중학교 / 대한중학교, 시대 고시 / 시대고시 등

⑩ 전문 용어는 단어별로 띄어 씀을 원칙으로 하되, 붙여 쓸 수 있다.
　　예 만성 골수성 백혈병 / 만성골수성백혈병 등

05 순우리말, 로마자 · 외래어 표기법

1. 순우리말

- 가납사니 : 쓸데없는 말을 잘하는 사람, 또는 말다툼을 잘하는 사람
- 가시버시 : 부부
- 가욋길 : 기준이나 필요 밖의 길, 즉 안 가도 되는 길
- 개밥바라기 : 저녁에 서쪽 하늘에 보이는 금성
- 고뿔 : 감기
- 고샅 : 마을의 좁은 골목길, 좁은 골짜기의 사이
- 구성지다 : 천연덕스럽고 구수하다.
- 길섶 : 길의 가장자리
- 날포 : 하루 남짓한 동안
- 높바람 : 북풍, 된바람
- 느루 : 한번에 몰아치지 않고 시간을 길게 늦추어 잡아서
- 는개 : 안개보다 조금 굵고 이슬비보다 조금 가는 비
- 달포 : 한 달 남짓
- 댓바람 : 단번에, 지체하지 않고, 곧
- 도투락 : 어린아이의 머리댕기
- 될성부르다 : 잘될 가망이 있다.
- 뜨악하다 : 마음에 선뜻 내키지 않다.
- 마뜩하다 : 제법 마음에 들다.
- 마파람 : 남풍, 남쪽에서 불어오는 바람
- 마수걸이 : 첫 번째로 물건을 파는 일
- 무서리 : 처음 오는 묽은 서리
- 미리내 : 은하수
- 미쁘다 : 진실하다.
- 방짜 : 품질이 좋은 놋쇠를 부어 내어 다시 두드려 만든 놋그릇
- 벼리다 : 날이 무딘 연장을 불에 달구어서 두드려 날카롭게 만들다.
- 부아나다 : 분한 마음이 일어나다.
- 사금파리 : 사기그릇의 깨진 작은 조각
- 사시랑이 : 가냘픈 사람이나 또는 물건
- 샛바람 : 동풍을 달리 이르는 말
- 생인손 : 손가락 끝에 나는 종기
- 설피다 : 짜거나 엮은 것이 성기고 거칠다.
- 시나브로 : 모르는 사이에 조금씩 조금씩
- 아람 : 탐스러운 가을 햇살을 받아서 저절로 충분히 익어 벌어진 과실

- 애오라지 : '겨우'를 강조하여 이르는 말
- 어깃장 : 짐짓 어기대는 행동
- 어줍다 : 말이나 동작이 부자연하고 시원스럽지 않다. 손에 익지 않아 서투르다.
- 입씻이 : 다른 말을 못하도록 또는 비밀이 새지 않도록 주는 돈이나 물건
- 자맥질 : 물속에 들어가서 떴다 잠겼다 하며 팔다리를 놀리는 짓
- 저어하다 : 두려워하다.
- 주전부리 : 때를 가리지 않고 군음식을 자주 먹는 입버릇
- 치사랑 : 손윗사람에 대한 사랑
- 하늬바람 : 서풍
- 함초롬하다 : 가지런하고 곱다.
- 해거름 : 해가 거의 넘어갈 무렵
- 헛물켜다 : 이루어지지 않을 일을 두고, 꼭 되려니 하고 헛되이 애를 쓰다.

2. 로마자 표기법

(1) 자음

ㄱ	ㄲ	ㅋ	ㄷ	ㄸ	ㅌ	ㅂ	ㅃ	ㅍ	ㅈ	ㅉ	ㅊ	ㅅ	ㅆ	ㅎ	ㅁ	ㄴ	ㅇ	ㄹ
g/k	kk	k	d/t	tt	t	b/p	pp	p	j	jj	ch	s	ss	h	m	n	ng	r/l

(2) 모음

ㅏ	ㅐ	ㅑ	ㅒ	ㅓ	ㅔ	ㅕ	ㅖ	ㅗ	ㅘ	ㅙ	ㅚ	ㅛ	ㅜ	ㅝ	ㅞ	ㅟ	ㅠ	ㅡ	ㅢ	ㅣ
a	ae	ya	yae	eo	e	yeo	ye	o	wa	wae	oe	yo	u	wo	we	wi	yu	eu	ui	i

(3) 표기상 유의점

① 음운변화가 일어날 때에는 변화의 결과에 따라 적는다.
　　㉠ 자음 사이에서 동화작용이 일어나는 경우
　　　　예 신문로(Sinmunno), 왕십리(Wangsimni), 신라(Silla) 등
　　㉡ 'ㄴ, ㄹ'이 덧나는 경우
　　　　예 학여울(Hangnyeoul), 알약(Allyak) 등
　　㉢ 구개음화가 일어나는 경우
　　　　예 해돋이(Haedoji), 같이(Gachi), 맞히다(Machida) 등
　　㉣ 'ㄱ, ㄷ, ㅂ, ㅈ'이 'ㅎ'과 합하여 거센소리로 소리 나는 경우(단, 된소리는 반영하지 않음)
　　　　예 좋고(Joko), 잡혀(Japyeo), 압구정(Apgujeong), 낙동강(Nakdonggang) 등
② 발음상 혼동의 우려가 있을 때에는 음절 사이에 붙임표(-)를 쓸 수 있다.
　　예 중앙(Jung-ang), 반구대(Ban-gudae), 해운대(Hae-undae) 등

③ 고유명사는 첫소리를 대문자로 적는다.

　예 부산(Busan), 세종(Sejong) 등

④ 인명은 성과 이름의 순서로 쓰되 띄어 쓴다.

　예 민용하(Min Yongha), 송나리(Song Na-ri), 홍빛나(Hong Bit-na) 등

⑤ '도·시·군·구·읍·면·리·동'의 행정구역 단위와 거리를 지칭하는 '가'는 'do, si, gun, gu, eup, myeon, ri, dong, ga'로 적고, 그 앞에는 붙임표(-)를 넣는다.

　예 도봉구(Dobong-gu), 종로 2가[Jongno 2(i)-ga]

⑥ 자연지물명, 문화재명, 인공축조물명은 붙임표(-) 없이 붙여 쓴다.

　예 속리산(Songnisan), 경복궁(Gyeongbokgung), 촉석루(Chokseongnu) 등

⑦ 인명, 회사명, 단체명 등은 그동안 써온 표기를 쓸 수 있다.

⑧ 학술, 연구, 논문 등 특수 분야에서 한글 복원을 전제로 표기할 경우에는 한글 표기를 대상으로 적는다.

　예 짚(Jip), 붓꽃(Buskkoch), 조랑말(Jolangmal) 등

3. 외래어 표기법

(1) 외래어 표기법의 기본 원칙

① 외래어는 국어의 현용 24자모만으로 적는다.

② 외래어의 1음운은 원칙적으로 1기호로 적는다.

③ 외래어의 받침에는 'ㄱ, ㄴ, ㄹ, ㅁ, ㅂ, ㅅ, ㅇ'만을 적는다.

④ 파열음 표기에는 된소리를 쓰지 않는 것을 원칙으로 한다.

⑤ 이미 굳어진 외래어는 관용을 존중하되, 그 범위와 용례는 따로 정한다.

(2) 틀리기 쉬운 외래어 표기

• 액세서리(○) / 액세사리(×)

• 바비큐(○) / 바베큐(×)

• 비스킷(○) / 비스켓(×)

• 케이크(○) / 케잌(×)

• 초콜릿(○) / 초콜렛(×)

• 소시지(○) / 소세지(×)

• 워크숍(○) / 워크샵(×)

• 팸플릿(○) / 팜플렛(×)

• 앙케트(○) / 앙케이트(×)

• 콘텐츠(○) / 컨텐츠(×)

• 컬렉션(○) / 콜렉션(×)

• 앙코르(○) / 앵콜(×)

• 마니아(○) / 매니아(×)

• 로열(○) / 로얄(×)

06 높임법

1. 주체 높임법

(1) **직접 높임** : '-시-(선어말 어미), -님(접미사), -께서(조사)'에 의해 실현된다.

　예 어머니, 선생님께서 오십니다.

(2) **간접 높임** : '-시-(선어말 어미)'를 붙여 간접적으로 높인다.

　예 할아버지는 연세가 많으시다.

2. 상대 높임법

(1) **격식체** : 공식적이고 직접적이며, 딱딱하고 단정적인 느낌을 준다.
　① 해라체(아주낮춤) : '-ㄴ다, -는다, -다, -는구나, -느냐, -냐, -어라/아라, -자'
　　예 빨리 자거라. 일찍 일어나야 한다.
　② 하게체(예사낮춤) : '-네, -이, -ㄹ세, -는구먼, -로구먼, -는가, -ㄴ가, -게, -세'
　　예 이리 와서 앉게. 자네 혼자 왔나?
　③ 하오체(예사높임) : '-(으)오, -(으)소, -는구려, -구려, -(으)ㅂ시다'
　　예 어서 나오시오. 무얼 그리 꾸물거리시오?
　④ 합쇼체(아주높임) : '-ㅂ니다, -ㅂ(습)니다, -ㅂ니까, -ㅂ(습)니까, -십시오, -시지요'
　　예 어서 오십시오. 자주 들르겠습니다.

(2) **비격식체** : 부드럽고 친근하며 격식을 덜 차리는 경우에 쓰인다.
　① 해체(두루낮춤) : '-어/아, -야, -군'
　　예 어서 빨리 가. 가방 놓고 앉아.
　② 해요체(두루높임) : '-어/아요, -군요'
　　예 안녕히 계세요. 이따 또 오겠어요.

3. 객체 높임법

말하는 이가 객체, 곧 문장의 목적어나 부사어를 높이는 높임법

　예 드리다, 뵙다, 모시다, 여쭙다 등

4. 공손법과 압존법

(1) **공손법** : 말하는 이가 자신을 낮추는 공손한 표현을 써서 결과적으로 상대방을 높이는 높임법

　예 변변치 못한 물건이지만, 정성을 생각하셔서 받아 주시옵소서.

(2) **압존법** : 주체를 높여야 하지만, 듣는 이가 주체보다 높은 경우에는 높임을 하지 않는 것

　예 할아버지, 아버지가 오고 있어요.

07 관용어

관용적 표현이란 일상생활에서 사용되는 말과는 달리, 본래의 뜻과 비슷한 말로 대체해서 쓰는 표현으로, 재미있게 돌려 말할 때 쓰인다. 그중 관용어는 우리말의 특유한 표현 방법의 하나로, 일반적으로 습관이 되어 사용되고 있는 말로 문법에 맞지는 않으나 오랫동안 습관이 되어 널리 쓰이는 말을 가리킨다. 특히 관용적 표현을 구성하고 있는 어휘 중에 신체어와 관련한 표현이 많다. 신체 어휘가 다양한 내포적 의미를 가지면서 은유적 활용의 모습으로 쉽게 나타날 수 있기 때문이다.

1. 특징

- 중간에 다른 성분을 추가하기 어렵다.
- 결합된 단어들의 기본적인 의미와는 관련이 없다.
- 일반적인 표현보다 표현의 효과가 크다.
- 언어를 사용하는 사람들의 문화를 반영하므로, 그 언어를 사용하는 사람이 아니면 관용어의 의미를 이해하기 어렵다.

2. '손'과 관련한 관용어의 예

- 손을 끊다 : 교제나 거래 따위를 중단하다.
- 손에 땀을 쥐다 : 아슬아슬하여 마음이 조마조마하도록 몹시 애달다.
- 손에 잡힐 듯하다 : 매우 가깝게 또는 또렷하게 보이다.
- 손을 내밀다 : 무엇을 달라고 요구하거나 구걸하다.
- 손을 떼다 : 하던 일을 중도에서 그만두다.
- 손이 맵다 : 일하는 솜씨가 야무지다.
- 손에 익다 : 다루는 폼이 익숙하다.

주로 관용적 표현의 의미를 정확하게 알고, 이를 적절하게 사용할 수 있는가를 묻는 유형으로 출제된다. 관용어에서는 사전적 의미와는 다른 새로운 의미가 형성되므로, 단어 개개의 의미는 크게 중요하지 않다.

08 속담

속담은 예로부터 민간에 전해져 오는 쉬운 격언이나 정언(교훈적인 말)으로, 풍자, 비판, 교훈 등의 의미를 내포한 구절을 말한다. 단순히 속담의 의미만을 묻지 않고 나머지와 거리가 먼 속담을 찾거나 한자성어와 같이 묻는 문제가 많으며, 문맥에 알맞게 유추하거나 비판하는 형태의 문제 유형이 출제되므로 상황에 알맞은 속담을 찾는 연습이 필요하다.

1. 속담의 특징

① 속담에는 옛날 사람들의 생각과 지혜가 담겨 있다.
② 속담에는 소중한 교훈이 담겨 있어서 우리에게 가르침을 준다.
③ 속담을 통해 옛날 사람의 생활 모습을 알 수 있다.
④ 조상들의 지혜가 담겨 과학적인 내용과 관련이 깊은 속담도 있다.
⑤ 간결하면서도 많은 의미를 담고 있어, 잘 활용하면 큰 효과를 올릴 수 있다.

> **자주 출제되는 유형**
> • 속담에 대한 이해가 올바른 것
> • 밑줄 친 부분의 속담과 의미상 관련 없는 것
> • 속담의 의미가 나머지와 거리가 먼 것
> • 빈칸에 올 수 없는 속담
> • 속담의 뜻을 바르게 풀이하지 못한 것
> • 속담을 통해 연상되는 의미로 적절하지 않은 것
> • 원래의 속담이 말하고자 하는 바가 유지되기 어려운 것

특히 한자성어와 관련하여 출제되는 경우는 한자성어의 의미를 모르면 풀 수 없는 경우가 많으므로, 속담의 의미와 같은 뜻을 지닌 한자성어를 함께 공부해 두는 것이 좋다. 속담 역시 어휘력이 풍부하고 많이 알수록 문제 해결에 도움이 되므로, 여러 가지 유형의 문제를 풀어 봄으로써 대비하는 것이 필요하다.

2. 주요 속담

• 감투가 커도 귀가 짐작이라 : 귀를 가늠하여 감투의 크기를 짐작할 수 있다는 뜻으로, 어떤 사물의 내용을 어느 정도 자신 있게 짐작할 수 있음을 비유적으로 이르는 말
• 고양이 우산 쓴 격 : 격에 어울리지 않는 꼴불견을 비유적으로 이르는 말
• 고욤이 감보다 달다 : 작은 것이 큰 것보다 오히려 알차고 질이 좋을 때 이르는 말
• 금년 새 다리가 명년 소 다리보다 낫다 : 앞으로 어찌 될지 모르는 큰 것보다는 비록 적지만 당장 눈앞에서 얻을 수 있는 것이 더 이롭다는 말

- 꽃은 목화가 제일이다 : 겉치레보다는 실속이 중요하다는 말
- 남의 일을 보아 주려거든 삼 년 내 보아 주어라 : 남의 상가 일을 보아 주려면 삼 년 제사까지 보아 주라는 뜻으로, 남의 일을 도와주려거든 끝까지 도와주어야 함을 비유적으로 이르는 말
- 내 미락 네 미락 : 책임을 지지 아니하려고 서로 미루적거린다는 말
- 닫는 말에 채찍질한다고 경상도까지 하루에 갈 것인가 : 일을 부지런히 힘껏 하고 있는 사람에게 일을 재촉한다고 해도 일이 잘되지 않음을 이르는 말
- 닷새를 굶어도 풍잠 멋으로 굶는다 : 체면 때문에 곤란을 무릅씀을 비유적으로 이르는 말
- 도랑에 든 소, 쌀독에 앉은 쥐, 산 호랑이의 눈썹도 그리울 게 없다, 가을비는 떡비라 : 모두 풍족한 상태를 뜻함
- 도련님은 당나귀가 제격이라 : 제격에 맞게 물건을 쓰거나 행동해야 어울림
- 말에 실었던 짐을 벼룩 등에 실을까? : 힘과 능력이 없는 사람에게 무거운 책임을 지울 수는 없음을 비유적으로 이르는 말
- 목석도 땀 날 때 있다 : 건강한 사람이라도 아플 때가 있다는 말
- 밥 한 알이 귀신 열을 쫓는다 : 귀신이 붙은 듯이 몸이 쇠약해졌을 때라도 충분히 먹고 제 몸을 돌보는 것이 건강을 회복하는 가장 빠른 길임을 비유적으로 이르는 말
- 벌거벗고 환도 차기 : 격에 어울리지 않아 매우 어색하게 보임
- 병 자랑은 하여라 : 병이 들었을 때는 자기가 앓고 있는 병을 자꾸 이 사람 저 사람에게 말하여 고칠 길을 물어보아야 좋은 치료 방법을 찾을 수 있다는 말
- 봉홧불에 산적 굽기 : 일을 무성의하게 닥치는 대로 하여 좋은 성과를 거두지 못하는 경우를 비유적으로 이르는 말
- 빠른 바람에 굳센 풀을 안다 : 드센 바람 속에 꿋꿋이 서 있는 굳센 풀을 알아낼 수 있다는 뜻으로, 마음의 굳은 의지와 절개는 시련을 겪고 나서 더 뚜렷하게 나타난다는 말
- 삼 년 벌던 논밭도 다시 돌아보고 산다 : 삼 년 동안이나 제가 일구던 논밭도 제가 사게 되니 다시 이것저것 따져 보고서야 사게 된다는 뜻으로, 이미 잘 알고 있는 일이라도 정작 제가 책임을 맡게 되면 다시 한번 이것저것 따져 보게 됨을 비유적으로 이르는 말. 또는 조심스럽게 하나하나 다 따져 보아 자신에게 손해가 없으면 그때 일을 진행하여야 함을 이르는 말
- 송도 계원(契員) : 낮은 지위나 작은 세력을 믿고 남을 멸시하는 사람을 비유적으로 이르는 말. 조선 시대 중신인 한명회가 송도에서 벼슬을 할 때 동료들이 친목계를 맺으면서 한명회는 미천하다고 계원으로 받아 주지 않았는데 그 뒤 한명회가 출세를 하여 높은 지위에 오르자 동료들이 크게 후회했다는 이야기에서 유래한다.
- 송도 말년의 불가사리라 : 고려 말에 불가사리라는 괴물이 나타나 못된 짓을 많이 하였으나 죽이지 못하였다는 이야기에서 나온 말로, 몹시 무지하고 못된 짓을 하는 자를 비유적으로 이르는 말
- 송도 부담짝 : 송도 장사꾼의 부담짝이라는 뜻으로, 남이 모를 값진 물건이 가득 들어 있는 짐짝을 비유적으로 이르는 말

- 송도 오이 장수 : 이익을 더 많이 보려다가 그만 기회를 놓쳐 헛수고만 하고 오히려 낭패를 보게 된 사람을 비유적으로 이르는 말. 송도의 오이 장수가 시세에 따라 서울과 의주를 돌았으나, 가는 곳마다 시세가 떨어져 개성에 되돌아왔을 때에는 오이가 곯고 썩어 쓸모가 없어졌다는 이야기에서 유래한다.
- 송도가 망하려니까 불가사리가 나왔다 : 어떤 좋지 못한 일이 생기기 전에 불길한 징조가 나타남을 비유적으로 이르는 말. 고려가 망하게 되었을 때 송도에 불가사리가 나타나서 못된 장난질을 하였다는 전설에서 유래한다.
- 솥은 검어도 밥은 검지 않다 : 겉이 훌륭해 보이지 않아도 속은 훌륭한 경우를 비유적으로 이르는 말
- 숲이 깊어야 도깨비가 나온다 : 자기에게 덕망이 있어야 사람들이 따르게 됨을 비유적으로 이르는 말. 또는 일정한 바탕이나 조건이 갖추어져야 그것에 합당한 내용이 따르게 됨을 비유적으로 이르는 말
- 시집가는 데 강아지 따르는 것이 제격이라 : 조금도 어색하지 아니하고 서로 어울리어 격에 맞는다는 말
- 오뉴월 (자주) 감투도 팔아먹는다 : 먹을 것이 궁한 때인 오뉴월에는 팔 수 없는 (자주) 감투까지 판다는 뜻으로, 물품을 가리지 아니하고 모든 것을 다 팖을 비유적으로 이르는 말. 또는 집안 살림이 궁하여 도무지 무엇 하나 팔아먹을 만한 것이 없다는 말
- 오소리감투가 둘이다 : 어떤 일에 주관하는 자가 둘이 있어 서로 다툼이 생긴 경우를 비유적으로 이르는 말(오소리감투= 오소리 털가죽으로 만든 벙거지)
- 의가 좋으면 세 어이딸이 도토리 한 알을 먹어도 시장 멈춤은 한다 : 사이 좋은 어머니와 두 딸처럼 서로 사이가 좋고 마음이 맞는 사람끼리는 어떤 힘든 상황 가운데서도 별 불평 없이 서로가 도우며 잘 지낸다는 말. '어이딸'은 어미와 딸을 아울러 이르는 말
- 일은 할 탓이고 도지개는 맬 탓이다 : 일의 능률은 자기 하기 나름임을 비유적으로 이르는 말
- 잰 놈 뜬 놈만 못하다 : 일은 빨리 마구 하는 것보다 천천히 성실하게 하는 것이 더 낫다는 말
- 제 인심 좋으면 초나라 가달도 사귄다 : 저만 착하고 인심 좋으면 몹시 험상궂고 심보가 사납기로 이름난 초나라의 가달조차도 잘 사귈 수 있다는 뜻으로, 마음씨만 고우면 누구라도 잘 사귈 수 있음을 비유적으로 이르는 말
- 주먹 맞은 감투(라) : 아주 쭈그러져서 다시는 어찌할 도리가 없이 된 모양을 이르는 말. 또는 잘난 체하다가 핀잔을 듣고 무안해 아무 말 없이 있는 사람을 비유적으로 이르는 말
- 짖는 개는 여위고 먹는 개는 살찐다 : 늘 울상을 하고 모든 것이 다 제 마음에 맞지 아니하여 불평을 늘어놓거나 지나치게 신경질이 많으면 살이 내리고 건강에 해로움을 비유적으로 이르는 말
- 크고 단 참외 : 겉보기도 좋고 실속도 있어 마음에 드는 물건을 비유적으로 이르는 말
- 큰일이면 작은 일로 두 번 치러라 : 어렵고 힘든 일은 한 번에 하는 것보다 조금씩 나누어서 하는 것이 낫다는 것을 비유적으로 이르는 말
- 파총 벼슬에 감투 걱정한다 : 하찮은 파총 주제에 감투 걱정을 한다는 뜻으로, 별로 대단치 아니한 일을 맡고도 시끄럽게 자랑하고 다니며 하지 않아도 될 걱정을 하는 경우를 비유적으로 이르는 말
- 할아버지 감투를 손자가 쓴 것 같다 : 의복 따위가 너무 커서 보기에 우스운 경우를 비유적으로 이르는 말
- 후처에 감투 벗어지는 줄 모른다 : 후처에게 반해서 체면도 돌보지 않음을 비꼬는 말

09 한자

한자는 일상생활에서 많이 쓰이는 어휘로, 대체로 한자의 뜻이나 올바른 한자 표기, 독음 등을 묻기보다는 한자의 구성이나 쓰임이 다른 것, 한자와 고유어의 구별, 비슷한 한자의 관계 등을 묻는 문제가 주로 출제된다.

> **자주 출제되는 유형**
> • 밑줄 친 한자가 나머지 셋과 다른 것
> • 한자어의 구성이 나머지 셋과 다른 것
> • 동일한 한자가 반복된 것
> • 한자의 독음이 잘못된 것
> • 다음 중 한자어인 것
> • 한자어와 고유어의 연결이 바르지 않은 것
> • 제시된 한자어와 의미 구조가 같은 것
> • 밑줄 친 한자어를 적절하게 바꾸어 쓴 것

㉠ 忌日 – 제삿날, 畢竟 – 마침내

㉡ • 天地, 興亡, 建壞

   • 洗濯, 海洋, 試驗

㉢ • 기사, 변호사, 변리사 – 士

   • 강사, 의사, 교사 – 師

   • 판사, 검사, 감사 – 事

㉠에서 기일(忌日)은 해마다 돌아오는 제삿날을 뜻하고, 필경(畢竟)은 '끝장에 가서는', 즉 '마침내'의 의미이다. ㉡에서 천지(天地)와 흥망(興亡), 건괴(建壞)는 한자가 반의어이고, 세탁(洗濯), 해양(海洋), 시험(試驗)은 유의어이다. ㉢ 기사(技士), 변호사(辯護士), 변리사(辨理士)는 선비 사(士)를 쓰고, 강사(講師), 의사(醫師), 교사(敎師)는 스승 사(師)를 쓰고, 판사(判事), 검사(檢事), 감사(監事)는 일 사(事)를 쓴다. 선비 사(士)는 일을 처리할 재능이 있는 사람을 뜻하고, 스승 사(師)는 전문적인 기예를 닦은 사람이고, 일 사(事)는 맡겨진 일에 전념하는 사람이다.

한자와 관련된 문제유형은 기본적으로 한자를 알지 못하면 문제를 풀기가 어렵다. 또한, 우리나라 어휘의 특성상 한자를 모르면 뜻을 이해할 수 없는 어휘도 상당수이므로 기본적인 한자 표기와 뜻, 올바른 쓰임 등은 반드시 이해하고 넘어가야 한다. 모르는 한자가 있는 경우, 반드시 한자의 뜻을 확인하고, 활용 어휘 역시 함께 파악해 두면 출제되는 문제를 해결하는 데 큰 어려움이 없을 것이다.

10 한자성어

1. 한자성어

한자성어도 속담과 마찬가지로 단순히 의미를 묻는 문제보다는 다른 지문과 연계하여 출제하거나 그 상황에 맞는 한자성어 표현을 고르는 문제 유형의 출제 비중이 높아지고 있다. 또한, 주제별 한자성어 및 한자성어의 뜻과 관련지어 대체할 수 있는 속담이나 어휘 등을 파악하는 유형이 출제되고 있으므로 한자성어의 뜻을 정리해 두는 것도 중요하지만, 관련 한자성어나 앞뒤 문맥에 맞는 한자성어, 또는 관련 속담이나 어휘 등을 유추하는 연습이 필요하다.

> **자주 출제되는 유형**
> • 한자성어와 속담의 연결이 바르지 않은 것
> • 한자성어 중 교훈적 의미가 다른 것
> • 한자성어에 등장한 수의 합
> • 신문 기사의 내용을 가장 잘 표현한 한자성어
> • 빈칸에 들어갈 한자성어로 적절하지 않은 것

㉠ 목불식정(目不識丁) : 낫 놓고 기역 자도 모른다.
㉡ • 塞翁之馬, 吉凶禍福, 苦盡甘來 : 인생의 굴곡
　• 累卵之危, 百尺竿頭, 風前燈火 : 위험한 처지
㉢ (一口二言)＋(十匙一飯)＝14

㉠은 목불식정(目不識丁), 즉 '고무래를 보고도 정자를 알지 못한다.'는 의미로, 그에 걸맞은 속담은 아주 무식함을 비유적으로 이르는 말인 '낫 놓고 기역 자도 모른다.'가 있다. ㉡에서 새옹지마(塞翁之馬), 길흉화복(吉凶禍福), 고진감래(苦盡甘來)의 한자성어는 '인생에는 변화가 많아서 예측하기가 힘들다.'는 뜻이고, 누란지위(累卵之危), 백척간두(百尺竿頭), 풍전등화(風前燈火)의 한자성어는 '어려운 상황에서 더 어려움, 즉 위태로움'을 이르는 말이다. ㉢에서 '일구이언(一口二言)'은 1과 2, '십시일반(十匙一飯)'은 10과 1이므로 전부 더하면 14가 된다.

2. 주요 한자성어

• 각주구검(刻舟求劍) : 융통성 없이 현실에 맞지 않는 낡은 생각을 고집하는 어리석음을 이르는 말. 초나라 사람이 배에서 칼을 물속에 떨어뜨리고 그 위치를 뱃전에 표시하였다가 나중에 배가 움직인 것을 생각하지 않고 칼을 찾았다는 데서 유래한다.
• 간담상조(肝膽相照) : 서로 속마음을 털어놓고 친하게 사귐
• 감언이설(甘言利說) : 귀가 솔깃하도록 남의 비위를 맞추거나 이로운 조건을 내세워 꾀는 말
• 거행불민(擧行不敏) : 명령을 시행함이 민첩하지 못함
• 건건비궁(蹇蹇匪躬) : 임금에게 충성하며 자신의 이익을 돌보지 않음
• 격물치지(格物致知) : 실제 사물의 이치를 연구하여 지식을 완전하게 함
• 견물생심(見物生心) : 어떠한 실물을 보게 되면 그것을 가지고 싶은 욕심이 생김
• 견토지쟁(犬兔之爭) : 개와 토끼의 다툼이라는 뜻으로, 두 사람의 싸움에 제3자가 이익을 봄을 이르는 말

- 경이원지(敬而遠之) : 공경하되 가까이하지는 않음. 겉으로는 공경하는 체하면서 실제로는 꺼리어 멀리함
- 경황실색(驚惶失色) : 놀라고 두려워 얼굴색이 달라짐
- 계고지력(稽古之力) : 옛일을 자세히 살피어 공부하는 노력이라는 뜻으로, 학문이 넓고 지식이 많음을 이르는 말
- 계림일지(桂林一枝) : 대수롭지 않은 출세를 이르는 말. 중국 진(晉)나라의 극선(郤詵)이 현량과에 제일(第一)로 천거되었으나 이에 만족하지 않고 겨우 계수나무 숲에서 나뭇가지 하나를 얻었을 뿐이라고 말한 데에서 유래한다. 또는 사람됨이 출중하면서도 청빈하고 겸손함을 이르는 말
- 고립무원(孤立無援) : 고립되어 구원을 받을 데가 없음
- 고진감래(苦盡甘來) : 쓴 것이 다하면 단 것이 온다는 뜻으로, 고생 끝에 즐거움이 옴을 이르는 말
- 곤이지지(困而知之) : 삼지(三知)의 하나로, 도(道)를 애써 공부하여 깨달음을 이르는 말
- 공사다망(公私多忙) : 공적・사적인 일 등으로 매우 바쁨
- 공휴일궤(功虧一簣) : 산을 쌓아 올리는데 한 삼태기의 흙을 게을리하여 완성을 보지 못한다는 뜻으로, 거의 이루어진 일을 중지하여 오랜 노력이 아무 보람도 없게 됨을 비유적으로 이르는 말
- 과감무쌍(果敢無雙) : 일을 딱 잘라 결정하는 성질이 있고 용감하기가 짝이 없음
- 과옥죄인(科獄罪人) : 과거 시험에서 부정을 저지른 죄인
- 관절지폐(關節之弊) : 세력가에게 뇌물을 주어 청탁하는 폐단
- 관중규표(管中窺豹) : 대롱 구멍으로 표범을 보면 표범의 얼룩점 하나밖에 보이지 않는다는 뜻으로, 견문과 학식이 좁음을 이르는 말
- 관포지교(管鮑之交) : 관중과 포숙의 사귐이란 뜻으로, 우정이 아주 돈독한 친구 관계를 이르는 말
- 교언영색(巧言令色) : 아첨하는 말과 알랑거리는 태도
- 교우이신(交友以信) : 세속 오계의 하나로, 벗을 사귐에 믿음으로써 함을 이르는 말
- 교칠지교(膠漆之交) : 아주 친밀하여 서로 떨어질 수 없는 교분을 이르는 말. 중국 당나라의 시인인 백거이가 친구 원미지(元微之)에게 보낸 편지에서 유래한다.
- 구밀복검(口蜜腹劍) : 입에는 꿀이 있고 배 속에는 칼이 있다는 뜻으로, 말로는 친한 듯하나 속으로는 해칠 생각이 있음을 이르는 말
- 구체이미(具體而微) : 형체는 대충 갖추었으나 보잘것없고 불완전함
- 구혈미건(口血未乾) : 서로 피를 마시며 맹세할 때 입에 묻은 피가 아직 마르지 않았다는 뜻으로, 맹세한 지가 오래되지 않음을 이르는 말
- 국천척지(跼天蹐地) : 머리가 하늘에 닿을까 염려하여 몸을 구부리고 땅이 꺼질까 염려하여 조심조심 걷는다는 뜻으로, 두려워 몸 둘 바를 모르는 모양을 이르는 말
- 군신유의(君臣有義) : 오륜(五倫)의 하나로, 임금과 신하 사이의 도리는 의리에 있음을 이른다.
- 군위신강(君爲臣綱) : 삼강(三綱)의 하나로, 신하는 임금을 섬기는 것이 근본임을 이른다.
- 권상요목(勸上搖木) : 나무에 오르게 하고 흔든다는 뜻으로, 남을 부추겨 놓고 낭패를 보도록 방해함을 이르는 말
- 권학강문(勸學講文) : 학문을 권장하여 공부에 힘쓰게 함
- 근근자자(勤勤孜孜) : 매우 부지런하고 꾸준함
- 금란지계(金蘭之契) : 친구 사이의 매우 두터운 정을 이르는 말＝금란지교(金蘭之交)
- 금석지교(金石之交) : 쇠나 돌처럼 굳고 변함없는 사귐
- 금석지약(金石之約) : 쇠나 돌처럼 굳고 변함없는 약속

- 금성옥진(金聲玉振) : 사상이나 언론이 세상에 널리 알려져 존중받게 됨
- 기서일가(機杼一家) : 스스로 연구하여 독특하고 훌륭한 문장이나 언론 따위를 지어냄
- 기인여옥(其人如玉) : 인품이 옥과 같이 맑고 깨끗한 사람 또는 옥과 같이 아름다운 여자
- 기초청려(奇峭淸麗) : 산이 가파르고 기이하며, 맑고 아름다움
- 기호지세(騎虎之勢) : 호랑이를 타고 달리는 형세라는 뜻으로, 이미 시작한 일을 중도에서 그만둘 수 없는 경우를 비유적으로 이르는 말
- 길흉화복(吉凶禍福) : 길흉과 화복을 아울러 이르는 말
- 나열춘추(羅列春秋) : 책을 많이 벌여 놓고 공부함을 이르는 말. 유교 경서(經書)의 하나인 〈춘추〉를 벌여 놓는다는 데서 유래한다.
- 남비징청(攬轡澄淸) : 말의 고삐를 잡아 천하를 맑게 한다는 뜻으로, 관리가 되어 어지러운 정치를 새롭게 바로잡아 보겠다는 큰 뜻을 비유적으로 이르는 말
- 노안비슬(奴顏婢膝) : 남자 종의 아첨하는 얼굴과 여자 종의 무릎걸음이라는 뜻으로, 하인처럼 굽실거리는 얼굴로 비굴하게 알랑대는 태도를 비유적으로 이르는 말
- 노주지분(奴主之分) : 종과 주인의 나뉨이라는 뜻으로, 매우 거리가 있어 바뀌어 설 수 없는 대인 관계를 이르는 말
- 누란지세(累卵之勢) : 층층이 쌓아 놓은 알의 형세라는 뜻으로, 몹시 위태로운 형세를 비유적으로 이르는 말=누란지위(累卵之危)
- 능언앵무(能言鸚鵡) : 말은 잘하나 실제 학문은 없는 사람을 이르는 말
- 다전선고(多錢善賈) : 밑천이 넉넉하면 장사를 잘할 수 있음을 이르는 말
- 단금지교(斷金之交) : 쇠라도 자를 만큼 강한 교분이라는 뜻으로, 매우 두터운 우정을 이르는 말
- 단금지교(斷琴之交) : 매우 친밀한 우정이나 교제를 이르는 말. 예전에 중국의 백아가 자기의 거문고 소리를 듣고 그 음(音)을 이해한 종자기를 유일한 친구로 삼았는데, 종자기가 죽자 거문고의 줄을 끊어 평생 손을 대지 않았다는 데서 유래한다. = 지음(知音)
- 단사표음(單食瓢飮) : 대나무로 만든 밥그릇에 담은 밥과 표주박에 든 물이라는 뜻으로, 청빈하고 소박한 생활을 이르는 말
- 단표누항(單瓢陋巷) : 누항에서 먹는 한 그릇의 밥과 한 바가지의 물이라는 뜻으로, 선비의 청빈한 생활을 이르는 말. 여기서 '누항'은 좁고 지저분하며 더러운 거리, 또는 자기가 사는 거리나 동네를 겸손하게 이르는 말
- 담호호지(談虎虎至) : 호랑이도 제 말을 하면 온다는 뜻으로, 이야기에 오른 사람이 마침 그 자리에 나타남을 이르는 말
- 대간사충(大姦似忠) : 아주 간사한 사람은 아첨하는 수단을 교묘히 부려 마치 충성하는 사람과 같아 보임
- 대담부적(大膽不敵) : 담력이 크고 용감하여 대적할 자가 없음
- 대변여눌(大辯如訥) : 말을 잘하는 사람은 함부로 지껄이지 아니하여 도리어 말이 서투른 것처럼 보임
- 대안지화(對岸之火) : 강 건너 불이라는 뜻으로, 어떤 일이 자기에게는 아무 관계도 없다는 듯이 무관심함을 이르는 말
- 도비심력(徒費心力) : 마음과 힘을 헛되이 쓴다는 뜻으로, 부질없이 아무 보람이 없는 일에 애를 씀을 이르는 말
- 독학고루(獨學孤陋) : 스승이 없이, 또는 학교에 다니지 아니하고 혼자서 공부한 사람은 견문이 넓지 못하여 생각이 좁고 천박함

- 동병상련(同病相憐) : 같은 병을 앓는 사람끼리 서로 가엾게 여긴다는 뜻으로, 어려운 처지에 있는 사람끼리 서로 가엾게 여김을 이르는 말
- 득롱망촉(得隴望蜀) : 농(隴)을 얻고서 촉(蜀)까지 취하고자 한다는 뜻으로, 만족할 줄을 모르고 계속 욕심을 부리는 경우를 비유적으로 이르는 말. 후한(後漢)의 광무제가 농(隴) 지방을 평정한 후에 다시 촉(蜀) 지방까지 원하였다는 데에서 유래한다.
- 마이동풍(馬耳東風) : 동풍이 말의 귀를 스쳐 간다는 뜻으로, 남의 말을 귀담아듣지 아니하고 지나쳐 흘려버림을 이르는 말
- 막역지우(莫逆之友) : 서로 거스름이 없는 친구라는 뜻으로, 허물이 없이 아주 친한 친구를 이르는 말
- 만권시서(萬卷詩書) : 아주 많은 책
- 망망감여(茫茫堪輿) : 아득하게 넓은 천지
- 망양보뢰(亡羊補牢) : 양을 잃고 우리를 고친다는 뜻으로, 이미 어떤 일을 실패한 뒤에 뉘우쳐도 아무 소용이 없음을 이르는 말
- 망자계치(亡子計齒) : 죽은 자식 나이 세기라는 뜻으로, 이미 그릇된 일은 생각하여도 아무 소용이 없음을 이르는 말
- 망중투한(忙中偷閑) : 바쁜 가운데서도 한가한 겨를을 얻어 즐김 ≒ 한중진미(閑中眞味)
- 맹호복초(猛虎伏草) : 사나운 범이 풀숲에 엎드려 있다는 뜻으로, 영웅은 일시적으로 숨어 있어도 때가 되면 세상에 드러나게 마련이라는 말
- 면종복배(面從腹背) : 겉으로는 복종하는 체하면서 내심으로는 배반함
- 명재경각(命在頃刻) : 거의 죽게 되어 곧 숨이 끊어질 지경에 이름
- 목불식정(目不識丁) : 아주 간단한 글자인 ‘丁’ 자를 보고도 그것이 ‘고무래’인 줄을 알지 못한다는 뜻으로, 아주 까막눈임을 이르는 말
- 무명소졸(無名小卒) : 세상에 이름이 알려지지 않은 보잘것없는 사람
- 무사분주(無事奔走) : 하는 일 없이 공연히 바쁨
- 무위지치(無爲之治) : 성인의 덕이 지극히 커서 아무 일을 하지 않아도 천하가 저절로 잘 다스려짐
- 문경지교(刎頸之交) : 서로를 위해서라면 목이 잘린다 해도 후회하지 않을 정도의 사이라는 뜻으로, 생사를 같이할 수 있는 아주 가까운 사이, 또는 그런 친구를 이르는 말. 중국 전국 시대의 인상여(藺相如)와 염파(廉頗)의 고사에서 유래하였다.
- 문질빈빈(文質彬彬) : 겉모양의 아름다움과 속내가 서로 잘 어울림
- 미생지신(尾生之信) : 우직하여 융통성이 없이 약속만을 굳게 지킴을 비유적으로 이르는 말. 중국 춘추 시대에 미생(尾生)이라는 자가 다리 밑에서 만나자고 한 여자와의 약속을 지키기 위하여 홍수에도 피하지 않고 기다리다가 마침내 익사하였다는 고사에서 유래한다.
- 민간질고(民間疾苦) : 정치의 부패나 변동 따위로 백성이 받는 괴로움
- 박람강기(博覽強記) : 여러 가지의 책을 널리 많이 읽고 기억을 잘함
- 방휼지쟁(蚌鷸之爭) : 도요새가 조개와 다투다가 다 같이 어부에게 잡히고 말았다는 뜻으로, 대립하는 두 세력이 다투다가 결국은 구경하는 다른 사람에게 득을 주는 싸움을 비유적으로 이르는 말
- 백악구비(百惡具備) : 사람의 됨됨이가 고약하여 온갖 나쁜 점은 다 갖추고 있음
- 백의단충(白意丹衷) : 깨끗하고 정성 어린 마음
- 백척간두(百尺竿頭) : 100자나 되는 높은 장대 위에 올라섰다는 뜻으로, 몹시 어렵고 위태로운 지경을 이르는 말

- 부급종사(負笈從師) : 책 상자를 지고 스승을 따른다는 뜻으로, 먼 곳에 있는 스승을 찾아서 공부하러 감을 이르는 말
- 부부유별(夫婦有別) : 오륜(五倫)의 하나로, 남편과 아내 사이의 도리는 서로 침범하지 않음에 있음을 이르는 말
- 부위부강(夫爲婦綱) : 삼강(三綱)의 하나로, 아내는 남편을 섬기는 것이 근본임을 이르는 말
- 부위자강(父爲子綱) : 삼강(三綱)의 하나로, 아들은 아버지를 섬기는 것이 근본임을 이르는 말
- 부자유친(父子有親) : 오륜(五倫)의 하나로, 아버지와 아들 사이의 도리는 친애에 있음을 이르는 말
- 불감앙시(不敢仰視) : 두려워서 감히 쳐다보지 못함
- 붕우유신(朋友有信) : 오륜(五倫)의 하나로, 벗과 벗 사이의 도리는 믿음에 있음을 이른다.
- 붕정만리(鵬程萬里) : 산을 넘고 내를 건너 아주 멂. 또는 아주 양양한 장래를 비유적으로 이르는 말
- 비도산고(悲悼酸苦) : 손아랫사람의 죽음을 당해 몹시 슬프고 마음이 아픔
- 비이장목(飛耳長目) : 먼 데서 일어나는 일을 능히 듣고 보는 귀와 눈. 널리 여러 가지 정보를 모아 사물을 명확하게 판단하는 능력 또는 견문을 넓히는 서적을 비유적으로 이르는 말
- 빈이무원(貧而無怨) : 가난하지만 남을 원망하지 않음
- 빙탄지간(氷炭之間) : 얼음과 숯의 사이라는 뜻으로, 서로 맞지 않아 화합하지 못하는 관계를 이르는 말＝빙탄불용(氷炭不容)
- 사군이충(事君以忠) : 세속 오계의 하나로, 충성으로써 임금을 섬김을 이르는 말
- 사면초가(四面楚歌) : 아무에게도 도움을 받지 못하는, 외롭고 곤란한 지경에 빠진 형편을 이르는 말. 초나라 항우가 사면을 둘러싼 한나라 군사 쪽에서 들려오는 초나라의 노랫소리를 듣고 초나라 군사가 이미 항복한 줄 알고 놀랐다는 데서 유래한다.
- 사목지신(徙木之信) : 나라를 다스리는 사람은 백성을 속이지 않는다는 데서, 백성에 대한 신임을 밝히는 일을 이르는 말. 중국 진(秦)의 상앙(商鞅)이 법령을 개정하려 할 때, 수도 남문의 큰 나무를 북문으로 옮기는 백성에게 상금을 걸었는데, 이를 옮기는 사람이 있자 약속대로 포상하여 법령을 신뢰할 수 있음을 보인 데서 유래한다.
- 사상누각(沙上樓閣) : 모래 위에 세운 누각이라는 뜻으로, 기초가 튼튼하지 못하여 오래 견디지 못할 일이나 물건을 이르는 말
- 사생계활(死生契闊) : 죽고 사는 것을 같이하기로 약속하고 동고동락함
- 사친이효(事親以孝) : 세속 오계의 하나로, 어버이를 섬기기를 효도로써 함을 이르는 말
- 산명수려(山明水麗) : 산과 물이 맑고 깨끗하다는 뜻으로, 산수의 경치가 아름다움
- 산명수자(山明水紫) : 산과 물이 맑고 자줏빛으로 선명하다는 뜻으로, 산수의 경치가 맑고 아름다움
- 산자수명(山紫水明) : 산은 자줏빛이고 물은 맑다는 뜻으로, 경치가 아름다움
- 산중재상(山中宰相) : 산중에 은거하면서 나라에 중대한 일이 있을 때만 나와 일을 보는 사람을 비유적으로 이르는 말. 중국 양(梁)나라의 도홍경이 산속에 살면서 나라에 대사(大事)가 있을 때는 늘 참여했다는 데서 유래한다.
- 살생유택(殺生有擇) : 세속 오계의 하나로, 살생하는 데에 가림이 있다는 뜻으로, 살생을 함부로 하지 말고 가려서 해야 함을 이르는 말
- 상사불망(相思不忘) : 서로 그리워하여 잊지 못함
- 상산구어(上山求魚) : 산 위에 올라가 물고기를 구한다는 뜻으로, 도저히 불가능한 일을 굳이 하려 함을 비유적으로 이르는 말
- 상풍패속(傷風敗俗) : 풍속을 문란하게 함. 또는 부패하고 문란한 풍속

- 새옹지마(塞翁之馬) : 인생의 길흉화복은 변화가 많아서 예측하기가 어렵다는 말. 옛날에 새옹(변방에 사는 노인이라는 뜻)이 기르던 말이 오랑캐 땅으로 달아나서 노인이 낙심하였는데, 그 후에 달아났던 말이 준마를 한 필 끌고 와서 그 덕분에 훌륭한 말을 얻게 되었으나 아들이 그 준마를 타다가 떨어져서 다리가 부러졌으므로 노인이 다시 낙심하였는데, 그로 인하여 아들이 전쟁에 끌려 나가지 아니하고 죽음을 면할 수 있었다는 이야기에서 유래한다. = 새옹득실(塞翁得失)
- 생이지지(生而知之) : 삼지(三知)의 하나로, 도(道)를 스스로 깨달음을 이르는 말
- 생자필멸(生者必滅) : 불교에서 생명이 있는 것은 반드시 죽는다는 뜻으로, 존재의 무상(無常)을 이르는 말
- 선공무덕(善供無德) : 부처에게 공양을 잘하여도 아무 공덕이 없다는 뜻으로, 남을 위하여 힘을 썼으나 그것에 대한 소득이 없음을 이르는 말
- 선위설사(善爲說辭) : 말을 재치 있게 잘함 = 영아이치(伶牙利齒)
- 설상가상(雪上加霜) : 눈 위에 서리가 덮인다는 뜻으로, 난처한 일이나 불행한 일이 잇따라 일어남을 이르는 말
- 성인지미(成人之美) : 남의 훌륭한 점을 도와 더욱 완전하게 함
- 소중유검(笑中有劍) : 웃는 마음속에 칼이 있다는 뜻으로, 겉으로는 웃고 있으나 마음속에는 해칠 마음을 품고 있음을 이르는 말
- 송죽지절(松竹之節) : 소나무같이 꿋꿋하고 대나무같이 곧은 절개
- 수수실색(垂首失色) : 머리를 숙이고 얼굴색을 잃음. 즉 낙심하여 당황함
- 수어지교(水魚之交) : 물이 없으면 살 수 없는 물고기와 물의 관계라는 뜻으로, 아주 친밀하여 떨어질 수 없는 사이를 비유적으로 이르는 말
- 수왕지절(水旺之節) : 오행(五行)에서 수기(水氣)가 왕성한 계절. 겨울을 이르는 말
- 수의고고(守義枯槁) : 굳게 절의를 지켜 자기 몸의 안일을 돌보지 않음
- 수주대토(守株待兎) : 한 가지 일에만 얽매여 발전을 모르는 어리석은 사람을 비유적으로 이르는 말. 중국 송나라의 한 농부가 우연히 나무 그루터기에 토끼가 부딪쳐 죽은 것을 잡은 후, 또 그와 같이 토끼를 잡을까 하여 일도 하지 않고 그루터기만 지키고 있었다는 데서 유래한다.
- 숙맥불변(菽麥不辨) : 콩인지 보리인지를 구별하지 못한다는 뜻으로, 사리 분별을 못 하고 세상 물정을 잘 모름을 이르는 말
- 숙호충비(宿虎衝鼻) : 자는 호랑이의 코를 찌른다는 뜻으로, 가만히 있는 사람을 공연히 건드려서 화를 입거나 일을 불리하게 만듦을 이르는 말
- 승두지리(升斗之利) : 됫박만 한 이익, 또는 파리 머리만 한 이익이라는 뜻으로, 얼마 되지 않는 이익을 이르는 말
- 승영구구(蠅營狗苟) : 파리가 분주하게 날아다니며 구하고 개가 구차하게 구한다는 뜻으로, 작은 이익에 악착스럽게 덤빔을 비유적으로 이르는 말
- 시도지교(市道之交) : 시장과 길거리에서 이루어지는 교제라는 뜻으로, 단지 이익만을 위한 교제를 이르는 말
- 신호지세(晨虎之勢) : 굶주린 새벽 호랑이의 기세라는 뜻으로, 매우 맹렬한 기세를 이르는 말
- 심산맹호(深山猛虎) : 깊은 산속의 사나운 범이라는 뜻으로, 매우 사나운 위세나 그런 위세를 가진 사람을 이르는 말
- 아유경탈(阿諛傾奪) : 지위나 권세가 있는 사람에게 아첨하여 남의 지위를 빼앗음
- 아유편파(阿諛偏頗) : 아첨하여 한쪽으로 치우침

- 아전인수(我田引水) : 자기 논에 물 대기라는 뜻으로, 자기에게만 이롭게 되도록 생각하거나 행동함을 이르는 말
- 안분지족(安分知足) : 편안한 마음으로 제 분수를 지키며 만족할 줄을 앎
- 양두구육(羊頭狗肉) : 양의 머리를 걸어 놓고 개고기를 판다는 뜻으로, 겉보기만 그럴듯하게 보이고 속은 변변하지 않음을 이르는 말
- 양호대치(兩虎對峙) : 두 마리의 범이 서로 맞서서 버틴다는 뜻으로, 힘이 센 두 편이 맞서 버팀을 비유적으로 이르는 말
- 어궤조산(魚潰鳥散) : 물고기의 창자가 썩고 새 떼가 흩어진다는 뜻으로, 나라가 내부에서 부패하여 백성이 살길을 찾아 뿔뿔이 흩어짐을 이르는 말
- 여리박빙(如履薄氷) : 살얼음을 밟는 것과 같다는 뜻으로, 아슬아슬하고 위험한 일을 비유적으로 이르는 말
- 연목구어(緣木求魚) : 나무에 올라가서 물고기를 구한다는 뜻으로, 도저히 불가능한 일을 굳이 하려 함을 비유적으로 이르는 말
- 연함호두(燕頷虎頭) : 제비 비슷한 턱과 범 비슷한 머리라는 뜻으로, 먼 나라에서 봉후(封侯)가 될 상(相)을 이르는 말
- 염량주의(炎涼主義) : 세력이 좋은 편으로 아첨하여 따르는 기회주의적인 태도나 경향
- 영고성쇠(榮枯盛衰) : 인생이나 사물의 번성함과 쇠락함이 서로 바뀜
- 영용무쌍(英勇無雙) : 영특하고 용감하기가 비길 데 없음
- 오부녕자(惡夫佞者) : 아첨하는 사람을 미워함
- 옥모경안(玉貌鏡顔) : 옥같이 아름답고 거울같이 맑은 얼굴
- 외첨내소(外諂內疎) : 겉으로는 아첨하면서 속으로는 해치려 함
- 요동지시(遼東之豕) : 요동의 돼지라는 뜻으로, 견문이 좁아 세상일을 모르고 저 혼자 득의양양함을 이르는 말. 옛날 요동의 어떤 돼지가 머리가 흰 새끼를 낳자, 이를 신기하게 여긴 주인이 임금에게 바치려고 하동(河東)으로 가지고 갔다가 그곳 돼지는 모두 머리가 흰 것을 보고 부끄러워서 돌아왔다는 데서 유래한다.
- 요요무문(寥寥無聞) : 명예나 명성이 보잘것없어 남에게 알려지지 않음
- 욕교반졸(欲巧反拙) : 잘 만들려고 너무 기교를 다하다가 도리어 졸렬한 결과를 보게 되었다는 뜻으로, 너무 잘하려 하면 도리어 잘되지 않음을 이르는 말
- 용가봉생(龍茄鳳笙) : 맑고 깨끗하고 아름다운 소리를 내는 악기를 이르는 말
- 용양호박(龍攘虎搏) : 용처럼 세차게 물리치고 범처럼 세차게 친다는 뜻으로, 맹렬히 싸우는 모양을 이르는 말
- 용왕매진(勇往邁進) : 거리낌 없이 용감하고 씩씩하게 나아감
- 용전분투(勇戰奮鬪) : 있는 힘을 다하여 용감하게 싸움
- 우국봉공(憂國奉公) : 나랏일을 근심하고 염려하며 나라를 위해 힘을 다함
- 우이독경(牛耳讀經) : 쇠귀에 경 읽기라는 뜻으로, 아무리 가르치고 일러 주어도 알아듣지 못함을 이르는 말
- 운룡풍호(雲龍風虎) : 구름을 타고 하늘로 오르는 용과 바람을 타고 달리는 범이라는 뜻으로, 의기와 기질이 서로 맞거나 성주(聖主)가 현명한 신하를 얻음을 이르는 말
- 웅담준론(雄談峻論) : 뛰어난 언변과 날카롭고 바른 언론
- 웅맹탁특(雄猛卓特) : 웅장하고 용맹하며 탁월하고 특출함

- 웅비지사(雄飛之士) : 용맹스럽고 날랜 군사
- 원실돈오(圓實頓悟) : 조금도 결함이 없는 완전한 모든 진리를 문득 깨달음
- 월견폐설(越犬吠雪) : 어리석고 식견이 좁은 사람이 예삿일을 보고도 크게 놀람을 비유적으로 이르는 말. 중국 월나라는 날씨가 따뜻하여 눈이 내리는 일이 드물었기 때문에 눈을 처음 본 개들이 두려워 짖었다는 데서 유래한다.
- 월광독서(月光讀書) : 달빛으로 책을 읽는다는 뜻으로, 집이 가난하여 고학함을 비유적으로 이르는 말
- 유방백세(流芳百世) : 꽃다운 이름이 후세에 길이 전함
- 유수도식(遊手徒食) : 아무 일도 하지 않고 놀고먹음
- 유유자적(悠悠自適) : 속세를 떠나 아무 속박 없이 조용하고 편안하게 삶
- 유취만년(遺臭萬年) : 더러운 이름을 후세에 오래도록 남김
- 육지행선(陸地行船) : 육지에서 배를 저으려 한다는 뜻으로, 안 되는 일을 억지로 하려고 함을 비유적으로 이르는 말
- 을야지람(乙夜之覽) : 임금이 밤에 독서하는 일. 임금이 낮에는 정사를 보고 자기 전인 을야(乙夜), 곧 밤 9시부터 11시까지 책을 읽는다고 하여 생겨난 말
- 의동일실(義同一室) : 한집안 식구처럼 정의가 두터움
- 이란투석(以卵投石) : 달걀로 돌을 친다는 뜻으로, 아주 약한 것으로 강한 것에 대항하려는 어리석음을 비유적으로 이르는 말
- 이재발신(以財發身) : 재물의 힘으로 출세함
- 인사유명(人死留名) : 사람은 죽어서 이름을 남긴다는 뜻으로, 사람의 삶이 헛되지 아니하면 그 이름이 길이 남음을 이르는 말
- 일개지사(一介之士) : 보잘것없는 선비
- 일낙천금(一諾千金) : 한번 승낙한 것은 천금같이 귀중하다는 뜻으로, 약속을 소중히 여기라는 말
- 일룡일사(一龍一蛇) : 용이 되어 하늘로 올라가거나 뱀이 되어 못 속에 숨는다는 뜻으로, 태평한 시대에는 세상에 나와 일을 하고 난세에는 은거하여 재능을 나타내지 아니하고 시대에 잘 순응함을 이르는 말
- 일슬지공(一膝之工) : 한 번 무릎을 꿇고 앉아서 하는 공부라는 뜻으로, 잠시 동안 하는 공부를 이르는 말
- 일인당천(一人當千) : 한 사람이 천 사람의 적을 당한다는 뜻으로, 대단히 용감함을 이르는 말
- 일진불염(一塵不染) : 토지가 깨끗함, 절조가 깨끗함, 문장 따위가 뛰어나게 맑고 아름다움, 모든 것이 맑고 깨끗함, (불교 용어) 티끌만큼도 물욕에 물들어 있지 않음
- 일촉즉발(一觸卽發) : 한 번 건드리기만 해도 폭발할 것같이 몹시 위급한 상태
- 임전무퇴(臨戰無退) : 세속 오계의 하나로, 전쟁에 나아가서 물러서지 않음을 이르는 말
- 입산기호(入山忌虎) : 산속에 들어가고서 범 잡을 것을 꺼린다는 뜻으로, 정작 바라던 일을 마주하게 되면 꽁무니를 빼는 것을 이르는 말
- 장유유서(長幼有序) : 오륜(五倫)의 하나로, 어른과 어린이 사이의 도리는 엄격한 차례가 있고 복종해야 할 질서가 있음을 이르는 말
- 전부지공(田父之功) : 양자의 다툼에 엉뚱한 제3자가 이득을 보는 것을 비유적으로 이르는 말. 예전 중국에 한자로(韓子盧)라는 매우 빠른 개가 동곽준(東郭逡)이라는 재빠른 토끼를 뒤쫓았다가 마침내 둘 다 지쳐서 죽고 말았는데, 때마침 이를 발견한 전부(田夫)가 힘들이지 않고 둘 다 얻었다는 고사에서 유래한다.

- 전전긍긍(戰戰兢兢) : 몹시 두려워서 벌벌 떨며 조심함
- 전정만리(前程萬里) : 나이가 젊어 장래(將來)가 유망(有望)함
- 전화위복(轉禍爲福) : 재앙과 근심, 걱정이 바뀌어 오히려 복이 됨
- 정금미옥(精金美玉) : 정교하게 다듬은 금과 아름다운 옥이라는 뜻으로, 인품이나 시문이 맑고 아름다움
- 정저지와(井底之蛙) : 우물 안의 개구리라는 뜻으로, 궁벽한 곳에서만 살아서 넓은 세상의 형편을 모르는 사람 또는 견식이 좁아서 저만 잘난 줄 아는 사람을 비유적으로 이르는 말＝정중지와(井中之蛙)
- 조삼모사(朝三暮四) : 간사한 꾀로 남을 속여 희롱함을 이르는 말. 중국 송나라의 저공(狙公, 원숭이를 가지고 재주를 부리게 하여 돈벌이를 하던 사람)의 고사로, 먹이를 아침에 세 개, 저녁에 네 개씩 주겠다는 말에는 원숭이들이 적다고 화를 내더니 아침에 네 개, 저녁에 세 개씩 주겠다는 말에는 좋아하였다는 데서 유래한다.
- 조충소기(彫蟲小技) : 벌레를 새기는 보잘것없는 솜씨라는 뜻으로, 남의 글귀를 토막토막 따다가 맞추는 서투른 재간을 이르는 말
- 좌정관천(坐井觀天) : 우물 속에 앉아서 하늘을 본다는 뜻으로, 사람의 견문이 매우 좁음을 이르는 말
- 주축일반(走逐一般) : 달아나는 것이나 뒤쫓아가는 것이나 다 같은 것이라는 뜻으로, 다 같이 옳지 않은 일을 한 바에는 나무라는 쪽이나 나무람을 받는 쪽이나 마찬가지임을 이르는 말
- 죽마고우(竹馬故友) : 대말을 타고 놀던 벗이라는 뜻으로, 어릴 때부터 같이 놀며 자란 벗
- 증작지설(繒繳之說) : 주살로 나는 새를 쏘아 맞히면 횡재를 하듯이, 요행을 바라고 하는 무책임한 언론을 이르는 말
- 지기지우(知己之友) : 자기의 속마음을 참되게 알아주는 친구
- 지란지교(芝蘭之交) : 지초(芝草)와 난초(蘭草)의 교제라는 뜻으로, 벗 사이의 맑고도 고귀한 사귐을 이르는 말
- 지록위마(指鹿爲馬) : 윗사람을 농락하여 권세를 마음대로 함을 이르는 말. 중국 진(秦)나라의 조고(趙高)가 자신의 권세를 시험하여 보고자 황제 호해(胡亥)에게 사슴을 가리키며 말이라고 한 데서 유래한다. 또는 모순된 것을 끝까지 우겨서 남을 속이려는 짓을 비유적으로 이르는 말
- 지복위혼(指腹爲婚) : 배를 손가락으로 가리켜 혼인을 약속한다는 뜻으로, 임신부가 있는 두 집안에서 아이들을 낳기 전에 배 속의 아이들끼리 약혼을 맺는 일을 이르는 말. 약혼한 증표로 적삼의 깃을 나누어 가졌다고 하여 '할삼혼(割衫婚)'이라고도 한다.
- 지복지약(指腹之約) : 배 속의 태아를 가리켜 결혼 약속을 함. 중국 후한(後漢)의 광무제가 가복(賈復)의 아내가 임신하였다는 말을 듣고 자기 아들과 혼인시키자고 말하였다는 데서 유래한다.
- 지분혜탄(芝焚蕙歎) : 지초(芝草)가 불에 타면 같은 난초과의 풀인 혜초(蕙草)가 탄식한다는 뜻으로, 무엇에 대하여 가슴 아프게 생각함을 이르는 말
- 지음지기(知音知己) : 마음이 서로 통하는 친한 벗을 비유적으로 이르는 말. 거문고의 명인 백아가 자기의 소리를 잘 이해해 준 벗 종자기가 죽자 자신의 거문고 소리를 아는 자가 없다고 하여 거문고 줄을 끊었다는 데서 유래한다.＝지음(知音)
- 지징무처(指徵無處) : 세금을 낼 사람이나 빚을 진 사람이 죽거나 달아나거나 하여 돈을 받을 길이 없음
- 진선진미(盡善盡美) : 더할 나위 없이 훌륭하고 완전무결한 아름다움
- 진퇴양난(進退兩難) : 앞으로 나아가는 것과 뒤로 물러나는 것 모두 어렵다는 뜻으로, 이러지도 저러지도 못하는 어려운 처지를 이르는 말

- 착벽투광(鑿壁偸光) : '고학(苦學)'을 비유적으로 이르는 말. 중국 전한 때에 광형(匡衡)이라는 사람이, 집안이 가난하여 등불을 구할 수가 없어서, 벽을 뚫고 새어 나오는 이웃집의 불빛으로 책을 읽었다는 데서 유래한다.
- 채신지우(採薪之憂) : 땔나무를 할 수 없는 근심이라는 뜻으로, 병환을 이르는 말＝부신지우(負薪之憂)
- 척택지예(尺澤之鯢) : 작은 연못의 도롱뇽(또는 송사리)라는 뜻으로, 소견이 좁은 사람을 비유하여 이르는 말
- 첨유지풍(諂諛之風) : 남의 환심을 사거나 잘 보이려고 알랑거리는 버릇
- 청산우수(靑山雨水) : 푸른 산에서 흘러내리는 빗물이라는 뜻으로, 막힘없이 말을 잘함을 비유적으로 이르는 말
- 청운만리(靑雲萬里) : 입신출세하려는 큰 꿈을 비유적으로 이르는 말
- 초미지급(焦眉之急) : 눈썹에 불이 붙었다는 뜻으로, 매우 급함을 이르는 말
- 촉견폐일(蜀犬吠日) : 식견이 좁은 사람이 현인(賢人)의 언행을 의심하는 일을 비유적으로 이르는 말. 중국 촉나라는 산이 높고 안개가 항상 짙어 해가 보이는 날이 드물기 때문에 개들이 해를 보면 이상히 여겨 짖었다는 데서 유래한다.
- 촉목상심(觸目傷心) : 눈에 보이는 사물마다 슬픔을 자아내어 마음을 아프게 함
- 추선탈신(秋蟬脫身) : 가을매미가 허물 벗듯 한다는 뜻으로, 남몰래 살그머니 빠져나옴을 이르는 말
- 축수금구(縮首噤口) : 무섭고 두려워서 고개를 움츠리고 입을 다묾
- 춘와추선(春蛙秋蟬) : 봄의 개구리와 가을의 매미라는 뜻으로, 쓸모없는 언론을 비유적으로 이르는 말
- 치군택민(致君澤民) : 임금에게는 몸을 바쳐 충성하고 백성에게는 혜택을 베풂
- 침소봉대(針小棒大) : 바늘 만한 것을 몽둥이 만하다고 말한다는 뜻으로, 작은 일을 크게 불리어 떠벌림
- 탄환지지(彈丸之地) : 사방이 적국에 싸여 공격의 대상이 되는 매우 좁은 땅
- 태평지업(太平之業) : 백성이 아무 걱정 없이 편안하도록 임금이 나라를 잘 다스리는 일
- 토구지지(菟裘之地) : 벼슬을 내놓고 은거하는 곳이나 노후에 여생을 보내는 곳을 이르는 말. 중국 노나라 은공이 토구의 땅에서 은거하였다는 데서 유래한다.
- 통관규천(通管窺天) : 대롱을 통해서 하늘을 본다는 뜻으로, 소견이나 견문이 좁음을 이르는 말
- 팔면영롱(八面玲瓏) : 어느 면으로 보나 아름답게 빛나고 환하게 맑음, 마음에 아무런 거리낌이나 우울함이 없음
- 포의지교(布衣之交) : 베옷을 입고 다닐 때의 사귐이라는 뜻으로, 벼슬을 하기 전 선비 시절에 사귐. 또는 그렇게 사귄 벗을 이르는 말
- 표리부동(表裏不同) : 겉으로 드러나는 언행과 속으로 가지는 생각이 다름
- 풍광명미(風光明媚) : 자연의 경치가 맑고 아름다움
- 풍우장중(風雨場中) : 몹시 바쁜 형국, 또는 비바람 속에서 치르는 과장(科場)의 안
- 풍월주인(風月主人) : 맑은 바람과 밝은 달 따위의 아름다운 자연을 즐기는 사람
- 풍전등화(風前燈火) : 바람 앞의 등불이라는 뜻으로, 사물이 매우 위태로운 처지에 놓여 있음 또는 사물이 덧없음을 비유적으로 이르는 말
- 학이지지(學而知之) : 삼지(三知)의 하나로, 도(道)를 배워서 깨달음을 이르는 말
- 한사만직(閑司漫職) : 일이 많지 아니하고 한가로운 벼슬자리
- 한중진미(閑中眞味) : 한가한 가운데 깃드는 참다운 맛

- 함소입지(含笑入地) : 웃음을 머금고 땅에 들어간다는 뜻으로, 의사(義士)가 죽음을 두려워하지 않음을 이르는 말
- 항오출신(行伍出身) : 미천한 병졸에서 출세하여 벼슬에 오름
- 허장성세(虛張聲勢) : 헛되이 목소리의 기세만 높다는 뜻으로, 실속은 없으면서 큰소리치거나 허세를 부림
- 헌근지의(獻芹之意) : 자신이 다른 사람에게 주는 선물을 겸손하게 이르는 말. 여기서 '근(芹)'은 '미나리'라는 뜻으로, 변변치 않음을 비유한다.
- 혈기지용(血氣之勇) : 혈기에 찬 기운으로 불끈 일어나는 용맹
- 혈성남자(血性男子) : 용감하고 의기가 있어 죽기를 두려워하지 않는 사나이
- 호가호위(狐假虎威) : 여우가 호랑이의 위세를 빌려 호기를 부린다는 뜻으로, 남의 권세를 빌려 위세를 부림을 비하는 말
- 호사유피(虎死留皮) : 호랑이는 죽어서 가죽을 남긴다는 뜻으로, 사람은 죽어서 명예를 남겨야 함을 이르는 말
- 황공무지(惶恐無地) : 위엄이나 지위 따위에 눌리어 두려워서 몸 둘 데가 없음
- 후목분장(朽木糞牆) : 썩은 나무는 조각할 수 없고 썩은 벽은 다시 칠할 수 없다는 뜻으로, 어떤 일을 하고자 하는 의지와 기개가 없는 사람은 가르칠 수 없다는 말

※ 다음 단어의 동의어 또는 유의어를 고르시오. [1~3]

01

한둔

① 하숙　　　　　　　　　② 숙박
③ 투숙　　　　　　　　　④ 노숙

02

무릇

① 가령(假令)　　　　　　② 대개(大蓋)
③ 대저(大抵)　　　　　　④ 도통(都統)

03

비루하다

① 비장하다　　　　　　　② 비대하다
③ 추잡하다　　　　　　　④ 비약하다

04 다음 중 밑줄 친 단어의 유의어로 가장 적절한 것은?

이렇게 만나게 되어 더할 나위 없는 영광입니다.

① 유용　　　　　　　　　② 여지
③ 자취　　　　　　　　　④ 지경

05 다음 단어의 유의어로 가장 적절한 것은?

> 허름하다

① 동조하다   ② 극명하다

③ 결연하다   ④ 너절하다

06 다음 중 '일을 주선하거나 변통하는 솜씨'와 유사한 뜻을 가진 단어가 아닌 것은?

① 융통성   ② 주변성

③ 두름성   ④ 주관성

07 다음 중 밑줄 친 단어의 의미와 가장 유사한 것은?

> <u>돌아오는</u> 어버이날에는 어머님을 찾아뵈어야겠다.

① 어머니 얼굴에 혈색이 <u>돌아왔다</u>.

② 그들의 비난이 나에게 <u>돌아왔다</u>.

③ 고향집에 드디어 <u>돌아간다</u>.

④ 회식이 한 달에 한 번씩 <u>돌아온다</u>.

08 다음 중 밑줄 친 단어의 유의어로 적절하지 않은 것은?

> K공사의 '최고 청렴인'은 해당 연도 중 청렴한 조직문화 정착에 <u>탁월한</u> 공이 있는 자로, 규정에서 정한 절차를 통하여 선정된다.

① 뛰어나다   ② 월등하다

③ 출중하다   ④ 열등하다

09

영절스럽다

① 어색하다　　　　　　　② 뻔뻔하다

③ 그럴듯하다　　　　　　④ 유별나다

10

저열하다

① 졸렬하다　　　　　　　② 야비하다

③ 고매하다　　　　　　　④ 천하다

11

반제

① 원료　　　　　　　　　② 봉건

③ 가공　　　　　　　　　④ 차용

※ 다음 중 밑줄 친 단어와 반대 의미를 가진 단어를 고르시오. [12~13]

12

세계는 사물의 <u>총체</u>가 아니라 사건의 총체이다.

① 전체(全體)　　　　　　　　② 개체(個體)
③ 별개(別個)　　　　　　　　④ 유별(有別)

13

경서는 생긴 것과 다르게 <u>호들갑</u>을 떤다.

① 관람　　　　　　　　② 관찬
③ 관상　　　　　　　　④ 관조

※ 다음 중 단어 사이의 관계가 나머지와 다른 것을 고르시오. [14~16]

14
① 벽돌 – 창문 – 집
② 뿌리 – 나뭇가지 – 나무
③ 밑단 – 주머니 – 옷
④ 교육 – 교무실 – 학교

15
① 실 – 직물 – 옷
② 세면대 – 화장실 – 집
③ 흑연 – 연필심 – 연필
④ 밀가루 – 면 – 국수

16
① 참조 – 참고
② 숙독 – 탐독
③ 임대 – 차용
④ 정세 – 상황

※ 다음 중 빈칸에 들어갈 단어로 가장 적절한 것을 고르시오. [17~20]

17

상대방 의견은 _____의 가치도 없다.

① 일각(一角)　　　　　　　　② 일고(一考)
③ 일람(一覽)　　　　　　　　④ 일부(一部)

18

정부는 선거와 관련하여 신고자에 대한 _____을/를 대폭 강화하기로 하였다.

① 보훈(報勳)　　　　　　　　② 공훈(功勳)
③ 공로(功勞)　　　　　　　　④ 포상(襃賞)

19

은행 돈을 빌려 사무실을 _____하였다.

① 임대(賃貸)　　　　　　　　② 임차(賃借)
③ 갱신(更新)　　　　　　　　④ 경신(更新)

20

K회사가 글로벌 금융위기와 국내외 경기침체에도 아랑곳없이 성장을 지속해 연간 매출 100조 원을 _____하였다.

① 경과(經過)　　　　　　　　② 갱신(更新)
③ 돌파(突破)　　　　　　　　④ 돌진(突進)

※ 다음 중 빈칸 ㉠ ～ ㉢에 해당하는 단어를 순서대로 바르게 나열한 것을 고르시오. [21~22]

21

- 주식 투자 손실을 부동산 매각 대금으로 　㉠　 하였다.
- 경찰은 이 조항에 근거하여 처벌 대상자를 　㉡　 하였다.
- 예술 학교는 무용 학교를 　㉢　 하여 그 정원이 두 배가 되었다.

	㉠	㉡	㉢
①	보존	선발	합병
②	보존	선별	통합
③	보전	선발	통합
④	보전	선별	합병

22

음향은 종종 인물의 생각이나 심리를 극적으로 ㉠ 표시(表示) / 제시(提示)하는 데 활용된다. 화면을 가득 채운 얼굴과 함께 인물의 목소리를 들려주면 인물의 속마음이 효과적으로 표현된다. 인물의 표정은 드러내지 않은 채 심장 소리만을 크게 들려줌으로써 인물의 불안정한 심정을 ㉡ 표출(表出) / 표명(表明)하는 예도 있다. 이처럼 음향은 영화의 장면 및 줄거리와 밀접한 관계를 유지하며 주제나 감독의 의도를 ㉢ 실현(實現) / 구현(具縣)하는 중요한 요소이다.

	㉠	㉡	㉢
①	표시	표명	실현
②	제시	표출	실현
③	제시	표출	구현
④	표시	표명	구현

23

> 깊이 생각하여 이치를 깨달아 알아내다.

① 취득하다   ② 터득하다

③ 침해하다   ④ 출몰하다

24

> 부름이나 호소 따위에 대답하거나 응하다.

① 호평   ② 핀잔

③ 호응   ④ 화근

25

> 모자라거나 부족한 것을 보충하여 완전하게 하다.

① 복구하다   ② 보완하다

③ 복제하다   ④ 보류하다

26 다음 중 밑줄 친 단어와 바꿔 사용할 수 있는 것은?

> 최저임금법 시행령 제5조 제1항 제2호 및 제3호는 주 단위 또는 월 단위로 지급된 임금에 대해 1주 또는 월의 소정근로시간 수로 나눈 금액을 시간에 대한 임금으로 규정하고 있다. 그러나 최저임금 산정을 위한 소정근로시간 수에 대해 고용노동부와 대법원의 해석이 <u>어긋나</u> 눈길을 끈다. 고용노동부는 소정근로시간에 유급주휴시간을 포함하여 계산하여 통상임금 산정기준 근로시간 수와 동일하게 본 반면, 대법원은 최저임금 산정을 위한 소정근로시간 수에 유급주휴시간을 제외하고 산정하였다.

① 배치되어   ② 도치되어

③ 대두되어   ④ 전도되어

※ 다음 글의 빈칸에 들어갈 접속어로 가장 적절한 것을 고르시오. [27~29]

27

신재생 에너지 가운데 가장 발달한 태양광 발전은 변신을 통해 우리의 일상으로 깊이 파고들고 있다. _____ 스마트폰 배터리 충전에 활용되거나, 자동차 지붕에 탑재되어 자동차주행에 활용되기도 한다.

① 예를 들어   ② 그러나

③ 또한   ④ 게다가

28

토론이 의견 대립이 존재한다는 것을 인정하고 주어진 논제에 대해 자신의 입장에서 타인을 설득하는 것이 목적이라면, 토의는 협의를 통해 답을 구하는 것이 목적이다. _____ 토의와 달리 토론의 주제는 찬반의 명확한 입장이 잘 드러나야 한다.

① 그러므로   ② 그러나

③ 이를 통해   ④ 마침내

29

추운 겨울, 펭귄들은 서로 몸을 최대한 붙여 거대한 무리를 이루는데, 이때 무리의 중앙에 있으면 체지방을 덜 소모할 수 있다. _____ 펭귄들은 조금이라도 중앙으로 들어갈 기회를 잡기 위해 천천히 나선 모양으로 무리의 주변을 걷는다.

① 그러나   ② 그래서

③ 그리고   ④ 즉

※ 다음 중 빈칸 ㉠, ㉡에 들어갈 접속어가 바르게 연결된 것을 고르시오. [30~32]

30

평화로운 시대에 시인의 존재는 문화의 비싼 장식일 수 있다. ___㉠___ 시인의 조국이 비운에 빠졌거나 통일을 잃었을 때 시인은 장식의 의미를 떠나 민족의 예언가가 될 수 있고, 민족혼을 불러일으키는 선구자적 지위에 놓일 수도 있다. 예를 들면 스스로 군대를 가지지 못한 채 제정 러시아의 가혹한 탄압 아래 있던 폴란드 사람들은 시인의 존재를 민족의 재생을 예언하고 굴욕스러운 현실을 탈피하도록 격려하는 예언자로 여겼다. ___㉡___ 통일된 국가를 가지지 못하고 이산되어 있던 이탈리아 사람들은 시성 단테를 유일한 '이탈리아'로 숭앙했고, 제1차 세계대전 때 독일군의 잔혹한 압제하에 있었던 벨기에 사람들은 베르하렌을 조국을 상징하는 시인으로 추앙하였다.

	㉠	㉡
①	따라서	또한
②	즉	그럼에도 불구하고
③	그러나	또한
④	그래도	그래서

31

민주주의 정치제도를 실시하다 보면, 때로는 선하고 훌륭한 인물이 권력을 잡기도 하고 때로는 위선적이고 사악한 인물이 권력을 잡기도 한다. ___㉠___ 민주주의 정치제도는 주권재민 사상과 법치주의에 토대를 두고 있기에 이를 잘 가꾸기만 한다면, 위선적이고 사악한 인물과 정치 세력을 국민이 언제든 합법적으로 징계하거나 해고할 수 있다. 중요한 것은 민주주의가 인간이 발명한 정치제도 중 가장 부작용이 적은 정치제도라는 점이다. ___㉡___ 국민은 이 점을 알고 주권자로서 정치에 참여하여 그것을 발전시켜 나가야 한다.

	㉠	㉡
①	그러므로	반면
②	그러므로	따라서
③	그러나	따라서
④	그러나	한편

32

> 이동통신사들이 국내 가상현실(VR) 생태계 활성화를 위해 VR 전용기기를 앞다투어 출시하는 등 시장 확대에 주력하고 있다. ___㉠___ VR 시장에서의 초고속·초저지연성 등 5세대 통신(5G) 활용까지는 아직 갈 길이 멀다. ___㉡___ 이동통신사들은 우선 고객들에게 VR에 대한 경험을 제공하는 서비스를 보급하는 데 초점을 두고 있다.

	㉠	㉡
①	그리고	즉
②	그러므로	즉
③	그러므로	따라서
④	그러나	따라서

33 다음 글의 빈칸에 들어갈 접속어로 가장 적절한 것은?

> '딥페이크(Deepfake)'란 딥러닝(Deep Learning)과 페이크(Fake)의 합성어로, 인공 지능(AI) 기술을 이용해 제작된 가짜 동영상 또는 가짜 동영상 제작 프로세스 자체를 의미한다. 생성적 적대 신경망(GAN)이라는 기계학습 기술을 사용하여 사진이나 영상을 원본 영상에 겹쳐서 만들어낸다. 이는 미국의 한 네티즌이 온라인 소셜 커뮤니티인 레딧(Reddit)에 할리우드 배우의 얼굴과 포르노 영상 속 인물의 얼굴을 악의적으로 합성한 편집물을 올리면서 시작되었다. 연예인이나 정치인 등 유명인 뿐만 아니라 일반인도 딥페이크의 피해자가 될 수 있다는 우려가 커지면서 사회적 문제가 되고 있다. _____ 딥페이크 기술을 유용하게 쓰는 방안도 등장했다. 과학기술 전문지 〈뉴 사이언티스트〉에 따르면 이스라엘의 기업인 '캐니 인공 지능(Canny AI)'은 동영상을 여러 다른 언어로 더빙하는 데 딥페이크 기술을 이용하고 있다. 이 기업은 현재 유명 연예인이 촬영한 광고나 홍보 동영상을 다양한 언어로 더빙하는 데 딥페이크 기술을 활용하고 있으며, 향후 텔레비전 프로그램이나 영화 더빙에 이를 확대 적용할 예정이다.

① 이를 통해
② 그러므로
③ 한편
④ 즉

34 다음 글의 빈칸 ㉠ ~ ㉣에 들어갈 접속어를 순서대로 바르게 나열한 것은?

> 강력한 국가의 등장, ___㉠___ 경찰이나 안보 기구의 등장은 해방 이후 필연적으로 발생하게 된 힘의 공백, '아노미 상태'에 대처하는 데는 나름의 기여를 했다고 볼 수 있을 것이다. ___㉡___ 이 힘이 워낙 강력하다 보니까 다양한 세력의 경쟁을 통해 정의로운 체제나 이념을 도출하는 데는 무리가 있었다. ___㉢___ 강한 세력이 약한 세력을 억압하면서 그들의 목소리는 철저하게 배제될 수밖에 없었기 때문이다. ___㉣___ 강력한 국가의 등장은 정의로운 체제를 만드는 것이 아니라 강자의 이익을 중심으로 체제를 형성하게 되는 악영향을 끼치게 된다.

① 그러나 – 왜냐하면 – 즉 – 결과적으로
② 그러나 – 하지만 – 즉 – 다시 말해
③ 즉 – 또는 – 왜냐하면 – 결과적으로
④ 즉 – 그러나 – 왜냐하면 – 결과적으로

35 다음 글의 빈칸에 들어갈 접속어로 가장 적절한 것은?

> 인간 본성이라는 복잡한 전체를 구성하고 있는 하부 체계들은 상호 간에 극단적으로 밀접하게 연관되어 있다. _____ 그중 일부라도 인위적으로 변경하면, 이는 불가피하게 전체의 통일성을 무너지게 한다.

① 그리고　　　　　　　　　② 따라서
③ 또한　　　　　　　　　　④ 왜냐하면

36 다음 중 빈칸에 들어갈 단어를 바르게 짝지은 것은?

> • 고구마는 _____ 찐다.
> • 소금에 _____ 생선을 굽는다.
> • 닭고기는 양념이 충분히 _____ 둔다.

① 껍질째 – 저린 – 배어들게　　　　② 껍질째 – 절인 – 배어들게
③ 껍질채 – 저린 – 베어들게　　　　④ 껍질채 – 절인 – 베어들게

37 다음 글의 빈칸에 들어갈 접속어로 적절하지 않은 것은?

> 3,900원으로 냉면을 즐길 수 있는 집이 화제가 되었다. _____ 이곳은 수제 메밀면으로 유명하다. 이곳은 냉면집에서 흔히 볼 수 있는 가위가 없다. 왜냐하면 메밀면은 일반 냉면보다 덜 쫄깃하기 때문에 구태여 자를 필요가 없기 때문이다. _____ 어떻게 이 가격이 가능할까? 알아본 결과, 인근 농가와 선도매 방식으로 메밀을 구입하기 때문에 제작 단가를 낮출 수 있었다고 한다. _____ 사시 사철 3,900원 냉면을 맛볼 수는 없다. 여름 메밀의 수확기간인 7∼8월에만 맛볼 수 있으니 방문을 서두르자.

① 특히
② 또한
③ 그런데
④ 그러나

38 다음 글의 빈칸 ㉠, ㉡에 들어갈 접속어를 순서대로 바르게 나열한 것은?

> 도덕적 명분관은 인간의 모든 행위에 대해 인간의 본성에 근거하는 도덕적 정당성의 기준을 제시함으로써 개인의 정의감이나 용기를 뒷받침한다. 즉, 불의에 대한 비판 의식이라든가 타협을 거부하는 선비의 강직한 정신 같은 것이 바로 그것인데, 이는 우리 사회를 도덕적으로 건전하게 이끌어 오는 데 기여하였다. 또한, 사회적 행위에 적용되는 도덕적 명분은 공동체의 정당성을 확고하게 하여 사회를 통합하는 데 기여해 왔다. ___㉠___ 자신의 정당성에 대한 신념이 지나친 나머지 경직된 비판 의식을 발휘하게 되면 사회적 긴장과 분열을 초래할 수도 있다. ___㉡___ 조선 후기의 당쟁(黨爭)은 경직된 명분론의 대립으로 말미암아 심화한 측면이 있는 것이다.

① 게다가, 예컨대
② 그리고, 왜냐하면
③ 하지만, 그리고
④ 그러나, 예컨대

※ 다음 중 빈칸에 들어갈 단어를 〈보기〉에서 골라 바르게 나열한 것을 고르시오. [39~40]

39

상업적 농업이란 전통적인 자급자족 형태의 농업과 달리 판매를 위해 경작하는 농업을 일컫는다. 농업이 상업화된다는 것은 ___㉮___ 할 수 있는 최대의 수익을 얻기 위해 경작이 이루어짐을 뜻한다. 이를 위해 쟁기질, 제초작업 등과 같은 생산 과정의 일부를 인간보다 ___㉯___ 이/가 높은 기계로 작업하게 되고, 농장에서 일하는 노동자도 다른 산업 분야처럼 경영상의 이유에 따라 쉽게 고용되고 해고된다. 이처럼 상업적 농업의 ___㉰___ 은/는 근대 사회의 상업화를 ___㉱___ 한 측면이 있다.

> **보기**
>
> ㉠ 산출 ㉡ 표출
> ㉢ 구현 ㉣ 효율
> ㉤ 이율 ㉥ 도입
> ㉦ 촉진 ㉧ 촉구

	㉮	㉯	㉰	㉱			㉮	㉯	㉰	㉱
①	㉠	㉣	㉢	㉦		②	㉠	㉣	㉥	㉦
③	㉡	㉣	㉢	㉧		④	㉡	㉤	㉥	㉦

40

공공정책(Public Policy)은 정부 또는 공공기관이 문제를 해결하거나 목표를 달성하기 위하여 결정한 행동 ___㉮___ 이다. 법령, 사업, 사업계획, 결정 등 여러 형태로 표현된다. 정부가 가진 합법적인 강제력이 ___㉯___ 되기 때문에, 만약 이에 반하는 행동을 할 때는 벌금, 규제 등의 ___㉰___ 을/를 받을 수 있다.

> **보기**
>
> ㉠ 조치 ㉡ 방침
> ㉢ 수용 ㉣ 수반
> ㉤ 제재 ㉥ 혜택

	㉮	㉯	㉰			㉮	㉯	㉰
①	㉠	㉢	㉡		②	㉠	㉢	㉥
③	㉡	㉢	㉤		④	㉡	㉣	㉤

41 ① 그렇게 덜렁거리더니 결국에는 네가 일을 벌리는구나.
　　② 점심에는 친구들과 김치찌게를 먹었다.
　　③ 한약을 다릴 때는 불 조절이 중요하다.
　　④ 그는 긴 여행에 체력이 부쳤다.

42 ① 헛기침이 간간이 섞여 나왔다.
　　② 그 이야기를 듣자 웬지 불길한 예감이 들었다.
　　③ 그 남자의 굳은살 박힌 발을 봐.
　　④ 집에 가던지 학교에 가던지 해라.

43 ① 각 분야에서 내로라하는 사람들이 모였다.
　　② 생각컨대 그가 거짓말을 하는 것이 분명했다.
　　③ 철수야, 친구를 괴롭히면 안되요.
　　④ 그를 만난지 한 달이 지났다.

44 ① 언니는 상냥한데 동생은 너무 냉냉하다.
　　② 추석에는 햅쌀로 송편을 빚는다.
　　③ 요컨데, 행복은 마음 먹기에 달렸다는 것이다.
　　④ 올해는 모두 건강하리라는 작은 바램을 가져본다.

45 ① 과녁에 화살을 맞추다.
② 오랜만에 친구를 만났다.
③ 그는 저기에 움츠리고 있었다.
④ 단언컨대 내 말이 맞다.

46 ① 저녁노을이 참 곱다.
② 여기서 밥 먹게 돗자리 펴라.
③ 담배꽁초를 함부로 버리지 마라.
④ 영희는 자기 잇속만 챙기는 깍정이다.

47 다음 중 밑줄 친 부분이 맞춤법 규정에 어긋나는 것은?

① 그는 목이 <u>메어</u> 한동안 말을 잇지 못했다.
② 어제는 종일 아이를 <u>치다꺼리</u>하느라 잠시도 쉬지 못했다.
③ <u>웬일로</u> 선물까지 준비했는지 모르겠다.
④ 노루가 나타난 것은 나무꾼이 도끼로 나무를 <u>베고</u> 있을 때였다.

48 ① 내가 믿을 사람은 너 뿐이야.
② 막 외출을 하려던 차에 전화가 왔다.
③ 강당은 숨소리가 들릴만큼 조용했다.
④ 선생님께 만큼은 솔직하게 말하고 싶었다.

49 ① 그녀가 사는 데는 회사에서 한참 멀다.
② KTX를 타면 서울과 목포간에 3시간이 걸린다.
③ 드실 수 있는만큼만 가져가 주십시오.
④ 비가 올 것 같은 데 우산을 챙겨가야지.

50 다음 중 띄어쓰기가 옳지 않은 것은?

① 강아지가 집을 나간지 사흘 만에 돌아왔다.

② 북어 한 쾌는 북어 스무 마리를 이른다.

③ 박승후 씨는 국회의원 출마 의사를 밝혔다.

④ 나는 주로 삼학년을 맡아 미술을 지도했다.

51 다음 중 사이시옷의 쓰임이 옳은 것은?

① 숫사슴   ② 선짓국

③ 양치물   ④ 전셋집

52 다음 〈보기〉 중 밑줄 친 어휘의 쓰임이 옳지 않은 것을 모두 고르면?

> **보기**
>
> ㉠ 등굣길   ㉡ 전셋방
>
> ㉢ 기찻간   ㉣ 만둣국

① ㉠, ㉡   ② ㉠, ㉢

③ ㉡, ㉢   ④ ㉡, ㉣

※ 다음 중 밑줄 친 단어의 맞춤법이 옳은 것을 고르시오. [53~54]

53 ① 그는 손가락으로 북쪽을 <u>가르켰다</u>.

② <u>뚝배기</u>에 담겨 나와서 시간이 지나도 식지 않았다.

③ 열심히 하는 것은 좋은데 <u>촛점</u>이 틀렸다.

④ 몸이 너무 약해서 보약을 <u>다려</u> 먹어야겠다.

54 ① 나는 보약을 먹어서 기운이 <u>뻗쳤다</u>.

② 한약을 <u>다릴</u> 때는 불 조절이 중요하다.

③ 가을이 되어 찬바람이 부니 몸이 <u>으시시</u> 추워진다.

④ 밤을 새우다시피 하며 시험을 <u>치루고</u> 나니 몸살이 났다.

55 다음 중 밑줄 친 단어의 맞춤법이 옳지 않은 것은?

① <u>윗층</u>에 누가 사는지 모르겠다.

② <u>오뚝이</u>는 아무리 쓰러뜨려도 잘도 일어난다.

③ 새 컴퓨터를 살 생각에 좋아서 <u>깡충깡충</u> 뛰었다.

④ 그의 초라한 모습이 내 호기심에 불을 <u>당겼다</u>.

56 다음 중 표준어끼리 짝지어진 것은?

① 초콜렛 - 악세사리

② 날으는 - 구렛나루

③ 객적다 - 몇일

④ 깨끗이 - 사글세

57 다음은 '꽃나무'의 음운 변동에 대한 설명이다. 이를 참고할 때 단어의 발음이 잘못된 것은?

> 자음과 자음이 만나면, 서로 영향을 주고받아 한쪽이나 양쪽 모두 비슷한 소리로 바뀌는 경우가 있다.
> 이를 가리켜 자음동화(子音同化)라 한다. 가령, 꽃나무에서 '꽃'의 받침인 'ㅊ' 소리가 다음에 이어지는
> '나무'의 'ㄴ' 앞에서 /ㄴ/ 소리로 변하여 [꼰나무]로 발음되는 경우가 이러한 예에 해당한다.

① 칼날 → [칼랄]

② 부엌문 → [부엉문]

③ 건강 → [겅강]

④ 빗면 → [빈면]

58 다음 중 모음동화와 관련이 없는 것은?

① 속이다 → [소기다] → [쇠기다]

② 바늘질 → [바느질]

③ 미시오 → [미시오]

④ 기어 → [기여]

※ 다음 중 복수표준어로 허용되는 것을 고르시오. [59~60]

59
① 좀처럼 – 좀체로
② 어림잡다 – 어림치다
③ 여태껏 – 여직껏
④ 역성들다 – 편역들다

60
① 벌레 – 벌러지
② 서럽다 – 설다
③ 양철 – 서양철
④ 언덕빼기 – 언덕바지

※ 다음 중 순우리말끼리 짝지어진 것을 고르시오. [61~62]

61
① 가게채 – 다락집 – 자배기
② 하염없다 – 자라목 – 걸걸하다
③ 하찮다 – 자랑질 – 벽돌
④ 가겟집 – 무자맥질 – 쓰리

62
① 가까스로 – 사재기 – 걸신들리다
② 다박머리 – 갈색 – 아귀차다
③ 단번에 – 다짐 – 아람
④ 가꾸러지다 – 아름드리 – 자욱길

63 다음 중 로마자 표기가 옳은 것은?
① 월곶 – Wolgot
② 왕십리 – Wangsimri
③ 종로 – Jongro
④ 별내 – Byeolnae

64 다음 중 외래어 표기가 옳지 않은 것은?
① 엔딩 크레딧
② 푸껫섬
③ 타월
④ 타이베이

65 다음 중 방언과 표준어의 뜻이 같지 않은 것은?

① 가갑다 – 가볍다　　　　　② 나뚜다 – 두다

③ 두께 – 둘　　　　　　　　④ 마 – 그냥

※ 다음 중 높임말의 쓰임이 옳지 않은 것을 고르시오. [66~67]

66　① 할아버지께서 진지를 드신다.

② 손님, 주문하신 커피 나오셨습니다.

③ 철수가 할아버지를 모시고 왔다.

④ 철수가 영희에게 책을 주었다.

67　① 그 어르신은 고민이 계시다.

② 교수님, 선배가 잘못 알려줘서 늦었습니다.

③ 이 제품의 가격은 10,000원입니다.

④ 선생님께서 너 오라고 하셔.

68 다음 중 단어의 높임말이 잘못 연결된 것은?

① 주다 – 드리다　　　　　② 묻다 – 여쭈다

③ 잡수다 – 잡숫다　　　　④ 자다 – 자시다

69 ① (이대리가 한과장에게) 과장님, 넥타이가 잘 <u>어울리십니다</u>.
　　 ② (이대리가 김부장에게) 부장님, 한 과장님은 회의에 <u>가셨습니다</u>.
　　 ③ (이대리가 한과장에게) 지난 업무 실적을 <u>보고하겠습니다</u>.
　　 ④ (이대리가 회사 전직원에게) 이어서 사장님 말씀이 <u>계시겠습니다</u>.

70 ① 어머니는 할머니를 정성으로 <u>모셨다</u>.
　　 ② 어려운 내용은 선생님께 <u>여쭤</u> 보았다.
　　 ③ 아버지, 할아버지께서 방으로 <u>오시래요</u>.
　　 ④ 다음 손님 <u>들어가실게요</u>.

※ 다음 중 바르게 표기된 것을 고르시오. [71~73]

71 ① 말약　　　　　　　　② 까막눈
　　 ③ 건빨래　　　　　　　 ④ 화괄

72 ① 숫벌　　　　　　　　② 경없는
　　 ③ 궁상떨지　　　　　　 ④ 설비음

73 ① 부스럭지　　　　　　② 광우리
　　 ③ 무우　　　　　　　　④ 사글세

74 다음 중 복수 표준어인 것은?

① 마추다 – 맞추다　　　　　　② 천둥 – 우뢰

③ 옥수수 – 강냉이　　　　　　④ 좀체 – 좀체로

75 다음 중 성공과 관련된 한자성어는?

① 상화하목(上和下睦)　　　　② 일척건곤(一擲乾坤)

③ 인명재천(人命在天)　　　　④ 개선장군(凱旋將軍)

※ 다음 글과 가장 관련 있는 한자성어를 고르시오. [76~78]

76

> 경기가 호황일 때는 직원들의 희생을 강요하던 회사가 경제가 어려워지자 직원들의 임금부터 조정
> 하려고 한다.

① 감언이설(甘言利說)　　　　② 당랑거철(螳螂拒轍)

③ 무소불위(無所不爲)　　　　④ 감탄고토(甘呑苦吐)

77

> 이제 막 성인이 되어 직장생활을 시작한 철수는 학창시절 선생님의 농담 같았던 이야기들이 사회에
> 서 꼭 필요한 것들이었음을 깨달았다.

① 언중유골(言中有骨)　　　　② 중언부언(重言復言)

③ 탁상공론(卓上空論)　　　　④ 희희낙락(喜喜樂樂)

78

> 설 연휴마다 기차표를 예매하기 위해 아침 일찍 서울역에 갔던 아버지는 집에서도 인터넷을 통해
> 표를 예매할 수 있다는 아들의 말을 듣고 깜짝 놀랐다.

① 건목수생(乾木水生)　　　　② 견강부회(牽强附會)

③ 격세지감(隔世之感)　　　　④ 독불장군(獨不將軍)

※ 다음 중 밑줄 친 관용어가 적절하지 않은 것을 고르시오. [79~80]

79 ① <u>눈 가리고 아웅</u>해도 네 잔꾀에는 속아 넘어가지 않는다.

② <u>눈에 쌍심지를 켠</u> 얼굴을 보니 슬픔이 충분히 짐작된다.

③ <u>눈에 헛거미가 잡혀서</u> 누나의 진정한 사랑을 알지 못했다.

④ <u>눈에 흙이 들어가기</u> 전까지는 너를 용서하지 않으리라.

80 ① 행동으로 옮기자는 주장에 따르자니 <u>발이 내키지</u> 않았다.

② 태풍이 우리 지역을 비껴갔다는 소식에 <u>발을 뻗고 잤다.</u>

③ 버스 안은 <u>발 디딜 틈이</u> 없었다.

④ 그저께 잃어버린 지갑을 찾고 그는 동동 <u>발을 굴렀다.</u>

81 다음 중 밑줄 친 단어와 의미가 유사한 한자성어는?

> 이번 폭우로 인한 수해는 30년 된 매뉴얼에 의한 안일한 대처로 피해를 키운 인재(人災)라는 논란이
> 있다. 하지만 이번에도 정치권에서는 근본 대책을 세우기보다 특별재난지역을 선포하는 선에서 적
> 당히 '<u>미봉(彌縫)</u>'하고 넘어갈 가능성이 크다.

① 이심전심(以心傳心) ② 괄목상대(刮目相對)

③ 임시방편(臨時方便) ④ 주도면밀(周到綿密)

※ 다음 중 문장의 의미를 잘못 해석한 것을 고르시오. [82~83]

82 ① 귀가 아프다 : 여러 번 들어서 듣기가 싫다.

② 귀를 기울이다 : 남의 이야기나 의견에 관심을 가지고 주의를 모으다.

③ 귀에 못이 박히다 : 남의 이야기에 주의를 기울이지 않다.

④ 귀가 얇다 : 남의 말을 쉽게 받아들인다.

83 ① 가슴을 태우다 : 마음에 상처를 입다.

② 가슴을 열다 : 속마음을 털어놓거나 받아들이다.

③ 가슴이 미어지다 : 마음이 슬픔이나 고통으로 가득 차 견디기 힘들다.

④ 가슴이 뜨끔하다 : 양심의 가책을 받다.

84 다음 중 한자성어의 의미가 잘못 연결된 것은?

① 십벌지목(十伐之木) : 어려운 일이라도 계속 노력하면 이루어 낸다.
② 토사구팽(兎死狗烹) : 필요할 때 요긴하게 사용하고 쓸모가 없어지면 버린다.
③ 낭중지추(囊中之錐) : 재능이 뛰어난 사람은 숨어 있어도 저절로 눈에 드러난다.
④ 청출어람(靑出於藍) : 재물에 욕심이 없는 청렴결백한 절조나 덕행

※ 다음 상황에 가장 어울리는 속담을 고르시오. [85~86]

85

> SNS를 통해 맛집으로 유명해진 A가게가 개인사정으로 인해 문을 닫자, 그 옆 B가게로 사람들이 몰리기 시작했다.

① 싸움 끝에 정이 붙는다.
② 미련은 먼저 나고 슬기는 나중 난다.
③ 배부르니까 평안 감사도 부럽지 않다.
④ 호랑이 없는 골에 토끼가 왕 노릇 한다.

86

> 얼마 전 반장 민수는 실수로 칠판을 늦게 지운 주번 상우에게 벌점을 부과하였고, 이로 인해 벌점이 초과된 상우는 방과 후 학교에 남아 반성문을 쓰게 되었다. 이처럼 민수는 사소한 잘못을 저지른 학급 친구에게도 가차 없이 벌점을 부여하여 학급 친구들의 원망을 샀고, 결국에는 민수를 반장으로 추천했던 친구들 모두 민수에게 등을 돌렸다.

① 원님 덕에 나팔 분다.
② 듣기 좋은 꽃노래도 한두 번이지.
③ 집 태우고 바늘 줍는다.
④ 맑은 물에 고기 안 논다.

※ 다음 중 제시된 단어가 나타내는 뜻을 모두 포괄할 수 있는 단어를 고르시오. [87~89]

87

멈추다 열리다 서다 생기다

① 멈추다   ② 열리다

③ 서다   ④ 생기다

88

부치다 밀리다 막히다 떨어지다

① 부치다   ② 밀리다

③ 막히다   ④ 떨어지다

89

들다 가다 이르다 유지하다

① 들다   ② 가다

③ 이르다   ④ 유지하다

90 다음 한자성어와 유사한 뜻을 가진 속담은?

부화뇌동(附和雷同)

① 서른세 해 만에 꿈 이야기 한다.

② 누운 소 똥 누듯 한다.

③ 서낭에 가 절만 한다.

④ 차돌에 바람 들면 석돌보다 못하다.

91 다음 글과 가장 관련 있는 속담은?

한국을 방문한 외국인들을 대상으로 한 설문조사에서 인상 깊은 한국의 '빨리빨리' 문화로 '자판기에 손 넣고 기다리기, 웹사이트가 3초 안에 안 나오면 창 닫기, 엘리베이터 닫힘 버튼 계속 누르기' 등이 뽑혔다. 외국인들에게 가장 큰 충격을 준 것은 바로 '가게 주인의 대리 서명'이었다. 외국인들은 가게 주인이 카드 모서리로 대충 사인을 하는 것을 보고 큰 충격을 받았다고 하였다. 외국에서는 서명을 대조하여 확인하기 때문에 대리 서명은 상상도 할 수 없다는 것이다.

① 가재는 게 편이다.
② 우물에 가 숭늉 찾는다.
③ 봇짐 내어 주며 앉으라 한다.
④ 하나를 듣고 열을 안다.

92 다음 속담이 가장 잘 어울리는 상황은?

앉은뱅이가 서면 천리 가나.

① 할아버지가 영어 학원을 다니겠다고 아들에게 우기자 할머니가 핀잔조의 말을 할 때
② 매일 줄넘기 횟수를 10회씩 늘려가며 다이어트에 성공한 친구에게 칭찬할 때
③ 5년 동안 식물인간으로 있었던 최 모 씨가 1%의 확률로 기적적으로 회복했을 때
④ 옹알이를 하는 조카가 천재라며 영어 유치원에 등록하려는 언니에게 충고할 때

93 다음 중 한자성어와 속담이 잘못 연결된 것은?

① 설상가상(雪上加霜) : 엎친 데 덮친 격
② 감탄고토(甘呑苦吐) : 달면 삼키고 쓰면 뱉는다.
③ 초록동색(草綠同色) : 가재는 게 편
④ 풍전등화(風前燈火) : 등잔 밑이 어둡다.

94 다음 중 밑줄 친 관용적 표현의 쓰임이 잘못된 것은?

① 너도 <u>곱살이 껴서</u> 뭐든 해 보려고 하는 모양인데, 이번에는 제발 빠져 주라.

② 수천억 원 비자금설이 <u>변죽만 울리다가</u> 사그라들었다.

③ 독립 투사였던 아버지의 <u>전철을 밟아서</u> 꼭 훌륭한 사람이 되거라.

④ 불우이웃돕기 성금을 훔치다니 저런 <u>경을 칠</u> 놈을 보았나.

PART 1 01 02 03 04 05 06 07 08

95 다음 글의 빈칸에 들어갈 속담으로 가장 적절한 것은?

> "계정회가 세간에 이름이 나서 회원들이 많이 불편해 하는 기색일세. 이러다가는 회 자체가 깨어지는 게 아닌지 모르겠네."
> "깨어지기야 하겠는가. _____ 나는 이번 일을 오히려 잘된 일루 생각허네."
> — 홍성원, 「먼동」

① 쫓아가서 벼락 맞는다고

② 곤장 메고 매품 팔러 간다고

③ 식초에 물 탄 맛이라고

④ 마디가 있어야 새순이 난다고

01 단어의 관계와 속성

단어의 관계를 묻는 유형은 주어진 낱말과 대응 방식이 같은 것 또는 나머지와 속성이 다른 것으로 출제된다. 보통 반의 관계, 유의 관계, 상·하위 관계를 통해 단어의 속성을 묻는 문제로, 제시된 단어들의 관계와 속성을 바르게 파악하여 적용하는 것이 중요하다.

> **자주 출제되는 유형**
> • 글자를 재배열하여 만들 수 있는 단어로만 이루어진 것
> • 나머지 셋과 속성이 다른 것
> • 개념의 의미를 바르게 지적한 것
> • 다음을 예로 들어 설명하기에 적합한 개념
> • 단어의 배열 방식이 같은 것

나머지 속성과 다른 것을 찾거나 나머지 셋을 포괄할 수 있는 것을 찾는 유형 등은 반의 관계, 동의 관계, 상·하위 관계 등의 개념을 바르게 파악하고 있어야 해결할 수 있는 문제 유형이다. 매우 다양한 기준으로 어휘를 분류하기 때문에 암기 위주의 고정관념에서 벗어나 연습문제를 통해 다양한 사고를 기르고, 어휘의 여러 가지 관계와 속성을 파악하는 것이 지름길이다.

02 중의적 표현

중의성은 화자가 제시한 하나의 표현이 둘 이상의 의미를 지님으로써 청자가 해석하는 데 곤란을 느끼는 복합적 의미 관계이다. 즉, 문장의 의미가 분명하기는 하지만, 여러 가지로 해석될 수 있는 것으로, 중의성이 포함된 문장을 중의문이라고 한다. 즉, 문장의 형식은 하나인데, 그 문장이 담고 있는 의미는 여러 개가 된다는 말이다. 중의성을 말 그대로 풀이하면 표현 하나에 의미가 둘 이상 겹쳐 있다는 말이 되므로, 다의어나 동음이의어의 규정과 유사하다.

1. 중의적 표현의 종류

(1) **어휘적 중의성** : 한 단어의 의미가 두 가지 이상으로 해석되는 것으로, 동음이의어나 다의어에 의해 나타난다.

① **동음이의어** : 저 배를 보아라. → 배[船, 선박], 배[腹, 복부], 배[梨, 배나무 열매]

② **다의어** : 손 좀 봐야겠다. → 손(신체의 손), 손(수리하다), 손(혼내다)

(2) **구조적 중의성** : 문장의 구조적 특성으로 인하여 두 가지 이상의 의미로 해석되는 것으로, 수식어나 접속어 등에 의해 나타난다.

　　① 수식어 : 예쁜 친구의 동생 → 친구가 예쁘다, 친구의 동생이 예쁘다.

　　② 접속어

　　　나는 철수와 영희를 만났다. → 철수와 둘이서 영희를 만났다, 나는 철수와 영희 두 사람을 만났다.

(3) **비유적 중의성** : 은유나 직유 등 비유적인 의미 표현으로 인해 두 가지 이상의 의미로 해석된다.

　그는 곰이다. → 별명이 곰이다, 미련하다, 순박하다 등

2. 중의적 표현의 특징

(1) 해학이나 풍자 등에 활용된다.

(2) 의미의 다양성으로 인해 예술성을 높이는 데 기여할 수 있다.

(3) 의미를 제한하는 문맥이나 상황에서는 없어질 수도 있다.

(4) 일상 언어생활에서는 의미 해석에 혼란을 가져올 수 있다.

03 　일반 논리

1. 연역 추론

이미 알고 있는 판단(전제)을 근거로 새로운 판단(결론)을 유도하는 추론이다. 연역 추론은 진리일 가능성을 따지는 귀납 추론과는 달리, 명제 간의 관계와 논리적 타당성을 따진다. 즉, 연역 추론은 전제들로부터 절대적인 필연성을 가진 결론을 이끌어 내는 추론이다.

(1) **직접 추론** : 한 개의 전제로부터 새로운 결론을 이끌어 내는 추론이며, 대우명제가 그 대표적인 예이다.

　예 P이면 Q이다. → ~Q이면 ~P이다.

(2) **간접 추론** : 둘 이상의 전제로부터 새로운 결론을 이끌어 내는 추론이다. 삼단논법이 가장 대표적인 예이다.

　① **정언 삼단논법** : 세 개의 정언 명제로 구성된 간접 추론 방식이다. 세개의 명제 가운데 두 개의 명제는 전제이고, 나머지 한 개의 명제는 결론이다(P는 대개념, S는 소개념, M은 매개념이다).

　　• 모든 사람은 죽는다.

　　　→ M은 P이다(대전제).

　　• 소크라테스는 사람이다.

　　　→ S는 M이다(소전제).

　　• 따라서 소크라테스는 죽는다.

　　　→ 따라서 S는 P이다(결론).

② 가언 삼단논법 : '만약 ~이면(전건), ~이다(후건).'라는 하나의 가언 명제와 그 전건 또는 후건에 대한 긍정 또는 부정명제로 이루어진 삼단논법이다.

- 만일 내일 안개가 끼면, 비행기가 뜨지 않는다.
  → 만일 P이면 Q이다.
- 만일 내일 비행기가 뜨지 않으면, 우리의 여행은 취소된다.
  → 만일 Q이면 R이다.
- 그러므로 만일 내일 안개가 끼면, 우리의 여행은 취소된다.
  → 따라서 만일 P이면 R이다.

③ 선언 삼단논법 : '~이거나 ~이다.'의 형식으로 표현되며, 전제 속에 선언 명제를 포함하고 있는 삼단논법이다.

- 내일은 비가 오거나 눈이 온다.
- 내일은 비가 오지 않는다.
- 그러므로 내일은 눈이 온다.

2. 귀납 추론

특수 사실로부터 일반적이고 보편적인 법칙을 찾아내는 추론 방법이다.

- 히틀러는 사람이고 죽었다.
- 스탈린도 사람이고 죽었다.
- 그러므로 모든 사람은 죽는다.

이러한 귀납 추론은 일상생활 속에서 많이 사용하고, 우리가 알고 있는 과학적 사실도 이와 같은 방법으로 밝혀졌다.

(1) 통계적 귀납 추론 : 전체 대상 중에서 일부만을 조사하고 관찰한 후에 전체에 대하여 결론을 내리는 추론 방법이다.

(2) 유비 추론 : 두 개의 현상에서 일련의 속성이 같음을 바탕으로 다른 속성도 같다고 하는 추론 방법이다.

(3) 인과적 귀납 추론 : 이미 발생한 현상이나 결과에서 그 원인을 추론해가는 추론 방법이다.

04 오류

1. 형식적 오류

(1) 순환 논증의 오류 : 결론에서 주장하고자 하는 바를 전제로 제시하는 오류

예 이 책에 쓰인 내용은 사실이다. 왜냐하면 이 책에 그렇게 적혀 있기 때문이다.

(2) **자가당착의 오류** : 앞뒤의 주장이나 전제와 결론 사이에 모순이 발생함으로써 일관된 논점을 갖지 못하는 오류

　　예 언론의 자유는 무조건 보장되어야 한다. 하지만 특별한 경우에는 제한할 수도 있다.

(3) **전건 부정의 오류** : 전건을 부정하여, 후건을 긍정한 것을 결론으로 도출하는 데서 발생하는 오류

　　예 컴퓨터 게임에 몰두하면 눈이 나빠진다. 희철이는 컴퓨터 게임에 몰두하지 않는다. 그러므로 희철이는 눈이 나빠지지 않는다.

(4) **후건 긍정의 오류** : 전제가 결론의 필요조건이 되지 못하는 오류

　　예 비가 오면 땅이 젖는다. 지금 땅이 젖어 있다. 따라서 비가 왔다.

(5) **딜레마의 오류** : 선언지가 빠짐없이 제시되지 못한 경우에 발생하는 오류

　　예 보수주의적 의원들은 이 법안에 동의하지 않을 것이다. 또한, 혁신주의적 의원들은 이 법안을 고치자고 할 것이다. 그러므로 이 법안은 원안대로 통과될 수 없을 것이다.

2. 비형식적 오류

(1) **심리적 오류** : 어떤 주장에 대해 논리적으로 타당한 근거를 제시하지 않고, 심리적인 면에 기대어 상대방을 설득하려고 할 때 발생하는 오류

　① **인신공격의 오류** : 주장하는 사람의 인품, 직업, 과거 정황의 비난받을 만한 점을 트집 잡아 비판하는 오류

　　예 그 사람 말은 믿을 수 없어. 그 사람은 전과자이니까.

　② **피장파장의 오류(역공격의 오류)** : 자신이 비판받는 바가 상대방에게도 역시 적용될 수 있음을 내세워 공격함으로써 벗어나는 오류

　　예 내가 뭘 잘못했다고 그래? 내가 보니까, 오빠는 더하더라, 뭐.

　③ **정황에 호소하는 오류** : 어떤 사람이 처한 정황을 비난하거나 논리의 근거로 내세움으로써 자신의 주장이 타당하다고 믿게 하려는 오류

　　예 자네 생각과는 달라도, 이건 우리 회사의 기본 방침이네.

　④ **동정에 호소하는 오류** : 상대방의 동정심이나 연민의 정을 유발하여 자신의 주장을 정당화하려는 오류

　　예 사장님, 제가 해고를 당하면 저희 식구들은 굶어 죽습니다.

　⑤ **공포에 호소하는 오류** : 상대방을 윽박지르거나 증오심을 표현하여 자신의 주장을 받아들이게 하는 오류

　　예 우리의 요구를 받아들이지 않으면, 엄청난 사태가 벌어질 것입니다.

　⑥ **쾌락이나 유머에 호소하는 오류** : 사람의 감정이나 쾌락, 재미 등을 내세워 논지를 받아들이게 하는 오류

　　예 인류가 원숭이로부터 진화해왔다고 하시는데, 그렇다면 당신의 조상은 원숭이인가요?

⑦ 사적 관계에 호소하는 오류 : 개인적인 친분 관계를 내세워 자신의 논지를 받아들이게 하는 오류
　예 자네가 나의 제안에 반대하다니, 나는 자네만은 찬성해 줄 줄 알았네.

⑧ 아첨에 호소하는 오류 : 아첨에 의해 논지를 받아들이게 하는 오류
　예 야, 너 한 번 나가서 항의해 봐. 너만큼 똑똑한 사람이 아니면 누가 그걸 하겠어?

⑨ 군중에 호소하는 오류 : 많은 사람이 그렇게 행동하거나 생각한다고 내세워 군중 심리를 자극하는 오류
　예 이 논리학 책이 가장 좋은 책입니다. 올 상반기 동안 가장 많이 팔린 책이 아닙니까?

⑩ 부적합한 권위에 호소하는 오류 : 직접적인 관련이 없는 권위자의 견해를 근거로 들거나 논리적인 타당성과는 무관하게 권위자의 견해라는 것을 내세워 자기주장의 타당함을 입증하는 오류
　예 교황이 천동설이 옳다고 했다. 따라서 천체들이 지구를 돌고 있음에 틀림없다.

⑪ 원천봉쇄의 오류(우물에 독약 치기) : 자신의 주장에 반론의 가능성이 있는 요소를 비난하여 반론 자체를 원천적으로 봉쇄하는 오류
　예 수일아, 이제 가서 자거라. 일찍 자야 착한 어린이가 된단다.

(2) 자료적 오류 : 어떤 자료에 대해 잘못 판단하여 이를 논거로 삼을 경우 범하게 되는 오류

① 성급한 일반화의 오류 : 제한된 정보, 부적합한 증거, 대표성을 결여한 사례를 근거로 마치 전부가 그런 것처럼 일반화하는 오류
　예 하나를 보면 열을 안다고. 너의 지금의 행동을 보니, 형편없는 애구나.

② 잘못된 유추의 오류 : 유사성이 없는 측면까지 유사성이 있는 것처럼 비유를 부당하게 적용하는 오류
　예 컴퓨터와 사람은 유사점이 많아. 그러니 컴퓨터도 사람처럼 감정이 있을 거야.

③ 무지에 호소하는 오류 : 어떤 주장에 대해 증명할 수 없거나 결코 알 수 없음을 들어 거짓이라고 반박하는 오류
　예 귀신은 분명이 있어. 지금까지 귀신이 없다는 것을 증명한 사람은 없으니까.

④ 논점 일탈의 오류 : 원래의 논점과는 다른 방향으로 논지를 이끌어감으로써 무관한 결론에 이르게 되는 오류
　예 너희는 형제가 텔레비전을 가지고 싸우냐? 그렇게 할 일이 없으면 가서 공부나 해!

⑤ 의도 확대의 오류 : 의도하지 않은 결과에 대해 원래부터 어떤 의도가 있었다고 확대 해석하는 오류
　예 일도 하지 않고 어떻게 돈을 벌려고 하니? 너 요즘 일도 안 하고 죽으려고 결심한 거구나?

⑥ 흑백 논리의 오류 : 어떤 집합의 원소가 단 두 개밖에 없다고 여기고, 이것이 아니면 저것일 수밖에 없다고 단정 짓는 데서 오는 오류
　예 너 나 좋아하지 않지? 그럼 날 싫어한다는 말이구나.

(3) 언어적 오류

① 애매어의 오류 : 두 가지 이상의 의미를 가진 말을 동일한 의미의 말인 것처럼 애매하게 사용함으로써 생기는 오류
　예 꿈은 생리 현상이다. 인생은 꿈을 실현하는 과정이다. 그러므로 인생은 생리 현상을 실현하는 과정이다.

② 복합 질문의 오류 : 어떻게 대답하건 숨어 있는 질문에 대하여 긍정하게 되도록 질문할 경우의 오류
　예 너 요즘 아내한테 안 맞지?

※ 다음 중 단어의 대응관계로 볼 때 빈칸에 들어갈 단어로 가장 적절한 것을 고르시오. **[1~7]**

01

할아버지 : 할머니 = 남편 : ( )

① 남자   ② 아내

③ 가족   ④ 아들

02

안경 : 렌즈 = 선풍기 : ( )

① 에어컨   ② 날개

③ 얼음   ④ 난로

03

자동차 : 바퀴 = 사람 : ( )

① 머리   ② 허리

③ 다리   ④ 손목

04

의사 : 병원 = 교사 : ( )

① 교직원   ② 교수

③ 학교   ④ 교육청

05

| ( ) : 뿌리 = 연필 : 연필심 |

① 줄기   ② 토양
③ 공기   ④ 나무

06

| 학생 : 충원 = 자금 : ( ) |

① 개선   ② 보완
③ 벌충   ④ 완화

07

| 춘향 : 몽룡 = ( ) : 피터팬 |

① 피오나   ② 웬디
③ 팅커벨   ④ 오로라

※ 다음 중 제시된 단어에서 공통으로 연상할 수 있는 단어를 고르시오. [8~13]

08

| 소프라노   하이힐   고혈압 |

① 높다   ② 여성
③ 고음   ④ 불편

09

| 빙하   대륙   S극 |

① 북극   ② 남극
③ 둘리   ④ 펭귄

10

조선왕조실록   서울역   역도

① 서울   ② 임금
③ 경기   ④ 역사

11

영화   설렘   소설

① 블록버스터   ② 공포
③ 배우   ④ 로맨스

12

맛   무게   단추

① 재다   ② 달다
③ 떼다   ④ 떫다

13

이름표   떼다   매

① 오지랖   ② 시치미
③ 밴댕이   ④ 야단법석

※ 다음 제시된 9개의 단어 중 3개의 단어를 통해 공통적으로 연상되는 단어를 고르시오. [14~19]

14

여권	경주	송골매
자전거	공항	독수리
도시락	라면	비행기

① 해외여행 ② 맹금류
③ 이동수단 ④ 관광지

15

수업	오락실	게임방
취업	선생님	버스
용돈	지하철	교무실

① 현금 ② 교통수단
③ 여가시설 ④ 학교

16

어부	총	커피
빛나는	만화	반짝반짝
사과	감옥	안절부절

① 전화 ② 태양
③ 보석 ④ 홍차

17

퇴짜	사춘기	부채
상처	벌금	기념품
드라마	구두	가위

① 구두약   ② 딱지
③ 제복   ④ 여드름

18

단무지	꽃빵	손
컴퓨터	딱풀	건조함
Active X	선풍기	춘장

① 중국집   ② 다운로드
③ 더위   ④ 문방구

19

호흡기	중국	워터파크
디저트	출판단지	수도꼭지
오아시스	자몽	김유정

① 카페   ② 물
③ 황사   ④ 병원

20 다음 글을 읽고 추론한 내용으로 가장 적절한 것은?

비자발적인 행위는 강제나 무지에서 비롯된 행위이다. 반면에 자발적인 행위는 그것의 실마리가 행위자 자신 안에 있다. 행위자 자신 안에 행위의 실마리가 있는 경우에는 행위를 할 것인지 말 것인지가 행위자 자신에게 달려 있다.

욕망이나 분노에서 비롯된 행위들을 모두 비자발적이라고 할 수는 없다. 그것들이 모두 비자발적이라면 인간 아닌 동물 중 어떤 것도 자발적으로 행위를 하는 게 아닐 것이며, 아이들조차 그럴 것이기 때문이다. 우리가 욕망하는 것 중에는 마땅히 욕망해야 할 것이 있는데, 그러한 욕망에 따른 행위는 비자발적이라고 할 수 없다. 실제로 우리는 어떤 것들에 대해서는 마땅히 화를 내야 하며, 건강이나 배움과 같은 것은 마땅히 욕망해야 한다. 따라서 욕망이나 분노에서 비롯된 행위를 모두 비자발적인 것으로 보아서는 안 된다.

합리적 선택에 따르는 행위는 모두 자발적인 행위지만 자발적인 행위의 범위는 더 넓다. 왜냐하면 아이들이나 동물들도 자발적으로 행위를 하긴 하지만 합리적 선택에 따라 행위를 하지는 못하기 때문이다. 또한 욕망이나 분노에서 비롯된 행위는 어떤 것도 합리적 선택을 따르는 행위가 아니다. 이성이 없는 존재는 욕망이나 분노에 따라 행위를 할 수 있지만, 합리적 선택에 따라 행위를 할 수는 없기 때문이다. 또 자제력이 없는 사람은 욕망 때문에 행위를 하지만 합리적 선택에 따라 행위를 하지는 않는다. 반대로 자제력이 있는 사람은 합리적 선택에 따라 행위를 하지, 욕망 때문에 행위를 하지는 않는다.

① 욕망에 따른 행위는 모두 자발적인 것이다.
② 자제력이 있는 사람은 자발적으로 행위를 한다.
③ 자제력이 없는 사람은 비자발적으로 행위를 한다.
④ 자발적인 행위는 모두 합리적 선택에 따른 것이다.

21 다음 글을 읽고 도출할 수 있는 내용을 〈보기〉에서 모두 고르면?

> 뉴턴 역학은 갈릴레오나 뉴턴의 근대 과학 이전 중세를 지배했던 아리스토텔레스의 역학관에 정면으로 반대된다. 아리스토텔레스에 의하면 물체가 똑같은 운동 상태를 유지하기 위해서는 외부에서 끝없이 힘이 제공되어야만 한다. 이렇게 물체에 힘을 제공하는 기동자가 물체에 직접적으로 접촉해야 운동이 일어난다. 기동자가 없어지거나 물체와의 접촉이 중단되면 물체는 자신의 운동 상태를 유지할 수 없다. 그러나 관성의 법칙에 의하면 외력이 없는 물체도 자신의 원래 운동 상태를 유지할 수 있다. 아리스토텔레스는 기본적으로 물체의 운동을 하나의 정지 상태에서 다른 정지 상태로의 변화로 이해했다. 즉, 아리스토텔레스에게는 물체의 정지 상태가 물체의 운동 상태와는 아무런 상관이 없었다. 그러나 뉴턴 혹은 근대 과학의 시대를 열었던 갈릴레오에 의하면 물체가 정지한 상태는 운동하는 상태의 특수한 경우이다. 운동 상태가 바뀌는 것은 물체의 외부에서 힘이 가해지는 경우이다. 즉, 힘은 운동의 상태를 바꾸는 요인이다. 지금 우리는 뉴턴 역학이 옳다고 쉽게 생각하고 있지만 이론적인 선입견을 배제하고 일상적인 경험만 떠올리면 언뜻 아리스토텔레스의 논리가 더 그럴듯하게 보일 수도 있다.

보기

ㄱ 뉴턴 역학은 올바르지 않으므로, 아리스토텔레스의 역학관을 따라야 한다.
ㄴ 아리스토텔레스는 "외부에서 힘이 작용하지 않으면 운동하는 물체는 계속 그 상태로 운동하려 하고, 정지한 물체는 계속 정지해 있으려고 한다."라고 주장했다.
ㄷ 뉴턴이나 갈릴레오 또한 당시에는 아리스토텔레스의 논리가 옳다고 판단했다.
ㄹ 아리스토텔레스는 정지와 운동을 별개로 봤다.

① ㄴ
③ ㄱ, ㄷ

② ㄹ
④ ㄴ, ㄹ

22 다음 글을 읽고 알 수 있는 것은?

> 정신질환이란 정신기능에 장애가 온 상태를 총칭한 것인데, 그 범위에는 넓은 뜻과 좁은 뜻의 정신질환이 있다. 정신보건법에서는 정신병자(중독성 정신병자를 포함)와 정신박약자 및 정신병질자를 정신장애자로 하고 비정신병성 정신장애는 포함하지 않고 있다. 이에 대해서 세계보건기구의 국제질병분류에서는 (1) 정신병, (2) 신경병 및 그 밖의 인격장애로 크게 나뉘어지고 (1)의 정신병은 기질정신병과 그 밖의 정신병으로 나뉘어진다.
>
> 기질정신병에는 노년기정신병 및 초로기정신병, 알코올정신병, 약물정신병, 일과성기질정신병, 그 밖의 기질정신병이 있으며, 그 밖의 정신병에는 조현병(정신분열병), 조울병망상상태, 그 밖의 비기질정신병, 소아기정신병이 포함된다. 또 (2)에는 신경증, 인격장애, 성적장애, 알코올 의존증, 약물 의존증, 약물남용, 정신적 제요인에 따른 신체적 병태 그리고 분류되지 않은 특수증상 또는 증상군, 급성스트레스반응, 부적응반응, 기질장애에 뒤따르는 비정신병성 정신장애, 그 밖에 분류되지 않은 정신적 요인, 정신박약이 포함된다. 한편 이와 같은 것들은 더욱 세분되고 있다.

① 정신질환의 특성   ② 정신질환의 원인
③ 정신질환의 종류   ④ 정신질환 발병률

23 다음 글을 읽고 추론한 내용으로 가장 적절한 것은?

> 사람들은 단순히 공복을 채우기 위해서가 아니라 다른 많은 이유로 '먹는다.'는 행위를 행한다. 먹는다는 것에 대한 비생리학적인 동기에 관해서 연구하고 있는 과학자들에 따르면 비만인 사람들과 표준체중인 사람들은 식사 패턴에서 꽤나 차이를 보이는 것을 알 수 있다고 한다. 한 연구에서는 비만인 사람들에 대해 식사 전에 그 식사에 대한 상세한 설명을 하면 설명을 하지 않은 경우에 비해서 식사량이 늘었지만, 표준체중인 사람들에게서는 그런 현상이 보이지 않았다. 또한 표준체중인 사람들은 밝은 색 접시에 담긴 견과류와 어두운 색 접시에 담긴 견과류를 먹은 개수의 차가 거의 없는 것에 비해, 비만인 사람들은 밝은 색 접시에 담긴 견과류를 어두운 색 접시에 담긴 견과류보다 2배 더 많이 먹었다는 연구도 있다.

① 비만인 사람들은 표준체중인 사람들에 비해 외부 자극에 의해 식습관에 영향을 받기 쉽다.
② 표준체중인 사람들은 비만체중인 사람들에 비해 식사량이 적다.
③ 표준체중인 사람들은 음식에 대한 욕구를 절제할 수 있다.
④ 비만인 사람들은 표준체중인 사람들보다 감각이 예민하다.

24 다음 글에서 다루고 있는 정언적 명령과 일치하지 않는 것은?

> 칸트는 우리가 특정한 목적을 달성하기 위해 준수해야 할 일, 또는 어떤 처지가 되지 않기 위해 회피해야 할 일에 대한 것을 가언적 명령이라고 했다. 가언적 명령과 달리, 우리가 이성적 인간으로서 가지는 일정한 의무를 정언적 명령이라고 한다. 이는 절대적이고 무조건적인 의무이며, 이에 복종함으로써 뒤따르는 결과가 어떠하든 그와 상관없이 우리가 따라야 할 명령이다. 칸트는 이와 같은 정언적 명령들의 체계가 곧 도덕이라고 보았다.

① 언제나 진실을 말해야 한다.
② 결코 사람을 죽여서는 안 된다.
③ 감옥에 가지 않으려면 도둑질을 하면 안 된다.
④ 인간을 수단으로 다루지 말고 목적으로 다루어라.

PART 1

01

02

03

04

05

06

07

08

25 다음 글에 대한 설명으로 적절하지 않은 것은?

> 최근 민간부문에 이어 공공부문의 인사관리 분야에 '역량(Competency)'의 개념이 핵심 주제로 등장하고 있다. 역량이라는 개념은 1973년 사회심리학자인 맥클레랜드에 의하여 '전통적 학업 적성 검사 혹은 성취도 검사의 문제점 지적'이라는 연구에서 본격적으로 논의된 이후 다양하게 정의되어 왔으나, 여기서 역량의 개념은 직무에서 탁월한 성과를 나타내는 고성과자(High Performer)에게서 일관되게 관찰되는 행동적 특성을 의미한다. 즉 지식, 기술, 태도 등 내적 특성들이 상호작용하여 높은 성과로 이어지는 행동적 특성을 말한다. 따라서 역량은 관찰과 측정할 수 있는 구체적인 행위의 관점에서 설명된다. 조직이 필요로 하는 역량 모델이 개발된다면 이는 채용이나 선발, 경력관리, 평가와 보상, 교육훈련 등 다양한 인사관리 분야에 적용될 수 있다.

① 역량의 개념 정의는 역사적으로 다양하였다.
② 역량은 개인의 내재적 특성을 포함하는 개념이다.
③ 역량은 직무에서 높은 성과로 이어지는 행동적 특성을 말한다.
④ 역량 모델은 공공부문보다 민간부문에서 더욱 효과적으로 작용한다.

26

> 비가 오면 큰아들의 나막신이 잘 팔릴 것이므로 좋다.
> 비가 오지 않으면 작은아들의 짚신이 잘 팔릴 것이므로 좋다.
> 비가 오거나 오지 않거나 둘 중의 하나일 것이다.
> 그러므로 _____

① 비가 왔으면 좋겠다.
② 비가 오지 않았으면 좋겠다.
③ 비가 오거나 오지 않거나 좋다.
④ 비가 오거나 오지 않거나 걱정이다.

27

> 스누피가 아니면 제리이다.
> _____
> 그러므로 제리가 아니면 니모이다.

① 제리는 니모이다.
② 제리이면 스누피가 아니다.
③ 니모이면 스누피이다.
④ 니모가 아니면 스누피가 아니다.

28

> 모든 식물은 광합성을 한다.
> _____
> 그러므로 사과나무는 광합성을 한다.

① 사과나무는 햇빛을 좋아한다.
② 광합성을 하지 않으면 식물이 아니다.
③ 사과나무는 식물이다.
④ 사과나무에서 사과가 열린다.

29

전기 수급에 문제가 생기면 많은 사람이 피해를 입는다.

_____

그러므로 많은 사람이 피해를 입지 않았다면 전기를 낭비하지 않은 것이다.

① 전기를 낭비하면 많은 사람이 피해를 입는다.
② 전기를 낭비하면 전기 수급에 문제가 생긴다.
③ 많은 사람이 피해를 입으면 전기 수급에 문제가 생긴다.
④ 전기 수급에 문제가 없다면 많은 사람이 피해를 입는다.

30

미영이는 일요일에 직장에 가지 않는다.
미영이는 직장에 가지 않는 날이면 집에서 밥을 먹는다.
그러므로 _____

① 미영이는 월요일에 집에서 밥을 먹는다.
② 미영이는 수요일에 외식을 한다.
③ 미영이는 일요일에 집에서 밥을 먹는다.
④ 미영이가 외식을 한다면 그날은 일요일이다.

※ 다음 〈조건〉을 바탕으로 추론한 〈보기〉에 대한 판단으로 옳은 것을 고르시오. [31~40]

31

> **조건**
>
> • 지영, 소영, 은지, 보미, 현아의 신발 사이즈는 각각 다르다.
> • 신발 사이즈는 225 ~ 250mm이다.
> • 지영이의 신발 사이즈는 235mm이다.
> • 소영이의 신발 사이즈가 가장 작고, 은지의 신발 사이즈가 가장 크다.
> • 신발 사이즈는 5mm 단위이다.

> **보기**
>
> A : 현아의 신발 사이즈가 230mm라면, 보미는 신발 사이즈가 두 번째로 크다.
> B : 보미의 신발 사이즈가 240mm라면, 소영이의 신발 사이즈는 225mm이다.

① A만 옳다.   ② B만 옳다.
③ A, B 모두 옳다.   ④ A, B 모두 틀리다.

32

> **조건**
>
> • 태민이는 닭고기보다 돼지고기를 좋아한다.
> • 태민이는 닭고기보다 소고기를 좋아한다.
> • 태민이는 소고기보다 오리고기를 좋아한다.
> • 태민이는 오리고기보다 생선을 좋아한다.

> **보기**
>
> A : 태민이는 돼지고기보다 오리고기를 좋아한다.
> B : 태민이는 생선을 가장 좋아한다.

① A만 옳다.
② B만 옳다.
③ A, B 모두 옳다.
④ A, B 모두 옳은지 틀린지 판단할 수 없다.

33

- 청포도를 좋아하는 사람은 정욱, 하나이다.
- 멜론을 좋아하는 사람은 하나, 은정이다.
- 체리를 좋아하는 사람은 정욱이다.
- 사과를 좋아하는 사람은 정욱, 은정, 하나이다.
- 딸기를 좋아하는 사람은 정욱, 은하이다.

A : 가장 많은 종류의 과일을 좋아하는 사람은 정욱이다.
B : 하나와 은정이가 좋아하는 과일은 같다.

① A만 옳다.　　　　　　　　② B만 옳다.
③ A, B 모두 옳다.　　　　　　④ A, B 모두 틀리다.

34

- 영업을 잘하면 기획을 못한다.
- 편집을 잘하면 영업을 잘한다.
- 디자인을 잘하면 편집을 잘한다.

A : 디자인을 잘하면 기획을 못한다.
B : 편집을 잘하면 기획을 잘한다.

① A만 옳다.　　　　　　　　② B만 옳다.
③ A, B 모두 옳다.　　　　　　④ A, B 모두 틀리다.

35

- 어린이 도서 코너는 가장 오른쪽에 있다.
- 잡지 코너는 외국 서적 코너보다 왼쪽에 있다.
- 소설 코너는 잡지 코너보다 왼쪽에 있다.

A : 소설 코너는 외국 서적 코너보다 왼쪽에 있다.
B : 어린이 도서 코너는 잡지 코너보다 오른쪽에 있다.

① A만 옳다.　　　　　　　　② B만 옳다.
③ A, B 모두 옳다.　　　　　　④ A, B 모두 틀리다.

36

• 주현이는 수지의 바로 오른쪽에 있다.
• 지은이와 지영이는 진리의 옆에 있지 않다.
• 지영이와 지은이는 주현이의 옆에 있지 않다.
• 지은이와 진리는 수지의 옆에 있지 않다.

보기

A : 수지가 몇 번째로 서 있는지는 정확히 알 수 없다.
B : 지영이는 수지 옆에 있지 않다.

① A만 옳다.   ② B만 옳다.
③ A, B 모두 옳다.   ④ A, B 모두 틀리다.

37

조건

• 준열, 정환, 수호, 재하는 '데이터 선택 65.8', '데이터 선택 54.8', '데이터 선택 49.3', '데이터 선택 43.8' 중 하나의 요금제를 사용한다.
• 4명 중 같은 요금제를 사용하는 사람은 아무도 없다.
• 준열이는 '데이터 선택 54.8'과 '데이터 선택 43.8'을 사용하지 않는다.
• 수호는 '데이터 선택 49.3'을 사용하지 않는다.
• 정환이는 '데이터 선택 65.8'을 사용한다.

보기

A : 준열이는 '데이터 선택 49.3'을 사용한다.
B : 수호는 '데이터 선택 54.8'을 사용한다.

① A만 옳다.   ② B만 옳다.
③ A, B 모두 옳다.   ④ A, B 모두 틀리다.

38

조건

- 학교에서 우이동으로 2박 3일 MT를 간다.
- 경제학과는 경영학과보다 하루 일찍 MT를 간다.
- 국문학과는 경영학과보다 3일 늦게 MT를 간다.
- 영문학과는 경영학과보다는 늦게, 국문학과보다는 빨리 MT를 간다.

보기

A : 경제학과와 영문학과는 우이동에서 만날 것이다.
B : 영문학과와 국문학과는 우이동에서 만날 것이다.

① A만 옳다.　　　　　　　　　② B만 옳다.
③ A, B 모두 옳다.　　　　　　 ④ A, B 모두 틀리다.

39

조건

- K회사의 직원 A ~ D의 휴가 기간은 3일이고, 주말은 휴가 일수에 포함되지 않는다.
- A는 B보다 하루 일찍 휴가를 떠난다.
- C는 B보다 이틀 늦게 휴가를 떠난다.
- D는 C보다 하루 일찍 휴가를 떠난다.
- B는 화요일에 휴가를 떠난다.

보기

A : C는 금요일까지 휴가이다.
B : D는 금요일까지 휴가이다.

① A만 옳다.　　　　　　　　　② B만 옳다.
③ A, B 모두 옳다.　　　　　　 ④ A, B 모두 틀리다.

40

조건

- 어느 반의 남학생과 여학생 수의 합은 20명이다.
- 학생들은 체육복이나 교복을 입고 있다.
- 체육복을 입은 학생은 9명이다.
- 교복을 입은 남학생은 4명이다.
- 체육복을 입은 남학생 수와 체육복을 입은 여학생 수의 차이는 3명이다.

보기

A : 교복을 입은 여학생은 7명이다.
B : 여학생은 교복을 입은 학생보다 체육복을 입은 학생이 더 많다.

① A만 옳다.   ② B만 옳다.
③ A, B 모두 옳다.   ④ A, B 모두 틀리다.

41 다음 문장을 뒷받침하는 사례로 가장 적절한 것은?

사람들은 판단을 내리거나 결정을 할 때 외부에서 기준점이 제시되면 그것을 중심으로 제한된 판단을 하게 된다.

① 신제품에 기존의 제품과 유사한 상표명을 사용하여 소비자가 쉽게 제품을 연상하게 하는 경우
② 친숙하고 호감도가 높은 유명 연예인을 내세운 광고를 통해 소비자가 그 제품을 쉽게 수용하게 하는 경우
③ 시장에 일찍 진입하여 인지도가 높은 제품을 소비자가 그 업종을 대표하는 제품이라고 인식하게 하는 경우
④ 정가와 판매가격을 같이 제시하여 소비자가 제품을 정가보다 상대적으로 싼 판매가격으로 샀다고 느끼게 하는 경우

42 A∼F 6명은 피자 3판을 모두 같은 양만큼 나누어 먹기로 하였다. 피자 3판은 각각 동일한 크기로 8조각으로 나누어져 있다. 다음 〈조건〉을 고려하여 앞으로 2조각을 더 먹어야 하는 사람은?

> **조건**
> • 현재 총 6조각이 남아있다.
> • A, B, E는 같은 양을 먹었고, 나머지는 모두 먹은 양이 달랐다.
> • F는 D보다 적게 먹었으며, C보다는 많이 먹었다.

① A
② C
③ D
④ F

43 다음 전제를 바탕으로 판단할 때, 빈칸에 들어갈 명제는?

> 전제1. 자기관리를 잘 하는 모든 사람은 업무를 잘한다.
> 전제2. 산만한 어떤 사람은 업무를 잘 하지 못한다.
> 결론. _____

① 업무를 잘 하는 사람은 산만하다.
② 업무를 잘 하지 못하는 어떤 사람은 산만하다.
③ 산만한 어떤 사람은 자기관리를 잘 하지 못한다.
④ 업무를 잘 하지 못하는 모든 사람은 자기관리를 잘 한다.

44 다음 명제를 바탕으로 추론할 수 있는 것은?

> • 국어를 좋아하는 학생은 영어를 좋아한다.
> • 수학을 싫어하는 학생은 국어를 좋아한다.
> • 수학을 좋아하는 학생은 영어를 싫어한다.
> • 영어를 좋아하는 학생은 사회를 좋아한다.

① 영어를 싫어하는 학생은 국어를 좋아한다.
② 국어를 싫어하는 학생은 영어도 싫어한다.
③ 영어를 좋아하는 학생은 수학도 좋아한다.
④ 사회를 좋아하는 학생은 수학도 좋아한다.

45 다음 설명에 해당하는 명제로 가장 적절한 것은?

> 이미 알고 있는 하나 또는 둘 이상의 명제를 전제로 하여 명확히 규정된 논리적 형식들에 근거해 새로운 명제를 결론으로 이끌어 내는 추리의 방법이다.

① 공자도 죽었고, 이순신도 죽었다. 그들은 모두 사람이다. 따라서 사람은 모두 죽는다.

② 모든 사람은 죽는다. 소크라테스는 사람이다. 따라서 소크라테스는 죽는다.

③ 외국에서 들여온 품종으로 우리 생태계가 교란되었다. 우리말에도 외국어와 외래어가 무분별하게 도입되었다. 외국어와 외래어를 무분별하게 사용한다면 우리말이 오염되고 교란될 것이다.

④ 코끼리는 새끼를 낳는다. 고래도 새끼를 낳는다. 코끼리와 고래는 포유류이다. 따라서 포유류는 새끼를 낳는다.

46 다음 명제가 모두 참일 때, 〈보기〉 중 반드시 참인 명제를 모두 고르면?

> • 물을 마시면 기분이 상쾌해진다.
> • 물을 마시지 않으면 피부가 건조해진다.

보기
ㄱ. 기분이 상쾌해지지 않으면 피부가 건조해진다.
ㄴ. 기분이 상쾌해지지 않은 것은 물을 마시지 않았다는 것이다.
ㄷ. 피부가 건조해진 것은 물을 마시지 않았다는 것이다.
ㄹ. 피부가 건조해지지 않았다는 것은 물을 마셨다는 것이다.

① ㄴ, ㄷ　　　　　　　　　　② ㄱ, ㄴ, ㄷ
③ ㄱ, ㄴ, ㄹ　　　　　　　　④ ㄴ, ㄷ, ㄹ

47 다음 글의 중심 내용으로 가장 적절한 것은?

전국의 많은 근대건축물은 그동안 제도적 지원과 보호로부터 배제되고 대중과 소유주의 무관심 등으로 방치되어 왔다. 일부를 제외한 다수의 근대건축물이 철거와 멸실의 위기에 처해 있는 것이 사실이다.

국민이 이용하기 편리한 공간으로 용도를 바꾸면서도, 물리적인 본 모습은 유지하려는 노력을 일반적으로 '보전 가치'로 규정한다. 근대건축물의 보전 가치를 높이기 위해서는 자산의 상태를 합리적으로 진단하고, 소유자 및 이용자가 건물을 효율적으로 활용할 수 있도록 지원하는 관리체계가 필수적이다.

하지만 지금까지 건축자산의 등록, 진흥계획 수립 등을 통해 관리주체를 공공화하려는 노력은 있었으나 구체적인 관리 기법이나 모니터링에 대한 고민은 부족했다. 즉, 기초조사를 통해 현황을 파악하고 기본적인 관리를 하는 수준에만 그치고 있었던 것이다. 그중에는 오랜 시간이 지나 기록도 없이 건물만 존재하는 경우가 많다.

근대건축물은 현대 건물과는 다른 건축양식과 특성을 지니고 있어 단순 정보의 수집으로는 건물의 현황을 제대로 관리하기가 어렵다. 그렇다면 보전 가치를 높이기 위해서는 어떤 대책이 필요할까? 먼저 일반인이 개별 소유하고 있는 건축물의 현황정보를 통합하여 관리하기 위해서는 중립적이고 객관적인 공공의 참여와 지속적인 지원이 전제되어야 한다. 특히, 근대건축물은 현행 건축·도시 관련 법률 등과 관련되어 다양한 민원과 행정업무가 수반되므로, 법률 위반과 재정 지원 여부 등을 판단하는 데 있어 객관성과 중립성이 요구된다. 또한 근대건축물 관리는 도시재생, 문화관광 등의 분야에서 개별 사업으로 추진될 가능성이 높아 일원화된 관리기준도 필요하다. 만약 그렇지 못하면 사업이 일회성으로 전개될 우려가 크기 때문이다. 근대건축물이 그 정체성을 유지하고 가치를 증진하기 위해서 공공이 주축이 된 체계화·선진화된 관리방법론이 요구되는 이유이다.

① 근대건축물의 정의와 종류
② 근대건축물을 공공에 의해 체계적으로 관리해야 하는 이유
③ 근대건축물의 가치와 중요성
④ 현대 시민에게 요구되는 근대건축물에 대한 태도

※ 다음 문단을 논리적 순서대로 바르게 나열한 것을 고르시오. [48~51]

48

(가) 어떤 모델이든지 상품의 특성에 적합한 이미지를 갖는 인물이어야 광고 효과가 제대로 나타날 수 있다. 예를 들어, 자동차, 카메라, 치약과 같은 상품의 경우에는 자체의 성능이나 효능이 중요하므로 대체로 전문성과 신뢰성을 갖춘 모델이 적합하다. 이와 달리 상품이 주는 감성적인 느낌이 중요한 보석, 초콜릿, 여행 등과 같은 상품은 매력과 친근성을 갖춘 모델이 잘 어울린다. 그런데 유명인이 그들의 이미지에 상관없이 여러 유형의 상품 광고에 출연하면 모델의 이미지와 상품의 특성이 어울리지 않는 경우가 많아 광고 효과가 나타나지 않을 수 있다.

(나) 광고에서 소비자의 눈길을 확실하게 사로잡을 수 있는 요소는 유명인 모델이다. 일부 유명인들은 여러 상품 광고에 중복하여 출연하고 있는데, 이는 광고계에서 관행이 되어 있고, 소비자들도 이를 당연하게 여기고 있다. 그러나 유명인의 중복 출연은 과연 높은 광고 효과를 보장할 수 있을까? 유명인이 중복 출연하는 광고의 효과를 점검해 볼 필요가 있다.

(다) 유명인의 중복 출연이 소비자가 모델을 상품과 연결시켜 기억하기 어렵게 한다는 점도 광고 효과에 부정적인 영향을 미친다. 유명인의 이미지가 여러 상품으로 분산되면 광고 모델과 상품 간의 결합력이 약해질 것이다. 이는 유명인 광고 모델의 긍정적인 이미지를 광고 상품에 전이하여 얻을 수 있는 광고 효과를 기대하기 어렵게 만든다.

(라) 유명인 모델의 광고 효과를 높이기 위해서는 유명인이 자신과 잘 어울리는 한 상품의 광고에만 지속적으로 나오는 것이 좋다. 이렇게 할 경우 상품의 인지도가 높아지고, 상품을 기억하기 쉬워지며, 광고 메시지에 대한 신뢰도가 제고된다. 유명인의 유명세가 상품에 전이되고 소비자는 유명인이 진실하다고 믿게 되기 때문이다.

① (가) – (나) – (라) – (다)   ② (가) – (라) – (나) – (다)
③ (나) – (가) – (라) – (다)   ④ (나) – (다) – (가) – (라)

49

(가) 최근 많은 소비자들이 지구에 도움이 되는 일을 하고 있고, 건강에 좀 더 좋은 음식을 먹고 있다고 확신하면서 유기농 식품 생산이 급속도로 증가하고 있다.

(나) 또한 유기 농업이 틈새시장의 부유한 소비자들에게 먹을거리를 제공하지만, 전 세계 수십 억의 굶주리는 사람을 먹여 살릴 수 없다는 점이다.

(다) 하지만 몇몇 전문가들은 유기 농업이 몇 가지 결점을 안고 있다고 말한다.

(라) 유기 농가들의 작물 수확량이 전통적인 농가보다 훨씬 낮으며, 유기농 경작지가 전통적인 경작지보다 잡초와 벌레로 인해 많은 피해를 입고 있다는 점이다.

① (가) – (다) – (라) – (나)   ② (나) – (가) – (다) – (라)
③ (다) – (가) – (나) – (라)   ④ (다) – (나) – (라) – (가)

50

(가) 하지만 지금은 고령화 시대를 맞아 만성질환이 다수다. 꾸준히 관리받아야 건강을 유지할 수 있다. 치료보다 치유가 대세다. 이 때문에 미래 의료는 간호사 시대라고 말한다. 그럼에도 간호사에 대한 활용은 시대 흐름과 동떨어져 있다.

(나) 인간의 질병 구조가 변하면 의료 서비스의 비중도 바뀐다. 과거에는 급성질환이 많았다. 맹장염(충수염)이나 구멍 난 위궤양 등 수술로 해결해야 할 상황이 잦았다. 따라서 질병 관리 대부분을 의사의 전문성에 의존해야 했다.

(다) 현재 2년 석사과정을 거친 전문 간호사가 대거 양성되고 있다. 하지만 이들의 활동은 건강보험 의료수가에 반영되지 않고, 그러니 병원이 전문 간호사를 적극적으로 채용하려 하지 않는다. 의사의 손길이 미치지 못하는 곳은 전문성을 띤 간호사가 그 역할을 대신해야 함에도 말이다.

(라) 고령 장수 사회로 갈수록 간호사의 역할은 커진다. 병원뿐 아니라 다양한 공간에서 환자를 돌보고 건강관리가 이뤄지는 의료 서비스가 중요해졌다. 간호사 인력 구성과 수요는 빠르게 바뀌어 가는데 의료 환경과 제도는 한참 뒤처져 있어 안타깝다.

① (가) - (다) - (라) - (나) ② (나) - (가) - (다) - (라)
③ (나) - (라) - (가) - (다) ④ (다) - (라) - (가) - (나)

51

(가) 그런데 예술 작품 중에서는 우리의 감각으로 파악하기에 적합한 크기와 형식에서 벗어난 거대한 건축물이나 추상적인 작품이 있다. 이러한 경우에도 우리는 아름다움을 느끼게 되는데, 그 이유는 무엇일까?

(나) 우리가 한두 가지 단조로운 색으로 칠해진 거대한 추상화에서 모호하고도 경이로운 존재의 신비를 느꼈다면, 그것은 비감각적 차원에서 유사성을 지각함으로써 정신적 합일을 통한 아름다움을 느낀 것이다.

(다) 이는 예술 작품에서 표현된 것은 색채나 형태 그 자체가 아니라 그것을 넘어서 있는 어떤 정신적인 것일 경우가 많기 때문이다. 이러한 정신적인 것을 우리의 감각에 적합한 형식으로 나타낼 수 없기 때문에 작가는 내용을 암시만 하는 정도로 색채나 형태와 같은 감각적 매체를 사용할 수밖에 없다.

(라) 아름다운 것이란 일반적으로 적절한 크기와 형식을 가질 때 성립한다. 어떤 대상이 우리의 감각으로 파악하기에 적합한 크기와 형식을 벗어날 때 우리는 아름다움이나 조화보다는 불편함을 느끼게 된다.

① (가) - (라) - (다) - (나) ② (나) - (가) - (다) - (라)
③ (라) - (가) - (다) - (나) ④ (라) - (다) - (가) - (나)

52 다음 글의 빈칸에 들어갈 단어로 가장 적절한 것은?

범죄가 언론 보도의 주요 소재가 되고 있다. 그 이유는 언론이 범죄를 취잿감으로 찾아내기가 쉽고 편의에 따라 기사화할 수 있을 뿐만 아니라, 범죄 보도를 통하여 시청자의 관심을 끌 수 있기 때문이다. 이러한 보도는 범죄에 대한 국민의 알 권리를 충족시키는 공적 기능을 수행하기 때문에 사회적으로 용인되는 경향이 있다. 그러나 지나친 범죄 보도는 범죄자나 범죄 피의자의 초상권을 침해하여 법적·윤리적 문제를 일으키기도 한다.

일반적으로 초상권은 얼굴 및 기타 사회 통념상 특정인임을 식별할 수 있는 신체적 특징을 타인이 함부로 촬영하여 공표할 수 없다는 인격권과 이를 광고 등에 영리적으로 이용할 수 없다는 재산권을 포괄한다. 언론에 의한 초상권 침해의 유형으로는 본인의 동의를 구하지 않은 무단 촬영·보도, 승낙의 범위를 벗어난 촬영·보도, 몰래 카메라를 동원한 촬영·보도 등을 들 수 있다.

법원의 판결로 이어진 대표적인 사례로는 교내에서 불법으로 개인 지도를 하던 대학 교수를 현행범으로 체포하려는 현장을 방송 기자가 경찰과 동행하여 취재하던 중 초상권을 침해한 경우를 들 수 있다. 법원은 '원고의 동의를 구하지 않고, 연습실을 무단으로 출입하여 취재한 것은 원고의 사생활과 초상을 침해하는 행위'라고 판시했다. 더불어 취재의 자유를 포함하는 언론의 자유는 다른 법익을 침해하지 않는 범위 내에서 인정되며, 비록 취재 당시 원고가 현행범으로 체포되는 상황이라 하더라도, 원고의 연습실과 같은 사적인 장소는 수사 관계자의 동의 없이는 출입이 금지되고, 이를 무시한 취재는 원칙적으로 불법이라고 판결했다.

이 사례는 법원이 언론의 자유와 초상권 침해의 갈등을 어떤 기준으로 판단하는지 보여 주고 있다. 또한 이 판결은 사적 공간에서의 취재 활동이 어디까지 허용되는가에 대한 법적 근거를 제시하고 있다. 언론 보도에 노출된 범죄 피의자는 경제적·직업적·가정적 불이익을 당할 뿐만 아니라, 인격이 심하게 훼손되거나 심지어는 생명을 버리기까지도 한다. 따라서 사회적 공기(公器)인 언론은 개인의 초상권을 존중하고 언론 윤리에 부합하는 범죄 보도가 될 수 있도록 신중을 기해야 한다. 범죄 보도가 초래하는 법적·윤리적 논란은 언론계 전체의 신뢰도에 치명적인 손상을 가져올 수도 있다. 이는 범죄가 언론에는 매혹적인 보도 소재이지만, 자칫 _____이 될 수도 있음을 의미한다.

① 시금석
② 부메랑
③ 아킬레스건
④ 악어의 눈물

53 다음 글의 빈칸에 들어갈 내용을 〈보기〉에서 골라 순서대로 바르게 나열한 것은?

『정의론』을 통해 현대 영미 윤리학계에 정의에 대한 화두를 던진 사회철학자 '롤스'는 전형적인 절차주의적 정의론자이다. 그는 정의로운 사회 체제에 대한 논의를 주도해온 공리주의가 소수자 및 개인의 권리를 고려하지 못한다는 점에 주목하여 사회계약론적 토대 하에 대안적 정의론을 정립하고자 하였다.

롤스는 개인이 정의로운 제도하에서 자유롭게 자신들의 욕구를 추구하기 위해서는 __(가)__ 등이 필요하며 이는 사회의 기본 구조를 통해서 최대한 공정하게 분배되어야 한다고 생각했다. 그리고 이를 실현할 수 있는 사회 체제에 대한 논의가, 자유롭고 평등하며 합리적인 개인들이 모두 동의할 수 있는 원리들을 탐구하는 데서 출발해야 한다고 보고 '원초적 상황'의 개념을 제시하였다.

'원초적 상황'은 정의로운 사회 체제의 기본 원칙들을 선택하는 합의 당사자들로 구성된 가설적 상황으로, 이들은 향후 헌법과 하위 규범들이 따라야 하는 가장 근본적인 원리들을 합의한다. '원초적 상황'에서 합의 당사자들은 __(나)__ 등에 대한 정보를 모르는 상태에 놓이게 되는데 이를 '무지의 베일'이라고 한다. 단, 합의 당사자들은 __(다)__ 와/과 같은 사회에 대한 일반적 지식을 알고 있으며, 공적으로 합의된 규칙을 준수하고, 합리적인 욕구를 추구할 수 있는 존재로 간주된다. 롤스는 이러한 '무지의 베일' 상태에서 사회 체제의 기본 원칙들에 만장일치로 합의하는 것이 보장된다고 생각하였다. 또한 무지의 베일을 벗은 후에 겪을지 모를 피해를 우려하여 합의 당사자들이 자신의 피해를 최소화할 수 있는 내용을 계약에 포함시킬 것으로 보았다.

위와 같은 원초적 상황을 전제로 합의 당사자들은 정의의 원칙들을 선택하게 된다. 제1원칙은 모든 사람이 다른 개인들의 자유와 양립 가능한 한도 내에서 '기본적 자유'에 대한 평등한 권리를 갖는다는 것인데, 이를 '자유의 원칙'이라고 한다. 여기서 롤스가 말하는 '기본적 자유'는 양심과 사고 표현의 자유, 정치적 자유 등을 포함한다.

> **보기**
>
> ㉠ 자신들의 사회적 계층, 성, 인종, 타고난 재능, 취향
> ㉡ 자유와 권리, 임금과 재산, 권한과 기회
> ㉢ 인간의 본성, 제도의 영향력

	(가)	(나)	(다)
①	㉠	㉡	㉢
②	㉡	㉠	㉢
③	㉡	㉢	㉠
④	㉢	㉠	㉡

54

최근 미국 국립보건원은 벤젠 노출과 혈액암 사이에 연관이 있다고 보고했다. 직업안전보건국은 작업장에서 공기 중 벤젠 노출 농도가 1ppm을 넘지 말아야 한다는 한시적 긴급 기준을 발표했다. 당시 법규에 따른 기준은 10ppm이었는데, 직업안전보건국은 이 엄격한 새 기준이 영구적으로 정착되길 바랐다. 그런데 벤젠 노출 농도가 10ppm 이상인 작업장에서 인명피해가 보고된 적은 있지만, 그보다 낮은 노출 농도에서 인명피해가 있었다는 검증된 데이터는 없었다. 그럼에도 불구하고 직업안전보건국은 벤젠이 발암물질이라는 이유를 들어, 당시 통용되는 기기로 쉽게 측정할 수 있는 최소치인 1ppm을 기준으로 삼아야 한다고 주장했다. 직업안전보건국은 직업안전보건법의 구체적 실행에 관여하는 핵심 기관인데, 이 법은 '직장생활을 하는 동안 위험물질에 업무상 주기적으로 노출되더라도 그로 인해 어떤 피고용인도 육체적 손상이나 작업 능력의 손상을 입어서는 안 된다.'고 규정하고 있다.

이후 대법원은 직업안전보건국이 제시한 1ppm의 기준이 지나치게 엄격하다고 판결하였다. 대법원은 '직업안전보건법이 비용 등 다른 조건은 무시한 채 전혀 위험이 없는 작업장을 만들기 위한 표준을 채택하도록 직업안전보건국에게 무제한의 재량권을 준 것은 아니다.'라고 밝혔다. _____

직업안전보건국은 과학적 불확실성에도 불구하고 사람의 생명이 위험에 처할 수 있는 경우에는 더욱 엄격한 기준을 시행하는 것이 옳다면서, 자신들에게 책임을 전가하는 것에 반대했다. 직업안전보건국은 노동자를 생명의 위협이 될 수 있는 화학 물질에 노출시키는 사람들이 그 안전성을 입증해야 한다고 보았다.

① 여러 가지 과학적 불확실성으로 인해, 직업안전보건국의 기준이 합당하다는 것을 대법원이 입증할 수 없으므로 이를 수용할 수 없다는 것이다.

② 대법원은 벤젠의 노출 수준이 1ppm을 초과할 경우 노동자의 건강에 실질적으로 위험하다는 것을 직업안전보건국이 입증해야 한다고 주장했다.

③ 대법원은 재량권의 범위가 클수록 그만큼 더 신중하게 사용해야 한다는 점을 환기시키면서, 10ppm 수준의 벤젠 농도가 노동자의 건강에 정확히 어떤 손상을 가져오는지를 직업안전보건국이 입증해야 한다고 주장했다.

④ 직업안전보건국은 발암물질이 함유된 공기가 있는 작업장들 가운데서 전혀 위험이 없는 환경과 미미한 위험이 있는 환경을 구별해야 한다고 주장했는데, 대법원은 이것이 무익하고 무책임한 일이라고 지적했다.

55

일반적으로 물체, 객체를 의미하는 프랑스어 오브제(Objet)는 라틴어에서 유래된 단어로, 어원적으로는 앞으로 던져진 것을 의미한다. 미술에서 대개 인간이라는 '주체'와 대조적인 '객체'로서의 대상을 지칭할 때 사용되는 오브제가 미술사 전면에 나타나게 된 것은 입체주의 이후이다.

20세기 초 입체파 화가들이 화면에 나타나는 공간을 자연의 모방이 아닌 독립된 공간으로 인식하기 시작하면서 회화는 재현미술로서의 단순한 성격을 벗어나기 시작한다. 즉, '미술은 그 자체가 실재이다. 또한 그것은 객관세계의 계시 혹은 창조이지 그것의 반영이 아니다.'라는 세잔의 사고에 의하여 공간의 개방화가 시작된 것이다. 이는 평면에 실제 사물이 부착되는 콜라주 양식의 탄생과 함께 일상의 평범한 재료들이 회화와 자연스레 연결되는 예술과 비예술의 결합으로 차츰 변화하게 된다. 이러한 오브제의 변화는 다다이즘과 쉬르리알리슴에서 '일용의 기성품과 자연물 등을 원래의 그 기능이나 있어야 할 장소에서 분리하고, 그대로 독립된 작품으로서 제시하여 일상적 의미와는 다른 상징적·환상적인 의미를 부여하는' 것으로 일반화된다. 그리고 동시에 기존 입체주의에서 단순한 보조 수단에 머물렀던 오브제를 캔버스와 대리석의 대체하는 확실한 표현 방법으로 완성시켰다. 이후 오브제는 그저 예술가가 지칭하는 것만으로도 우리의 일상생활과 환경 그 자체가 곧 예술작품이 될 수 있음을 주장한다. ＿＿＿＿＿＿＿＿＿＿＿＿＿＿＿ 거기에서 더 나아가 오브제는 일상의 오브제를 다양하게 전환시켜 다양성과 대중성을 내포하고, 오브제의 진정성과 상징성을 제거하는 팝아트에서 다시 한 번 새롭게 변화하기에 이른다.

① 무너진 베를린 장벽의 조각을 시내 한복판에 장식함으로써 예술과 비예술이 결합한 것이다.
② 화려하게 채색된 소변기를 통해 일상성에 환상적인 의미를 부여한 것이다.
③ 폐타이어나 망가진 금관악기 등으로 제작된 자동차를 통해 일상의 비일상화를 나타낸 것이다.
④ 평범한 세면대일지라도 예술가에 의해 오브제로 정해진다면 일상성을 간직한 미술과 일치되는 것이다.

56 다음 글의 제목으로 가장 적절한 것은?

일반적으로 소비자들은 합리적인 경제 행위를 추구하기 때문에 최소 비용으로 최대 효과를 얻으려 한다는 것이 소비의 기본 원칙이다. 그들은 '보이지 않는 손'이라고 일컬어지는 시장 원리 아래에서 생산자와 만난다. 그러나 이러한 일차적 의미의 합리적 소비가 언제나 유효한 것은 아니다. 생산보다는 소비가 화두가 된 소비 자본주의 시대에서 소비는 단순히 필요한 재화, 그리고 경제학적으로 유리한 재화를 구매하는 행위에 머물지 않는다. 최대 효과 자체에 정서적이고 사회 심리학적인 요인이 개입하면서, 이제 소비는 개인이 세계와 만나는 다분히 심리적인 방법이 되어버린 것이다. 즉, 인간의 기본적인 생존 욕구를 충족시켜 주는 합리적 소비 수준에 머물지 않고, 자신을 표현하는 상징적 행위가 된 것이다. 이처럼 오늘날의 소비문화는 물질적 소비 차원이 아닌 심리적 소비 형태를 띠게 된다.

소비 자본주의의 화두는 과소비가 아니라 '과시 소비'로 넘어간 것이다. 과시 소비의 중심에는 신분의 논리가 있다. 신분의 논리는 유용성의 논리, 나아가 시장의 논리로 설명되지 않는 것들을 설명해 준다. 혈통으로 이어지던 폐쇄적 계층 사회는 소비 행위에 대해 계급에 근거한 제한을 부여했다. 먼 옛날 부족 사회에서 수장들만이 걸칠 수 있었던 장신구에서부터 제아무리 권문세가의 정승이라도 아흔아홉 칸을 넘을 수 없던 집이 좋은 예이다. 권력을 가진 자는 힘을 통해 자기의 취향을 주위 사람들과 분리시킴으로써 경외감을 강요하고, 그렇게 자기 취향을 과시함으로써 잠재적 경쟁자들을 통제한 것이다.

가시적 신분 제도가 사라진 현대 사회에서도 이러한 신분의 논리는 여전히 유효하다. 이제 개인은 소비를 통해 자신의 물질적 부를 표현함으로써 신분을 과시하려 한다.

① '보이지 않는 손'에 의한 합리적 소비의 필요성
② 소득을 고려하지 않은 무분별한 과소비의 폐해
③ 계층별 소비 규제의 필요성
④ 소비가 곧 신분이 되는 과시 소비의 원리

57 다음 글의 주제로 가장 적절한 것은?

> 맹자는 다음과 같은 이야기를 전한다. 송나라의 한 농부가 밭에 나갔다 돌아오면서 처자에게 말한다. "오늘 일을 너무 많이 했다. 밭의 싹들이 빨리 자라도록 하나하나 잡아당겨줬더니 피곤하구나." 아내와 아이가 밭에 나가보았더니 싹들이 모두 말라 죽어 있었다. 이렇게 자라는 것을 억지로 돕는 일, 즉 조장(助長)을 하지 말라고 맹자는 말한다. 싹이 빨리 자라기를 바란다고 싹을 억지로 잡아올려서는 안 된다. 목적을 이루기 위해 가장 빠른 효과를 얻고 싶겠지만 이는 도리어 효과를 놓치는 길이다. 억지로 효과를 내려고 했기 때문이다. 싹이 자라기를 바라 싹을 잡아당기는 것은 이미 시작된 과정을 거스르는 일이다. 효과가 자연스럽게 나타날 가능성을 방해하고 막는 일이기 때문이다. 당연히 싹의 성장 가능성은 땅 속의 씨앗에 들어있는 것이다. 개입하고 힘을 쏟고자 하는 대신에 이 잠재력을 발휘할 수 있도록 하는 것이 중요하다.
> 피해야 할 두 개의 암초가 있다. 첫째는 싹을 잡아당겨서 직접적으로 성장을 이루려는 것이다. 이는 목적성이 있는 적극적 행동주의로써 성장의 자연스러운 과정을 존중하지 않는 것이다. 달리 말하면 효과가 숙성되도록 놔두지 않는 것이다. 둘째는 밭의 가장자리에 서서 자라는 것을 지켜보는 것이다. 싹을 잡아당겨서도 안 되고 그렇다고 단지 싹이 자라는 것을 지켜만 봐서도 안 된다. 그렇다면 무엇을 해야 하는가? 싹 밑의 잡초를 뽑고 김을 매주는 일을 해야 하는 것이다. 경작이 용이한 땅을 조성하고 공기를 통하게 함으로써 성장을 보조해야 한다. 기다리지 못함도 삼가고 아무것도 안함도 삼가야 한다. 작동 중에 있는 자연스런 성향이 발휘되도록 기다리면서도 전력을 다할 수 있도록 돕는 노력도 멈추지 말아야 한다.

① 인류사회는 자연의 한계를 극복하려는 인위적 노력에 의해 발전해 왔다.
② 싹이 스스로 성장하도록 그대로 두는 것이 수확량을 극대화하는 방법이다.
③ 어떤 일을 진행할 때 가장 중요한 것은 명확한 목적성을 설정하는 것이다.
④ 잠재력을 발휘하도록 하려면 의도적 개입과 방관적 태도 모두를 경계해야 한다.

58 다음 주장의 전제로 가장 적절한 것은?

> 우리말을 가꾸기 위해서 무엇보다 중요한 것은 국어에 대한 우리의 관심과 의식이다. 지도자의 위치에 있는 사람들이 외국어를 함부로 사용하는 모습, 외국어 투성이인 상품 이름이나 거리의 간판, 문법과 규범을 지키지 않은 문장 등을 손쉽게 접할 수 있는 우리의 언어 현실, 이는 모두 우리말을 사랑하는 정신이 아직도 제대로 뿌리를 내리지 못하는 데서 비롯된 것이다.

① 언어는 의사소통의 도구이다.
② 언어는 언중들 간의 사회적 약속이다.
③ 언어에는 그 민족의 정신이 담겨 있다.
④ 언어는 내용과 형식을 담고 있는 체계이다.

59 다음 글과 동일한 오류를 저지른 사례는?

> 나는 지난 겨울방학에 이어 이번 여름방학에 알래스카를 다시 방문했는데, 흰 눈과 얼음으로 뒤덮여 있던 내 기억 속의 겨울 알래스카와 전혀 다른 모습이라 당황스러웠어.

① 소크라테스는 독배를 들고 죽은 사람이므로 그의 말은 믿을 것이 못된다.

② 요즘 청소년들의 사고가 많은 걸 보니 청소년들은 전부 문제가 많은 모양이야.

③ 천국이나 지옥이 없다는 것을 증명할 수 없으므로 천국이나 지옥의 존재를 인정해야 한다.

④ 게임을 좋아하는 철수보다 책을 좋아하는 영희가 좋은 이유는 게임보다 책을 좋아하는 사람이 더 지성적이기 때문이야.

60 다음 주장에 대한 반박으로 적절하지 않은 것은?

> 텔레비전은 어른이나 아이 모두 함께 보는 매체이다. 더구나 텔레비전을 보고 이해하는 데는 인쇄 문화처럼 어려운 문제 해득력이나 추상력이 필요 없다. 그래서 아이들은 어른에게서보다 텔레비전 이나 컴퓨터에서 더 많은 것을 배운다. 이 때문에 오늘날의 어린이나 젊은이들에게서 어른에 대한 두려움이나 존경을 찾는 것은 쉽지 않은 일이다. 전통적인 역할과 행동을 기대하는 어른들이 어린이 나 젊은이의 불손, 거만, 경망, 무분별한 '반사회적' 행동에 대해 불평하게 되는 것도 이런 이유 때문 일 것이다.

① 가족과 텔레비전을 함께 시청하며 나누는 대화를 통해 아이들은 사회적 행동을 기를 수 있다.

② 텔레비전의 교육적 프로그램은 아이들의 예절 교육에 도움이 된다.

③ 정보 사회를 선도하는 텔레비전은 인간의 다양한 필요성을 충족시켜준다.

④ 아이들은 텔레비전보다 학교의 선생님이나 친구들과 더 많은 시간을 보낸다.

01 기본 연산

(1) 사칙연산

① 연산기호 $+$, $-$, $\times$, $\div$와 괄호(소·중·대괄호), 거듭제곱의 연산 순서를 정확하게 파악해야 한다.

예 $[\{(1+2)\times3-4\}\div5]\times6=[\{3\times3-4\}\div5]\times6=[\{9-4\}\div5]\times6=[5\div5]\times6=1\times6=6$

② 큰 수들의 연산에는 반드시 쉽게 해결할 수 있는 특성이 존재하므로 수의 연결 고리를 찾아야 한다.

> **자주 출제되는 곱셈 공식**
>
> - $a^b \times a^c \div a^d = a^{b+c-d}$
> - $ab \times cd = ac \times bd = ad \times bc$
> - $a^2 - b^2 = (a+b)(a-b)$
> - $(a+b)(a^2-ab+b^2)=a^3+b^3$
> - $(a-b)(a^2+ab+b^2)=a^3-b^3$

예 $3^3 \times 3^2 \div 3^4 = 3^{3+2-4} = 3^1 = 3$

$101^2 - 99^2 = (101+99)(101-99) = 200 \times 2 = 400$

(2) 연산의 정의

숫자를 문자로 정의하거나, 어떤 연산 자체를 임의의 기호로 정의하거나, 제시된 임의의 연산을 통해 연산 과정을 유추하는 문제들이 출제된다. 연산 순서의 실수로 틀리는 경우가 많은 문제 유형이므로, 여러 문자 또는 기호의 연산을 수를 통한 연산 과정으로 계산해야 오류를 줄일 수 있다.

예 $a*b=ab+a-b$로 정의할 때, $2*1=2\times1+2-1=3$

$a\$b=a^2-b^2$, $a \cdot b=a+b$로 정의할 때, $(2\$1) \cdot 3=(2^2-1^2) \cdot 3=3 \cdot 3=3+3=6$

02 여러 가지 수

(1) 집합과 명제

① 일대일 대응 : 집합 A에서 집합 B로의 대응에서 A개의 원소에 각각 B의 상이한 원소가 대응하는 것

② 부분집합의 개수 : 집합 $A = \{a_1,\ a_2,\ \cdots,\ a_n\}$일 때, A의 부분집합의 개수는 2^n개

③ 원소의 개수

    ㉠ $n(A \cup B) = n(A) + n(B) - n(A \cap B)$

    ㉡ $n(A \cup B \cup C) = n(A) + n(B) + n(C) - n(A \cap B) - n(B \cap C) - n(C \cap A)$
$$+ n(A \cap B \cap C)$$

④ 명제

    ㉠ 역 : 명제 '$p \to q$'일 때, '$q \to p$'

    ㉡ 이 : 명제 '$p \to q$'일 때 '$\sim p \to \sim q$'

    ㉢ 대우 : 명제 '$p \to q$'일 때 '$\sim q \to \sim p$'

    예 명제 'A라면 B이다.'의 대우 명제는 'B가 아니면 A가 아니다.'이다.

(2) 약수 · 소수

① 약수 : 0이 아닌 어떤 정수를 나누어떨어지게 하는 정수

② 소수 : 1과 자기 자신으로만 나누어지는 1보다 큰 양의 정수

    예 10 이하의 소수는 2, 3, 5, 7이 있다.

③ 소인수분해 : 주어진 합성수를 소수의 곱의 형태로 나타내는 것

    예 $12 = 2^2 \times 3$

④ 약수의 개수 : 양의 정수 $N = a^x b^y$ (a, b는 서로 다른 소수)일 때, N의 약수의 개수는 $(x + 1)(y + 1)$개이다.

⑤ 최대공약수(GCD) : 2개 이상의 자연수의 공통된 약수 중에서 가장 큰 수

    예 GCD(4, 8) = 4

⑥ 최소공배수(LCM) : 2개 이상의 자연수의 공통된 배수 중에서 가장 작은 수

    예 LCM(4, 8) = 8

⑦ 서로소(GCD) : 1 이외에 공약수를 갖지 않는 두 자연수

    예 GCD(3, 7) = 1일 때, 3과 7은 서로소이다.

(3) 진법

① n진법의 수를 십진법의 수로 나타내기 : n진법의 수 → n진법의 전개식 → 십진법의 수

    예 $1011_{(2)} = 1 \times 2^3 + 1 \times 2^1 + 1 \times 2^0 = 8 + 2 + 1 = 11$

② 십진법의 수를 n진법의 수로 나타내기 : 십진법의 수 → 몫이 0이 될 때까지 n으로 계속 나누어 준다. → 각각의 나머지를 맨 나중의 것부터 나열한다. → n진법의 수로 나타낸다.

예
$$2\,)\,\underline{11}$$
$$2\,)\,\underline{5}\cdots1$$
$$2\,)\,\underline{2}\cdots1$$
$$1\cdots0$$
$$\therefore 11=1011_{(2)}$$

(4) 수의 크기

분수, 지수함수, 로그함수 등 다양한 형태의 문제들이 출제된다. 분모의 통일, 지수의 통일 등 제시된 수를 일정한 형식으로 정리해 해결해야 한다. 연습을 통해 여러 가지 문제의 풀이 방법을 익혀 두자.

예 $\sqrt[3]{2}$, $\sqrt[4]{4}$, $\sqrt[5]{8}$ 의 크기 비교 : $\sqrt[3]{2}=2^{\frac{1}{3}}$, $\sqrt[4]{4}=4^{\frac{1}{4}}=(2^2)^{\frac{1}{4}}=2^{\frac{1}{2}}$, $\sqrt[5]{8}=8^{\frac{1}{5}}=(2^3)^{\frac{1}{5}}=2^{\frac{3}{5}}$ 이므로, 지수의 크기에 따라 $\sqrt[3]{2}<\sqrt[4]{4}<\sqrt[5]{8}$ 임을 알 수 있다.

(5) 수의 특징

주어진 수들의 공통점 찾기, 짝수 및 홀수 연산, 자릿수 등 위에서 다루지 않았거나 복합적인 여러 가지 수의 특징을 가지고 풀이하는 문제들을 모아 놓았다. 주어진 상황에서 제시된 수들의 공통된 특징을 찾는 것이 중요한 만큼 혼동하기 쉬운 수의 자릿수별 개수와 홀수, 짝수의 개수는 꼼꼼하게 체크해 가면서 풀이해야 한다.

(6) 복소수

① 순허수 : 제곱하여 음수가 되는 수($i=\sqrt{-1}$)
② 복소수의 정의 : 임의의 실수 a, b와 허수 i에 대하여 $a+bi$의 꼴로 나타내는 수
③ 복소수의 사칙연산
  ㉠ 덧셈 : $(a+bi)+(c+di)=(a+c)+(b+d)i$
  ㉡ 뺄셈 : $(a+bi)-(c+di)=(a-c)+(b-d)i$
  ㉢ 곱셈 : $(a+bi)\times(c+di)=(ac-bd)+(ad+bc)i$
  ㉣ 나눗셈 : $\dfrac{(a+bi)}{(c+di)}=\dfrac{(a+bi)(c-di)}{(c+di)(c-di)}=\dfrac{(ac+bd)+(bc-ad)i}{c^2+d^2}=\dfrac{ac+bd}{c^2+d^2}+\dfrac{bc-ad}{c^2+d^2}i$

  (단, $c+di\neq0$)

※ 다음 식을 계산한 값으로 옳은 것을 고르시오. [1~4]

01

$$244 \div 2 \times 0.1 + 0.85$$

① 12.04
② 12.05
③ 13.04
④ 13.05

02

$$15 \times 108 - 303 \div 3 + 7$$

① 1,526
② 1,536
③ 1,626
④ 1,636

03

$$13 \times 13 - 255 \div 5 - 13$$

① 103
② 104
③ 105
④ 106

04

$$45 \times (243 - 132) - 23$$

① 4,970
② 4,971
③ 4,972
④ 4,973

05

$$(178-302) \div (-1)$$

① $571+48-485$　　　② $95+147-118$

③ $78 \times 2 - 48 \div 2$　　　④ $36+49+38$

06

$$41+42+43$$

① $6 \times 6 \times 6$　　　② $5 \times 4 \times 9$

③ $7 \times 2 \times 3$　　　④ $3 \times 2 \times 21$

07

$$3 \times 8 \div 2$$

① $7+6$　　　② $77 \div 7$

③ $3 \times 9 - 18 + 3$　　　④ $1+2+3+4$

08 다음 중 계산 값이 가장 큰 것은 무엇인가?

① $5.4 \div 9 - 0.35$　　　② $2.67 - 3.45 + 0.83$

③ $4.96 \div 4 - 1.09$　　　④ $2.8 \times 0.2 + 2.45$

09 다음 중 계산 값이 다른 하나는 무엇인가?

① $8 - 5 \div 2 + 2.5$　　　② $14 - 5 \times 2$

③ $10 \div 4 + 3 \div 2$　　　④ $6 \times 2 - 10 + 2$

※ 다음 빈칸에 들어갈 알맞은 사칙연산 기호를 고르시오. [10~11]

10

$$114+95-27(\quad)2=155$$

① + ② −
③ × ④ ÷

11

$$41-12(\quad)5\times2=39$$

① + ② −
③ × ④ ÷

※ 다음 빈칸에 들어갈 알맞은 숫자를 고르시오. [12~13]

12

$$12\times8-(\quad)\div2=94$$

① 2 ② 4
③ 10 ④ 12

13

$$208\times(\quad)-19,945=44,951$$

① 616 ② 552
③ 476 ④ 312

14

$$1.119 < (\quad) < 1.138$$

① $\dfrac{16}{13}$

② $\dfrac{17}{15}$

③ $\dfrac{19}{17}$

④ $\dfrac{21}{20}$

15

$$\dfrac{25}{11} < (\quad) < \dfrac{86}{25}$$

① 2.345

② 2.270

③ 2.199

④ 2.024

※ 다음 규칙을 보고 주어진 식을 계산하시오. [16~17]

$$a \triangledown b = a^2 + b^2 - ab$$
$$a \blacktriangledown b = a^2 + b^2 + ab$$

16

$$17 \triangledown 9$$

① 214

② 215

③ 216

④ 217

17

$$3 \blacktriangledown 23$$

① 606

② 607

③ 608

④ 609

18 49의 3할 9푼 3리는 얼마인가?

① 19.257

② 20.257

③ 192.57

④ 202.57

19 100 이하의 자연수 중 12와 32로 나누어떨어지는 자연수의 개수는 몇 개인가?

① 없음

② 1개

③ 2개

④ 3개

20 $x \neq 1$, -1일 때, 분수방정식 $\dfrac{6x+5}{x^2-1} = \dfrac{2}{x-1} + \dfrac{3}{x+1}$을 계산하여 x의 값을 구하면?

① -5

② -6

③ 5

④ 6

21 $a > 0$, $b > 0$일 때, $\sqrt[12]{2a^5b^4} \times \sqrt[4]{2ab^2} \div \sqrt[6]{4a^3b}$를 간단히 하면?

① $\sqrt{ab^3}$

② $\sqrt[3]{a^2b^2}$

③ $\sqrt[4]{a^3b}$

④ $\sqrt[6]{ab^4}$

22 다음 수열에서 $\{ⓐ×(-1)-4\}÷ⓑ+5$의 값을 구하면?

$$11, \ -22, \ 44, \ \underline{\ ⓐ\ }, \ 176$$
$$360, \ 72, \ 18, \ \underline{\ ⓑ\ }, \ 3$$

① 16   ② 17

③ 18   ④ 19

23 지수방정식 $9^x-4×3^{x+1}+27=0$의 두 근을 α, β라고 할 때, $\alpha+\beta$의 값은?

① 3   ② 9

③ 15   ④ 21

24 자연수 a, b는 $a(a-b)=23$의 방정식이 성립한다. 이때 a^2-b^2의 값은?

① 42   ② 43

③ 44   ④ 45

25 두 점 $A(-3, \ -4)$, $B(5, \ 2)$를 지름의 양 끝점으로 하는 원의 방정식은?

① $(x-1)^2+(y+1)^2=5^2$ ② $(x+1)^2+(y+1)^2=5^2$

③ $(x-1)^2+(y-1)^2=5^2$ ④ $(x-1)^2+(y-1)^2=25^2$

01 날짜와 시간

(1) 날짜 · 요일 · 시계

① 1일＝24시간＝1,440분(＝24×60)＝86,400(＝1,440×60)초

② 월별 일수 : 1월 31일, 2월 28일(또는 29일), 3월 31일, 4월 30일, 5월 31일, 6월 30일, 7월 31일, 8월 31일, 9월 30일, 10월 31일, 11월 30일, 12월 31일

③ 날짜와 요일 관련 문제는 대부분 나머지를 이용해 계산한다.

예 오늘이 8월 19일 수요일일 경우, 9월 3일의 요일은 [(31－19＋1)＋3]÷7＝2 … 2이므로 금요일이 된다.

④ 시침이 1시간 동안 이동하는 각도 : $\dfrac{360°}{12}=30°$

⑤ 시침이 1분 동안 이동하는 각도 : $\dfrac{360°}{12\times60}=0.5°$

⑥ 분침이 1분 동안 이동하는 각도 : $\dfrac{360°}{60}=6°$

(2) 시간 · 거리 · 속력

① (속력)＝(거리)÷(시간), (거리)＝(속력)×(시간), (시간)＝(거리)÷(속력)

② (흐르는 물을 거슬러 올라갈 때의 속력)＝(배 자체의 속력)－(물의 속력)

③ (흐르는 물과 같은 방향으로 내려갈 때의 속력)＝(배 자체의 속력)＋(물의 속력)

02 나이 · 수

부모와 자식 간, 형제간의 나이를 간단한 비례식, 일차방정식 및 연립방정식을 이용해 유추하는 문제와 학생 수, 회원 수, 동물의 수, 사물의 수 등을 집합이나 방정식을 이용해 유추하는 문제가 출제된다. 연습을 통해 문제의 내용을 정확히 이해하여 식으로 나타낼 수 있도록 해야 한다.

(1) 나이

문제에서 제시된 조건의 나이가 현재인지, 과거인지를 확인한 후 구해야 하는 한 명의 나이를 변수로 잡고 식을 완성해야 한다.

(2) 개체·사물의 수

개체의 수를 구할 때 사람의 경우 남자와 여자의 조건을 혼동하지 않도록 주의해야 하며, 동물의 경우 다리의 개수가 조건에 포함되지 않았는지를 확인해야 한다. 또한 사물의 수를 구할 때는 수량을 결정짓는 특징이 있는지를 살펴야 한다.

03 금액

물건을 구매할 때의 금액, 예금 이자, 환전, 최근에는 휴대폰 요금까지 다양한 형태의 문제들이 현 상황에 맞춰 출제되는 추세이다. 대부분이 비례식과 연립방정식, 부등식 정도로 해결되지만 금리 문제 등에서 등비수열 등의 원리가 사용될 수 있다.

① (정가)＝(원가)＋(이익)＝(원가)＋[(원가)×(이율)]

② (원가)＝(정가)×[1−(할인율)]

③ (a원에서 b원 할인한 할인율)＝$\dfrac{b}{a}\times100=\dfrac{100b}{a}$%

④ (a원에서 b% 할인한 가격)＝$a\times\left(1-\dfrac{b}{100}\right)$

⑤ (휴대전화 요금)＝(기본요금)＋[{무료통화 외 사용시간(초)}×(초당 사용 요금)]

⑥ 단리법·복리법

　　원금 a, 이율 r, 기간 n, 원리금 합계 S일 때,

　　㉠ 단리법 : $S=a(1+rn)$

　　㉡ 복리법 : $S=a(1+r)^{n}$

04 일

일 관련 응용수리 문항은 작업 완료 시점을 여러 조건에 맞춰 문제가 출제되며, 톱니바퀴 문항은 톱니수와 회전수에 따라 주어진 조건에 맞춰 총 톱니수를 계산하는 문제로, 두 문제 모두 둘 이상의 어떤 조건에 맞춰 작업량을 계산한다는 공통점이 있어 한 단원으로 수록하였다.

(1) 일

전체 작업량을 1로 놓고, 분, 시간 등의 단위 시간 동안 한 일의 양을 기준으로 식을 세워야 한다.

예 어떤 일을 하는 데 A가 5일, B가 4일씩 걸린다면, 둘이 함께 했을 때

$$1\div\left(\frac{1}{5}+\frac{1}{4}\right)=1\div\frac{4+5}{20}=\frac{20}{9}=2\frac{2}{9}=2일\ \frac{16}{3}\ 시간\ 후에\ 일을\ 마치게\ 된다.$$

(2) 톱니바퀴

① 총 톱니수＝톱니수×회전수
② 서로 맞물려 있는 두 톱니바퀴가 현재와 같이 다시 맞물릴 때는 두 톱니바퀴의 톱니수의 최소공배수
 만큼 각각의 톱니가 맞물린 이후이다.
③ 두 톱니바퀴 각각의 톱니수와 회전수의 곱은 같다.

05 점수

시험 성적의 합, 평균, 개인의 과목별 성적, 운동 경기의 승점 등 다양한 점수에 관련된 문제들이 출제된다.

(1) 성적

성적과 관련된 대부분의 문제는 전체 평균을 활용하면 식을 만들어 해결할 수 있으며, 일부 문제들에서
분산과 표준편차가 이용되기도 한다.

① [과목(시험)별 평균]＝$\dfrac{[\text{전체 과목(시험 점수의 합)}]}{[\text{과목(시험 점수)의 개수}]}$

② **중앙값** : 통계 집단의 변량을 크기 순으로 늘어놓았을 때, 중앙에 위치하는 값
③ **분산** : 각 변량의 값과 변량의 평균값의 차이
④ **표준편차** : 통계집단의 단위의 계량적 특성 값에 관한 산포도를 나타내는 도수 특성 값

[예] 관측값 $\{x_1,\ x_2,\ \cdots,\ x_n\}$의 평균을 m, 표준편차를 σ라고 할 때,

$$\sigma = \sqrt{\dfrac{\displaystyle\sum_{k=1}^{n}(x_k-m)^2}{n}} = \sqrt{\dfrac{\displaystyle\sum_{k=1}^{n}x_k^2}{n} - m^2}$$

(2) 승점

승, 무, 패에 따른 팀별 승점과 경기 결과 등의 필요한 조건들을 제시하고, 결승에 진출하기 위한 점수
요건과 필요한 승리 횟수 등을 질문한다. 각각의 조건을 나열해 질문에 알맞은 결과를 논리적으로 도출
해야 한다.

06 농도

전체에 대한 비율, 혼합물을 합했을 때의 농도 등을 질문하는 유형으로 대부분의 적성검사에서 빠지지 않고
출제되는 유형 중 하나이다. 기본 원리를 이해하고 식을 만든다면 간단한 연립방정식으로 풀이가 가능하다.

(1) (용액의 농도)＝$\dfrac{\text{(용질의 양)}}{[\text{용액의 양}\{=\text{(용매의 양)}+\text{(용질의 양)}\}]}\times 100$

(2) (용질의 양)＝(용액의 농도)$\times \dfrac{\text{(용액의 양)}}{100}$

07 확률

여러 가지 상황에 맞는 경우의 수와 확률의 계산에 대한 문제가 출제된다. 상황에 맞춰 적절한 식을 세우는 것이 가장 중요하기 때문에, 출제되는 문제 형태를 보고 상황에 맞는 풀이 방법을 찾을 수 있도록 연습해야 한다.

(1) 경우의 수

① 순열 : n개 중에 r개를 일렬로 나열하는 식

$$_nP_r = \frac{n!}{(n-r)!}$$

② 조합 : n개 중에 r개로 조를 만드는 식

$$_nC_r = \frac{n!}{(n-r)! \times r!}$$

(2) 확률

① 모든 경우 n가지 중 어떤 사건이 발생하는 경우가 r가지일 때, 그 사건이 발생할 확률은 $\frac{r}{n}$이다.

② 합의 법칙 : A, B 두 사건이 동시에 발생하지 않을 때, 두 사건 A, B가 일어날 각각의 확률을 합한다.

③ 곱의 법칙 : A, B 두 사건이 서로 영향을 주지 않을 때, 두 사건 A, B가 동시에 일어날 경우 각각의 사건의 확률을 곱한다.

01 2월 5일이 수요일이라고 할 때, 8월 15일은 무슨 요일인가?(단, 2월은 29일까지이다)

① 토요일
② 일요일
③ 월요일
④ 화요일

02 시계가 6시 30분을 가리킬 때, 시침과 분침이 이루는 작은 각도는?

① 0°
② 15°
③ 25°
④ 35°

03 한 도로에 신호등이 연속으로 2개가 있다. 첫 번째 신호등은 6초 동안 불이 켜져 있다가 10초 동안 꺼진다. 두 번째 신호등은 8초 동안 불이 켜져 있다가 4초 동안 꺼져 있다. 두 신호등이 동시에 불이 들어왔을 때, 다시 동시에 불이 켜지는 순간은 몇 초 후인가?

① 44초 후
② 46초 후
③ 48초 후
④ 50초 후

04 독서실 총무인 소연이는 독서실의 시계가 4시간마다 6분씩 늦어진다는 것을 확인하여 오전 8시 정각에 시계를 맞춰 놓았다. 다음 날 아침 오전 9시 30분까지 서울역에 가야 하는 소연이는 오전 8시에 독서실을 나서야 하는데, 그때의 독서실 시계는 몇 시를 가리키고 있겠는가?

① 오전 7시 21분
② 오전 7시 24분
③ 오전 7시 27분
④ 오전 7시 30분

05 A씨는 TV를 구매하였다. TV의 가로와 세로 비율은 4 : 3이고 대각선은 40인치이다. 다음 중 TV의 가로세로 길이의 차이는?(단, 1인치는 2.5cm이다)

① 10cm

② 20cm

③ 30cm

④ 40cm

06 둘레가 2km인 호수의 같은 지점에서 A는 뛰어가고 B는 걸어간다고 한다. 서로 다른 방향으로 가면 5분 만에 다시 만나고, 같은 방향으로 가면 10분 만에 다시 만날 때 A의 속력은?(단, A는 B보다 빠르다)

① 200m/min

② 300m/min

③ 400m/min

④ 500m/min

07 길이가 9km인 강이 있다. 강물의 속력은 시속 3km이고, 배를 타고 강물을 거슬러 올라갈 때 1시간이 걸린다고 하면, 같은 배를 타고 강물을 따라 내려올 때 걸리는 시간은?

① 32분

② 36분

③ 40분

④ 44분

08 다음 〈조건〉을 토대로 할 때, 신입사원 중 가장 나이가 적은 사람과 가장 나이가 많은 사람의 나이 차는 얼마인가?

> **조건**
> • 신입사원은 5명이다.
> • 신입사원의 평균 나이는 28.8세이다.
> • 중앙값은 28세, 최빈값은 32세이다.

① 7세

② 9세

③ 11세

④ 13세

09 K동물원에 세 마리 거북이가 살고 있다. 그중 2마리를 임의로 골라 나이를 곱하면 각각 77, 143, 91이 나온다. 세 마리 거북이 중 가장 나이 많은 거북이와 가장 어린 거북이의 나이 차는?

① 1살   ② 3살

③ 4살   ④ 6살

10 어떤 공원의 트랙 모양의 산책로를 걷는 데 민주는 시작 지점에서 분속 40m의 속력으로 걷고, 같은 지점에서 세희는 분속 45m의 속력으로 서로 반대 방향으로 걷고 있다. 출발한 지 40분 후에 둘이 두 번째로 마주치게 된다고 할 때, 산책로의 길이는?

① 1,320m   ② 1,400m

③ 1,550m   ④ 1,700m

11 K사는 신입사원 연수를 위해 숙소를 배정하려고 한다. 한 숙소에 4명씩 자면 8명이 남고, 5명씩 자면 방이 5개가 남으며 마지막 숙소에는 4명이 자게 된다. 이때 숙소의 수를 a개, 전체 신입사원 수를 b명이라고 한다면 $b-a$는 얼마인가?

① 105   ② 110

③ 115   ④ 120

12 1년에 개체 수가 20%씩 증가하는 생물이 있다. 이 생물이 너무 많아지면 환경이 파괴되기 때문에 천적을 증식시켜서 매년 1,000마리씩의 개체를 줄이려고 한다. 처음에 x마리였던 이 생물은 2년 후에는 몇 마리가 되는가?

① $\left(\dfrac{16}{9}x - 2,000 \right)$마리   ② $\left(\dfrac{25}{16}x - 2,100 \right)$마리

③ $\left(\dfrac{36}{25}x - 2,200 \right)$마리   ④ $\left(\dfrac{49}{25}x - 2,300 \right)$마리

13 직원 중에서 전체 사원의 $\frac{1}{3}$은 여자 사원이고, 그중 $\frac{1}{4}$은 미혼이라고 한다. 회사의 미혼 여성이 총 56명이라고 할 때, 전체 사원의 수는?

① 543명　　　　　　　　　　　　　② 567명
③ 621명　　　　　　　　　　　　　④ 672명

14 K공단에 재직 중인 A사원이 혼자 보험안내 자료를 정리하는 데 15일이 걸리고 B사원과 같이 하면 6일 만에 끝낼 수 있다. 이때 B사원 혼자 자료를 정리하는 데 걸리는 시간은?

① 8일　　　　　　　　　　　　　　② 9일
③ 10일　　　　　　　　　　　　　④ 11일

15 육상선수 갑 ~ 병이 운동장을 각각 8분에 4바퀴, 9분에 3바퀴, 4분에 1바퀴를 돈다. 세 사람이 4시 30분에 같은 방향으로 동시에 출발하였다면, 출발점에서 다시 만나는 시각은?

① 4시 39분　　　　　　　　　　　② 4시 40분
③ 4시 41분　　　　　　　　　　　④ 4시 42분

16 A와 B는 생선을 파는 상인이다. 첫째 날 A와 B의 전체 생선의 양은 각각 k마리, $2k$마리가 있었다. A는 둘째 날에 첫째 날 양의 $\frac{2}{3}$를 팔았고, 그 다음날부터는 남은 양의 $\frac{2}{3}$씩 팔았다. B는 둘째 날부터 꾸준히 $\frac{5}{6}$씩 팔았다면, A의 남은 생선 양이 B보다 많아지는 날은?

① 첫째 날　　　　　　　　　　　② 둘째 날
③ 셋째 날　　　　　　　　　　　④ 넷째 날

17 두 개의 톱니바퀴 A, B가 맞물려 회전하고 있다. A의 톱니가 25개이고 B의 톱니가 35개라면 지금 맞물려 있는 톱니가 다시 만나기 위해서는 A가 최소 몇 바퀴 회전해야 하는가?

① 5바퀴　　　　　　　　　　　　② 6바퀴
③ 7바퀴　　　　　　　　　　　　④ 8바퀴

18 너비는 같고 지름이 10cm인 A롤러와 3cm인 B롤러로 각각 벽을 칠하는데, 처음으로 A와 B가 같은 면적을 칠했을 때 A, B롤러가 회전한 값의 합은?(단, 롤러는 1회전씩 칠하며 회전 중간에 멈추는 일은 없다)

① 11바퀴   ② 12바퀴

③ 13바퀴   ④ 14바퀴

19 종욱이는 25,000원짜리 피자 두 판과 8,000원짜리 샐러드 세 개를 주문했다. 통신사 멤버십 혜택으로 피자는 15%, 샐러드는 25%를 할인받았고, 이벤트로 총금액의 10%를 추가 할인받았다고 한다. 종욱이가 할인받은 금액은 얼마인가?

① 12,150원   ② 13,500원

③ 15,700원   ④ 19,550원

20 K사원은 인사평가에서 A ~ D 네 가지 항목의 점수를 받았다. 이 점수를 각각 $1 : 1 : 1 : 1$의 비율로 평균을 구하면 82.5점이고, $2 : 3 : 2 : 3$의 비율로 평균을 구하면 83점, $2 : 2 : 3 : 3$의 비율로 평균을 구하면 83.5점이다. 각 항목의 만점은 100점이라고 할 때, K사원이 받을 수 있는 최고점과 최저점의 차는?

① 45점   ② 40점

③ 30점   ④ 25점

21 K회사는 사옥 옥상 정원에 있는 가로 644cm, 세로 476cm인 직사각형 모양의 뜰 가장자리에 조명을 설치하려고 한다. 네 모퉁이에는 반드시 조명을 설치하고, 일정한 간격으로 조명을 설치하려고 할 때, 필요한 조명의 최소 개수는?(단, 조명의 크기는 고려하지 않는다)

① 68개   ② 72개

③ 76개   ④ 80개

22 컴퓨터 정보지수는 컴퓨터 이용지수, 활용지수, 접근지수의 합으로 구할 수 있다. 컴퓨터 정보지수는 500점 만점이고 하위 항목의 구성이 다음과 같을 때, 컴퓨터 정보지수 중 정보수집률은 몇 점인가?

> • (컴퓨터 정보지수)=[컴퓨터 이용지수(40%)]+[컴퓨터 활용지수(20%)]+[컴퓨터 접근지수(40%)]
> • (컴퓨터 이용지수)=[이용도(50%)]+[접근가능성(50%)]
> • (컴퓨터 활용지수)=[컴퓨터활용능력(40%)]+[정보수집률(20%)]+[정보처리력(40%)]
> • (컴퓨터 접근지수)=[기기보급률(50%)]+[기회제공률(50%)]

① 5점　　　　　　　　　　　　② 10점
③ 15점　　　　　　　　　　　　④ 20점

23 프로농구 결승전에서 A, B 두 팀이 시합했다. 2쿼터까지 A팀은 B팀보다 7점을 더 얻었고, 3쿼터와 4쿼터에 A팀은 B팀이 얻은 점수의 $\dfrac{3}{5}$을 얻어 75 : 78로 B팀이 이겼다. 이때 A팀이 3쿼터, 4쿼터에 얻은 점수는?

① 15점　　　　　　　　　　　　② 20점
③ 25점　　　　　　　　　　　　④ 30점

24 양궁 대회에 참여한 진수, 민영, 지율, 보라 네 명의 최고점이 모두 달랐다. 진수의 최고점과 민영이 최고점의 2배를 합한 점수가 10점이었고, 지율이의 최고점과 보라 최고점의 2배를 합한 점수 35점이었다. 진수의 2배, 민영이의 4배와 지율이의 5배를 한 총점이 85점이었다면 보라의 최고점은 몇 점인가?

① 8점　　　　　　　　　　　　② 9점
③ 10점　　　　　　　　　　　　④ 11점

25 K출판사가 최근에 발간한 서적의 평점을 알아보니 A사이트에서는 참여자 10명에게서 평점 2점을, B사이트에서는 참여자 30명에게서 평점 5점을, C사이트에서는 참여자 20명에게서 평점 3.5점을 받았다. 이때 A ~ C사이트의 전체 평균 평점은?

① 1점　　　　　　　　　　　　② 2점
③ 3점　　　　　　　　　　　　④ 4점

26 일정한 속력으로 달리는 기차가 400m 길이의 터널을 완전히 통과하는 데 10초, 800m 길이의 터널을 완전히 통과하는 데 18초가 걸렸다. 이 기차의 속력은?

① 50m/s   ② 55m/s

③ 60m/s   ④ 65m/s

27 농도를 알 수 없는 식염수 100g과 농도가 20%인 식염수 400g을 섞었더니 농도가 17%인 식염수가 되었다. 100g의 식염수의 농도는?

① 4%   ② 5%

③ 6%   ④ 7%

28 농도가 9%인 A소금물 300g과 농도가 11.2%인 B소금물 250g을 합쳐서 C소금물을 만들었다. C소금물을 20% 덜어내고, 10g의 소금을 추가했을 때, 만들어진 소금물의 농도는?

① 12%   ② 13%

③ 14%   ④ 15%

29 농도가 5%인 설탕물 500g을 가열하였다. 1분 동안 가열하면 50g의 물이 증발할 때, 5분 동안 가열하면 설탕물의 농도는?(단, 설탕물을 가열했을 때 시간에 따라 증발하는 물의 양은 일정하다)

① 6%   ② 7%

③ 8%   ④ 10%

30 민석이의 지갑에는 1,000원, 5,000원, 10,000원짜리 지폐가 각각 8장씩 있다. 거스름돈 없이 23,000원을 지불하려고 할 때, 지불방법은 모두 몇 가지인가?

① 2가지   ② 3가지

③ 4가지   ④ 5가지

31 A~C 세 사람이 동시에 같은 문제를 풀려고 한다. A가 문제를 풀 확률은 $\frac{1}{4}$, B가 문제를 풀 확률은 $\frac{1}{3}$, C가 문제를 풀 확률은 $\frac{1}{2}$일 때, 한 사람만 문제를 풀 확률은?

① $\frac{2}{9}$ ② $\frac{1}{4}$

③ $\frac{5}{12}$ ④ $\frac{11}{24}$

32 주머니에 빨간색 구슬 3개, 초록색 구슬 4개, 파란색 구슬 5개가 있다. 구슬 2개를 꺼낼 때, 모두 빨간색이거나 모두 초록색이거나 모두 파란색일 확률은?

① $\frac{3}{77}$ ② $\frac{19}{66}$

③ $\frac{10}{33}$ ④ $\frac{7}{22}$

33 A회사의 마케팅부, 영업부, 영업지원부에서 2명씩 대표로 회의에 참석하기로 하였다. 원탁 테이블에 같은 부서 사람이 옆자리에 나란히 앉는다고 할 때, 6명이 앉을 수 있는 경우의 수는?

① 15가지   ② 16가지

③ 17가지   ④ 18가지

34 어떤 물통에 물을 가득 채우는 데 A관은 10분, B관은 15분이 걸린다. A관으로 4분 동안 채운 후, 남은 양을 B관으로 채우려 할 때, B관은 얼마나 틀어야 하는가?

① 7분

③ 9분

② 8분

④ 10분

35 K공사의 친목회에서 올해 임원진(회장, 부회장, 총무)을 새롭게 선출하려고 한다. 친목회 전체 인원은 17명이며, 전체 인원 중 작년의 임원진 3명은 연임하지 못한다. 매년 회장, 부회장, 총무를 각 1명씩 뽑을 때, 올해 임원을 선출할 수 있는 경우의 수는 모두 몇 가지인가?

① 4,080가지

③ 2,184가지

② 2,730가지

④ 1,360가지

36 홍은, 영훈, 성준이는 A그룹 공채에 지원했고, 적성검사에 합격할 확률이 각각 $\frac{6}{7}$, $\frac{3}{5}$, $\frac{1}{2}$ 이다. 세 사람 중 두 사람이 합격할 확률을 $\frac{b}{a}$ 라 할 때, $a+b$의 값은?(단 a와 b는 서로소이다)

① 64

③ 90

② 77

④ 103

37 지혜와 주헌이가 함께 기숙사에서 나와 회사를 향해 분당 150m의 속력으로 출근하고 있다. 30분 정도 걸었을 때, 지혜는 집에 두고 온 중요한 서류를 가지러 분당 300m의 속력으로 집에 갔다가 같은 속력으로 다시 회사를 향해 뛰어간다고 한다. 주헌이가 그 속력 그대로 20분 뒤에 회사에 도착할 때, 지혜는 주헌이가 회사에 도착하고 나서 몇 분 후에 회사에 도착하는가?

① 20분

③ 30분

② 25분

④ 35분

38 테니스 동아리에서 테니스장 사용료를 내려고 한다. 모두 같은 금액으로 한 명당 5,500원씩 내면 3,000원이 남고 5,200원씩 내면 300원이 부족하다. 이때, 테니스장 사용료는 얼마인가?

① 37,500원
② 47,500원
③ 57,500원
④ 67,500원

39 1, 1, 1, 2, 2, 3을 가지고 여섯 자리 수를 만들 때, 가능한 경우의 수는 모두 몇 가지인가?

① 30가지
② 60가지
③ 120가지
④ 240가지

40 귤 상자 2개에 각각 귤이 들어 있다. 각 상자 안의 귤이 안 익었을 확률이 10%, 썩었을 확률이 15%이고, 나머지는 잘 익은 귤이다. 두 사람이 각각 다른 상자에서 귤을 꺼낼 때, 한 사람은 잘 익은 귤을 꺼내고, 다른 한 사람은 썩거나 안 익은 귤을 꺼낼 확률은 몇 %인가?

① 31.5%
② 33.5%
③ 35.5%
④ 37.5%

41 1에서 10까지 적힌 숫자카드를 임의로 두 장을 동시에 뽑을 때, 뽑은 두 카드에 적힌 수의 곱이 홀수일 확률은?

① $\dfrac{5}{7}$
② $\dfrac{7}{8}$
③ $\dfrac{5}{9}$
④ $\dfrac{2}{9}$

42 어느 공장에서 작년에 A제품과 B제품을 합하여 1,000개를 생산하였다. 올해는 작년에 비하여 A제품의 생산이 10% 증가하였고, B제품의 생산은 10% 감소하였으며, 전체 생산량은 4% 증가하였다. 올해에 생산된 A제품의 수는?

① 550개　　　　　　　　　　　　② 600개

③ 660개　　　　　　　　　　　　④ 770개

43 경기도 Y시에는 세계 4대 테마파크로 꼽히는 K랜드가 있다. K랜드는 회원제 시스템을 운영 중이다. 비회원은 매표소에서 자유이용권 1장을 20,000원에 구매할 수 있고, 회원은 자유이용권 1장을 20% 할인된 가격에 구매할 수 있다. 회원 가입비가 50,000원이라 할 때, K랜드를 최소 몇 번 이용해야 회원 가입한 것이 이익인가?(단, 회원 1인당 1회 방문 시 자유이용권 1장을 구매할 수 있다)

① 11회　　　　　　　　　　　　② 12회

③ 13회　　　　　　　　　　　　④ 14회

44 0 ~ 9까지의 숫자가 적힌 카드를 세 장 뽑아서 홀수인 세 자리의 수를 만들려고 할 때, 가능한 경우의 수는?

① 280가지　　　　　　　　　　② 300가지

③ 320가지　　　　　　　　　　④ 340가지

45 슬기, 효진, 은경, 민지, 은빈 5명은 여름휴가를 떠나기 전 원피스를 사러 백화점에 갔다. 모두 마음에 드는 원피스 하나를 발견해 각자 원하는 색깔의 원피스를 고르기로 하였다. 원피스가 노란색 2벌, 파란색 2벌, 초록색 1벌이 있을 때, 5명이 각자 한 벌씩 고를 수 있는 경우의 수는 얼마인가?

① 28가지　　　　　　　　　　② 30가지

③ 32가지　　　　　　　　　　④ 34가지

46 서로 다른 소설책 7권과 시집 5권이 있다. 이 중에서 소설책 3권과 시집 2권을 선택하는 경우의 수는?

① 350가지   ② 360가지

③ 370가지   ④ 380가지

47 조각 케이크 1조각을 정가로 팔면 3,000원의 이익을 얻는다. 만일, 장사가 되지 않아 정가에서 20%를 할인하여 5개 팔았을 때 순이익과 조각 케이크 1조각당 정가에서 2,000원씩 할인하여 4개를 팔았을 때의 매출액이 같다면, 이 상품의 정가는 얼마인가?

① 3,600원   ② 3,900원

③ 4,300원   ④ 4,600원

48 비가 온 다음 날 비가 올 확률은 $\dfrac{1}{3}$, 비가 안 온 다음 날 비가 올 확률은 $\dfrac{1}{8}$ 이다. 내일 비가 올 확률이 $\dfrac{1}{5}$ 일 때, 모레 비가 안 올 확률은?

① $\dfrac{1}{4}$ ② $\dfrac{5}{6}$

③ $\dfrac{5}{7}$ ④ $\dfrac{6}{11}$

49 민우, 현호, 용재, 경섭, 진수가 일렬로 줄을 설 때 양 끝에 현호와 진수가 서게 될 확률은 $\dfrac{b}{a}$ 이다. $a+b$는?(단, a와 b는 서로소이다)

① 9   ② 10

③ 11   ④ 12

50 시계의 시침과 분침이 다음과 같을 때, 시침과 분침이 이루는 각의 크기는?(단, 각의 크기가 작은 각도를 구한다)

① 10°

② 110°

③ 120°

④ 130°

01 자료해석

보통 자료해석 문제는 다음 세 가지 유형으로 구분된다. 최근 자체 시험을 보는 기업에서는 회사 관련 자료를 직접 제시하는 경우도 상당수 출제되고 있다. 또한 과학 관련 자료를 활용해 간단한 과학 상식까지 요하는 경우도 출제될 수 있다.

(1) 이해

표와 그래프에서 제시된 표면적 정보를 정확하게 읽어내고 이것을 언어적인 형태로 바꾸어 표현할 수 있는지를 평가한다. 따라서 이 능력을 함양하기 위해서는 주어진 자료를 언어적 형태로 바꾸는 연습을 해야 한다. 주어진 자료에서 합할 수 있는 것과 나눌 수 있는 요소를 확인하고 사칙연산을 통하여 값을 계산할 경우 의미가 더 분명한지를 확인한다. 다양한 지수와 지표들이 산출되는 과정에 대하여 알아두는 것도 문제를 해결하는 데 도움이 될 것이다.

(2) 적용

적용 능력은 규칙이나 법칙을 제대로 이해하고 이를 새로운 상황에 응용할 수 있는지의 여부를 묻는 것이다. 주어진 공식이나 제약에 따라 수를 조작해 보고 주어진 자료의 형태에 맞는 통계치를 찾아 사용해 본다. 그리고 어떤 자료가 만들어지는 과정에서 논리적인 문제가 없었는지를 살펴보아야 한다.

(3) 분석

분석 능력은 자료가 어떤 하위 요소로 분해되고 각 하위 요소가 어떤 관계에 있으며 이것이 조직되어 있는 방식을 발견하는 능력이다. 이 능력을 기르기 위해서는 주어진 정보에서 숨어 있는 가정이 무엇인지를 알아보고 자료에서 분명히 알 수 있는 것과 알 수 없는 것을 구분하는 연습을 해야 한다.

(4) 주요 공식

- $(\text{백분율}) = \dfrac{(\text{비교하는 양})}{(\text{기준량})} \times 100$

- $(\text{증감률}) = \dfrac{(\text{비교대상의 값}) - (\text{기준값})}{(\text{기준값})} \times 100$

01 다음은 K회사에서 만든 기계제품의 가격에 대한 자료이다. 이에 대한 설명으로 옳지 않은 것은?

〈기계제품 가격〉

(단위 : 만 원)

구분	2019년	2020년	2021년	2022년	2023년
가격	200	230	215	250	270
재료비	105	107	99	110	115
인건비	55	64	72	85	90
수익	40	59	44	55	65

① 제품의 전년 대비 가격 상승률은 2023년에 가장 크다.

② 재료비의 상승 폭이 가장 큰 해에는 제품 가격의 상승 폭도 가장 크다.

③ 제품의 인건비는 꾸준히 증가하였다.

④ 2022~2023년에 재료비와 인건비의 증감 추이는 같다.

02 다음은 범죄별 발생건수에 대한 자료이다. 이에 대한 설명으로 옳은 것은?

〈범죄별 발생건수〉

(단위 : 천 건)

구분	2014년	2015년	2016년	2017년	2018년	2019년	2020년	2021년	2022년	2023년
사기	282	272	270	266	242	235	231	234	241	239
절도	366	356	371	354	345	319	322	328	348	359
폭행	139	144	148	149	150	155	161	158	155	156
방화	5	4	2	1	2	5	2	4	5	3
살인	3	11	12	13	13	15	16	12	11	14

① 2014~2023년 동안 범죄별 발생건수의 순위는 매년 동일하다.

② 2014~2023년 동안 발생한 방화의 총 발생건수는 3만 건 미만이다.

③ 2016년 전체 범죄발생건수 중 절도가 차지하는 비율은 50% 이상이다.

④ 2015~2023년까지 전년 대비 사기 범죄건수 증감 추이는 폭행의 경우와 반대이다.

03 다음은 기업 집중도에 대한 자료이다. 이에 대한 설명으로 옳지 않은 것은?

〈기업 집중도 현황〉

구분	2021년	2022년	2023년	
				전년 대비
상위 10대 기업	25.0%	26.9%	25.6%	▽ 1.3%p
상위 50대 기업	42.2%	44.7%	44.7%	-
상위 100대 기업	48.7%	51.2%	51.0%	▽ 0.2%p
상위 200대 기업	54.5%	56.9%	56.7%	▽ 0.2%p

① 2023년의 상위 10대 기업의 점유율은 전년도에 비해 낮아졌다.

② 2021년 상위 101~200대 기업이 차지하고 있는 비율은 5% 미만이다.

③ 전년 대비 2023년에는 상위 50대 기업을 제외하고 모두 점유율이 감소했다.

④ 전년 대비 2023년의 상위 100대 기업이 차지하고 있는 점유율은 약간 하락했다.

04 다음은 특정 기업 47개를 대상으로 조사한 제품전략, 기술개발 종류 및 기업형태별 기업 수에 대한 자료이다. 이에 대한 설명으로 옳은 것은?

〈제품전략, 기술개발 종류 및 기업형태별 기업 수〉

(단위 : 개)

제품전략	기술개발 종류	기업형태	
		벤처기업	대기업
시장견인	존속성 기술	3	9
	와해성 기술	7	8
기술추동	존속성 기술	5	7
	와해성 기술	5	3

※ 각 기업은 한 가지 제품전략을 취하고 한 가지 종류의 기술을 개발한다.

① 와해성 기술을 개발하는 기업 중에는 벤처기업의 비율이 대기업의 비율보다 낮다.

② 벤처기업 중에는 기술추동전략을 취하는 비율이 시장견인전략을 취하는 비율보다 높다.

③ 존속성 기술을 개발하는 기업의 비율이 와해성 기술을 개발하는 기업의 비율보다 높다.

④ 기술추동전략을 취하는 기업 중에는 존속성 기술을 개발하는 비율이 와해성 기술을 개발하는 비율보다 낮다.

05 다음은 6대 광역시의 평균 학자금 대출 신청건수 및 평균 대출금액에 대한 자료이다. 이에 대한 설명으로 옳지 않은 것은?

〈6대 광역시의 평균 학자금 대출 신청건수 및 금액〉

구분	2022년		2023년	
	대출 신청건수(건)	평균 대출금액(만 원)	대출 신청건수(건)	평균 대출금액(만 원)
대구	1,921	558	2,320	688
인천	2,760	640	3,588	775
부산	2,195	572	2,468	644
대전	1,148	235	1,543	376
광주	1,632	284	1,927	317
울산	1,224	303	1,482	338

① 학자금 대출 신청건수가 가장 많은 지역은 2022년과 2023년이 동일하다.
② 2023년 학자금 총 대출금액은 대구가 부산보다 많다.
③ 대전의 2023년 학자금 평균 대출금액은 전년 대비 1.6배 증가하였다.
④ 2023년 총 학자금 대출 신청건수는 2022년 대비 20.5% 증가하였다.

06 다음은 전 세계에서 남아프리카공화국이 차지하는 광물 보유량의 비중 및 생산량의 비중과 미국의 남아프리카공화국 광물 수입의존도에 대한 자료이다. 이에 대한 설명으로 옳은 것은?

〈남아프리카공화국 광물 현황〉

(단위 : %)

구분	전 세계 광물 보유량 중 남아프리카공화국 광물 보유량	전 세계 광물 생산량 중 남아프리카공화국 광물 생산량	미국의 남아프리카공화국 광물 수입의존도
다이아몬드	67	7	15
백금	67	81	–
크롬	56	84	42
바나듐	38	47	15
망간	33	71	15
우라늄	24	14	15
금	–	55	47

① 남아프리카공화국은 망간 수출로 가장 많은 수입을 얻는다.
② 미국은 남아프리카공화국으로부터 가장 많은 다이아몬드를 수입한다.
③ 남아프리카공화국의 금 생산량은 세계에서 가장 많다.
④ 남아프리카공화국이 생산하는 크롬의 반을 미국이 수입한다.

07 다음은 A국의 연령대별 출퇴근 이용방법에 대한 자료이다. 이에 대한 설명으로 옳지 않은 것은?

〈연령대별 출퇴근 이용방법〉

(단위 : %)

구분	연령대	20대	30대	40대	50대	60대 이상
2018년	도보	7	8	3	9	21
	자전거	3	1	1	1	0
	자가용	11	41	52	64	3
	버스	42	22	28	3	58
	택시	6	10	5	21	1
	지하철	31	18	11	2	17
2023년	도보	11	5	2	10	31
	자전거	5	1	0	1	0
	자가용	14	58	64	71	4
	버스	29	17	22	4	41
	택시	14	13	3	11	2
	지하철	27	6	9	3	22

※ 이용하는 방법이 2가지 이상일 경우, 더 많은 비중을 차지하는 방법으로 한다.
※ 대중교통 : 버스, 택시, 지하철

① 2018년과 2023년 모두 40대와 50대의 출퇴근 이용률의 상위 두 개 비율의 합은 80% 이상이다.
② 모든 연령대에서 각각 2018년과 2023년 출퇴근 이용률이 가장 높은 방법은 동일하다.
③ 2018년과 2023년 대중교통 이용률의 차이는 20대가 30대보다 크다.
④ 20대의 2018년 대비 2023년 버스와 지하철의 이용률은 감소한 반면, 그 외 방법의 이용률은 증가하였다.

08 다음은 K회사의 연도별 자동차 판매현황이다. 이에 대한 설명으로 옳은 것을 〈보기〉에서 모두 고르면?

〈자동차 판매현황〉

(단위 : 천 대)

구분	2021년	2022년	2023년
소형	27.8	32.4	30.2
준중형	181.3	179.2	180.4
중형	209.3	202.5	205.7
대형	186.1	185.0	177.6
SUV	452.2	455.7	450.8

보기

ㄱ. 2021 ~ 2023년 동안 판매량이 감소하는 차종은 2종류이다.
ㄴ. 2022년 대형 자동차 판매량은 전년 대비 2% 미만 감소했다.
ㄷ. SUV 자동차의 3년 동안 총판매량은 대형 자동차 총판매량의 2.5배 이하이다.
ㄹ. 2022년 대비 2023년 판매량 증가율이 가장 높은 차종은 준중형이다.

① ㄱ, ㄷ

② ㄴ, ㄷ

③ ㄴ, ㄹ

④ ㄷ, ㄹ

09 다음은 2023년 지역별 전기차 보급대수 및 지원금에 대한 자료이다. 이에 대한 설명으로 옳은 것은?

〈지역별 전기차 보급대수 및 지원금〉

구분	보급대수(대)	지자체 부서명	지방보조금(만 원)
서울	11,254	기후대기과	450
부산	2,000	기후대기과	500
대구	6,500	미래형자동차과	500
인천	2,200	에너지정책과	500
광주	1,200	기후대기과	600
대전	1,500	미세먼지대응과	700
울산	645	환경보전과	600
세종	530	환경정책과	400
경기	6,000	미세먼지대책과	550
강원	1,819	에너지과	650
충북	908	기후대기과	800
충남	2,820	미세먼지대책과	800
전북	921	자연생태과	900
전남	1,832	기후생태과	700
경북	2,481	환경정책과	800
경남	2,390	기후대기과	700
제주	20,000	탄소없는제주정책과	500
합계	65,000	-	-

① 서울지역의 지자체 부서명과 같은 곳은 다섯 개 지역이다.

② 지방보조금이 700만 원 이상인 곳은 전체 지역에서 40% 미만이다.

③ 전기차 보급대수가 두 번째로 많은 지역과 다섯 번째로 적은 지역의 차이는 9,054대이다.

④ 지자체 부서명이 미세먼지대책과인 지역의 총 보급대수는 8,820대이다.

10 다음은 국내 이민자의 경제활동에 대한 자료이다. 이에 대한 설명으로 옳은 것을 〈보기〉에서 모두 고르면?

〈국내 이민자 경제활동인구〉

(단위 : 천 명, %)

구분		이민자			국내인 전체
		외국인		귀화허가자	
		남성	여성		
15세 이상 인구		695.7	529.6	52.7	43,735
	경제활동인구	576.1	292.6	35.6	27,828
	취업자	560.5	273.7	33.8	26,824
	실업자	15.6	18.8	1.8	1,003.0
	비경제활동인구	119.5	237.0	17.1	15,907.0
경제활동 참가율		82.8	55.2	67.6	63.6

보기

㉠ 15세 이상 국내 인구 중 이민자가 차지하는 비율은 4% 이상이다.
㉡ 15세 이상 외국인 중 실업자의 비율이 귀화허가자 중 실업자의 비율보다 낮다.
㉢ 외국인 취업자의 수는 귀화허가자 취업자 수의 20배 이상이다.
㉣ 외국인 여성의 경제활동 참가율이 국내인 여성의 경제활동 참가율보다 낮다.

① ㉠, ㉡

② ㉠, ㉣

③ ㉡, ㉢

④ ㉢, ㉣

11 다음은 K은행에서 발표한 2023년 기준 분기별 경제활동 및 지출에 대한 증감률에 대한 자료이다. 이에 대한 설명으로 옳지 않은 것은?

〈분기별 경제활동 및 지출 증감률〉

(단위 : %)

구분		2023년(전분기 대비)				2023년(전년 동기 대비)			
		1분기	2분기	3분기	4분기	1분기	2분기	3분기	4분기
GDP		1.0	0.6	1.4	−0.2	2.9	2.8	3.8	2.8
경제활동	농림어업	3.9	−0.3	−1.8	0.2	2.9	2.8	3.8	2.8
	제조업	1.7	0.1	2.7	−1.7	4.8	3.6	6.4	2.7
	건설업	4.8	−1.6	1.0	−1.6	12.4	8.3	7.1	2.7
	서비스업	0.4	0.7	1.0	0.3	1.7	1.8	2.5	2.4
지출	민간소비	0.5	1.0	0.8	1.0	2.1	2.4	2.6	3.4
	정부소비	0.6	1.2	1.9	0.5	2.4	2.8	4.3	4.1
수출		2.1	−2.7	5.6	−5.3	3.7	0.3	4.4	−0.6
수입		4.9	−1.0	3.2	−2.9	10.1	6.6	7.4	4.1
GNI		2.3	−0.6	2.4	−1.2	2.3	1.8	5.0	3.0

① 경제활동 항목의 증감률은 전년 동기 대비 모두 상승하였다.

② 전년 동기 대비 지출 항목의 증감률은 모두 상승하였다.

③ 건설업의 증감률이 전분기 대비 감소한 분기에는 국내총생산(GDP)의 증감률도 감소하였다.

④ 전분기 대비 수출과 수입의 증감률이 모두 감소한 분기에는 국민총소득(GNI)의 증감률도 감소하였다.

12 다음은 우리나라 학생들의 성별 및 연령별 체력검정 현황에 대한 자료이다. 이에 대한 설명으로 옳은 것은?

〈성별 및 연령별 초·중·고 체력검정 현황〉

성별	학교	연령	2022년			2023년		
			50m 달리기(초)	제자리 멀리뛰기(cm)	윗몸 일으키기(회)	50m 달리기(초)	제자리 멀리뛰기(cm)	윗몸 일으키기(회)
남자	초등학교	10세	10.1	152.9	32.0	9.7	156.0	31.0
		11세	9.5	165.0	35.0	9.2	166.8	36.0
	중학교	12세	8.8	181.9	38.0	9.1	180.8	36.0
		13세	8.4	196.4	41.0	8.3	197.5	38.0
		14세	8.1	207.3	43.0	8.1	204.8	38.0
	고등학교	15세	7.8	219.1	44.0	7.7	226.5	46.0
		16세	7.8	224.1	45.0	7.7	225.0	45.0
		17세	7.9	226.0	45.0	7.5	236.0	45.0
여자	초등학교	10세	10.5	136.8	24.0	1.1	142.2	24.0
		11세	10.2	165.0	26.0	10.1	143.3	29.0
	중학교	12세	10.0	149.7	27.0	9.8	154.3	26.0
		13세	10.1	151.8	27.0	10.0	152.3	29.0
		14세	10.2	154.0	28.0	10.1	154.7	26.0
	고등학교	15세	10.1	157.0	29.0	9.9	151.3	26.0
		16세	10.3	156.0	30.0	9.7	159.0	28.0
		17세	10.5	154.1	28.0	9.9	159.8	28.0

① 2023년 11세 여학생의 제자리 멀리뛰기 기록은 16세 남학생의 제자리 멀리뛰기 기록의 60% 이상이다.

② 2023년 14세 여학생의 경우, 모든 체력검정 영역에서 2022년의 14세 여학생 대비 기록이 좋아 졌다.

③ 2022년 중학교 남학생의 경우, 연령이 높아질수록 직전 연령 대비 윗몸일으키기 기록의 증가율이 커진다.

④ 남학생의 경우, 2022년과 2023년 모두 제자리 멀리뛰기 기록이 가장 좋은 연령이 윗몸일으키기 기록도 가장 좋다.

13 다음은 우리나라 시·도별 아동 십만 명당 안전사고 사망자 수에 대한 자료이다. 이에 대한 설명으로 옳지 않은 것은?

〈시·도별 아동 십만 명당 안전사고 사망자 수〉

(단위 : 명)

구분	2021년	2022년	2023년
전국	2.9	3.1	2.8
서울특별시	2.1	2.0	2.0
부산광역시	2.6	3.4	3.0
대구광역시	2.3	4.5	2.2
인천광역시	0.9	1.7	3.4
광주광역시	0.4	4.7	4.5
대전광역시	2.9	1.7	3.6
울산광역시	7.2	3.4	2.3
세종특별자치시	8.2	4.1	6.5
경기도	2.4	2.9	2.4
강원도	3.4	2.0	3.6
충청북도	3.0	4.0	3.7
충청남도	3.9	4.6	2.0
전라북도	2.3	3.9	2.8
전라남도	3.9	4.4	4.1
경상북도	4.2	4.3	3.6
경상남도	6.4	3.7	4.0
제주특별자치도	5.1	7.1	5.6

① 2022년에는 아동 십만 명당 안전사고 사망자 수가 6.0명을 넘는 지역이 존재한다.

② 2022년과 2023년에 전년 대비 증감 추이가 경상남도와 동일한 지역은 3곳이다.

③ 울산광역시의 아동 십만 명당 안전사고 사망자 수는 2021년 대비 2023년에 60% 이상 감소하였다.

④ 부산광역시는 2021년부터 2023년까지 매년 아동 십만 명당 안전사고 사망자 수가 광주광역시보다 높다.

14 다음은 지식경제부에서 2023년 11월에 발표한 산업경제지표 추이이다. 이에 대한 설명으로 옳지 않은 것은?

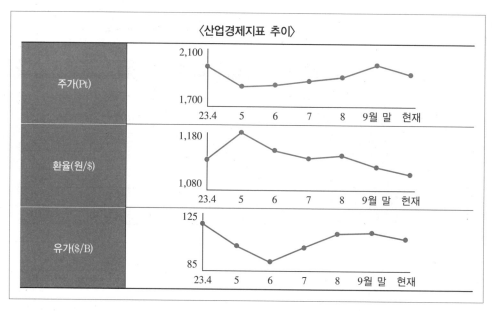

① 2023년 8월을 기점으로 위 세 가지 지표는 모두 하락세를 보이고 있다.

② 환율은 5월 이후 하락세에 있으므로 원화가치는 높아질 것이다.

③ 유가는 6월까지는 큰 폭으로 하락했으나, 그 이후 9월까지 서서히 상승세를 보이고 있다.

④ 숫자상의 변동 폭이 가장 작은 지표는 유가이다.

15 다음은 2023년 귀농, 귀촌, 귀어한 인구 통계 및 성별과 연령대 비율에 대한 자료이다. 이에 대한 설명으로 옳지 않은 것은?(단, 가구 수 및 인원수의 소수점 아래는 버림한다)

〈귀농 · 귀어 · 귀촌인 통계〉

(단위 : 가구, 명)

구분	가구 수	귀농 · 귀촌 · 귀어인	가구원
귀농	11,961	12,055	17,856
귀촌	328,343	472,474	–
귀어	917	986	1,285

※ 가구원은 귀농인 및 귀어인에 각각 동반가구원을 합한 인원이다.

〈귀농 · 귀어 · 귀촌인 전년 대비 증감률〉

(단위 : %)

구분	가구 수	귀농 · 귀촌 · 귀어인	가구원
귀농	−5.3	−5.5	−9.0
귀촌	−1.7	−5.0	–
귀어	1.2	−0.5	−5.4

〈귀농 · 귀어 · 귀촌인 성별 및 연령대 비율(%)〉

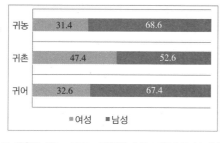
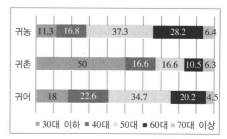

※ 비율은 귀농 · 귀촌 · 귀어인 수를 기준으로 나타낸다.

① 가구당 가구원의 수는 귀어보다 귀농이 많다.
② 전년 대비 2023년 가구 수의 감소율이 가장 높은 부문의 남성과 여성의 비율 차이는 35.2%p이다.
③ 귀농 · 귀촌 · 귀어에서 연령대별 가장 낮은 비율의 총합은 17.2%이다.
④ 귀농 · 귀촌 · 귀어 중 2022년 대비 2023년에 가구 수가 증가한 부문의 2022년 가구 수는 약 906가구이다.

16 다음은 어린이 및 청소년의 연령별 표준 키와 체중에 대한 자료이다. 이를 토대로 작성한 그래프로 옳은 것은?

〈어린이 및 청소년 표준 키와 체중〉

(단위 : cm, kg)

나이	남		여		나이	남		여	
	키	체중	키	체중		키	체중	키	체중
1세	76.5	9.77	75.6	9.28	10세	137.8	34.47	137.7	33.59
2세	87.7	12.94	87.0	12.50	11세	143.5	38.62	144.2	37.79
3세	95.7	15.08	94.0	14.16	12세	149.3	42.84	150.9	43.14
4세	103.5	16.99	102.1	16.43	13세	155.3	44.20	155.0	47.00
5세	109.5	18.98	108.6	18.43	14세	162.7	53.87	157.8	50.66
6세	115.8	21.41	114.7	20.68	15세	167.8	58.49	159.0	52.53
7세	122.4	24.72	121.1	23.55	16세	171.1	61.19	160.0	54.53
8세	127.5	27.63	126.0	26.16	17세	172.2	63.20	160.4	54.64
9세	132.9	30.98	132.2	29.97	18세	172.5	63.77	160.5	54.65

① 10세 이전 남녀의 키

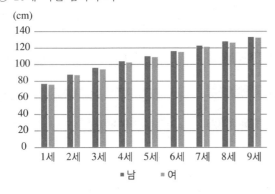

② 10대 남녀의 표준 체중

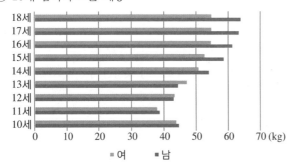

③ 남자의 10세 이전 표준 키 및 체중

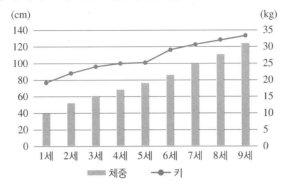

④ 10대 여자의 표준 키 및 체중

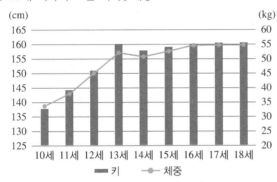

17 다음은 20대 남녀의 흡연율과 음주율에 대한 그래프이다. 이에 대한 설명으로 옳은 것을 〈보기〉에서 모두 고르면?

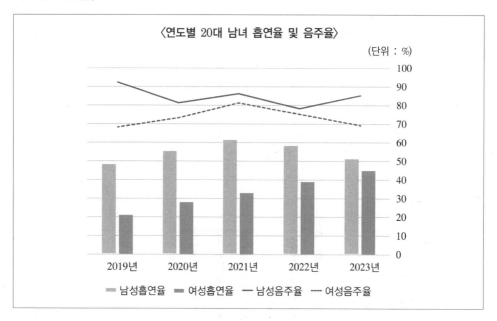

보기

ㄱ. 남성과 여성의 흡연율은 동일한 추이를 보인다.
ㄴ. 남성흡연율이 가장 낮은 연도와 여성흡연율이 가장 낮은 연도는 동일하다.
ㄷ. 남성은 음주율이 가장 낮은 해에 흡연율도 가장 낮다.
ㄹ. 2021년 남성과 여성의 음주율 차이는 10%p 이상이다.

① ㄴ
② ㄷ
③ ㄱ, ㄹ
④ ㄷ, ㄹ

18 다음은 연대별로 정리한 유지관리 도로 거리 변천에 대한 자료이다. 이에 대한 설명으로 옳지 않은 것은?(단, 비중은 소수점 둘째 자리에서 반올림한다)

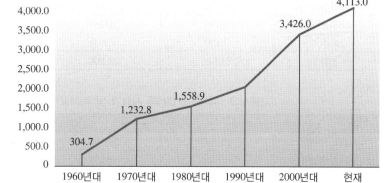

〈연대별 유지관리 도로 거리〉

(단위 : km)

구분	2차로	4차로	6차로	8차로	10차로	비고
1960년대	–	304.7	–	–	–	–
1970년대	761.0	471.8	–	–	–	–
1980년대	667.7	869.5	21.7	–	–	–
1990년대	367.5	1,322.6	194.5	175.7	–	–
2000년대	155.0		450.0	342.0	–	27개 노선
현재	–	3,130.0	508.0	434.0	41.0	29개 노선

〈연대별 유지관리 도로 총거리〉

(단위 : km)

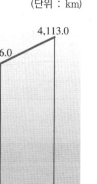

① 1960년대부터 유지관리하는 4차로 도로 거리는 현재까지 계속 증가했다.
② 현재 유지관리하는 도로 한 노선의 평균거리는 120km 이상이다.
③ 현재 유지관리하는 도로 총거리는 1990년대보다 1,950km 미만으로 길어졌다.
④ 차선이 만들어진 순서는 4차로 – 2차로 – 6차로 – 8차로 – 10차로이다.

19 다음은 지역별 교통사고·화재·산업재해 현황에 대한 자료이다. 이를 토대로 작성한 그래프로 옳지 않은 것은?(단, 비중은 소수점 둘째 자리에서 반올림한다)

〈교통사고·화재·산업재해 건수〉

(단위 : 건)

구분	교통사고	화재	산업재해
서울	3,830	5,890	3,550
인천	4,120	4,420	5,210
경기	4,010	3,220	4,100
강원	1,100	3,870	1,870
대전	880	1,980	1,120
충청	1,240	1,290	2,880
경상	1,480	1,490	2,540
전라	2,180	2,280	2,920
광주	920	980	1,110
대구	1,380	1,490	2,210
울산	1,120	920	980
부산	3,190	2,090	3,120
제주	3,390	2,880	3,530
합계	28,840	32,800	35,140

〈교통사고·화재·산업재해 사망자 및 피해금액〉

구분	교통사고	화재	산업재해
사망자 수(명)	12,250	21,220	29,340
피해액(억 원)	1,290	6,490	1,890

※ 수도권은 서울·인천·경기 지역이다.

① 피해금액별 교통사고·화재·산업재해 비중

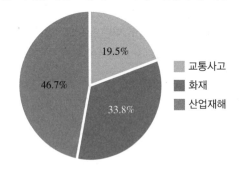

② 화재의 수도권 및 수도권 외 지역 발생건수

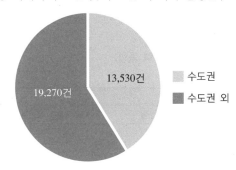

③ 산업재해의 수도권 및 수도권 외 지역 발생건수

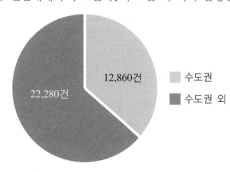

④ 전국 교통사고·화재·산업재해 건수 및 피해액

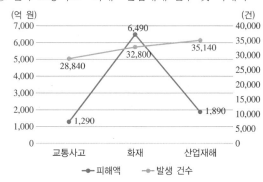

20 다음은 A국가의 2023년 월별 반도체 수출 동향에 대한 자료이다. 이를 토대로 작성한 그래프로 옳지 않은 것은?(단, 그래프 단위는 모두 백만 달러이다)

〈2023년 월별 반도체 수출액 동향〉

(단위 : 백만 달러)

기간	수출액	기간	수출액
1월	9,681	7월	10,383
2월	9,004	8월	11,513
3월	10,804	9월	12,427
4월	9,779	10월	11,582
5월	10,841	11월	10,684
6월	11,157	12월	8,858

① 2023년 월별 반도체 수출액

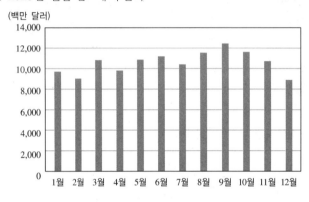

② 2023년 월별 반도체 수출액

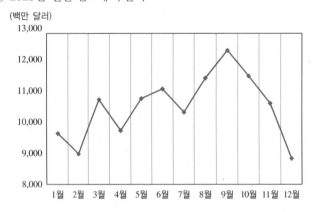

③ 2023년 월별 반도체 수출액

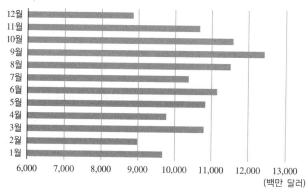

④ 2 ~ 12월의 전월 대비 반도체 수출 증감액

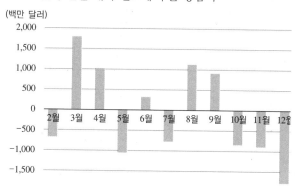

21 다음은 2023년 공항철도 이용 여객 현황에 대한 자료이다. 빈칸 (A) ~ (C)에 들어갈 수로 옳은 것은?

〈공항철도 이용 여객 현황〉

(단위 : 명)

구분	수송인원	승차인원	유입인원
1월	287,923	117,532	170,391
2월	299,876	(A)	179,743
3월	285,200	131,250	153,950
4월	272,345	152,370	119,975
5월	(B)	188,524	75,796
6월	268,785	203,557	65,228
7월	334,168	234,617	99,551
8월	326,394	215,890	110,504
9월	332,329	216,866	115,463
10월	312,208	224,644	(C)

※ 유입인원은 환승한 인원이다.
※ (승차인원)=(수송인원)-(유입인원)

	(A)	(B)	(C)
①	120,133	251,310	97,633
②	120,133	264,320	87,564
③	102,211	251,310	97,633
④	102,211	264,320	97,633

22 다음은 기계 100대의 업그레이드 전·후 성능지수에 대한 자료이다. 이에 대한 설명으로 옳은 것은?

〈업그레이드 전·후 성능지수별 대수〉

(단위 : 대)

구분 \ 성능지수	65	79	85	100
업그레이드 전	80	5	0	15
업그레이드 후	0	60	5	35

※ 성능지수는 네 가지 값(65, 79, 85, 100)만 존재하고, 그 값이 클수록 성능지수가 향상됨을 의미한다.

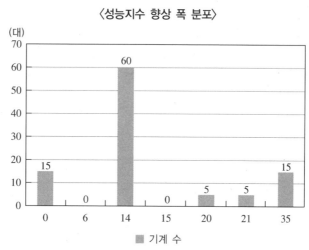

〈성능지수 향상 폭 분포〉

※ 업그레이드를 통한 성능 감소는 없다.
※ (성능지수 향상 폭)=(업그레이드 후 성능지수)−(업그레이드 전 성능지수)

① 업그레이드 후 1대당 성능지수는 20 이상 향상되었다.

② 업그레이드 전 성능지수가 65였던 기계의 15%가 업그레이드 후 성능지수 100이 되었다.

③ 업그레이드 전 성능지수가 79였던 모든 기계가 업그레이드 후 성능지수 100이 된 것은 아니다.

④ 업그레이드를 통한 성능지수 향상 폭이 35인 기계 대수는 업그레이드 전 성능지수가 100이었던 기계 대수와 같다.

※ 다음은 공공체육시설 현황 및 1인당 체육시설 면적에 대한 자료이다. 이어지는 질문에 답하시오.
 [23~25]

〈공공체육시설 현황 및 1인강 체육시설 면적〉

(단위 : 개소, m²)

구분		2020년	2021년	2022년	2023년
공공체육시설의 수	축구장	467	558	618	649
	체육관	529	581	639	681
	간이운동장	9,531	10,669	11,458	12,194
	테니스장	428	487	549	565
	기타	1,387	1,673	1,783	2,038
1인당 체육시설 면적	합계	2.54	2.88	3.12	3.29

23 2022년에 전년 대비 시설이 가장 적게 늘어난 곳과 가장 많이 늘어난 곳의 2022년 시설 수의 합은 얼마인가?

① 10,197개소
② 11,197개소
③ 12,097개소
④ 11,097개소

24 2020년 전체 공공체육시설 중 체육관이 차지하고 있는 비율은 얼마인가?(단, 소수점 둘째 자리에서 반올림한다)

① 3.4%
② 4.3%
③ 5.2%
④ 6.1%

25 다음 중 자료에 대한 설명으로 옳지 않은 것은?

① 2022년 테니스장은 전년 대비 약 12.7% 증가했다.
② 2021년 간이운동장의 수는 같은 해 축구장 수의 약 19배이다.
③ 2023년 1인당 체육시설 면적은 2020년에 비해 약 1.3배 증가했다.
④ 2023년 공공체육시설의 수는 총 15,127개소이다.

01 수 추리

규칙적으로 수를 나열한 후 빈칸에 알맞은 수를 선택하는 문제 유형으로 등차, 등비, 계차, 피보나치수열 등 규칙적인 수열문제와 이를 이용한 배치 순서, 지수함수 등의 응용문제도 출제된다.

(1) 등차수열 : 앞의 항에 일정한 수를 더한 형태로 이루어진 수열

(2) 등비수열 : 앞의 항에 일정한 수를 곱한 형태로 이루어진 수열

(3) 계차수열 : 인접하는 두 항의 차로 이루어지는 수열로, 수열 a_n에 대하여 $a_{n+1} - a_n = b_n (n = 1,$ $2, 3, \cdots)$을 만족하는 수열

(4) 피보나치수열 : 앞의 두 항의 합이 그 다음 항의 수가 되는 수열

예 1 1 $\underset{1+1}{2}$ $\underset{1+2}{3}$ $\underset{2+3}{5}$ $\underset{3+5}{8}$ $\underset{5+8}{13}$ $\underset{8+13}{21}$

(5) 건너뛰기 수열 : 두 개 이상의 수열이 일정한 간격을 두고 번갈아가며 나타나는 수열

예 1 1 3 7 5 13 7 19

· 홀수 항 : 1 $\underset{+2}{}$ 3 $\underset{+2}{}$ 5 $\underset{+2}{}$ 7

· 짝수 항 : 1 $\underset{+6}{}$ 7 $\underset{+6}{}$ 13 $\underset{+6}{}$ 19

(6) 군수열 : 일정한 규칙성으로 몇 항씩 묶어 나눈 수열

① 수가 나열된 규칙을 파악해 군을 만든다(만들어져 주어지는 경우도 있다).

② 각 군의 초항을 모아서 새로운 수열 하나를 만든다(주로 계차수열이다).

③ 각 군의 초항으로 이루어진 수열의 일반항을 구한다.

④ 일반항을 활용하여 문제에서 요구하는 답을 구한다.

예 • 1 3 4 6 5 11 2 6 8 9 3 12

⇒ $\underline{1\ 3\ 4}$ $\underline{6\ 5\ 11}$ $\underline{2\ 6\ 8}$ $\underline{9\ 3\ 12}$
  $1+3=4$ $6+5=11$ $2+6=8$ $9+3=12$

• 1 3 3 2 4 8 5 6 30 7 2 14

⇒ $\underline{1\ 3\ 3}$ $\underline{2\ 4\ 8}$ $\underline{5\ 6\ 30}$ $\underline{7\ 2\ 14}$
  $1\times3=3$ $2\times4=8$ $5\times6=30$ $7\times2=14$

(7) 여러 가지 수열

① 먼저 규칙성 있게 나열된 수가 증가하는지 감소하는지 파악하자. 증가하고 있다면 +, ×를, 감소하고 있다면 −, ÷를 생각해 보자.

② 제곱형 수열

예 $\underline{1}$ $\underline{4}$ $\underline{9}$ $\underline{16}$ $\underline{25}$ $\underline{36}$ $\underline{49}$
  1^2 2^2 3^2 4^2 5^2 6^2 7^2

③ 묶음형 수열 : 숫자가 몇 개씩 묶여서 제시되는 유형으로, 묶음에 대한 동일한 규칙을 빠르게 찾아내야 한다.

예 $\underline{2\ 3\ 5}$ $\underline{5\ 7\ 12}$ $\underline{9\ 8\ 17}$
  $2+3=5$ $5+7=12$ $9+8=17$

※ 유형

• A B C

예 $A+B=C$, $A-B=C$, $A\times B=C$, $(A+B)^2=C$, $A\times B-2=C$, $A^B=C$, $A^2+B^2=C$, $A=B\div C$

• A B C D

예 $A+B+C=D$, $A\times B\div C=D$, $A+B=C-D$, $(A+B=C,\ B+C=D)$, $A\times B=C$, $C+1=D$

• A B C D E

예 $A\times B=C$, $C+D-1=E$

④ 표・도형 수열 : 나열식 수열 추리와 크게 다르지 않은 유형으로, 수가 들어갈 위치에 따라 시계 방향이나 행, 열의 관계를 유추해야 한다.

예

2	14	9
3	?	10
5	17	12

→

A
B
C

풀이) 가로, 세로, 대각선 방향으로 일정한 규칙을 찾아보자.

$A+1=B$, $B+2=C$

02 문자 추리

주로 영문 알파벳 대소문자, 한글 자음과 모음, 로마 숫자 등이 서로 대응하는 문제가 출제되며, 시간적 여유가 있다면 각각의 숫자들을 대응시켜 풀거나 아래 표와 같이 대응되는 문자를 암기하면 보다 빠르게 풀 수 있다.

1	2	3	4	5	6	7	8	9	10	11	12	13	14	15
A	B	C	D	E	F	G	H	I	J	K	L	M	N	O
a	b	c	d	e	f	g	h	i	j	k	l	m	n	o
ㄱ	ㄴ	ㄷ	ㄹ	ㅁ	ㅂ	ㅅ	ㅇ	ㅈ	ㅊ	ㅋ	ㅌ	ㅍ	ㅎ	
ㅏ	ㅑ	ㅓ	ㅕ	ㅗ	ㅛ	ㅜ	ㅠ	ㅡ	ㅣ					

16	17	18	19	20	21	22	23	24	25	26				
P	Q	R	S	T	U	V	W	X	Y	Z				
p	q	r	s	t	u	v	w	x	y	z				

03 도형 추리

도형 추리는 크게 2가지로, 도형이 변화하는 과정을 보고 마지막에 나올 도형, 중간에 들어갈 도형을 선택하는 유형과 왼쪽 도형의 변화 과정을 보고 오른쪽 도형의 변화를 예측하는 비례식 형태의 유형으로 나뉜다. 전체 도형과 내부 도형 각각이 임의의 방향에 대해 회전·대칭되는지, 모양이 변경되는지 등을 파악해야 한다.

1. 유형

(1) 제시된 도형이 순서대로 나열되어 있는 유형으로, 왼쪽에서 오른쪽으로 이동하면서 일정한 규칙으로 도형이 변한다.

→ 오각형의 한 변이 시계 방향으로 한 변씩 회전하고 삼각형 내 색 반전

(2) 대응관계에 있는 두 분류의 도형으로, 왼쪽 도형의 규칙을 찾아 오른쪽 도형의 관계를 파악하는 유형

 : = :

→ 바깥 도형이 안쪽으로 들어가고 안쪽 도형은 검은색이 된다.

04 일반 추리

일반 추리는 여러 가지 상황에 대한 논리적 이해와 상황 판단을 통해 문제 해결 능력을 요구하는 유형과 간단한 추리력으로 계산이 가능한 응용문제들이 주로 출제된다. 일반적인 풀이 방식을 통해 해결할 수 있는 문제들이 대부분이지만, 최근엔 새로운 유형의 문제들도 출제되고 있다.

1. 도식추리 : 문자나 기호에 특별한 의미를 부여하여 규칙을 파악하는 유형이다.

2. 한 붓 그리기 : 홀수점이 0개 또는 2개일 때, 한 붓 그리기가 가능하다.

※ 다음과 같이 일정한 규칙으로 수를 나열할 때 빈칸에 들어갈 수로 옳은 것을 고르시오. **[1~7]**

01

| | 51 | 58 | 42 | 49 | ( ) | 40 | 24 |

① 31   ② 33

③ 35   ④ 37

02

| 3 | 4 | 5 | 6 | 16 | 30 | 12 | ( ) | 180 | 24 | 256 | 1,080 |

① 45   ② 64

③ 75   ④ 80

03

| 1 | 2 | −9 | 11 | 81 | 20 | −729 | ( ) |

① 35   ② 33

③ 31   ④ 29

04

| 17 | −68 | ( ) | −1,088 | 4,352 |

① 162   ② 272

③ 352   ④ 482

05

3	−4	10	−18	38	−74	150	( )

① −298   ② −300

③ −302   ④ −304

06

2	5	14	41	122 ( )

① 364   ② 365

③ 366   ④ 367

07

1	4	13	40	121	( )	1,093

① 351   ② 363

③ 364   ④ 370

※ 다음과 같이 일정한 규칙으로 분수를 나열할 때, 빈칸에 들어갈 분수로 옳은 것을 고르시오. [8~11]

08

$$5 \quad \frac{10}{9} \quad \frac{9}{2} \quad \frac{20}{81} \quad (\quad)$$

① $\dfrac{729}{40}$ ② $\dfrac{739}{40}$

③ $\dfrac{749}{40}$ ④ $\dfrac{759}{30}$

09

$$\frac{1}{3} \quad \frac{6}{10} \quad (\quad) \quad \frac{16}{94} \quad \frac{21}{283}$$

① $\dfrac{10}{31}$ ② $\dfrac{11}{31}$

③ $\dfrac{11}{45}$ ④ $\dfrac{11}{47}$

10

$$\frac{2}{3} \quad (\quad) \quad \frac{36}{27} \quad \frac{53}{81} \quad \frac{70}{243} \quad \frac{87}{729}$$

① $\dfrac{19}{9}$ ② $\dfrac{22}{9}$

③ $\dfrac{25}{9}$ ④ $\dfrac{28}{11}$

11

$$\frac{33}{189} \quad \frac{37}{183} \quad (\quad) \quad \frac{42}{168} \quad \frac{43}{159} \quad \frac{43}{149}$$

① $\dfrac{20}{177}$ ② $\dfrac{22}{177}$

③ $\dfrac{40}{176}$ ④ $\dfrac{44}{176}$

※ 다음은 일정한 규칙으로 나열한 군수열이다. 빈칸에 들어갈 수로 옳은 것을 고르시오. [12~16]

12

2　4　20　　3　5　34　　4　5　41　　5　6　(　)

① 41　　　　　　　　　② 50
③ 52　　　　　　　　　④ 61

13

2　5　7　　3　6　9　　4　7　(　)

① 13　　　　　　　　　② 12
③ 11　　　　　　　　　④ 10

14

1　8　3　　2　(　)　4　　3　16　5

① 9　　　　　　　　　② 10
③ 12　　　　　　　　　④ 13

15

13　76　63　　−80　−110　−30　　−27　(　)　23

① −14　　　　　　　　② −4
③ 4　　　　　　　　　④ 14

16

$\frac{1}{2}$　2　$\frac{3}{2}$　2　　4　5　$\frac{7}{2}$　(　)　　6　7　2　9　　4　$\frac{1}{2}$　$\frac{1}{4}$　8

① 4　　　　　　　　　② 6
③ 8　　　　　　　　　④ 10

17 다음은 일정한 규칙에 따라 나열한 수열이다. 이때, B^2의 값은?

$\underline{2 \quad -3 \quad 6 \quad 4}$	$\underline{5 \quad -3 \quad 0 \quad -1}$	$\underline{-2 \quad -1 \quad 2 \quad 1}$	$\underline{-1 \quad -3 \quad -5 \quad 7}$
0	(B)	-5	-16

① 3
③ 7

② 5
④ 9

18 다음과 같이 일정한 규칙에 따라 수를 나열할 때, $a-b-c$의 값은?

- $(2, \ 3)=[(3, \ 5), \ (5, \ 8), \ (8, \ 13)]$
- $(4, \ 5)=[(5, \ 9), \ (9, \ 14), \ (14, \ a)]$
- $(b, \ 7)=[(7, \ c), \ (15, \ 22), \ (22, \ 37)]$

① 0
③ 2

② 1
④ 3

19 다음과 같이 일정한 규칙에 따라 나열한 수열이다. 이때, (A)+(B)의 값은?

| 5,040 | 11 | 5,040 | (A) | 2,520 | 33 | 840 | 44 | (B) |

① 230
③ 234

② 232
④ 236

20 다음은 일정한 규칙에 따라 나열된 수열이다. 이때, (A)×(B)의 값은?

$\underline{2 \quad 4 \quad 1 \quad 1}$	$\underline{-2 \quad 2 \quad -4 \quad 4}$	$\underline{-1 \quad (A) \quad 5 \quad (B)}$
2	4	5

① -16
③ 16

② -25
④ 25

21

2	0	3	8	7
7	5	4	6	3
15	1	13	49	( )

① 20 ② 21
③ 22 ④ 23

22

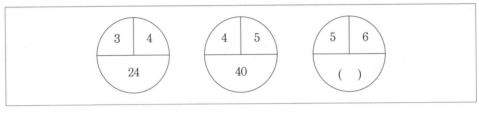

① 30 ② 55
③ 60 ④ 90

23

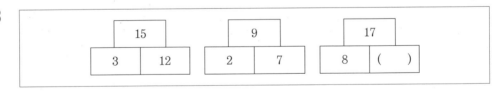

① 9 ② 13
③ 17 ④ 21

24

9	37
35	8

12	46
38	7

13	55
( )	8

① 47 ② 49
③ 51 ④ 53

25

10	2	8	5	6	8
	20	( )	19	19	

① 15 ② 19
③ 21 ④ 29

26

2	5	-3	16
6			6
20			-7
-8	11	( )	5

① 9 ② 12
③ 15 ④ 18

27

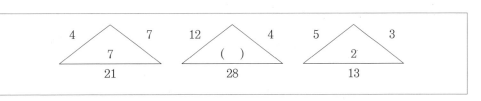

① -20 ② -10
③ 10 ④ 20

※ 다음과 같이 일정한 규칙으로 문자를 나열할 때 빈칸에 들어갈 문자로 옳은 것을 고르시오. [28~39]

28

F	G	E	H	D	(	)	C

① B　　　　　　　　　　② I
③ J　　　　　　　　　　④ K

29

ㅍ	ㅋ	ㅈ	ㅅ	ㅁ	( )

① ㅍ　　　　　　　　　　② ㅈ
③ ㅂ　　　　　　　　　　④ ㄷ

30

ㄱ	ㄷ	ㄴ	( )	ㄹ	ㅅ

① ㅈ　　　　　　　　　　② ㅅ
③ ㅇ　　　　　　　　　　④ ㅁ

31

J	L	N	( )	R	T

① M　　　　　　　　　　② Q
③ O　　　　　　　　　　④ P

32

| ㅋ ㄹ ( ) ㅅ ㅁ ㅊ |

① ㄷ   ② ㅂ
③ ㅅ   ④ ㅇ

33

| <u>A B A</u>   <u>L B W</u>   <u>D B ( )</u> |

① F   ② G
③ H   ④ I

34

| B D H P ( ) |

① E   ② F
③ G   ④ H

35

| 9 14 ㅇ 13 7 ( ) |

① ㅋ   ② ㅌ
③ ㅍ   ④ ㅎ

36

A D I P ( )

① Q   ② S

③ Y   ④ Z

37

ㄴ D ( ) K P V

① ㅇ   ② P

③ ㅅ   ④ B

38

A B D H P ( )

① G   ② E

③ F   ④ Z

39

J	M	P	( )	V	

① Q   ② S

③ P   ④ T

40 다음과 같이 나열된 수열의 규칙을 찾아 빈칸에 들어갈 문자를 순서대로 나열한 것은?

ㄱ ( ) ㄷ ㄴ g ㅂ ㄷ I ( ) ㄹ k ㅌ

① q, ㅂ   ② f, ㅇ

③ a, ㅎ   ④ e, ㅈ

※ 다음 알파벳에 해당하는 도형의 규칙을 파악하여 〈보기〉에 해당하는 도형의 규칙이 어떤 규칙에 해당하는지 고르시오. [41~42]

41

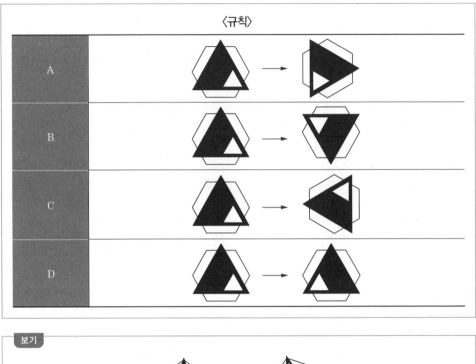

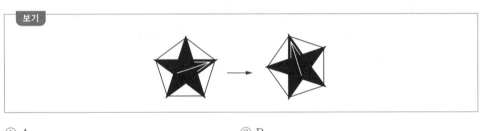

① A
② B
③ C
④ D

42

〈규칙〉

A	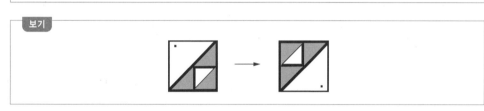
B	
C	
D	

보기

① A   ② B

③ C   ④ D

※ 왼쪽 직육면체 모양의 입체도형은 두 번째, 세 번째 입체도형과 마지막 입체도형을 조합하여 만들 수 있다. 다음 중 마지막 입체도형으로 옳은 것을 고르시오. [43~45]

43

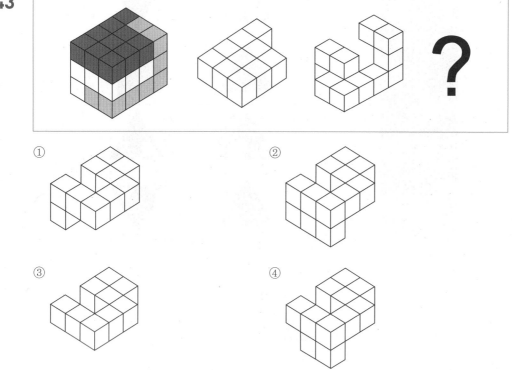

44

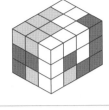 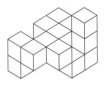 **?**

①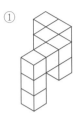

②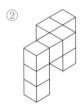

③

④

45

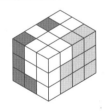   **?**

①

②

③

④

46

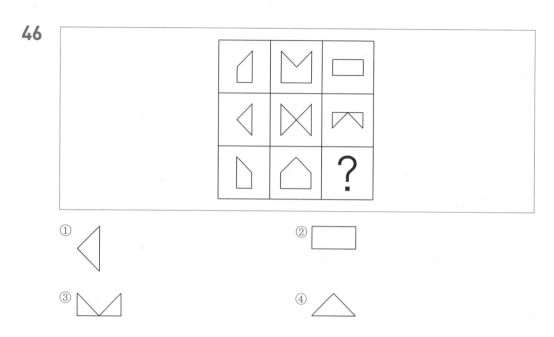

① △
② ▭
③
④ △

47

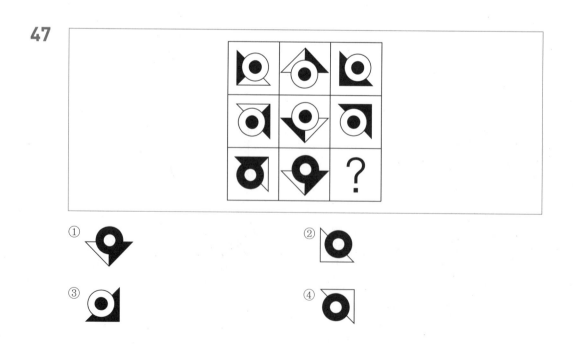

①
②
③
④

48

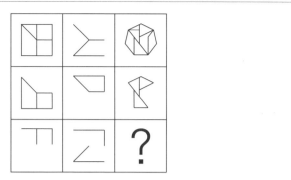

①

②

③

④

49

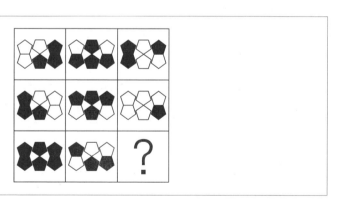

①

②

③

④

50

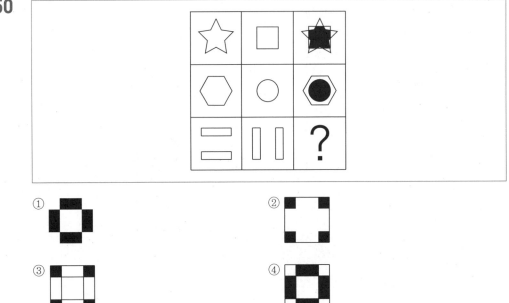

51

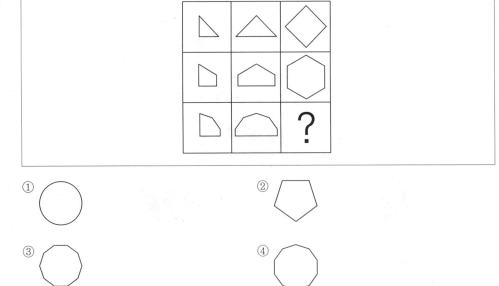

52 다음 그림에 나타난 사각형의 개수는?

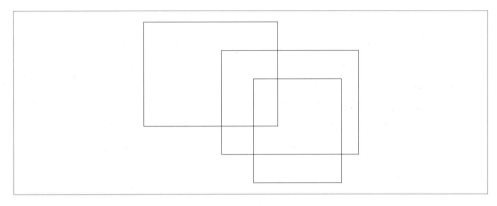

① 6개   ② 7개

③ 8개   ④ 9개

53 다음 순서도에 의해 출력되는 값으로 옳은 것은?

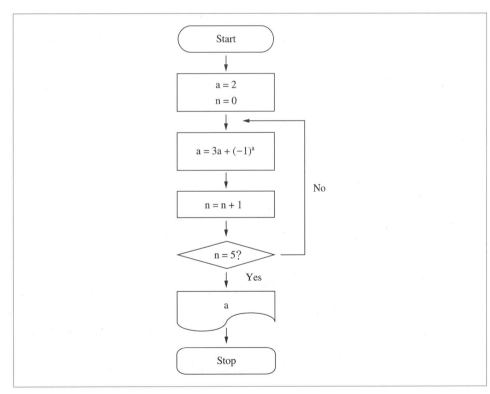

① 547   ② 545

③ 543   ④ 541

※ 다음 ㉠~㉢에서 공통적으로 연상할 수 있는 것을 고르시오. [54~55]

54

① 카드   ② 선물
③ 도박   ④ 세금

55

① 전쟁   ② 위급
③ 교육   ④ 훈육

01 전개도 · 주사위

전개도는 도형을 펼쳐 이를 접어서 만들 수 있는 입체도형을 찾거나, 입체도형을 제시하고 그에 맞는 전개도를 찾는 유형으로 출제된다. 부분적으로 특징이 있는 면을 유심히 살펴보는 것과 모양을 구분해 내거나 전개도를 직접 접어 보는 것도 문제 해결의 한 방법이다. 입체적으로 사물을 그릴 수 있는 능력이 있어야만 문제를 빨리 풀 수 있다.

주사위는 서로 마주보는 면의 합을 구하는 유형과 주사위를 굴려 보이지 않는 반대편 면과 측면의 수를 묻는 문제가 주로 출제된다. 서로 마주보는 면이 $(1-6)$, $(2-5)$, $(3-4)$로 두 면의 눈의 합은 항상 7인 것을 기억하면 쉽게 해결할 수 있다.

(1) 전개도 문제 해결 방법

① 면의 개수를 비교하자.
② 도형의 특징(옆면, 밑면)을 비교하자.
③ 기준면을 정하여 기준면에 맞닿는 면과 마주보는 면을 서로 비교하자.
④ 전개도에서 맞닿는 면에 서로 번호를 붙여 생각하자.
⑤ 그림에 들어간 전개도에서 그림 간의 관계를 비교하자.

(2) 정다면체의 종류

구분	도형모양	전개도	꼭짓점의 수	모서리의 수	면의 수
정사면체			4	6	4
정육면체			8	12	6
정팔면체			6	12	8

정십이면체			20	30	12
정이십면체			12	30	20

※ 오일러의 공식(v : 꼭짓점의 수, e : 모서리의 수, f : 면의 수)

$$= v - e + f = 2$$

예 정이십면체의 모서리는 30개이다. 다음 중 꼭짓점의 개수는?

$$= v - 30 + 20 = 2 \rightarrow v = 12개$$

02 블록 · 단면도

(1) 블록

블록의 개수를 묻는 유형에서부터 면적을 구하는 문제까지 다양하게 출제된다. 블록을 쌓아서 만든 입체도형을 파악하거나 입체도형에 들어간 블록의 수를 세는 문제가 대부분이다. 블록의 면적을 구하는 문제는 겉에 드러난 블록의 면의 개수를 세서 구하는데, 이때 블록이 겹쳐 있는 부분은 제외해야 한다는 것을 잊으면 안 된다.

① 블록의 개수

    ㉠ 밑에서 위쪽으로 차근차근 세어 간다.

    ㉡ 층별로 나누어 세면 수월하다.

    ㉢ 숨겨져 있는 부분을 정확히 찾아내는 연습이 필요하다.

    ㉣ 빈 곳에 블록을 채워서 세면 쉽게 해결된다.

예

• 1층 : 9개

• 2층 : 8개

• 3층 : 5개

블록의 총 개수는 9 + 8 + 5 = 22개이다.

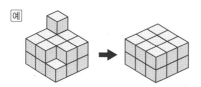

블록의 총 개수는 $9 \times 2 = 18$개이다.

② 블록의 최대·최소 개수

　㉠ 최대 개수 : 앞면과 우측면의 층별 블록의 개수의 곱의 합

　　(앞면 1층 블록의 수)×(측면 1층 블록의 수)+(앞면 2층 블록의 수)×(측면 2층 블록의 수)

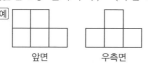

　　　→ $3 \times 3 + 2 \times 1 = 11$개

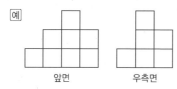

　　　→ $4 \times 3 + 3 \times 2 + 1 \times 1 = 19$개

　㉡ (앞면 블록의 수)+(측면 블록의 수)−(중복되는 블록의 수)

　　※ 중복되는 블록의 수 : 앞면과 측면에 대해 행이 아닌(즉, 층별이 아닌) 열로 비교했을 때, 블록의 수가 같은 두 열에서 한 열의 블록의 수들의 합(즉, 열에 대하여 블록의 수를 각각 표기했을 때, 앞면과 측면에 공통으로 나온 숫자들의 합을 구하면 된다)

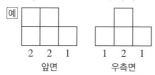

　　　공통으로 나온 숫자는 다음과 같다. 앞면 : (②, 2, ①), 우측면 : (①, ②, 1)

　　　→ 중복되는 블록의 수 : $1 + 2 = 3$개

　　　최소 개수는 $5 + 4 - 3 = 6$개이다.

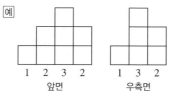

　　　공통으로 나온 숫자는 다음과 같다. 앞면 : (①, ②, ③, 2), 우측면 : (①, ③, ②)

　　　→ 중복되는 블록의 수 : $1 + 2 + 3 = 6$개

　　　최소 개수는 $8 + 6 - 6 = 8$개이다.

③ 블록의 면적

　ㄱ 사각형 한 단면의 면적은 '(가로)×(세로)'의 값이다.

　ㄴ 면적을 구할 때는 상하, 좌우, 앞뒤로 계산한다.

　ㄷ 각각의 면의 면적을 합치면 전체 블록의 면적이 된다.

예

바닥면의 면적은 제외하고 블록 하나의 면적을 1이라 하면
- 윗면 : 9
- 옆면 : 6×4＝24

쌓여 있는 블록의 면적은 24＋9＝33이다.

(2) 단면도(절단 도형)

제시된 입체도형을 한 방향으로 절단했을 때 나타날 수 있는 단면을 찾는 유형이다. 비슷한 평면도형이 보기로 주어지기 때문에 세심한 관찰력과 많은 연습이 필요하다.

예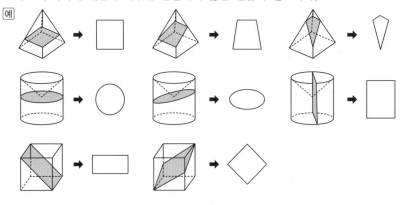

03 종이접기

(1) 종이접기

종이접기 문제는 종이를 화살표 방향에 따라 접고 구멍을 뚫거나 가위로 자른 후 다시 펼쳤을 때의 모양 찾기 문제가 출제된다. 종이를 접은 순서의 반대로 펼치면서 구멍의 위치나 잘린 부분을 쉽게 파악할 수 있다.

예 앞, 뒤로 접었을 때 뒷면

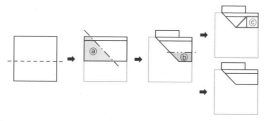

예 앞, 뒤로 접었을 때 앞면

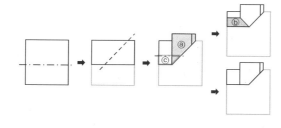

※ 다음 전개도를 접었을 때 만들어질 수 있는 것을 고르시오. [1~8]

01

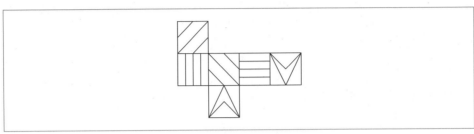

02

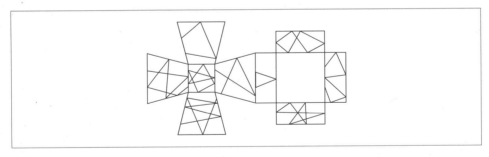

03

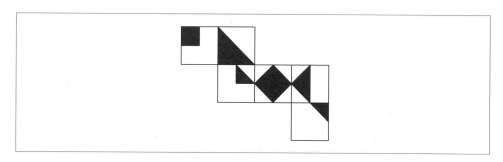

①

②

③

④

04

①

②

③

④

05

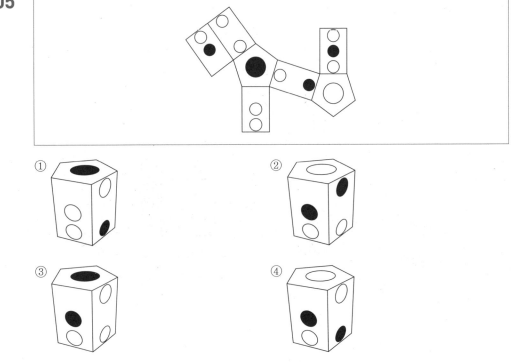

06

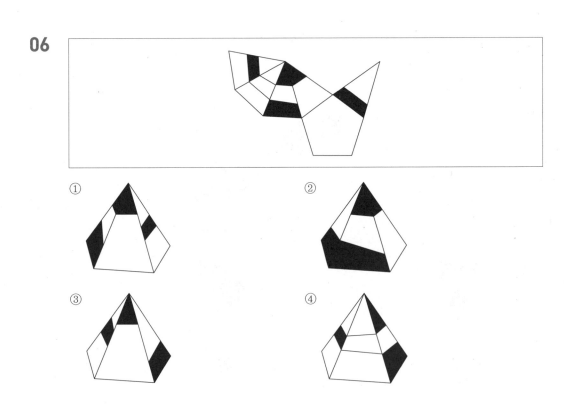

07

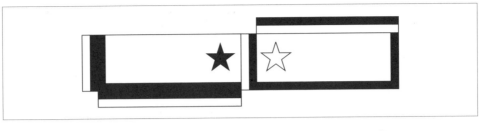

① 　　　②

③ 　　　④

08

① 　　　②

③ 　　　④

※ 다음 두 블록을 합쳤을 때 나올 수 있는 형태로 옳은 것을 고르시오. [9~19]

09

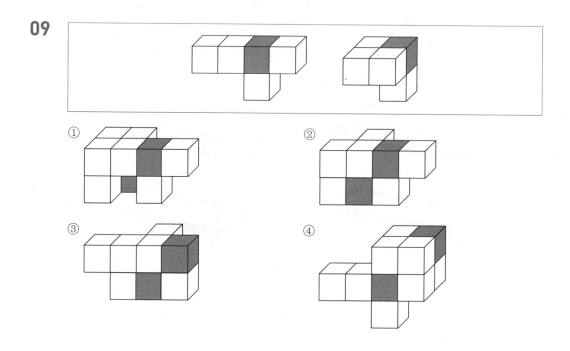

10

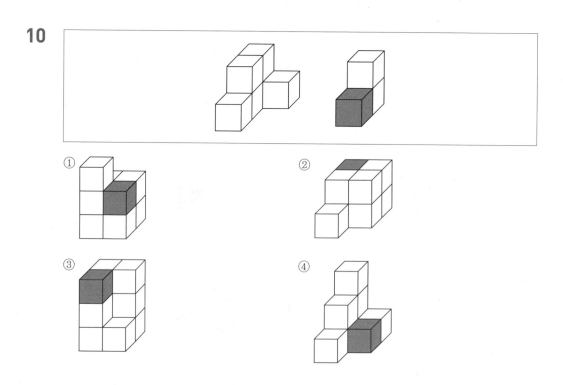

11

 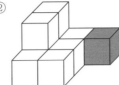

①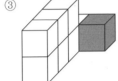

②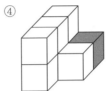

③ ④

12

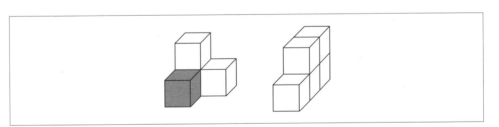

①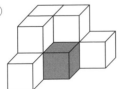

②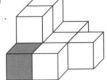

③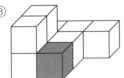

④

13

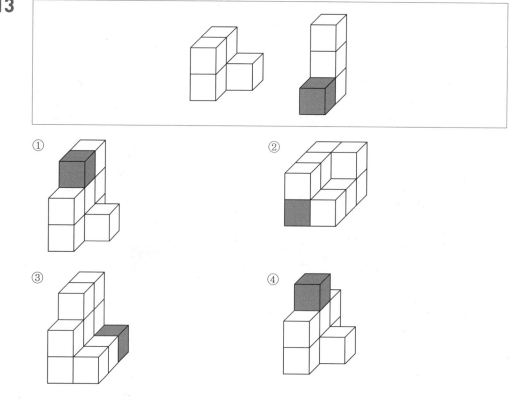

14

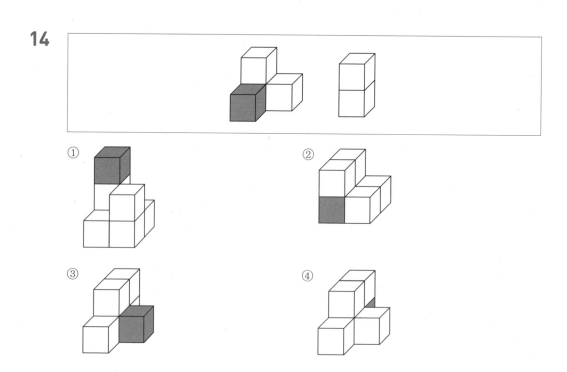

15

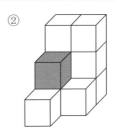

①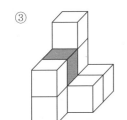

②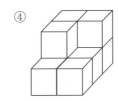

③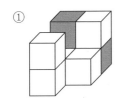

④

16

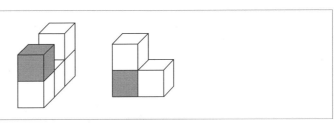

①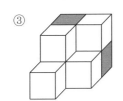

②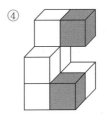

③

④

17

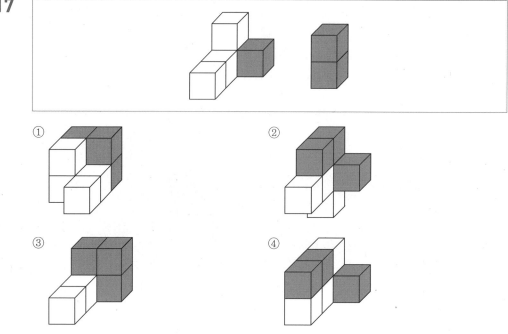

① ② ③ ④

18

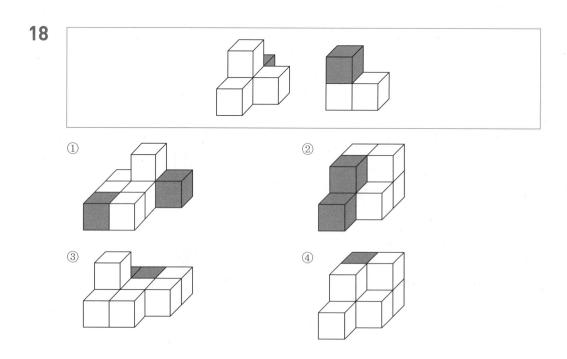

① ② ③ ④

19

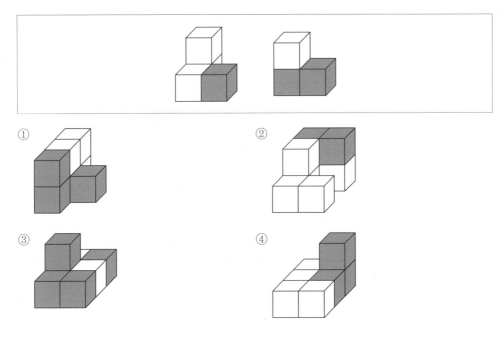

20 다음과 같은 정사각형의 종이를 화살표 방향으로 접고 〈보기〉의 좌표가 가리키는 위치에 구멍을 뚫었다. 다시 펼쳤을 때 뚫린 구멍의 위치를 좌표로 나타낸 것으로 옳은 것은?(단, 좌표가 그려진 사각형의 크기와 종이의 크기는 일치하며, 종이가 접힐 때 종이의 위치는 바뀌지 않는다)

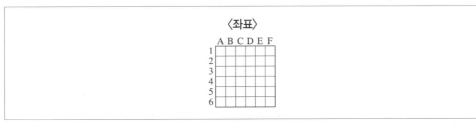

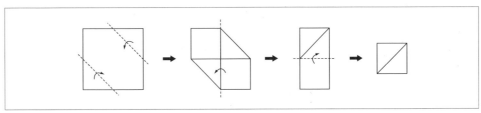

보기

C3

① A5, C3, C4, D3, D4, F5   ② A6, C2, C5, D2, D5, F1

③ A6, C3, C4, D3, D4, F1   ④ C3, C4, D3, D4

※ 다음 블록의 개수는 몇 개인지 고르시오. [21~23]

21

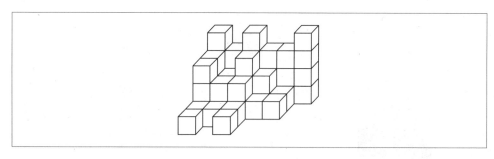

① 44개   ② 45개

③ 46개   ④ 47개

22

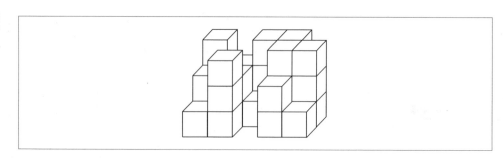

① 26개   ② 27개

③ 28개   ④ 29개

23

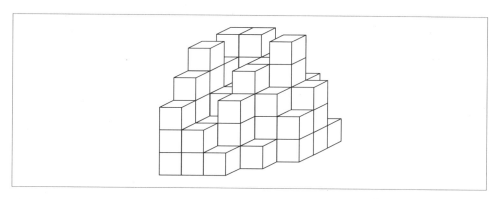

① 70개
② 71개
③ 72개
④ 73개

24 다음 중 단면과 일치하는 입체도형은?

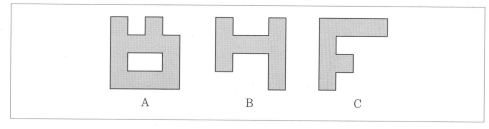

A   B   C

①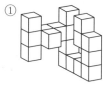

②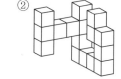

③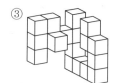

④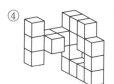

※ 다음 그림과 같이 화살표 방향으로 종이를 접은 후 펀치로 구멍을 뚫거나 잘라내어 다시 펼쳤을 때의
그림으로 옳은 것을 고르시오. [25~27]

25

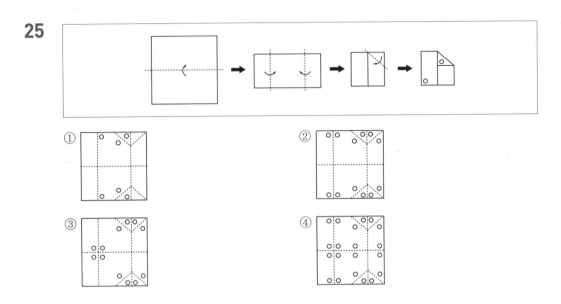

26

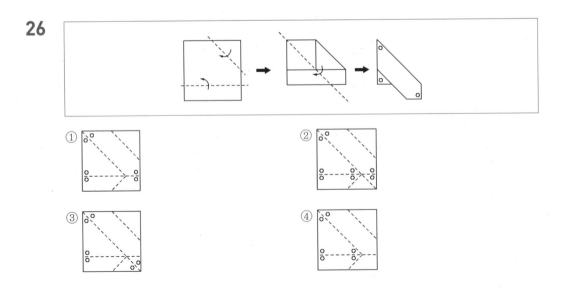

27

①   ②

③　　　　　　　　　　　　　　　④

28 다음 그림과 같이 접었을 때 나올 수 있는 모양이 아닌 것은?

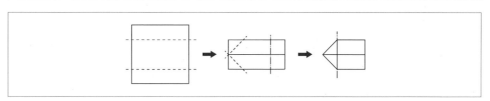

--- 앞으로 접기

-·-·-·-·-·-·-·-·-·-·-·-·-·-·-·-·-·-·- 뒤로 접기

-··-··-··-··-··-··-··-··-··-··-··-··- 앞 또는 뒤로 접기

① 　　　　　　　②

③ 　　　　　　　④

-------------------------------- 앞으로 접기

-·-·-·-·-·-·-·-·-·-·-·-·-·- 뒤로 접기

29

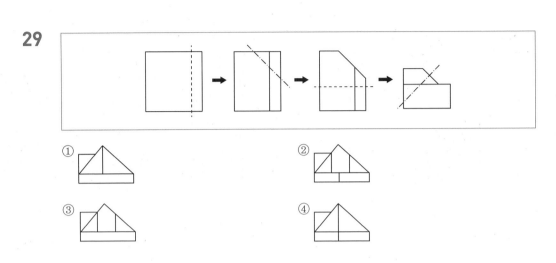

30

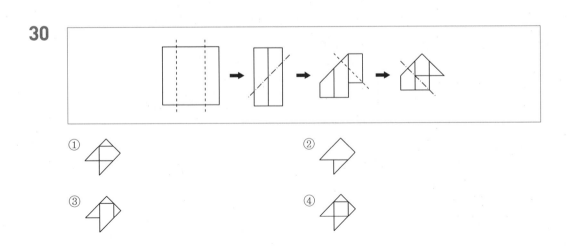

31

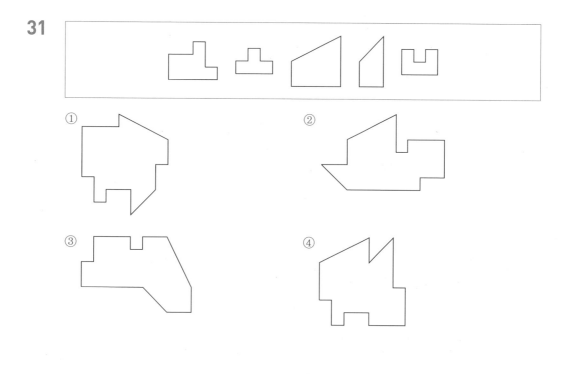

32

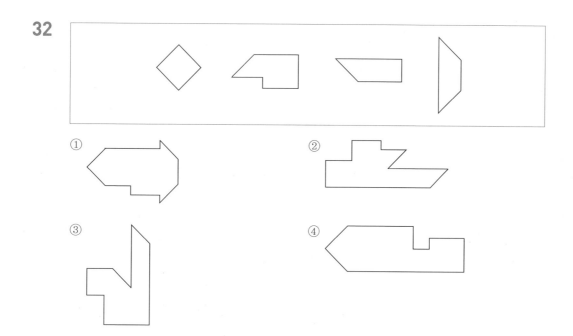

33

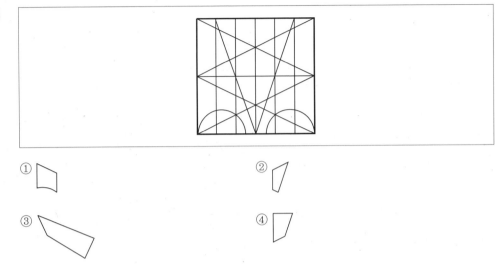

① ②

③ ④

34

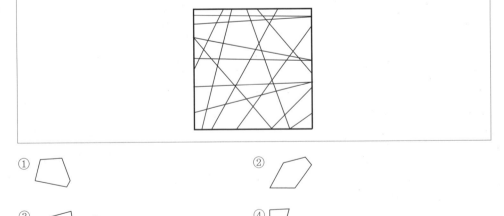

① ②

③ ④

35

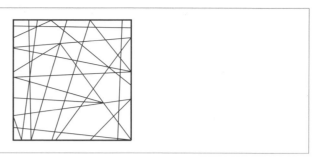

36

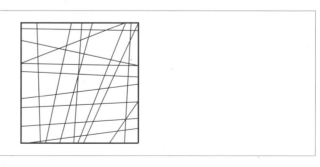

※ 다음 중 주어진 도형을 만들기 위해 필요하지 않은 조각을 고르시오. [37~39]

37

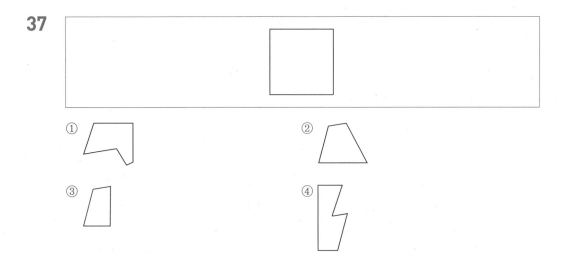

①　　　　　　　　　　　②

③　　　　　　　　　　　④

38

①　　　　　　　　　　　②

③　　　　　　　　　　　④

39

①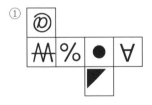

②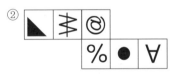

③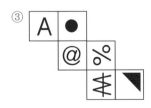

④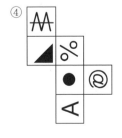

40 다음 중 입체도형을 만들었을 때 다른 모양이 나오는 것은?

CHAPTER 08

사무지각능력

핵심이론

01 기호 · 문자 식별

숫자·문자·기호 등을 불규칙하게 나열하여 비교·대조하고, 거꾸로 배열된 것 등 시각적인 차이점을 찾아내는 유형으로, 비교적 간단한 문제들이 출제되지만 신속성과 정확성을 요구한다. 반복적인 기호열·문자열·숫자열을 전체보다는 특징적인 부분을 파악하여 빠른 시간 안에 해결하는 연습을 중점적으로 하면 큰 어려움이 없다.

02 유사 · 상이도형

제시된 도형 중 다른 하나를 찾는 유형이 주로 출제된다. 순간적인 판단력이나 직관력을 요구하는 문제들로, 도형의 반전이나 회전을 파악하거나 부분적인 특징을 찾아내면 빠른 시간 안에 풀 수 있다.

03 도형 조각

주어진 그림이나 도형의 각 조각을 포함하고 있는지 판단하는 문제나, 도형의 조각을 조합하여 만들 수 있는 도형을 찾는 문제가 주로 출제된다. 도형의 형태뿐만 아니라 크기와 선의 좌우대칭에 속지 않도록 주의하고, 퍼즐게임과 같은 방식으로 문제에 접근하면 보다 쉽게 해결할 수 있으니 차근차근 풀어 나가도록 한다.

※ 다음 문자 또는 기호와 같은 것의 개수를 구하시오. [1~5]

01

인

인	언	안	온	운	익	연	안	운	익	연	운
운	언	익	운	연	운	언	온	연	인	안	언
연	익	연	온	안	익	연	언	익	온	연	익
운	온	인	연	인	연	온	안	운	인	안	연

① 2개   ② 3개

③ 4개   ④ 5개

02

Đ

Đ	Ď	Ɖ	Ħ	Ż	Ā	Ɖ	Đ	θ	Ď	Ħ	Ɖ
Ɖ	Ħ	θ	Ÿ	Đ	Ď	θ	Ÿ	Ɖ	Ż	Đ	θ
θ	Đ	Ā	Ɖ	Ż	Đ	Ż	Ħ	Ż	Đ	Ż	Đ
Ā	Ÿ	Ż	Ď	θ	Đ	Ā	Đ	Ÿ	Ż	Ā	Ď

① 10개   ② 11개

③ 12개   ④ 13개

03

書											

畵	群	書	君	君	群	君	畵	畵	群	君	畵
畵	畵	畵	郡	群	畵	郡	君	群	書	群	畵
群	郡	郡	畵	書	群	畵	君	郡	畵	君	郡
書	畵	君	郡	君	畵	畵	畵	君	群	郡	畵

① 2개   ② 3개

③ 4개   ④ 5개

04

방탄											

방탕	반탕	반탄	반탕	밤탐	반탕	밤탄	밤탐	방탄	밤탄	반탕	방탕
방탄	방당	방탕	방탄	방당	밤탐	반탄	반탕	반탄	방탕	방탄	밤탐
방당	반탕	반탄	방탕	반탕	방탄	방탕	밤탄	방당	반탕	밤탄	방탕
반탕	밤탄	밤탐	반탄	밤탄	방당	반탕	방탄	반탄	밤탐	반탄	반탕

① 4개   ② 6개

③ 8개   ④ 10개

05

◑											

① 8개   ② 9개

③ 10개   ④ 11개

06 다음 중 문자의 배열에서 찾을 수 없는 것은?

> GVnVkOEbLUArTQyu

① b ② s
③ n ④ r

07 다음 중 제시된 문장과 다른 것은?

> Lady Marmalade Don't cha

① Lady Marmalade Don't cha
② Lady Marmalade Don't cha
③ Lady Marmalade Don't cha
④ Lady Marmelade Don't cha

※ 다음 문자 또는 기호와 같은 것을 고르시오. **[8~9]**

08

> ㉠⑨⑦ㄷㄹㄴ④ㅍㅂㅅ

① ㉠⑨⑦ㄷㄹㄴ④ㅍㅁㅅ
② ㉠⑨⑦ㄴㄷㄹ④ㅍㅂㅅ
③ ㉠⑨⑦ㄹㄷㄴ④ㅍㅂㅅ
④ ㉠⑨⑦ㄷㄹㄴ④ㅍㅂㅅ

09

> ↗↙↗↗↖↘↘↗

① ↗↙↗↗↖↘↘↗
② ↗↙↗↗↖↘↘↗
③ ↗↘↗↗↖↘↘↗
④ ↗↙↗↗↖↘↘↗

※ 다음 중 좌우를 비교했을 때 다른 것은 몇 개인지 고르시오. [10~12]

10

舡央商勝應翁盈 – 舡英商勝應翁盈

① 1개   ② 2개
③ 3개   ④ 4개

11

후훈호혼하한허헌 – 후혼호훈하한허헌

① 1개   ② 2개
③ 3개   ④ 4개

12

38469512 – 38496572

① 2개   ② 3개
③ 4개   ④ 5개

※ 다음 중 좌우를 비교했을 때 같은 것은 몇 개인지 고르시오. [13~15]

13

ㄹㅂㅅㅁㅉㅎ롸래ㄲ – ㄹㅃㅁㅆㅎㄹㄳㄹ래ㄲ

① 3개   ② 4개
③ 5개   ④ 6개

14

죄테냐챠배더쳐 – 죄톄냐차배다쳐

① 1개   ② 2개
③ 3개   ④ 4개

15

÷↘✉☉♣‰≫≫ – ÷↘✉☉♣‰≫≫

① 3개   ② 4개
③ 5개   ④ 6개

16

갅벴긨릐래 = ★●◆■▲

① 래긨벴갅릐 — ▲◆●★■
② 긨갅릐래벴 — ◆★■▲●
③ 벴래갅릐긨 — ●▲◆■★
④ 릐래긨벴갅 — ■▲◆●★

17

abroed = KOREAN

① erdoba — ARNEOK
② odarbe — ENORKA
③ drbaeo — NROKAE
④ reboad — RAOEKN

18

TOPIK = ICOET

① OTIKP — CIETO
② IKTPO — ETIOC
③ KIPOT — TEOCI
④ PTOKI — OICET

19

♡♣♠♧♥ = →←↑↓↔

① ♥♣♡♠♧ — ↔←→↓↑
② ♠♧♣♥♡ — ↑↓←↔→
③ ♧♥♧♡♠ — ←↔↓→↑
④ ♧♡♠♣♥ — ↓→↑←↔

20

aqprt = 료규더마예

① ptraq – 더예마료규
② trqpa – 예마규더료
③ qptar – 규더예마료
④ rpaqt – 마더료규예

※ 다음 중 규칙에 따라 바르게 변형된 것을 고르시오. [21~23]

21

♨◐▣♣Π = 12345

① ◐▣♨Π♣ – 23451
② ♣♨Π◐▣ – 41253
③ Π♣▣◐♨ – 54321
④ ▣◐♣♨Π – 32451

22

큐켜켸캬쿄 = 뉴녀녜냐뇨

① 켜켸캬큐쿄 – 녀녜냐뉴뇨
② 켸켜쿄큐캬 – 녜녀뇨뉴냐
③ 쿄캬켸켜큐 – 뇨냐뉴녀녜
④ 캬쿄큐켸켜 – 냐녀뉴녜뇨

23

규※q★⊃ = 62≡§◎

① ⊃★※q규 – ◎§2≡6
② ※q규⊃★ – 2≡6§◎
③ q규⊃★※ – ≡6◎2§
④ ★⊃※규q – §◎62≡

※ 다음 자료를 참고하여 문장을 바르게 변형한 것을 고르시오. [24~27]

◑	◐	▷	▦	■	□	●	☆	★	☎
은/는	동생	주었다	학교	와	선물	함께	했다	늦게	나는
♡	♥	◇	◆	♣	♠	▤	¤	◎	▲
오늘	부탁	보았다	누나	도	을/를	에/에게	갔다	만화	어제

24

누나와 동생은 함께 만화를 보았다.

① ◆■◑◐■◎♠◇ ② ◆■●◑●▦♠◇

③ ◆■◑◐●◎♠◇ ④ ◆■●◑■▦♠◇

25

동생은 오늘도 늦게 학교에 갔다.

① ◐◑♡♣★▦▤¤ ② ◐◑▤♣★▷♡¤

③ ◐◑♡♣★▦♡¤ ④ ◐◑♡♣☆▷♡¤

26

나는 어제 누나에게 부탁을 했다.

① ☎▲◆□♥♠☆ ② ☎▲◆▤♥♠☆

③ ☎▲◇▤♥♠☆ ④ ☎▲◆▤♥♣☆

27

누나는 어제 동생에게 선물을 주었다.

① ◆◑▲◐▤□♠▲ ② ◆◑▲◎▤□♠▷

③ ◆◑▲◐▤▦♠▷ ④ ◆◑▲◐▤□♠▷

28 다음 중 제시되지 않은 문자는?

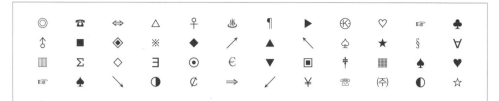

① ☎   ② ☞
③ ◑   ④ ♤

29 다음 중 좌우를 비교했을 때 같은 것은 모두 몇 개인가?

讀書百遍義自見 − 讀書百遍搭日見

① 2개   ② 3개
③ 4개   ④ 5개

30 다음 중 좌우를 비교했을 때 다른 것은 모두 몇 개인가?

13B6DH7AV − 18E6PH9AU

① 2개   ② 3개
③ 4개   ④ 5개

행운이란 100%의 노력 뒤에 남는 것이다.

- 랭스턴 콜만 -

PART 2

상식

01 다음 중 한 개의 손가락에만 매니큐어를 바름으로써 아동학대 근절을 표현하는 캠페인은?

① 폴리시드 맨
② 미닝아웃
③ 베리어프리
④ 노멀크러시

02 다음 중 최근 MZ세대를 중심으로 자리 잡은 일상에 활력을 불어넣는 규칙적인 습관을 뜻하는 말은?

① FIVVE
② 소셜 버블
③ 미라클 모닝
④ 리추얼 라이프

03 다음 중 외교·경제정책 등에서 상대방과 타협하고 온건하게 문제를 해결하려는 성향의 세력을 뜻하는 용어는?

① 매파
② 오리파
③ 비둘기파
④ 올빼미파

04 다음 중 인터넷상에서 이용자가 관심있는 분야에 맞추어 필터링되고 편향된 정보에 갇히게 되는 현상은?

① 웹 자일
② 필터 인포
③ 필터 버블
④ 웹 필터

05 다음 중 일과 가정의 조화를 위해 근무시간과 장소를 탄력적으로 조정하여 일하는 근로자를 뜻하는 말은?

① 퍼플칼라
② 골드칼라
③ 블랙칼라
④ 그레이칼라

06 다음 중 강한 경쟁자로 인해 조직 전체가 발전하는 것을 뜻하는 용어는?

① 승수 효과

② 메기 효과

③ 샤워 효과

④ 메디치 효과

07 다음 중 큰 사고가 일어나기 전에 반드시 유사한 작은 사고와 사전징후가 나타난다는 경험적 법칙은?

① 샐리의 법칙

② 이케아 효과

③ 깨진 유리창 이론

④ 하인리히의 법칙

08 다음 채식주의자 중 가장 유연한 태도를 가진 낮은 단계의 사람들을 일컫는 말은?

① 에코테리언

② 폴로테리언

③ 프루테리언

④ 플렉시테리언

09 다음 중 독일의 사회학자인 퇴니에스가 주장한 사회 유형 중 하나로, '이익사회'를 뜻하는 말은?

① 자일샤프트(Seilschaft)

② 게젤샤프트(Gesellschaft)

③ 게마인샤프트(Gemeinschaft)

④ 게노센샤프트(Genossenschaft)

10 다음 중 단어가 가리키는 대상이 다른 하나는 무엇인가?

① 이성애

② 시스젠더

③ 에이섹슈얼

④ 헤테로섹슈얼

11 다음 중 상황을 조작해 타인의 마음에 스스로에 대한 의심을 갖게 해 현실감과 판단력을 잃게 만드는 것을 뜻하는 용어는?

① 원 라이팅

② 언더라이팅

③ 가스라이팅

④ 브레인 라이팅

12 다음 중 현대인의 과도한 노동과 가장 연관 있는 것은?

① 가면 증후군　　　　　　　　　② 리셋 증후군
③ 살리에리 증후군　　　　　　　④ 번아웃 증후군

13 다음 중 소비자가 선호하는 것에 깊이 파고드는 행동이 관련 제품의 소비로 이어지는 현상은?

① 디깅 소비　　　　　　　　　　② 로케팅 소비
③ 윤리적 소비　　　　　　　　　④ 클라우드 소비

14 다음 중 경쟁에서 이기기 위해 치른 비용 때문에 위험에 빠지거나 후유증을 겪는 상황을 뜻하는 말은?

① 자원의 저주　　　　　　　　　② 승자의 저주
③ 피로스의 승리　　　　　　　　④ 레온티에프 역설

15 다음 중 중앙은행이 금리 인상을 하여도 시장의 금리가 따라서 오르지 않는 현상을 뜻하는 말은?

① 왝더독　　　　　　　　　　　② 산타랠리
③ 낙타의 코　　　　　　　　　　④ 그린스펀의 수수께끼

16 다음 경제 기사의 밑줄 친 ㉠과 가장 관련 있는 용어는 무엇인가?

> 미국 운송업체 F사가 전자상거래 업체인 A사와의 사실상 '결별'을 결정했다. 복수의 미국 매체에 따르면 F사는 기한이 임박한 A사와의 지상 화물 운송 계약을 연장하지 않기로 결정했다. 이에 앞서 F사는 A사와 항공 화물 운송 계약을 종료한 바 있다. 미국 언론은 F사의 이번 결정에 대해 "A사가 화물 항공기 리스와 트럭 구매, 지방 배송 운전자에 대한 지원 등을 통해 자체적으로 배달 네트워크 구축에 나서면서 오랜 동지였던 F사와 A사 사이의 긴장이 심화되고 있다는 증거"라고 분석했다. 또한 미국의 많은 경제 전문가들은 "㉠ 친구이자 적이었던 F사와 A사가 이제는 서로를 경쟁자로 인식하고 있다."라고 분석한다. A사는 이미 F사에 대한 의존을 줄여오고 있는 것으로 알려졌다.

① 프리카스(Pre – CAS)　　　　　② 프레너미(Frienemy)
③ 프리보드(Freeboard)　　　　　④ 프리젠티즘(Presenteeism)

17 다음 중 특허가 만료된 바이오의약품의 복제약을 지칭하는 용어는?

① 바이오베터   ② 바이오트론

③ 바이오시밀러   ④ 바이오매스

18 다음은 비대면 온라인 문화에 대한 기사이다. 빈칸에 공통으로 들어갈 용어로 옳은 것은?

비대면(Untact) 문화가 보편화하면서 _____ 시대가 우리 앞으로 성큼 다가왔다. 유튜브 등 온라인에서 개인들이 자신의 능력을 콘텐츠화해 수익을 창출하는 시대가 도래한 것이다. 여기에 필요에 따라 일을 맡기거나 일감을 구하는 형태의 긱 이코노미(Gig Economy) 트렌드가 더해짐에 따라 최근에는 유튜브, SNS의 온라인 공간에서 활동하는 프리랜서가 급증했고, 이들이 마음껏 활약할 수 있는 O2O(Online to Online) 플랫폼도 인기를 끌고 있다. 인스타그램 또한 _____ 이/가 활발히 이루어지는 플랫폼이다. 어느 정도의 팔로어를 보유한 인플루언서들은 제품 협찬이나 제품 공동 구매 제의를 자주 받는다. 이는 인플루언서 마케팅을 주력으로 하는 신생기업이 증가하면서 생긴 새로운 형태의 경제 활동이다.

그러나 콘텐츠의 수익화를 위해 가짜뉴스, 폭력적·선정적 콘텐츠 등 구독자 확보를 위한 과열 경쟁을 우려하는 이들 또한 많아지고 있다. 이들은 "자극적인 제목으로 관심을 끌어놓고 막상 클릭해 보면 생각했던 것과 아주 다른 영상이 많다."며 "뒷광고 같은 것들도 _____(으)로 생겨난 부정적인 현상일 것"이라고 지적한다.

① 셀프홀릭   ② 셀피노믹스

③ 폴리시 믹스   ④ 에르고노믹스

19 다음은 새로운 소비 세대에 대한 기사이다. 빈칸에 공통으로 들어갈 용어로 옳은 것은?

'디지털 원주민'을 넘어 '인공지능 원주민(AI Native)'인 _____의 등장 이후 새로운 시장에 대한 연구는 양적·질적으로 급성장하고 있다. _____는 Z세대의 다음 세대이자 2010년생 이후에 태어난 세대이다. 또한 이들은 1980년대 초반 ~ 2000년대 초반 출생한 밀레니얼 세대의 자녀 세대이기도 하다.

이전에는 겪어보지 못한 완전히 다른 세상을 사는 디지털·모바일 호모 사피엔스의 진정한 시작, _____가 새로운 트렌드를 써내려가기 시작했다. _____는 저출산의 흐름 속에 태어났고 아직 미성년자이기 때문에 시장에서 큰 관심을 끌지 못했지만, 이들은 부모, 친가·외가 조부모, 삼촌, 외삼촌, 이모, 고모라는 '10포켓'을 차고 있다. 특히 이들의 부모는 자녀에 대한 지출을 아끼지 않기 때문에 실제로는 교육 등 이들을 둘러싼 시장의 숨은 주역이다.

① 알파 세대   ② 림보 세대

③ 미어캣 세대   ④ 에코붐 세대

20 다음 중 수입은 많지만 서로 시간이 없어 소비를 못하는 신세대 맞벌이 부부를 이르는 말은?

① 여피족

② 네스팅족

③ 딘트족

④ 욘족

21 대통령이 그의 직무를 수행할 수 없을 경우에는 대한민국헌법에 따라 국무총리와 법률에서 정하는 국무위원의 순서로 대통령의 직무를 대행한다. 다음 중 승계 순서가 가장 빠른 장관은 누구인가?

① 교육부

② 외교부

③ 통일부

④ 과학기술정보통신부

22 다음 글에서 설명하는 스마트폰의 등장으로 인해 나타난 현상은 무엇인가?

전화통화를 기피하는 현상으로, 통화보다는 문자나 모바일 메신저, 이메일로 소통하는 것을 선호하는 현상이다. 스마트폰의 등장 이후 손가락으로 버튼을 누르는 것만으로도 대화·배달 등이 해결되면서 전화통화를 어색해 하거나 두려워하는 모습을 보인다.

① 네오 포비아

② 테크노 포비아

③ 파이낸셜 포비아

④ 콜 포비아

23 다음 중 안건에 대한 반대 의견을 차단하기 위해 주위에 찬성 측 인물을 배치해 분위기를 조성하는 효과는?

① 스틴저 효과

② 레밍 효과

③ 메디치 효과

④ 간츠펠트 효과

24 다음은 환경 보호에 대한 기사이다. 빈칸에 공통으로 들어갈 용어로 옳은 것은?

'고용 창출'과 '환경 보호' 중에 무엇이 더 중요하다고 생각하는가? 고용 창출이 당장 눈앞에 닥친 현실적인 문제라면, '환경 보호'는 먼 미래 인류의 생존 문제처럼 느껴진다. 둘 다 생존에 직접적인 영향을 끼치는 문제이지만, 우리 사회는 대체로 '환경 보호'가 우세한 것처럼 보인다. 그리고 고용 창출이 어려워진다는 재계의 주장을 그저 귓등으로 흘려보내는 것처럼 보인다. 이쯤에서 _____이/가 되살아나는 것은 아닌지 몹시 우려스럽다. 미래의 인류, 후손을 위해 환경을 보호하자는 데 이의를 제기하면 인류를 저버리는 사람으로 매도되는 것이다. 과거 독일 나치주의가 유대인을 학살할 때도 이러한 논리를 앞세웠다. 선이 아니라면 악일뿐이라는 이분법으로 나누고 폭력을 합리화했다.

언뜻 보기에 '고용 창출'과 '환경 보호'는 양립하기 어려운 것 같지만, 이 두 가치 모두 인류의 생존을 위해 반드시 추구해야 한다. 환경 보호를 위해 탄소는 줄이면서도 생산량은 증대할 수 있는 '환경 기술'이 거론된다. 그러나 현재 인류의 기술 수준을 신뢰하지 못하는 이들도 많다. 재활용 소재를 생산하는 과정에서 오히려 탄소가 더 배출되기도 하는 것이다. 이와 관련해 국내 대기업들의 리더격 인 S그룹의 A회장은 기자들과 만난 자리에서 "기업들의 경영 활동을 제재하는 것보다는 탄소 배출 량을 획기적으로 줄일 수 있는 혁신적인 아이디어를 독려하는 방식이 훨씬 건설적인 탄소중립을 실 현하는 대안"이라며 현 정부의 저탄소 시책에 대한 불만을 에둘러 드러냈다. A회장의 말처럼 탄소 감축은 획기적인 발명을 통해 돌파구를 찾을 수 있을 것이다. 무턱대고 줄이라며 제재하는 것은 '윽 박'에 불과하며, 현실적인 해결책이 되지 못한다. _____보다 '환경 아이디어 경연'이 열려야 한다는 말이다.

① 에코파시즘
② 에코 버블
③ 에코보보스
④ 에코폴리스

25 다음 중 신흥 강대국과 기존 강대국의 필연적인 갈등을 뜻하는 용어는?

① 루커스 함정
② 맬서스의 함정
③ 중진국의 함정
④ 투키디데스의 함정

26 한국의 대통령과 국회의원, 지방자치단체장의 출마 하한 연령을 모두 더하면 얼마인가?

① 76
② 80
③ 84
④ 88

27 다음 중 근거 없는 중상모략으로 상대를 공격하는 것을 뜻하는 용어는?

① 도그마
② 마타도어
③ 텔레크라시
④ 포지티브섬 게임

28 다음 중 온라인에서 이루어지는 정부·공권력의 검열에 맞서 표현의 자유를 지키자는 운동을 상징하는 것은?

① 옐로리본   ② 레드리본

③ 블루리본   ④ 핑크리본

29 다음 기사의 빈칸에 공통으로 들어갈 용어로 옳은 것은?

> 최근 방한한 션 엘리스는 서울 강남구 코○○에서 열린 강연에서 "데이터에 정답이 있다."라며 상황에 맞는 적절한 마케팅 패널 운영과 팀 간 협업을 역설했다. 그는 여러 스타트업을 시가총액 10억 달러 이상의 기업으로 성장시킨 인물로, _____(이)라는 용어를 제시한 인물로 잘 알려져 있다. _____은/는 고객의 반응에 따라 제품과 서비스를 수정해 제품과 시장의 적합성을 높이는 것을 가리킨다. 고객의 반응은 데이터로 나타나며, 데이터 분석과 실험을 활용한다. 사용자 획득, 활용, 유지, 유입을 효과적으로 관리해 비즈니스의 성장을 촉진하는 방법론이다. 다만 그는 제품 시장 적합성 검증(PMF)이 없는 상태에서 _____을/를 적용하면 오히려 비즈니스가 실패하도록 가속화할 수 있다고 지적한다.

① 그린 워싱(Green Washing)   ② 그로스 해킹(Growth Hacking)

③ 그랜플루언서(Grandfluencer)   ④ 그레이 스타트업(Gray Startup)

30 다음 글에서 설명하는 '이것'은 무엇인가?

> '이것'은 소비자가 친환경 활동을 하더라도 기후변화 문제 해서에 대한 긍정적인 효과를 느끼지 못하여 환경보호 활동 의욕이 크게 저하되는 것을 뜻한다. 기후변화 문제 해결 책임을 소비자에게 떠넘기는 기업에 분노한 소비자들은 다른 기업의 친환경 활동에 대해서도 불신하게 된다. K경영연구소에 따르면 해외에서는 소비자의 '이것' 증대로 기업에 대한 평판 저하, 수익 감소 등의 현상이 확대되고 있다.

① 듀레이션(Duration)   ② 다크 넛지(Dark Nudge)

③ 더블 헤이터(Double Hater)   ④ 녹색피로(Green Fatigue)

31 다음 중 성문법에 포함되지 않는 것은?

① 명령 ② 조약
③ 조리 ④ 법률

32 삼포세대란 삶에서 3가지를 포기한 세대를 일컫는 말이다. 다음 중 3가지에 포함되지 않는 것은?

① 연애 ② 결혼
③ 출산 ④ 취업

33 다음 중 국민의 권리이자 의무가 아닌 것은?

① 납세 ② 교육
③ 근로 ④ 환경보전

34 다음 중 공휴일의 날짜가 잘못 연결된 것은?

① 개천절 – 9월 3일 ② 한글날 – 10월 9일
③ 광복절 – 8월 15일 ④ 제헌절 – 7월 17일

35 다음 중 중고로 옷을 사거나 지인과 옷을 바꿔 입는 등의 방식을 통해 절약하면서도 패션의 유행을 선도하는 사람을 지칭하는 용어는?

① 뱅스터 ② 놈코어
③ 프루갈리스타 ④ 긱시크

36 다음 중 정치·경제와 관련한 용어에 대한 설명으로 옳지 않은 것은?

① 콜베르티슴(Colbertisme) : 프랑스에서 17세기 절대 왕정 시대에 정치가 콜베르가 시행한 중앙 집권적·국가주도적 중상주의 정책이다.

② 컨틴전시 플랜(Contingency Plan) : 예측하기 힘들며 불확실한 미래의 위기에 대응하기 위해 사전에 장기적으로 설계하는 비상 계획이다.

③ 멘셰비즘(Menshevism) : 프랑스의 드골 대통령이 주창한 정치 사상으로, 군비 강화와 강력한 대통령 중심제, 민족주의 외교 정책 등이 주요 내용이다.

④ 룸펜 프롤레타리아트(Lumpen Proletariat) : 자본주의 경제에서 질병이나 실업 때문에 노동자 계급에서 탈락된 극빈층으로, 반동 정치에 이용되기도 한다.

37 다음 중 지적재산권에 반대해 창작물에 대한 권리를 모든 사람이 공유할 수 있도록 하는 것, 또는 그러한 운동을 의미하는 용어는?

① 카피레프트   ② 카피라이트
③ CCL   ④ 퍼뮤니케이션

38 다음 중 젊었을 때 극단적으로 절약한 후 노후자금을 빨리 모아 이르면 30대, 늦어도 40대에는 퇴직하고자 하는 사람들을 의미하는 용어는?

① 욜로족   ② 피딩족
③ 파이어족   ④ 횰로족

39 다음 중 하늬바람은 어느 방향에서 불어오는 바람인가?

① 동남쪽   ② 동쪽
③ 북서쪽   ④ 서쪽

40 다음 중 지역이기주의와 관련이 없는 것은?

① 님비 현상   ② 바나나 현상
③ 핌피 현상   ④ 스프롤 현상

01 다음 중 (가), (나)의 나라에 대한 설명으로 옳은 것은?

> (가) 고구려 개마대산 동쪽에 있는데 개마대산은 큰 바닷가에 맞닿아 있다. … (중략) … 그 나라 풍속에 여자 나이 10살이 되기 전에 혼인을 약속한다. 신랑 집에서는 여자를 맞이하여 다 클 때까지 길러 아내를 삼는다.
> (나) 남쪽으로는 진한, 북쪽으로는 고구려·옥저와 맞닿아 있고 동쪽으로는 큰 바다에 닿았다. … (중략) … 해마다 10월이면 하늘에 제사를 지내는데 밤낮으로 술 마시며 노래 부르고 춤추니, 이를 무천이라고 한다.

① (가) : 족장들은 저마다 따로 행정 구획인 사출도를 다스렸다.
② (가) : 이웃한 고구려로부터 공물을 받았다.
③ (나) : 같은 씨족끼리는 혼인을 하지 않았다.
④ (나) : 연중 5월과 10월, 두 번의 제천의식을 지냈다.

02 다음은 고려 시대에 시행된 정책이다. 이 중 시기가 다른 하나는?

① 12목 설치　　　　　　　　　② 과거제도
③ 독자 연호 사용　　　　　　　④ 노비안검법

03 다음 사료에서 설명하는 고려의 특수군은?

> 문관, 무관, 산관, 이서로부터 장사하는 사람, 종 및 주·부·군·현에 이르기까지 무릇 말을 가진 자를 신기군으로 삼았다. 말이 없는 자는 신보, 도탕, 경궁, 정노, 발화 등의 군으로 삼았다. 20살 이상 남자들로 과거에 합격한 자가 아니면 모두 신보군에 속하게 하였다. 문무 양반과 여러 진과 부의 군인을 일년 내내 쉬지 않고 훈련시켰다. 또 승려를 뽑아서 항마군을 삼아 다시 군사를 일으키려 하였다.
>
> – 『고려사』

① 별무반　　　　　　　　　　　② 삼별초
③ 광군　　　　　　　　　　　　④ 주진군

04 다음 중 고려 시대의 사회 모습으로 옳은 것은?

① 법률은 중국의 당률을 참작하였고, 관습법은 거의 사라졌다.

② 가부장적 사회로, 일부다처제가 일반적이었다.

③ 특수집단인 향·소·부곡은 양인에 비해 세금이 적은 등의 혜택을 받았다.

④ 향도는 매향활동을 하는 신앙 조직에서 농민 공동체 조직으로 변화하였다.

05 다음 빈칸에 공통으로 들어갈 왕으로 옳은 것은?

- _____ 7년 교서를 내려 문무 관료들에게 토지를 차등 있게 주었다.
- _____ 9년 지방 관리들의 녹읍을 폐지하고, 1년마다 일정한 조를 지급하는 제도를 만들었다.

① 문무왕 　　　　　　　　② 신문왕

③ 성덕왕 　　　　　　　　④ 경덕왕

06 다음은 고려 무신집권기의 기구명과 그에 대한 특징이다. (가)에 들어갈 내용으로 옳은 것은?

기구명	특징
중방	고위 무신들의 회의 기구
교정도감	국정을 총괄하는 권력 기구
정방	(가)

① 법률과 소송을 관장한 기구

② 곡식의 출납 및 회계 담당 기구

③ 최우가 설치한 인사 행정 담당 기구

④ 역사서의 편찬과 보관을 담당한 기구

07 다음 중 밑줄 친 왕의 업적으로 옳은 것은?

> 왕의 즉위 이후에도 원의 간섭은 여전하였고, 친원파 역시 건재하였다. 하지만 그는 친원파를 완전히 제거할 수 있는 현실적인 힘을 가지고 있지는 못하였다. 때마침 원에서 기황후의 아들이 황태자에 봉해지자, 이러한 추세는 더욱 심해졌다. 이를 계기로 기철의 권력이 그를 압도할 정도로 커졌고 기철의 일족과 친원파의 정치적 지위가 크게 높아졌다.

① 주자감을 세웠다.
② 호포제를 실시하였다.
③ 소격서를 폐지하였다.
④ 전민변정도감을 설치하였다.

08 다음 중 고려 시대의 집권 세력을 순서대로 바르게 나열한 것은?

ㄱ. 무신	ㄴ. 호족
ㄷ. 권문세족	ㄹ. 신진사대부
ㅁ. 문벌귀족	

① ㄴ — ㄱ — ㄷ — ㅁ — ㄹ
② ㄴ — ㅁ — ㄱ — ㄷ — ㄹ
③ ㅁ — ㄱ — ㄴ — ㄹ — ㄷ
④ ㅁ — ㄴ — ㄱ — ㄷ — ㄹ

09 다음 중 고려 시대 원 간섭기에 대한 설명으로 옳지 않은 것은?

① 문벌귀족이 권력을 장악하였다.
② 왕실의 호칭과 관제가 격하되었다.
③ 원이 정동행성 등을 설치하여 내정에 간섭하였다.
④ 응방, 결혼도감 등을 설치하여 인적·물적 자원을 수탈하였다.

10 다음 빈칸에 들어갈 지역으로 옳은 것은?

> _____은/는 예성강 하류에 있던 고려 시대의 국제 무역항으로, 수도인 개경과 가깝고 수심이 깊어 배가 지나다니기 쉬우며, 뱃길이 빨라 무역항으로 크게 발전하였다. 아라비아 상인들까지도 무역을 위해 고려에 오고갔으며, 이에 따라 국제 무역 항구로 크게 번성하였다. 우리나라가 '코리아'라는 이름으로 서양에 알려진 것도 이때부터였다.

① 벽란도   ② 청해진
③ 왜관   ④ 제물포

11 다음 빈칸에 들어갈 나라의 건국에 대한 설명으로 옳지 않은 것은?

> _____을/를 건국하는 데 커다란 공을 세운 정도전은 성리학을 국가 통치 이념으로 확립하고 현명한 재상을 중심으로 정치를 펼칠 것을 주장하였다. 그러나 재상이 권력을 차지하고 왕권을 제한하는 데 불만을 가진 이방원은 정도전을 제거하고 왕위에 오른 뒤 왕 중심의 통치를 펼쳤다.

① 과전법을 실시하였다.
② 왕이 호족과 혼인관계를 맺었다.
③ 한양으로 천도하였다.
④ 이성계가 위화도 회군으로 정권을 장악하였다.

12 다음 정치관과 관련이 깊은 정책으로 옳은 것은?

> 임금의 직책은 한 사람의 재상을 논정하는데 있다 하였으니, 바로 총재(冢宰)를 두고 한 말이다. 총재는 위로는 임금을 받들고 밑으로는 백관을 통솔하여 만민을 다스리는 것이니 직책이 매우 크다. 또 임금의 자질에는 어리석음과 현명함이 있고 강함과 유약함의 차이가 있으니, 옳은 일은 아뢰고 옳지 않은 일은 막아서 임금으로 하여금 대중(大中)의 경지에 들게 해야 한다. 그러므로 상(相)이라 하니, 곧 보상(輔相)한다는 뜻이다.

① 육조 직계제의 시행   ② 사간원의 독립
③ 의정부 서사제의 시행   ④ 집현전의 설치

13 다음 설명에 해당하는 조선의 정치 기구는?

> • 정치의 잘못을 비판함
> • 권력의 독점과 부정을 방지하는 역할을 함

① 춘추관   ② 의금부

③ 승정원   ④ 사간원

14 다음 중 조선 시대 세종의 업적이 아닌 것은?

① 『경국대전』을 편찬하였다.

② 여진족을 물리치고 4군 6진을 개척하였다.

③ 조선통보 등 화폐를 주조하였다.

④ 토지에 대한 공법을 제정하였다.

15 다음 사료에서 밑줄 친 기구는 무엇인가?

> "요즈음 여기에서 큰일이건 작은 일이건 모두 취급합니다. 의정부는 한갓 헛이름만 지니고 6조는 할 일을 모두 빼앗기고 말았습니다. 이름은 '변방 방비를 담당하는 것'이라고 하면서 과거에 대한 판정이나 비빈 간택까지도 모두 여기서 합니다."

① 비변사   ② 의정부

③ 병조   ④ 도병마사

16 다음 글에서 설명하는 책과 관련된 전쟁 중에 있었던 사실로 옳은 것은?

> 이 책은 전쟁이 끝난 뒤 유성룡이 뒷날을 경계하고자 하는 뜻에서 1592년에서 1598년까지의 일을 직접 기록한 것이다. 책에는 조선과 일본의 관계, 전쟁 발발과 진행 상황 등이 구체적으로 담겨 있다.

① 김종서가 6진을 설치하였다.

② 이종무가 대마도를 정벌하였다.

③ 인조가 남한산성으로 피신하였다.

④ 권율이 행주산성에서 크게 승리하였다.

17 다음 중 빈칸에 들어갈 사건에 대한 내용으로 옳은 것은?

> • 서인이 남인인 허적과 윤휴를 제거하는 등 남인 100여 명이 죽임을 당하였다.
> • _____
> • 소론과 노론이 재집권 하게 되었다.

① 원자 책봉에 반대 하던 서인이 축출되었다.
② 인조의 계비인 조배비의 상례 문제를 둘러싸고 남인과 서인이 대립하였다.
③ 인허왕후 복위에 남인이 반대하였다.
④ 탕평책이 시행되었다.

18 다음 건의를 받아들인 왕이 실시한 정책으로 옳은 것은?

> 임금이 백성을 다스릴 때 집집마다 가서 날마다 그들을 살펴보는 것이 아닙니다. 그래서 수령을 나누어 파견하여, (현지에) 가서 백성의 이해(利害)를 살피게 하는 것입니다. 우리 태조께서도 통일한 뒤에 외관(外官)을 두고자 하셨으나, 대개 (건국) 초창기였기 때문에 일이 번잡하여 미처 그럴 겨를이 없었습니다. 이제 제가 살펴보건대, 지방 토호들이 늘 공무를 빙자하여 백성들을 침해하며 포악하게 굴어 백성들이 명령을 견뎌내지 못합니다. 외관을 두시기 바랍니다.

① 서경 천도를 추진하였다.
② 5도 양계의 지방 제도를 확립하였다.
③ 지방 교육을 위해 경학박사를 파견하였다.
④ 유교 이념과는 별도로 연등회, 팔관회 행사를 장려하였다.

19 다음 글에 해당하는 당시의 사회상으로 옳지 않은 것은?

> 천인도 돈으로 천역을 면제하고 양인이 될 수 있었다. 또한 공물 대신 쌀로 바치게 하는 납세제도가 시행되었으며, 동전 등으로 대납할 수 있었다. 이를 관장하는 선혜청을 설치하였다.

① 공명첩이 발행되었다.
② 대동법이 시행되었다.
③ 상품작물이 재배되었다.
④ 해동통보, 건원중보가 발행되었다.

20 다음 교서를 발표한 왕의 정책으로 옳은 것을 〈보기〉에서 모두 고르면?

> 붕당의 폐단이 요즈음보다 심한 적이 없었다. 처음에는 사문(유교)에 소란을 일으키더니 지금은 한 쪽 사람을 모조리 역적으로 몰고 있다. … (중략) … 근래에 들어 사람을 임용할 때 모두 같은 붕당의 사람들만 등용하고자 한다. … (중략) … 이제 귀양 간 사람들은 의금부로 하여금 그 가볍고 무거움을 참작하여 잘잘못을 다시 살피도록 하고, 관리의 임용을 담당하는 관리는 탕평의 정신을 잘 받들어 직무를 수행하도록 하라.

보기
ㄱ. 장용영 설치　　　　　　　　ㄴ. 규장각 육성
ㄷ. 균역법 실시　　　　　　　　ㄹ. 『속대전』 편찬

① ㄱ, ㄴ　　　　　　　　　　　② ㄱ, ㄷ
③ ㄴ, ㄷ　　　　　　　　　　　④ ㄷ, ㄹ

21 다음 중 동양에서 가장 오래된 악보로, 조선의 세종대왕 때 만들어진 것은?

① 악학궤범　　　　　　　　　　② 석보상절
③ 악장가사　　　　　　　　　　④ 정간보

22 다음 중 을미개혁의 내용으로 옳은 것을 〈보기〉에서 모두 고르면?

보기
㉠ 광무 연호의 사용　　　　　　㉡ 군사제도의 개편
㉢ 태양력의 사용　　　　　　　　㉣ 도량형의 통일
㉤ 종두법의 실시　　　　　　　　㉥ 금납제의 실시

① ㉡, ㉢, ㉤　　　　　　　　　② ㉡, ㉢, ㉥
③ ㉣, ㉤, ㉥　　　　　　　　　④ ㉠, ㉡, ㉢, ㉤

23 다음 법령이 시행된 시기의 모습으로 옳지 않은 것은?

> • 조선 주차 헌병은 치안 유지에 관한 경찰과 군사 경찰을 관장한다.
> • 헌병의 장교, 준사관, 하사, 상등병에게는 조선 총독이 정하는 바에 의하여 재직하면서 경찰관의 직무를 집행하게 할 수 있다.

① 언론 집회의 자유가 박탈당했다.
② 조선어, 조선역사 과목이 폐지되었다.
③ 조선 태형령이 시행되었다.
④ 교사들이 칼을 차고 제복을 입었다.

24 다음은 동학 농민 운동의 전개에 대한 설명이다. ㉠과 ㉡ 사이에 있었던 사건으로 옳지 않은 것은?

> ㉠ 고부 군수 조병갑이 횡포를 부리자 전봉준은 농민을 이끌고 고부 관아를 점령하였고, 정부는 폐정 시정을 약속하며 안핵사를 파견하였다.
> ㉡ 전봉준이 이끄는 남접과 손병희·최시형이 이끄는 북접이 연합하여 논산에 집결하였다.

① 황토현 전투에서 관군을 격퇴하였다.
② 전주성을 점령하였다.
③ 전주 화약을 체결하였다.
④ 우금치 전투에서 패배하였다.

25 일제의 식민 통치 방식이 다음과 같이 전환된 계기가 되었던 사건은?

> • 헌병 경찰 제도 → 보통 경찰 제도
> • 군인 출신 총독 → 문관 총독 임명 가능
> • 기본권 박탈 → 기본권의 형식적 허용

① 3·1 운동　　　　　　　　② 만주 사변
③ 6·10 만세 운동　　　　　④ 중·일 전쟁

26 다음 중 대한민국 임시정부에 대한 설명으로 옳지 않은 것은?

① 1919년 중국 상하이에 세워졌다.
② 비밀 행정 조직망을 운영하였다.
③ 광복군을 창설하여 정부가 주도적으로 항쟁을 이끌었다.
④ 미국에 구미위원부를 설치하여 대사관들과 접촉을 하여 지지를 얻었다.

27 다음 사건을 순서대로 바르게 나열한 것은?

㉠ 자유시참변	㉡ 봉오동전투
㉢ 간도참변(경신참변)	㉣ 청산리전투

① ㉠ - ㉡ - ㉢ - ㉣
② ㉠ - ㉢ - ㉣ - ㉡
③ ㉡ - ㉠ - ㉣ - ㉢
④ ㉡ - ㉣ - ㉢ - ㉠

28 다음 설명에 해당하는 회담은?

> 한국 인민의 노예 상태에 유의하여 적당한 시기에 한국을 해방시키며, 독립시킬 것을 결의한다.

① 포츠담회담
② 얄타 회담
③ 모스크바 3국 외상 회의
④ 카이로 회담

29 다음 선언을 지침으로 삼았던 애국 단체의 활동에 대한 설명으로 옳은 것은?

> 우리는 '외교', '준비' 등의 미련한 꿈을 버리고 민중 직접 혁명의 수단을 취함을 선언하노라. 조선 민족의 생존을 유지하자면 강도 일본을 내쫓을지며, 강도 일본을 내쫓을지면 오직 혁명으로써 할 뿐이니, 혁명이 아니고는 강도 일본을 내쫓을 방법이 없는 바이다.

① 이재명이 이완용을 습격해 중상을 입혔다.
② 장인환이 샌프란시스코에서 외교 고문이었던 스티븐스를 사살하였다.
③ 김익상이 조선총독부 청사에 폭탄을 투척하였다.
④ 윤봉길이 전승축하기념식에서 폭탄을 투척하여 일본군 사령관 등이 사망하였다.

30 다음은 1980년대에 있었던 사건에 대한 내용이다. 이 사건에 대한 설명으로 옳지 않은 것은?

> 이 사건은 1987년 6월에 전국에서 일어난 반독재 민주화 시위로, 군사정권의 장기집권을 막기 위한 범국민적 민주화 운동이다.

① 시위에 참여한 박종철이 고문으로 죽었다.
② 이한열이 최루탄에 맞은 사건이 계기가 되었다.
③ 4.13 호헌조치에 반대하였다.
④ 이 운동의 결과 대통령 직선제로 개헌되었다.

31 다음 중 독도와 울릉도에 대한 설명으로 옳지 않은 것은?

① 일제는 청일전쟁 중 독도를 시마네현에 편입시키고 일본의 영토라고 주장했다.
② 『고려사』에는 우산국에서 고려 정부에 토산물을 바친 기록이 수록되어 있다.
③ 조선 숙종 때 안용복은 일본으로 가서 울릉도와 독도가 조선의 영토임을 확인받았다.
④ 『삼국사기』에 의하면 신라 지증왕 때 이사부가 우산국을 정벌하여 울릉도와 독도를 우리 영토로 편입하였다.

32 다음 중 발해에 대한 설명으로 옳지 않은 것은?

① 대조영이 고구려 유민과 말갈족을 연합하여 건국했다.
② 당나라의 제도를 받아들여 독자적인 3성 6부 체제를 갖췄다.
③ 독자적인 연호를 사용하고 '해동성국'이라는 칭호를 얻었다.
④ 여진족의 세력 확대와 침입으로 인해 멸망하였다.

33 다음과 같은 유언을 남긴 인물은 누구인가?

> 내가 한국 독립을 회복하고 동양 평화를 유지하기 위하여 3년 동안을 해외에서 풍찬노숙하다가 마침내 그 목적을 달성하지 못하고 이곳에서 죽노니, 우리들 2천만 형제자매는 각각 스스로 분발하여 학문을 힘쓰고 실업을 진흥하며, 나의 끼친 뜻을 이어 자유 독립을 회복하면 죽는 여한이 없겠노라.

① 홍범도   ② 안중근
③ 손병희   ④ 박은식

34 다음은 어떤 조약의 일부 내용이다. 이 조약이 체결된 원인은 무엇인가?

> 제3관 조선국이 지불한 5만 원은 해를 당한 일본 관원의 유족 및 부상자에게 지급하여 특별히 돌보아 준다.
> 제5관 일본 공사관에 일본군 약간을 두어 경비를 서게 한다.
> 제6관 조선국은 대관을 특별히 파견하고 국서를 지어 일본국에 사과한다.

① 동학농민운동　　　　　　　　　② 갑신정변
③ 임오군란　　　　　　　　　　　④ 병인양요

35 다음 중 1970년대의 사건으로 옳지 않은 것은?

① 최초의 이산가족 상봉　　　　　② 8·15 평화통일구상선언
③ 7·4 남북공동성명　　　　　　　④ 한미연합사 창설

36 현재 고조선의 영역은 대동강 이북, 요령 지방, 만주 일대로 알려져 있다. 다음 청동기 시대의 유물 중에서 이를 뒷받침할 수 있는 유물로 옳지 않은 것은?

① 비파형 동검　　　　　　　　　② 반달돌칼
③ 미송리식 토기　　　　　　　　④ 북방식 고인돌

37 다음과 같은 주장을 한 인물에 대한 설명으로 옳은 것은?

> 일본이 한국의 국권을 박탈하고 만주와 청국에 야욕을 가졌기 때문에 동양평화가 깨지게 된 것이다. 이제 동양평화를 실현하고 일본이 자존하는 길은 우선 한국의 국권을 되돌려 주고, 만주와 청국에 대한 침략야욕을 버리는 것이다. 그러한 후에 독립한 한국·청국·일본의 동양 3국이 일심협력해서 서양세력의 침략을 방어하며, 한 걸음 더 나아가서는 동양 3국이 서로 화합해 개화 진보하면서 동양평화와 세계평화를 위해 진력하는 것이다.

① 진단학회를 통해 우리 문화사 연구의 지평을 열었다.
② 일제의 정체성론을 극복하는 데 기여하였다.
③ 역사를 아와 비아의 투쟁으로 규정하였다.
④ 이토 히로부미를 암살하였다.

38 다음 중 조선 말 흥선대원군의 정책으로 옳지 않은 것은?

① 백성에게 원성을 사던 서원을 철폐하였다.

② 경복궁을 허물고 창경궁을 지었다.

③ 안동 김씨 일가를 몰아내는 등 세도정치를 척결하였다.

④ 쇄국정책을 시행하였다.

39 다음 중 고려 시대의 기관과 각 기관의 업무가 바르게 연결된 것은?

① 도병마사 : 각 지방 병영의 통솔

② 춘추관 : 실록과 역사 편찬

③ 중추원 : 풍기 단속과 감찰

④ 삼사 : 언론 기관, 왕에 대한 간쟁

40 다음 중 밑줄 친 '그'에 대한 설명으로 옳은 것은?

> 솜씨가 보통 사람보다 뛰어나므로 태종께서 보호하시었다. 나도 역시 그를 아낀다. … (중략) …
> 이제 자격루를 만들었는데, 나의 가르침을 받아서 하였지만 그가 아니었으면 만들지 못하였을 것이
> 다. … (중략) … 만대에 이어 전할 기물을 만들었으니 그 공이 작지 아니하므로 호군(護軍)의 관직
> 을 더해주고자 한다.
>
> － 『세종실록』

① 중국으로부터 시헌력을 도입하였다.

② 해시계인 앙부일구 제작에 참여하였다.

③ 폭탄의 일종인 비격진천뢰를 발명하였다.

④ 거중기를 사용해 수원 화성을 축조하였다.

01 다음 글에서 설명하는 사람은?

> 미국의 경제학자로, 1976년에 소비분석, 통화의 이론과 역사 그리고 안정화 정책의 복잡성에 관한
> 논증 등의 업적으로 노벨경제학상을 수상하였다. 케인스(J. M. Keynes)와 더불어 20세기에 가장
> 큰 영향을 준 경제학자로 여겨지며, 정치・사회적 자유의 창조 수단으로 자유시장 내 정부가 맡는
> 역할이 축소되어야 한다고 주장하였다.

① 밀턴 프리드먼(Milton Friedman)   ② 앵거스 디턴(Angus Deaton)

③ 소스타인 베블런(Thorstein Veblen)   ④ 로버트 솔로(Robert Solow)

02 다음과 관련 있는 경제 용어로 옳은 것은?

> • 미국 경제 무역 수지와 세계경제 성장률이 반비례하는 이유
> • 브레턴우즈 체제를 설립함에 있어 미국이 받아들여야 했던 것

① 디커플링   ② 시뇨리지

③ 트리핀의 딜레마   ④ 스미스의 역설

03 다음 중 자원을 재활용하는 방식으로 친환경을 추구하는 경제 모델을 뜻하는 용어는?

① 순환경제   ② 선형경제

③ 무중량경제   ④ 모노컬처 경제

04 다음 중 외교상의 중립정책, 즉 일종의 고립주의를 뜻하는 용어는?

① 먼로주의   ② 패권주의

③ 티토이즘   ④ 삼민주의

05 다음 중 PPL(Product Placement, 간접광고)에 대한 설명으로 옳지 않은 것은?

① 방송프로그램 시간의 100분의 7을 넘어서는 안 된다.

② 간접광고되는 상표나 로고 등은 화면의 2분의 1까지 나올 수 있다.

③ 어린이를 시청 대상으로 삼는 방송프로그램에서는 PPL이 허용되지 않는다.

④ PPL이 포함된 방송프로그램의 시작 전에 PPL을 포함하고 있음을 고지해야 한다.

06 다음 중 생산가능곡선을 우측으로 이동시키는 요인이 아닌 것은?

① 기술의 발전   ② 노동력의 증가

③ 실업의 감소   ④ 인적자본의 축적

07 다음 중 범위의 경제가 발생하는 경우로 옳은 것은?

① 고정비용이 높고 한계비용이 낮을 때

② 전체시장에 대해 하나의 독점자가 생산할 때

③ 유사한 생산기술이 여러 생산물에 적용될 때

④ 비용이 완전히 분산될 때

08 다음 중 BCG매트릭스에서 원의 크기가 의미하는 것은?

① 시장 성장률   ② 상대적 시장점유율

③ 기업의 규모   ④ 매출액의 크기

09 다음 중 초과이윤에 대한 설명으로 옳지 않은 것은?

① 상품을 판매한 금액이 생산비를 초과할 때 그 차액이다.

② 기업가의 소득이다.

③ 기업가의 위험부담에 대한 보수이다.

④ 정상이윤은 고정비용이다.

10 완전경쟁하에서 이윤극대화를 추구하는 기업의 생산요소의 한계생산물 가치가 생산요소의 가격을 초과할 때, 다음 중 기업의 대처로 옳은 것은?

① 다른 생산요소의 투입을 증가시킨다.

② 이 생산요소의 투입을 감소시킨다.

③ 이 생산요소의 투입을 증가시킨다.

④ 다른 생산요소의 투입을 감소시킨다.

11 다음 중 일부 주주에게 특별히 많은 의결권을 주어 일부 주주의 지배권을 강화하는 전략은?

① 황금낙하산   ② 포이즌 필

③ 차등의결권   ④ 경영진 매수

12 다음 중 한계생산력에 따라 생산물을 분배하게 될 경우 나타나는 현상은?

① 소득의 공평한 분배를 가져온다.

② 자원의 공평한 배분을 가져온다.

③ 빈부의 격차를 심화시킨다.

④ 분배국민소득이 증가한다.

13 다음 중 노동시장이 완전경쟁시장에서 수요독점화로 변화할 경우에 노동시장에 나타날 변화로 옳은 것은?

① 고용량은 감소하고, 임금은 상승한다.

② 고용량은 감소하고, 임금은 하락한다.

③ 고용량은 증가하고, 임금은 상승한다.

④ 고용량은 증가하고, 임금은 하락한다.

14 다음 중 기업의 얄팍한 상술에 속았지만 귀찮아서 그냥 넘어가는 소비자들을 노린 마케팅을 뜻하는 용어는?

① 세렌디피티(Serendipity)

② 다크 넛지(Dark Nudge)

③ 앵커링(Anchoring) 효과

④ 리모트워크(Remote Work)

15 다음 사례에 나타난 마케팅 기법은?

신발 브랜드 '탐스(Toms)'는 소비자가 신발을 구매할 때마다 신발이 필요한 아이들에게 신발을 기부하는 방식의 'One for One' 이벤트를 통해 약 200만 켤레 이상의 신발을 기부하였다.

① 뉴로 마케팅(Neuro Marketing)

② 노이즈 마케팅(Noise Marketing)

③ 앰부시 마케팅(Ambush Marketing)

④ 코즈 마케팅(Cause Marketing)

16 다음 중 자동안정화장치에 대한 설명으로 옳은 것은?

① 국민소득변동을 줄이는 효과가 있다.

② 임금을 생계비 변화에 맞춰 조정시킨다.

③ 불경기에 정부지출을 증가시킨다.

④ 예산의 균형을 유지하기 위해 세율을 변경한다.

17 다음 중 주가가 급등·급락하는 경우 주식매매를 일시 정지하는 제도는?

① 사이드카 ② 어닝서프라이즈

③ 어닝쇼크 ④ 서킷브레이커

18 경제성장률이 10% 증가하였다고 할 때, 다음 중 무엇이 10%만큼 증가하였다는 뜻인가?

① 대외거래량
② 국내총생산
③ 보유자산 가치
④ 총투자와 총저축

19 다음 중 장기적으로 한 국가의 생활수준을 높이는 가장 근본적인 요인은?

① 낮은 인구성장률
② 높은 소비성향
③ 높은 노동력 증가율
④ 높은 생산성 증가율

20 다음 중 수출품 1단위와 교환되는 수입품 1단위의 교환비율은?

① 국제수지
② 상계조건
③ 교역조건
④ 교환조건

21 다음에서 설명하는 법칙은 무엇인가?

- 통화한 사람 중 20%와의 통화시간이 총 통화시간의 80%를 차지한다.
- 전체 주가상승률의 80%는 상승기간의 20%의 기간에서 발생한다.
- 20%의 운전자가 전체 교통위반의 80% 정도를 차지한다.

① 엥겔의 법칙
② 파레토의 법칙
③ 그레셤의 법칙
④ 롱테일의 법칙

22 다음 중 이용객이 많이 몰려 집객 효과가 뛰어난 핵심 점포를 뜻하는 경제 용어는?

① 플래그 숍(Flag Shop)

② 키 테넌트(Key Tenant)

③ 크로스 도킹(Cross Docking)

④ 오프쇼어 센터(Offshore Center)

23 다음 중 조직의 구성원들이 참여를 통해 조직과 구성원의 목표를 설정하고, 그에 따라 활동을 수행한 뒤 성과를 측정·평가함으로써 효율적인 조직 운영을 가능하게 하는 관리기법은?

① TQM   ② MBO

③ BPR   ④ BSC

24 다음 중 채권이나 주식과 같이 전통적인 투자 상품 대신 부동산, 인프라스트럭처, 사모펀드 등에 투자하는 방식은?

① 대체투자   ② 순투자

③ 재고투자   ④ 민간투자

25 다음 중 기업의 경영이념에 대한 설명으로 옳지 않은 것은?

① 기업경영의 지도 원리를 의미한다.

② 기업의 행동기준이 되는 존립철학이다.

③ 기업이 지향해 나가야 할 궁극적인 목적을 말한다.

④ 경영활동을 전개하는 데 있어 설정되어야 할 정신자세이다.

26 다음 중 자기주식처분이익이 속하는 항목으로 옳은 것은?

① 영업외수익

② 특별이익

③ 이익준비금

④ 자본잉여금

27 다음 중 대기업들이 간과하고 있거나 무시하고 있는 시장을 중소기업들이 개척하는 전략은?

① 시장세분화 전략

② 제품차별화 전략

③ 적소시장 전략

④ 가격차별화 전략

28 다음 중 현대 기업의 구조적 특징에 대한 설명으로 옳지 않은 것은?

① 전문경영자의 출현

② 부재자소유

③ 경영자혁명

④ 소유와 경영의 분리

29 다음 중 공장 종업원들이 한 사람의 감독자에게 보고하는 작업집단에서의 커뮤니케이션 패턴은?

① 완전연결형

② 수레바퀴형

③ Y자형

④ 쇠사슬형

30 다음 중 관리자에게 자주 발생하는 일에 관한 메모, 보고서, 전화, 메시지 등과 같은 업무용 자료를 주고, 자료에 포함된 정보에 따라 행동하도록 하는 훈련 방법은?

① 회의식 방법

② 역할연기법

③ 감수성 훈련

④ 인바스켓 훈련

31 다음 중 기업이 동일 시장 내에서 복수의 브랜드를 출시하여 시장 점유율을 올리고 경쟁사의 진입 장벽을 높이는 마케팅 전략은?

① 독립브랜드　　　　　　　　　② 멀티브랜드
③ 단일브랜드　　　　　　　　　④ 패밀리브랜드

32 다음 중 신용판매의 결정변수가 아닌 것은?

① 신용기준　　　　　　　　　　② 현금할인
③ 신용액　　　　　　　　　　　④ 수금정책

33 다음 중 생산할 품목 수가 적고 생산공정이 단순한 생산계획에 그래프나 표를 이용하여 계획을 수립하는 총괄생산계획기법은?

① 도표적 접근 방법　　　　　　② 수리적 접근 방법
③ 휴리스틱 접근 방법　　　　　④ 확률적 접근 방법

34 다음 중 기업회계기준에서 재고자산의 보험차익을 처리하도록 규정하는 항목으로 옳은 것은?

① 영업외수익　　　　　　　　　② 특별이익
③ 자본잉여금　　　　　　　　　④ 이월이익잉여금

35 다음 중 전략적 관리 활동에 속하지 않는 것은?

① 기업목표 설정　　　　　　　② 신제품 계열화
③ 예산 편성　　　　　　　　　④ 연구방침 설정

36 다음 중 외부 컨설턴트의 도움을 받아 한 집단이나 집단 간에 발생하는 과정을 개선하려는 조직개발 방법은?

① 팀구축법   ② 집단대면법

③ 과정자문법   ④ 제3자 조정법

37 다음 중 조직구조의 설계 시 고려해야 할 주요 요인으로 옳지 않은 것은?

① 복잡성   ② 집권화

③ 공식화   ④ 부문화

38 다음 중 집권화와 분권화를 구분하는 개념은?

① 의사결정 권한의 이양 정도   ② 과업의 분화 정도

③ 전문화의 정도   ④ 조직의 환경

39 다음 상황에서 적용할 수 있는 마케팅 기법은?

- 소셜커머스로 레스토랑 할인쿠폰을 구매한다.
- 매장 사이트를 방문하여 예약을 한다.
- 지도앱 등을 통해 가장 가까운 카페 중 한 곳을 고른다.

---

① 코즈 마케팅   ② 스토리텔링 마케팅

③ O2O 마케팅   ④ 플래그십 마케팅

40 다음 중 기업이 제공하는 복리후생제도나 시설 중에서 종업원이 원하는 것을 선택하여 나름대로의 복리후생을 설계할 수 있도록 하는 제도는?

① 러커 플랜   ② 스캔런 플랜

③ 카페테리아식 복리후생제도   ④ 헌터 플랜

01 다음 중 '하얀 석유'라 불리는 배터리의 핵심 소재는?

① 니켈   ② 붕소

③ 베릴륨   ④ 리튬

02 다음 중 반도체가 아니라 원자를 기억소자로 활용하는 컴퓨터를 가리키는 용어는?

① 에지컴퓨팅   ② 양자컴퓨터

③ 바이오컴퓨터   ④ 하이브리드 컴퓨터

03 다음 접두사 중 과학의 측정 단위에 붙는 가장 작고 세밀한 수치는?

① 나노(Nano)   ② 피코(Pico)

③ 아토(Aatto)   ④ 펨토(Femto)

04 다음 중 배터리 양극과 음극 사이의 전해질이 고체인 차세대 2차 전지는?

① 전고체 배터리   ② 알칼리 배터리

③ 리튬이온 배터리   ④ 알카라인 배터리

05 다음 설명과 가장 관련 있는 반응 속도에 영향을 미치는 요인은?

> • 다이아몬드는 공기 중에서는 연소되지 않지만 액체 산소 속에서는 연소된다.
> • 옛날 대장간에서는 숯 화로에 풀무질을 하여 공기를 공급하면 높은 온도를 얻을 수 있었다.

① 농도　　　　　　　　　　　　　② 온도
③ 촉매　　　　　　　　　　　　　④ 표면적

06 다음 중 오랜 세월 동안 모래와 진흙이 쌓여 단단하게 굳은 퇴적암층에 탄화수소가 매장되어 있는 가스는?

① 셰일가스　　　　　　　　　　　② LPG가스
③ 천연가스　　　　　　　　　　　④ C1가스

07 다음 중 단백질이나 리보핵산(RNA) 등 생체물질을 이용해 특정 유전자만 골라 잘라내는 기술 중 '카스9' 단백질을 붙여 만든 것은?

① 파울 가위　　　　　　　　　　② 보스코 가위
③ 크리스퍼 가위　　　　　　　　④ 도보 하덴거 가위

08 다음 중 무질서의 상태 또는 물질계의 배열상태를 나타내는 물리량의 단위는?

① 엔트로피　　　　　　　　　　　② 보손
③ 스펙트럼　　　　　　　　　　　④ 모멘트

09 다음 중 위도 48° 이상의 고위도 지방에서 해가 지지 않는 현상을 일컫는 말은?

① 백야 현상　　　　　　　　　　② 일면 통과 현상
③ 식(蝕) 현상　　　　　　　　　④ 오로라 현상

10 다음 중 면역 체계가 무너져 고농도의 바이러스를 보유하게 되면서 많은 사람에게 감염을 일으키는 사람을 의미하는 용어는?

① 1차 전파자   ② 숙주 전파자

③ 핵심 전파자   ④ 슈퍼 전파자

11 다음 중 유기섬유를 비활성 기체 속에서 가열·탄화하여 만든 섬유로, 고강도·고강성·고탄성률 등의 성질이 뛰어난 섬유는?

① 탄소섬유   ② 아라미드섬유

③ 세라믹섬유   ④ 유리섬유

12 다음 중 식물의 광합성 시 필요한 3대 요소가 아닌 것은?

① 빛   ② 이산화탄소

③ 질소   ④ 물

13 다음 중 지구가 물체를 끌어당기는 힘은 무엇인가?

① 원심력   ② 관성

③ 중력   ④ 구심력

14 다음 중 매우 무질서하고 불규칙적으로 보이는 현상 속에 내재된 일정 규칙이나 법칙을 밝혀내는 이론은?

① 카오스 이론   ② 빅뱅 이론

③ 엔트로피 이론   ④ 퍼지 이론

15 다음 중 블랙홀 이론을 최초로 정립하여 주장한 사람은 누구인가?

① 스티븐 호킹　　　　　　　　　② 알버트 아인슈타인
③ 제놈 프리드먼　　　　　　　　④ 프레드 호일

16 다음 중 뉴턴의 운동 법칙이 아닌 것은?

① 만유인력의 법칙　　　　　　　② 관성의 법칙
③ 작용·반작용의 법칙　　　　　④ 가속도의 법칙

17 다음 중 전자파의 존재를 증명한 사람은 누구인가?

① 로렌츠　　　　　　　　　　　② 패러데이
③ 헨리　　　　　　　　　　　　④ 헤르츠

18 다음 중 팬데믹(Pandemic)에 대한 설명으로 옳은 것은?

① 동물 사이에서 전염되다가 소수의 사람들에게도 전염된 상태이다.
② 사람들 사이의 전염이 증가한 상태이다.
③ 사람들 사이의 전염이 급속히 퍼지기 시작하여 세계적 유행병이 발생할 수 있는 초기 상태이다.
④ 세계 동일 권역(대륙)의 최소 2개국에서 병이 유행하는 상태를 넘어 다른 권역의 국가에서도 추가로 전염이 발생한 상태이다.

19 다음 중 원자기호는 Rn이고, 원자번호는 86이며, 폐로 흡입하면 폐의 건강을 치명적으로 위협하고 암을 일으킨다고 알려져 있는 방사성 물질은?

① 라돈　　　　　　　　　　　　② 토륨
③ 악티늄　　　　　　　　　　　④ 프로메튬

20 다음 중 지구의 자전에 대한 설명으로 옳지 않은 것은?

① 지구가 남극과 북극을 잇는 선을 축으로 시계 방향으로 회전하는 현상이다.

② 별의 일주운동과 지구에 밤과 낮이 나타나는 원인이 된다.

③ 우리나라에서는 김석문이 지전설을 처음으로 주장하였다.

④ 지구는 태양을 기준으로 24시간마다 한 바퀴 회전한다.

21 다음 중 시간과 장소, 컴퓨터나 네트워크 여건에 구애받지 않고 네트워크에 자유롭게 접속할 수 있는 IT 환경을 무엇이라고 하는가?

① 텔레매틱스   ② 유비쿼터스

③ ITS   ④ 스니프

22 다음 중 용어에 대한 설명이 잘못 연결된 것은?

① ITS : 지능형 교통시스템이다.

② RFID : 스스로 빛을 내는 현상을 이용한 디스플레이이다.

③ ESM : 통합보안 관리시스템이다.

④ LAN : 한정된 공간에서 컴퓨터와 주변장치들 간에 정보와 프로그램을 공유할 수 있도록 하는 네트워크이다.

23 다음 중 발전용량 300MW급의 소형 원전을 뜻하는 용어는?

① SMR   ② RTG

③ APR+   ④ BWR

24 다음 중 자동차의 자율주행을 가능하게 하는 자율주행기술로, 선박 또는 항공기 등의 자동조종장치를 의미하는 용어는?

① ADAS
② 오토파일럿
③ BB8
④ 에스트로

25 다음 중 지나치게 인터넷에 몰두하고 인터넷에 접속하지 않으면 극심한 불안감을 느끼는 중독증을 나타내는 증상은?

① INS증후군
② 웨바홀리즘
③ 제로레이팅
④ VDT증후군

26 빅데이터의 공통적 특징은 3V로 설명할 수 있다. 다음 중 빅데이터의 3V가 아닌 것은?

① Volume
② Velocity
③ Variety
④ Visualization

27 4차 산업혁명은 정보통신(ICT)의 융합으로 이뤄지는 차세대 산업혁명을 뜻한다. 다음 중 4차 산업혁명과 가장 관련이 깊은 것은?

① 인터넷
② 컴퓨터 정보화
③ 인공지능(AI)의 발달
④ 자동화 생산시스템

28 다음 중 휴대폰, 노트북, 이어폰·헤드폰 등의 휴대기기를 서로 연결해 정보를 교환하는 근거리 무선 기술 표준을 뜻하는 용어는?

① 블루투스
② 와이파이
③ 와이브로
④ 로밍

29 다음 중 자동차 안에서 도로상황 등 교통정보를 실시간으로 주고받을 수 있는 차세대 고속도로는?

① 스마트 그리드   ② 스마트 시티

③ 스마트 하이웨이   ④ 스마트 머니

30 다음 중 정보의 확산을 막으려다가 오히려 더 광범위하게 알려지게 되는 인터넷 현상을 일컫는 말은?

① 베블런 효과   ② 스트라이샌드 효과

③ 헤일로 효과   ④ 맥거핀 효과

31 다음 중 태양계 모든 행성이 태양을 중심으로 타원의 궤도를 돌고 있음을 밝힌 인물은 누구인가?

① 티코 브라헤   ② 아이작 뉴턴

③ 요하네스 케플러   ④ 갈릴레오 갈릴레이

32 다음 중 인공지능이 인류의 지능을 넘어서는 기점을 의미하는 용어는?

① 데이터빌리티   ② 싱귤래리티

③ 어모털리티   ④ 리니어리티

33 다음 중 공장에 정보통신기술을 융합시켜 분리된 공정을 연결해 어디서든 시스템을 제어하고, 데이터를 활용해 생산성을 혁신적으로 높여주는 지능형 공장을 의미하는 용어는?

① 인터넷 원격공장   ② 공장 자동화

③ CIM   ④ 스마트 팩토리

34 다음 중 특정 인프라에 종속되지 않는 개방형 클라우드 플랫폼으로, 한국 정부가 개발한 클라우드 플랫폼의 이름은?

① SAP
② PaaS-TA
③ SaaS-TA
④ Open PaaS

35 다음 중 도로나 활주로 등의 포장 두께를 결정하기 위한 설계 시 필요한 시험은?

① 사운딩 시험
② CBR 시험
③ 표준관입 시험
④ 삼축압축 시험

36 다음 중 분실한 정보기기 내의 정보를 원격으로 삭제하거나 그 기기를 사용할 수 없도록 하는 기술을 뜻하는 용어는?

① 킬 스위치(Kill Switch)
② 핀펫(Fin Field Effect Transistor)
③ 어플라이언스(Appliance)
④ 키젠(Keygen)

37 다음 중 블록체인 기술을 기반으로 하여 프로그래밍된 계약 조건을 만족시키면 자동으로 계약이 실행되는 프로그램의 명칭은?

① 이더리움 계약
② 스마트 계약
③ 솔리디티 계약
④ 블록체인 계약

38 다음 중 포도의 껍질 등에 자연적으로 들어있는 물질로, 떫은맛을 내는 것은?

① 케톤   ② 탄닌

③ 카복실산   ④ 퓨린

39 다음은 생명 현상을 유지하는 데 필요한 어떤 원소에 대한 설명이다. 이 원소는 무엇인가?

- 대기 중에서는 식물이 직접 이용할 수 없는 안정한 분자의 형태로 존재한다.
- 번개, 뿌리혹박테리아 등에 의해 분자에서 이온의 형태로 전환된 후, 식물의 뿌리를 통해 흡수되어 단백질 합성에 이용된다.

① 황   ② 산소

③ 수소   ④ 질소

40 다음 중 일종의 악성코드로, 시스템에 침투해 사용할 수 없도록 암호화하여 금전을 요구하는 악성 프로그램은?

① 랜섬웨어(Ransomware)   ② 다크 데이터(Dark Data)

③ 셰어웨어(Shareware)   ④ 키 로거(Key Logger)

PART 3

채용 가이드

1. 블라인드 채용이란?

채용 과정에서 편견이 개입되어 불합리한 차별을 야기할 수 있는 출신지, 가족관계, 학력, 외모 등의 편견요인은 제외하고, 직무능력만을 평가하여 인재를 채용하는 방식입니다.

2. 블라인드 채용의 필요성

- 채용의 공정성에 대한 사회적 요구
  - 누구에게나 직무능력만으로 경쟁할 수 있는 균등한 고용기회를 제공해야 하나, 아직도 채용의 공정성에 대한 불신이 존재
  - 채용상 차별금지에 대한 법적 요건이 권고적 성격에서 처벌을 동반한 의무적 성격으로 강화되는 추세
  - 시민의식과 지원자의 권리의식 성숙으로 차별에 대한 법적 대응 가능성 증가
- 우수인재 채용을 통한 기업의 경쟁력 강화 필요
  - 직무능력과 무관한 학벌, 외모 위주의 선발로 우수인재 선발기회 상실 및 기업경쟁력 약화
  - 채용 과정에서 차별 없이 직무능력중심으로 선발한 우수인재 확보 필요
- 공정한 채용을 통한 사회적 비용 감소 필요
  - 편견에 의한 차별적 채용은 우수인재 선발을 저해하고 외모·학벌 지상주의 등의 심화로 불필요한 사회적 비용 증가
  - 채용에서의 공정성을 높여 사회의 신뢰수준 제고

3. 블라인드 채용의 특징

편견요인을 요구하지 않는 대신 직무능력을 평가합니다.

블라인드 채용 = 편견유발 요인제외 + 직무능력 중심평가

※ 직무능력중심 채용이란?
기업의 역량기반 채용, NCS기반 능력중심 채용과 같이 직무수행에 필요한 능력과 역량을 평가하여 선발하는 채용방식을 통칭합니다.

4. 블라인드 채용의 평가요소

직무수행에 필요한 지식, 기술, 태도 등을 과학적인 선발기법을 통해 평가합니다.

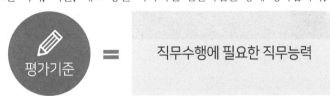

※ 과학적 선발기법이란?
  직무분석을 통해 도출된 평가요소를 서류, 필기, 면접 등을 통해 체계적으로 평가하는 방법으로 입사지원서, 자기소개서, 직무수행능력평가, 구조화 면접 등이 해당됩니다.

5. 블라인드 채용 주요 도입 내용

- 입사지원서에 인적사항 요구 금지
  - 인적사항에는 출신지역, 가족관계, 결혼여부, 재산, 취미 및 특기, 종교, 생년월일(연령), 성별, 신장 및 체중, 사진, 전공, 학교명, 학점, 외국어 점수, 추천인 등이 해당
  - 채용 직무를 수행하는 데 있어 반드시 필요하다고 인정될 경우는 제외
    예 특수경비직 채용 시 : 시력, 건강한 신체 요구
       연구직 채용 시 : 논문, 학위 요구 등
- 블라인드 면접 실시
  - 면접관에게 응시자의 출신지역, 가족관계, 학교명 등 인적사항 정보 제공 금지
  - 면접관은 응시자의 인적사항에 대한 질문 금지

6. 블라인드 채용 도입의 효과성

- 구성원의 다양성과 창의성이 높아져 기업 경쟁력 강화
  - 편견을 없애고 직무능력 중심으로 선발하므로 다양한 직원 구성 가능
  - 다양한 생각과 의견을 통하여 기업의 창의성이 높아져 기업경쟁력 강화
- 직무에 적합한 인재선발을 통한 이직률 감소 및 만족도 제고
  - 사전에 지원자들에게 구체적이고 상세한 직무요건을 제시함으로써 허수 지원이 낮아지고, 직무에 적합한 지원자 모집 가능
  - 직무에 적합한 인재가 선발되어 직무이해도가 높아져 업무효율 증대 및 만족도 제고
- 채용의 공정성과 기업이미지 제고
  - 블라인드 채용은 사회적 편견을 줄인 선발 방법으로 기업에 대한 사회적 인식 제고
  - 채용과정에서 불합리한 차별을 받지 않고 실력에 의해 공정하게 평가를 받을 것이라는 믿음을 제공하고, 지원자들은 평등한 기회와 공정한 선발과정 경험

CHAPTER 02 서류전형 가이드

01 채용공고문

1. 채용공고문의 변화

기존 채용공고문	변화된 채용공고문
• 취업준비생에게 불충분하고 불친절한 측면 존재 • 모집분야에 대한 명확한 직무관련 정보 및 평가기준 부재 • 해당분야에 지원하기 위한 취업준비생의 무분별한 스펙 쌓기 현상 발생	• NCS 직무분석에 기반한 채용공고를 토대로 채용전형 진행 • 지원자가 입사 후 수행하게 될 업무에 대한 자세한 정보 공지 • 직무수행내용, 직무수행 시 필요한 능력, 관련된 자격, 직업기초능력 제시 • 지원자가 해당 직무에 필요한 스펙만을 준비할 수 있도록 안내
• 모집부문 및 응시자격 • 지원서 접수 • 전형절차 • 채용조건 및 처우 • 기타사항	• 채용절차 • 채용유형별 선발분야 및 예정인원 • 전형방법 • 선발분야별 직무기술서 • 우대사항

2. 지원 유의사항 및 지원요건 확인

채용 직무에 따른 세부사항을 공고문에 명시하여 지원자에게 적격한 지원 기회를 부여함과 동시에 채용과정에서의 공정성과 신뢰성을 확보합니다.

구성	내용	확인사항
모집분야 및 규모	고용형태(인턴 계약직 등), 모집분야, 인원, 근무지역 등	채용직무가 여러 개일 경우 본인이 해당되는 직무의 채용규모 확인
응시자격	기본 자격사항, 지원조건	지원을 위한 최소자격요건을 확인하여 불필요한 지원을 예방
우대조건	법정 · 특별 · 자격증 가점	본인의 가점 여부를 검토하여 가점 획득을 위한 사항을 사실대로 기재
근무조건 및 보수	고용형태 및 고용기간, 보수, 근무지	본인이 생각하는 기대수준에 부합하는지 확인하여 불필요한 지원을 예방
시험방법	서류 · 필기 · 면접전형 등의 활용방안	전형방법 및 세부 평가기법 등을 확인하여 지원전략 준비
전형일정	접수기간, 각 전형 단계별 심사 및 합격자 발표일 등	본인의 지원 스케줄을 검토하여 차질이 없도록 준비
제출서류	입사지원서(경력 · 경험기술서 등), 각종 증명서 및 자격증 사본 등	지원요건 부합 여부 및 자격 증빙서류 사전에 준비
유의사항	임용취소 등의 규정	임용취소 관련 법적 또는 기관 내부 규정을 검토하여 해당여부 확인

02 　직무기술서

직무기술서란 직무수행의 내용과 필요한 능력, 관련 자격, 직업기초능력 등을 상세히 기재한 것으로 입사 후 수행하게 될 업무에 대한 정보가 수록되어 있는 자료입니다.

1. 채용분야

설명

NCS 직무분류 체계에 따라 직무에 대한 「대분류 – 중분류 – 소분류 – 세분류」 체계를 확인할 수 있습니다. 채용 직무에 대한 모든 직무기술서를 첨부하게 되며 실제 수행 업무를 기준으로 세부적인 분류정보를 제공합니다.

채용분야	분류체계			
사무행정	대분류	중분류	소분류	세분류
분류코드	02. 경영 · 회계 · 사무	03. 재무 · 회계	01. 재무	01. 예산
				02. 자금
			02. 회계	01. 회계감사
				02. 세무

2. 능력단위

설명

직무분류 체계의 세분류 하위능력단위 중 실질적으로 수행할 업무의 능력만 구체적으로 파악할 수 있습니다.

능력단위	(예산)	03. 연간종합예산수립　　04. 추정재무제표 작성 05. 확정예산 운영　　　　06. 예산실적 관리
	(자금)	04. 자금운용
	(회계감사)	02. 자금관리　　　　　　04. 결산관리 05. 회계정보시스템 운용　06. 재무분석 07. 회계감사
	(세무)	02. 결산관리　　　　　　05. 부가가치세 신고 07. 법인세 신고

3. 직무수행내용

설명

세분류 영역의 기본정의를 통해 직무수행내용을 확인할 수 있습니다. 입사 후 수행할 직무내용을 구체적으로 확인할 수 있으며, 이를 통해 입사서류 작성부터 면접까지 직무에 대한 명확한 이해를 바탕으로 자신의 희망직무인지 아닌지, 해당 직무가 자신이 알고 있던 직무가 맞는지 확인할 수 있습니다.

직무수행내용	(예산) 일정기간 예상되는 수익과 비용을 편성, 집행하며 통제하는 일
	(자금) 자금의 계획 수립, 조달, 운용을 하고 발생 가능한 위험 관리 및 성과평가
	(회계감사) 기업 및 조직 내 · 외부에 있는 의사결정자들이 효율적인 의사결정을 할 수 있도록 유용한 정보를 제공, 제공된 회계정보의 적정성을 파악하는 일
	(세무) 세무는 기업의 활동을 위하여 주어진 세법범위 내에서 조세부담을 최소화시키는 조세전략을 포함하고 정확한 과세소득과 과세표준 및 세액을 산출하여 과세당국에 신고 · 납부하는 일

4. 직무기술서 예시

태도	(예산) 정확성, 분석적 태도, 논리적 태도, 타 부서와의 협조적 태도, 설득력
	(자금) 분석적 사고력
	(회계 감사) 합리적 태도, 전략적 사고, 정확성, 적극적 협업 태도, 법률준수 태도, 분석적 태도, 신속성, 책임감, 정확한 판단력
	(세무) 규정 준수 의지, 수리적 정확성, 주의 깊은 태도
우대 자격증	공인회계사, 세무사, 컴퓨터활용능력, 변호사, 워드프로세서, 전산회계운용사, 사회조사분석사, 재경관리사, 회계관리 등
직업기초능력	의사소통능력, 문제해결능력, 자원관리능력, 대인관계능력, 정보능력, 조직이해능력

5. 직무기술서 내용별 확인사항

항목	확인사항
모집부문	해당 채용에서 선발하는 부문(분야)명 확인 예 사무행정, 전산, 전기
분류체계	지원하려는 분야의 세부직무군 확인
주요기능 및 역할	지원하려는 기업의 전사적인 기능과 역할, 산업군 확인
능력단위	지원분야의 직무수행에 관련되는 세부업무사항 확인
직무수행내용	지원분야의 직무군에 대한 상세사항 확인
전형방법	지원하려는 기업의 신입사원 선발전형 절차 확인
일반요건	교육사항을 제외한 지원 요건 확인(자격요건, 특수한 경우 연령)
교육요건	교육사항에 대한 지원요건 확인(대졸 / 초대졸 / 고졸 / 전공 요건)
필요지식	지원분야의 업무수행을 위해 요구되는 지식 관련 세부항목 확인
필요기술	지원분야의 업무수행을 위해 요구되는 기술 관련 세부항목 확인
직무수행태도	지원분야의 업무수행을 위해 요구되는 태도 관련 세부항목 확인
직업기초능력	지원분야 또는 지원기업의 조직원으로서 근무하기 위해 필요한 일반적인 능력사항 확인

1. 입사지원서의 변화

기존지원서		능력중심 채용 입사지원서
직무와 관련 없는 학점, 개인신상, 어학점수, 자격, 수상경력 등을 나열하도록 구성	VS	해당 직무수행에 꼭 필요한 정보들을 제시할 수 있도록 구성

기존지원서		능력중심 채용 입사지원서	
직무기술서		인적사항	성명, 연락처, 지원분야 등 작성 (평가 미반영)
직무수행내용		교육사항	직무지식과 관련된 학교교육 및 직업교육 작성
요구지식 / 기술	→	자격사항	직무관련 국가공인 또는 민간자격 작성
관련 자격증		경력 및 경험사항	조직에 소속되어 일정한 임금을 받거나(경력) 임금 없이(경험) 직무와 관련된 활동 내용 작성
사전직무경험			

2. 교육사항

- 지원분야 직무와 관련된 학교 교육이나 직업교육 혹은 기타교육 등 직무에 대한 지원자의 학습 여부를 평가하기 위한 항목입니다.
- 지원하고자 하는 직무의 학교 전공교육 이외에 직업교육, 기타교육 등을 기입할 수 있기 때문에 전공 제한 없이 직업교육과 기타교육을 이수하여 지원이 가능하도록 기회를 제공합니다.
  (기타교육 : 학교 이외의 기관에서 개인이 이수한 교육과정 중 지원직무와 관련이 있다고 생각되는 교육내용)

구분	교육과정(과목)명	교육내용	과업(능력단위)

3. 자격사항

- 채용공고 및 직무기술서에 제시되어 있는 자격 현황을 토대로 지원자가 해당 직무를 수행하는 데 필요한 능력을 가지고 있는지를 평가하기 위한 항목입니다.
- 채용공고 및 직무기술서에 기재된 직무관련 필수 또는 우대자격 항목을 확인하여 본인이 보유하고 있는 자격사항을 기재합니다.

자격유형	자격증명	발급기관	취득일자	자격증번호

4. 경력 및 경험사항

- 직무와 관련된 경력이나 경험 여부를 표현하도록 하여 직무와 관련한 능력을 갖추었는지를 평가하기 위한 항목입니다.
- 해당 기업에서 직무를 수행함에 있어 필요한 사항만을 기록하게 되어 있기 때문에 직무와 무관한 스펙을 갖추지 않아도 됩니다.
- 경력 : 금전적 보수를 받고 일정기간 동안 일했던 경우
- 경험 : 금전적 보수를 받지 않고 수행한 활동

※ 기업에 따라 경력 / 경험 관련 증빙자료 요구 가능

구분	조직명	직위 / 역할	활동기간(년 / 월)	주요과업 / 활동내용

> **Tip**
>
> 입사지원서 작성 방법
> ○ 경력 및 경험사항 작성
> - 직무기술서에 제시된 지식, 기술, 태도와 지원자의 교육사항, 경력(경험)사항, 자격사항과 연계하여 개인의 직무역량에 대해 스스로 판단 가능
> ○ 인적사항 최소화
> - 개인의 인적사항, 학교명, 가족관계 등을 노출하지 않도록 유의
>
> ---
>
> 부적절한 입사지원서 작성 사례
> - 학교 이메일을 기입하여 학교명 노출
> - 거주지 주소에 학교 기숙사 주소를 기입하여 학교명 노출
> - 자기소개서에 부모님이 재직 중인 기업명, 직위, 직업을 기입하여 가족관계 노출
> - 자기소개서에 석·박사 과정에 대한 이야기를 언급하여 학력 노출
> - 동아리 활동에 대한 내용을 학교명과 더불어 언급하여 학교명 노출

1. 자기소개서의 변화

- 기존의 자기소개서는 지원자의 일대기나 관심 분야, 성격의 장·단점 등 개괄적인 사항을 묻는 질문으로 구성되어 지원자가 자신의 직무능력을 제대로 표출하지 못합니다.
- 능력중심 채용의 자기소개서는 직무기술서에 제시된 직업기초능력(또는 직무수행능력)에 대한 지원자의 과거 경험을 기술하게 함으로써 평가 타당도의 확보가 가능합니다.

1. 우리 회사와 해당 지원 직무분야에 지원한 동기에 대해 기술해 주세요.

2. 자신이 경험한 다양한 사회활동에 대해 기술해 주세요.

3. 지원 직무에 대한 전문성을 키우기 위해 받은 교육과 경험 및 경력사항에 대해 기술해 주세요.

4. 인사업무 또는 팀 과제 수행 중 발생한 갈등을 원만하게 해결해 본 경험이 있습니까? 당시 상황에 대한 설명과 갈등의 대상이 되었던 상대방을 설득한 과정 및 방법을 기술해 주세요.

5. 과거에 있었던 일 중 가장 어려웠던(힘들었었던) 상황을 고르고, 어떤 방법으로 그 상황을 해결했는지를 기술해 주세요.

자기소개서 작성 방법

① 자기소개서 문항이 묻고 있는 평가 역량 추측하기

> 예시
> • 팀 활동을 하면서 갈등 상황 시 상대방의 니즈나 의도를 명확히 파악하고 해결하여 목표 달성에 기여했던 경험에 대해서 작성해 주시기 바랍니다.
> • 다른 사람이 생각해내지 못했던 문제점을 찾고 이를 해결한 경험에 대해 작성해 주시기 바랍니다.

② 해당 역량을 보여줄 수 있는 소재 찾기(시간×역량 매트릭스)

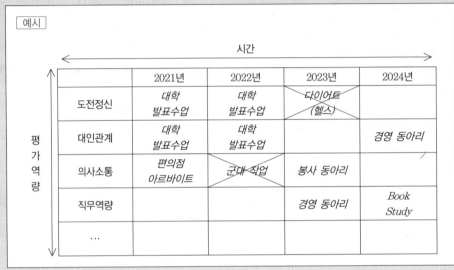

예시

시간

평가역량	2021년	2022년	2023년	2024년
도전정신	대학 발표수업	대학 발표수업	~~다이어트 (헬스)~~	
대인관계	대학 발표수업	대학 발표수업		경영 동아리
의사소통	편의점 아르바이트	~~군대 작업~~	봉사 동아리	
직무역량			경영 동아리	Book Study
…				

③ 자기소개서 작성 Skill 익히기
• 두괄식으로 작성하기
• 구체적 사례를 사용하기
• '나'를 중심으로 작성하기
• 직무역량 강조하기
• 경험 사례의 차별성 강조하기

01 인성검사 유형

인성검사는 지원자의 성격특성을 객관적으로 파악하고 그것이 각 기업에서 필요로 하는 인재상과 가치에 부합하는가를 평가하기 위한 검사입니다. 인성검사는 KPDI(한국인재개발진흥원), K-SAD(한국사회적성개발원), KIRBS(한국행동과학연구소), SHR(에스에이치알) 등의 전문기관을 통해 각 기업의 특성에 맞는 검사를 선택하여 실시합니다. 대표적인 인성검사의 유형에는 크게 다음과 같은 세 가지가 있으며, 채용 대행업체에 따라 달라집니다.

1. KPDI 검사

조직적응성과 직무적합성을 알아보기 위한 검사로 인성검사, 인성역량검사, 인적성검사, 직종별 인적성 검사 등의 다양한 검사 도구를 구현합니다. KPDI는 성격을 파악하고 정신건강 상태 등을 측정하고, 직무검사는 해당 직무를 수행하기 위해 기본적으로 갖추어야 할 인지적 능력을 측정합니다. 역량검사는 특정 직무 역할을 효과적으로 수행하는 데 직접적으로 관련 있는 개인의 행동, 지식, 스킬, 가치관 등을 측정합니다.

2. KAD(Korea Aptitude Development) 검사

K-SAD(한국사회적성개발원)에서 실시하는 적성검사 프로그램입니다. 개인의 성향, 지적 능력, 기호, 관심, 흥미도를 종합적으로 분석하여 적성에 맞는 업무가 무엇인가 파악하고, 직무수행에 있어서 요구되는 기초능력과 실무능력을 분석합니다.

3. SHR 직무적성검사

직무수행에 필요한 종합적인 사고 능력을 다양한 적성검사(Paper and Pencil Test)로 평가합니다. SHR의 모든 직무능력검사는 표준화 검사입니다. 표준화 검사는 표본집단의 점수를 기초로 규준이 만들어진 검사이므로 개인의 점수를 규준에 맞추어 해석·비교하는 것이 가능합니다. S(Standardized Tests), H(Hundreds of Version), R(Reliable Norm Data)을 특징으로 하며, 직군·직급별 특성과 선발 수준에 맞추어 검사를 적용할 수 있습니다.

인성검사는 특히 면접질문과 관련성이 높습니다. 면접관은 지원자의 인성검사 결과를 토대로 질문을 하기 때문입니다. 일관적이고 이상적인 답변을 하는 것이 가장 좋지만, 실제 시험은 매우 복잡하여 전문가라 해도 일정 성격을 유지하면서 답변을 하는 것이 힘듭니다. 또한, 인성검사에는 라이 스케일(Lie Scale) 설문이 전체 설문 속에 교묘하게 섞여 들어가 있으므로 겉치레적인 답을 하게 되면 회답태도의 허위성이 그대로 드러나게 됩니다. 예를 들어 '거짓말을 한 적이 한 번도 없다.'에 '예'로 답하고, '때로는 거짓말을 하기도 한다.'에 '예'라고 답하여 라이 스케일의 득점이 올라가게 되면 모든 회답의 신빙성이 사라지고 '자신을 돋보이게 하려는 사람'이라는 평가를 받을 수 있으므로 주의해야 합니다. 따라서 모의테스트를 통해 인성검사의 유형과 실제 시험 시 어떻게 문제를 풀어야 하는지 연습해 보고 체크한 부분 중 자신의 단점과 연결되는 부분은 면접에서 질문이 들어왔을 때 어떻게 대처해야 하는지 생각해 보는 것이 좋습니다.

1. 기업의 인재상을 파악하라!

인성검사를 통해 개인의 성격 특성을 파악하고 그것이 기업의 인재상과 가치에 부합하는지를 평가하는 시험이기 때문에 해당 기업의 인재상을 먼저 파악하고 시험에 임하는 것이 좋습니다. 모의테스트에서 인재상에 맞는 가상의 인물을 설정하고 문제에 답해 보는 것도 많은 도움이 됩니다.

2. 일관성 있는 대답을 하라!

짧은 시간 안에 다양한 질문에 답을 해야 하는데, 그 안에는 중복되는 질문이 여러 번 나옵니다. 이때 앞서 자신이 체크했던 대답을 잘 기억해뒀다가 일관성 있는 답을 하는 것이 중요합니다.

3. 모든 문항에 대답하라!

많은 문제를 짧은 시간 안에 풀려다 보니 다 못 푸는 경우도 종종 생깁니다. 하지만 대답을 누락하거나 끝까지 다 못했을 경우 좋지 않은 결과를 가져올 수도 있으니 최대한 주어진 시간 안에 모든 문항에 답할 수 있도록 해야 합니다.

※ 모의테스트는 질문 및 답변 유형 연습을 위한 것으로 실제 시험과 다를 수 있습니다.
※ 인성검사는 정답이 따로 없는 유형의 검사이므로 결과지를 제공하지 않습니다.

번호	내용	예	아니요
001	나는 솔직한 편이다.	☐	☐
002	나는 리드하는 것을 좋아한다.	☐	☐
003	법을 어겨서 말썽이 된 적이 한 번도 없다.	☐	☐
004	거짓말을 한 번도 한 적이 없다.	☐	☐
005	나는 눈치가 빠르다.	☐	☐
006	나는 일을 주도하기보다는 뒤에서 지원하는 것을 선호한다.	☐	☐
007	앞일은 알 수 없기 때문에 계획은 필요하지 않다.	☐	☐
008	거짓말도 때로는 방편이라고 생각한다.	☐	☐
009	사람이 많은 술자리를 좋아한다.	☐	☐
010	걱정이 지나치게 많다.	☐	☐
011	일을 시작하기 전 재고하는 경향이 있다.	☐	☐
012	불의를 참지 못한다.	☐	☐
013	처음 만나는 사람과도 이야기를 잘 한다.	☐	☐
014	때로는 변화가 두렵다.	☐	☐
015	나는 모든 사람에게 친절하다.	☐	☐
016	힘든 일이 있을 때 술은 위로가 되지 않는다.	☐	☐
017	결정을 빨리 내리지 못해 손해를 본 경험이 있다.	☐	☐
018	기회를 잡을 준비가 되어 있다.	☐	☐
019	때로는 내가 정말 쓸모없는 사람이라고 느낀다.	☐	☐
020	누군가 나를 챙겨주는 것이 좋다.	☐	☐
021	자주 가슴이 답답하다.	☐	☐
022	나는 내가 자랑스럽다.	☐	☐
023	경험이 중요하다고 생각한다.	☐	☐
024	전자기기를 분해하고 다시 조립하는 것을 좋아한다.	☐	☐

025	감시받고 있다는 느낌이 든다.	☐	☐
026	난처한 상황에 놓이면 그 순간을 피하고 싶다.	☐	☐
027	세상엔 믿을 사람이 없다.	☐	☐
028	잘못을 빨리 인정하는 편이다.	☐	☐
029	지도를 보고 길을 잘 찾아간다.	☐	☐
030	귓속말을 하는 사람을 보면 날 비난하고 있는 것 같다.	☐	☐
031	막무가내라는 말을 들을 때가 있다.	☐	☐
032	장래의 일을 생각하면 불안하다.	☐	☐
033	결과보다 과정이 중요하다고 생각한다.	☐	☐
034	운동은 그다지 할 필요가 없다고 생각한다.	☐	☐
035	새로운 일을 시작할 때 좀처럼 한 발을 떼지 못한다.	☐	☐
036	기분 상하는 일이 있더라도 참는 편이다.	☐	☐
037	업무능력은 성과로 평가받아야 한다고 생각한다.	☐	☐
038	머리가 맑지 못하고 무거운 느낌이 든다.	☐	☐
039	가끔 이상한 소리가 들린다.	☐	☐
040	타인이 내게 자주 고민상담을 하는 편이다.	☐	☐

※ 모의테스트는 질문 및 답변 유형 연습을 위한 것으로 실제 시험과 다를 수 있습니다.
※ 인성검사는 정답이 따로 없는 유형의 검사이므로 결과지를 제공하지 않습니다.

※ 이 성격검사의 각 문항에는 서로 다른 행동을 나타내는 네 개의 문장이 제시되어 있습니다. 이 문장들을 비교하여, 자신의 평소 행동과 가장 가까운 문장을 'ㄱ' 열에 표기하고, 가장 먼 문장을 'ㅁ' 열에 표기하십시오.

01 나는 _____

	ㄱ	ㅁ
A. 실용적인 해결책을 찾는다.	☐	☐
B. 다른 사람을 돕는 것을 좋아한다.	☐	☐
C. 세부 사항을 잘 챙긴다.	☐	☐
D. 상대의 주장에서 허점을 잘 찾는다.	☐	☐

02 나는 _____

	ㄱ	ㅁ
A. 매사에 적극적으로 임한다.	☐	☐
B. 즉흥적인 편이다.	☐	☐
C. 관찰력이 있다.	☐	☐
D. 임기응변에 강하다.	☐	☐

03 나는 _____

	ㄱ	ㅁ
A. 무서운 영화를 잘 본다.	☐	☐
B. 조용한 곳이 좋다.	☐	☐
C. 가끔 울고 싶다.	☐	☐
D. 집중력이 좋다.	☐	☐

04 나는 _____

	ㄱ	ㅁ
A. 기계를 조립하는 것을 좋아한다.	☐	☐
B. 집단에서 리드하는 역할을 맡는다.	☐	☐
C. 호기심이 많다.	☐	☐
D. 음악을 듣는 것을 좋아한다.	☐	☐

PART 3

01

02

03

04

05

05 나는 _____

	ㄱ	ㅁ
A. 타인을 늘 배려한다.	☐	☐
B. 감수성이 예민하다.	☐	☐
C. 즐겨하는 운동이 있다.	☐	☐
D. 일을 시작하기 전에 계획을 세운다.	☐	☐

06 나는 _____

	ㄱ	ㅁ
A. 타인에게 설명하는 것을 좋아한다.	☐	☐
B. 여행을 좋아한다.	☐	☐
C. 정적인 것이 좋다.	☐	☐
D. 남을 돕는 것에 보람을 느낀다.	☐	☐

07 나는 _____

	ㄱ	ㅁ
A. 기계를 능숙하게 다룬다.	☐	☐
B. 밤에 잠이 잘 오지 않는다.	☐	☐
C. 한 번 간 길을 잘 기억한다.	☐	☐
D. 불의를 보면 참을 수 없다.	☐	☐

08 나는 _____

	ㄱ	ㅁ
A. 종일 말을 하지 않을 때가 있다.	☐	☐
B. 사람이 많은 곳을 좋아한다.	☐	☐
C. 술을 좋아한다.	☐	☐
D. 휴양지에서 편하게 쉬고 싶다.	☐	☐

09 나는 _____

	ㄱ	ㅁ
A. 뉴스보다는 드라마를 좋아한다.	☐	☐
B. 길을 잘 찾는다.	☐	☐
C. 주말엔 집에서 쉬는 것이 좋다.	☐	☐
D. 아침에 일어나는 것이 힘들다.	☐	☐

10 나는 _____

	ㄱ	ㅁ
A. 이성적이다.	☐	☐
B. 할 일을 종종 미룬다.	☐	☐
C. 어른을 대하는 게 힘들다.	☐	☐
D. 불을 보면 매혹을 느낀다.	☐	☐

11 나는 _____

	ㄱ	ㅁ
A. 상상력이 풍부하다.	☐	☐
B. 예의 바르다는 소리를 자주 듣는다.	☐	☐
C. 사람들 앞에 서면 긴장한다.	☐	☐
D. 친구를 자주 만난다.	☐	☐

12 나는 _____

	ㄱ	ㅁ
A. 나만의 스트레스 해소 방법이 있다.	☐	☐
B. 친구가 많다.	☐	☐
C. 책을 자주 읽는다.	☐	☐
D. 활동적이다.	☐	☐

1. 면접전형의 변화

기존 면접전형에서는 일상적이고 단편적인 대화나 지원자의 첫인상 및 면접관의 주관적인 판단 등에 의해서 입사 결정 여부를 판단하는 경우가 많았습니다. 이러한 면접전형은 면접 내용의 일관성이 결여되거나 직무 관련 타당성이 부족하였고, 면접에 대한 신뢰도에 영향을 주었습니다.

기존 면접(전통적 면접)		능력중심 채용 면접(구조화 면접)
• 일상적이고 단편적인 대화		• 일관성
• 인상, 외모 등 외부 요소의 영향		− 직무관련 역량에 초점을 둔 구체적 질문 목록
• 주관적인 판단에 의존한 총점 부여		− 지원자별 동일 질문 적용
		• 구조화
⇩	VS	− 면접 진행 및 평가 절차를 일정한 체계에 의해 구성
		• 표준화
• 면접 내용의 일관성 결여		− 평가 타당도 제고를 위한 평가 Matrix 구성
• 직무관련 타당성 부족		− 척도에 따라 항목별 채점, 개인 간 비교
• 주관적인 채점으로 신뢰도 저하		• 신뢰성
		− 면접진행 매뉴얼에 따라 면접위원 교육 및 실습

2. 능력중심 채용의 면접 유형

① 경험 면접
- 목적 : 선발하고자 하는 직무 능력이 필요한 과거 경험을 질문합니다.
- 평가요소 : 직업기초능력과 인성 및 태도적 요소를 평가합니다.

② 상황 면접
- 목적 : 특정 상황을 제시하고 지원자의 행동을 관찰함으로써 실제 상황의 행동을 예상합니다.
- 평가요소 : 직업기초능력과 인성 및 태도적 요소를 평가합니다.

③ 발표 면접
- 목적 : 특정 주제와 관련된 지원자의 발표와 질의응답을 통해 지원자 역량을 평가합니다.
- 평가요소 : 직무수행능력과 인지적 역량(문제해결능력)을 평가합니다.

④ 토론 면접
- 목적 : 토의과제에 대한 의견수렴 과정에서 지원자의 역량과 상호작용능력을 평가합니다.
- 평가요소 : 직무수행능력과 팀워크를 평가합니다.

1. 경험 면접

① 경험 면접의 특징

- 주로 직업기초능력에 관련된 지원자의 과거 경험을 심층 질문하여 검증하는 면접입니다.
- 직무능력과 관련된 과거 경험을 평가하기 위해 심층 질문을 하며, 이 질문은 지원자의 답변에 대하여 '꼬리에 꼬리를 무는 형식'으로 진행됩니다.

> - 능력요소, 정의, 심사 기준
>   - 평가하고자 하는 능력요소, 정의, 심사기준을 확인하여 면접위원이 해당 능력요소 관련 질문을 제시합니다.
> - Opening Question
>   - 능력요소에 관련된 과거 경험을 유도하기 위한 시작 질문을 합니다.
> - Follow-up Question
>   - 지원자의 경험 수준을 구체적으로 검증하기 위한 질문입니다.
>   - 경험 수준 검증을 위한 상황(Situation), 임무(Task), 역할 및 노력(Action), 결과(Result) 등으로 질문을 구분합니다.

경험 면접의 형태

[면접관 1] [면접관 2] [면접관 3]

[면접관 1] [면접관 2] [면접관 3]

[지원자]
〈일대다 면접〉

[지원자 1] [지원자 2] [지원자 3]
〈다대다 면접〉

② 경험 면접의 구조

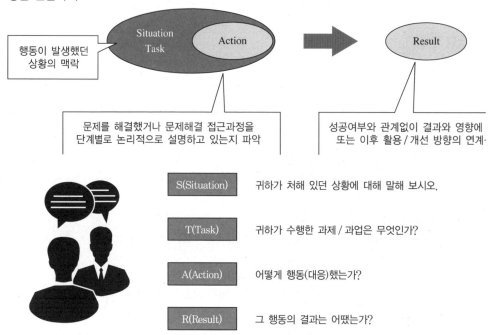

S(Situation)	귀하가 처해 있던 상황에 대해 말해 보시오.
T(Task)	귀하가 수행한 과제 / 과업은 무엇인가?
A(Action)	어떻게 행동(대응)했는가?
R(Result)	그 행동의 결과는 어땠는가?

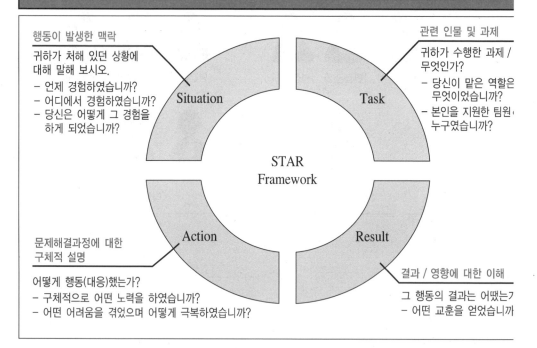

( )에 관한 과거 경험에 대하여 말해 보시오.

행동이 발생한 맥락
귀하가 처해 있던 상황에 대해 말해 보시오.
- 언제 경험하였습니까?
- 어디에서 경험하였습니까?
- 당신은 어떻게 그 경험을 하게 되었습니까?

Situation

관련 인물 및 과제
귀하가 수행한 과제 / 무엇인가?
- 당신이 맡은 역할은 무엇이었습니까?
- 본인을 지원한 팀원 누구였습니까?

Task

STAR Framework

문제해결과정에 대한 구체적 설명
어떻게 행동(대응)했는가?
- 구체적으로 어떤 노력을 하였습니까?
- 어떤 어려움을 겪었으며 어떻게 극복하였습니까?

Action

Result

결과 / 영향에 대한 이해
그 행동의 결과는 어땠는가
- 어떤 교훈을 얻었습니까

③ 경험 면접 질문 예시(직업윤리)

시작 질문	
1	남들이 신경 쓰지 않는 부분까지 고려하여 절차대로 업무(연구)를 수행하여 성과를 낸 경험을 구체적으로 말해 보시오.
2	조직의 원칙과 절차를 철저히 준수하며 업무(연구)를 수행한 것 중 성과를 향상시킨 경험에 대해 구체적으로 말해 보시오.
3	세부적인 절차와 규칙에 주의를 기울여 실수 없이 업무(연구)를 마무리한 경험을 구체적으로 말해 보시오.
4	조직의 규칙이나 원칙을 고려하여 성실하게 일했던 경험을 구체적으로 말해 보시오.
5	타인의 실수를 바로잡고 원칙과 절차대로 수행하여 성공적으로 업무를 마무리하였던 경험에 대해 말해 보시오.

후속 질문		
상황 (Situation)	상황	구체적으로 언제, 어디에서 경험한 일인가?
		어떤 상황이었는가?
	조직	어떤 조직에 속해 있었는가?
		그 조직의 특성은 무엇이었는가?
		몇 명으로 구성된 조직이었는가?
	기간	해당 조직에서 얼마나 일했는가?
		해당 업무는 몇 개월 동안 지속되었는가?
	조직규칙	조직의 원칙이나 규칙은 무엇이었는가?
임무 (Task)	과제	과제의 목표는 무엇이었는가?
		과제에 적용되는 조직의 원칙은 무엇이었는가?
		그 규칙을 지켜야 하는 이유는 무엇이었는가?
	역할	당신이 조직에서 맡은 역할은 무엇이었는가?
		과제에서 맡은 역할은 무엇이었는가?
	문제의식	규칙을 지키지 않을 경우 생기는 문제점 / 불편함은 무엇인가?
		해당 규칙이 왜 중요하다고 생각하였는가?
역할 및 노력 (Action)	행동	업무 과정의 어떤 장면에서 규칙을 철저히 준수하였는가?
		어떻게 규정을 적용시켜 업무를 수행하였는가?
		규정은 준수하는 데 어려움은 없었는가?
	노력	그 규칙을 지키기 위해 스스로 어떤 노력을 기울였는가?
		본인의 생각이나 태도에 어떤 변화가 있었는가?
		다른 사람들은 어떤 노력을 기울였는가?
	동료관계	동료들은 규칙을 철저히 준수하고 있었는가?
		팀원들은 해당 규칙에 대해 어떻게 반응하였는가?
		규칙에 대한 태도를 개선하기 위해 어떤 노력을 하였는가?
		팀원들의 태도는 당신에게 어떤 자극을 주었는가?
	업무추진	주어진 업무를 추진하는 데 규칙이 방해되진 않았는가?
		업무수행 과정에서 규정을 어떻게 적용하였는가?
		업무 시 규정을 준수해야 한다고 생각한 이유는 무엇인가?

결과 (Result)	평가	규칙을 어느 정도나 준수하였는가?
		그렇게 준수할 수 있었던 이유는 무엇이었는가?
		업무의 성과는 어느 정도였는가?
		성과에 만족하였는가?
		비슷한 상황이 온다면 어떻게 할 것인가?
	피드백	주변 사람들로부터 어떤 평가를 받았는가?
		그러한 평가에 만족하는가?
		다른 사람에게 본인의 행동이 영향을 주었다고 생각하는가?
	교훈	업무수행 과정에서 중요한 점은 무엇이라고 생각하는가?
		이 경험을 통해 느낀 바는 무엇인가?

2. 상황 면접

① 상황 면접의 특징

직무 관련 상황을 가정하여 제시하고 이에 대한 대응능력을 직무관련성 측면에서 평가하는 면접입니다.

- 상황 면접 과제의 구성은 크게 2가지로 구분
  - 상황 제시(Description) / 문제 제시(Question or Problem)
- 현장의 실제 업무 상황을 반영하여 과제를 제시하므로 직무분석이나 직무전문가 워크숍 등을 거쳐 현장성을 높임
- 문제는 상황에 대한 기본적인 이해능력(이론적 지식)과 함께 실질적 대응이나 변수 고려능력(실천적 능력) 등을 고르게 질문해야 함

상황 면접의 형태

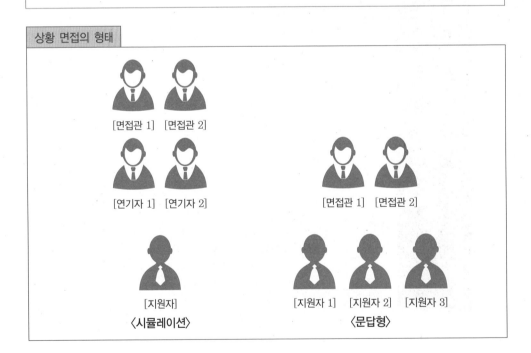

② 상황 면접 예시

상황 제시	인천공항 여객터미널 내에는 다양한 용도의 시설(사무실, 통신실, 식당, 전산실, 창고 면세점 등)이 설치되어 있습니다.	실제 업무 상황에 기반함
	금년에 소방배관의 누수가 잦아 메인 배관을 교체하는 공사를 추진하고 있으며, 당신 은 이번 공사의 담당자입니다.	배경 정보
	주간에는 공항 운영이 이루어져 주로 야간에만 배관 교체 공사를 수행하던 중, 시공하 는 기능공의 실수로 배관 연결 부위를 잘못 건드려 고압배관의 소화수가 누출되는 사고가 발생하였으며, 이로 인해 인근 시설물에 누수에 의한 피해가 발생하였습니다.	구체적인 문제 상황
문제 제시	일반적인 소방배관의 배관연결(이음)방식과 배관의 이탈(누수)이 발생하는 원인 에 대해 설명해 보시오.	문제 상황 해결을 위한 기본 지식 문항
	담당자로서 본 사고를 현장에서 긴급히 처리하는 프로세스를 제시하고, 보수완료 후 사후적 조치가 필요한 부분 및 재발방지 방안에 대해 설명해 보시오.	문제 상황 해결을 위한 추가 대응 문항

3. 발표 면접

① 발표 면접의 특징
- 직무관련 주제에 대한 지원자의 생각을 정리하여 의견을 제시하고, 발표 및 질의응답을 통해 지원자의 직무능력을 평가하는 면접입니다.
- 발표 주제는 직무와 관련된 자료로 제공되며, 일정 시간 후 지원자가 보유한 지식 및 방안에 대한 발표 및 후속 질문을 통해 직무적합성을 평가합니다.

> - 주요 평가요소
>   - 설득적 말하기 / 발표능력 / 문제해결능력 / 직무관련 전문성
> - 이미 언론을 통해 공론화된 시사 이슈보다는 해당 직무분야에 관련된 주제가 발표면접의 과제로 선정되는 경우가 최근 들어 늘어나고 있음
> - 짧은 시간 동안 주어진 과제를 빠른 속도로 분석하여 발표문을 작성하고 제한된 시간 안에 면접관에게 효과적인 발표를 진행하는 것이 핵심

발표 면접의 형태

[면접관 1]　[면접관 2]　　　　　　[면접관 1]　[면접관 2]

[지원자]　　　　　　[지원자 1]　[지원자 2]　[지원자 3]

〈개별 과제 발표〉　　　　　〈팀 과제 발표〉

※ 면접관에게 시각적 효과를 사용하여 메시지를 전달하는 쌍방향 커뮤니케이션 방식
※ 심층면접을 보완하기 위한 방안으로 최근 많은 기업에서 적극 도입하는 추세

② 발표 면접 예시

---

1. 지시문

> 당신은 현재 A사에서 직원들의 성과평가를 담당하고 있는 팀원이다. 인사팀은 지난주부터 사내 조직문화관련 인터뷰를 하던 도중 성과평가제도에 관련된 개선 니즈가 제일 많다는 것을 알게 되었다. 이에 팀장님은 인터뷰 결과를 종합하려 성과평가제도 개선 아이디어를 A4용지에 정리하여 신속 보고할 것을 지시하셨다. 당신에게 남은 시간은 1시간이다. 자료를 준비하는 대로 당신은 팀원들이 모인 회의실에서 5분 간 발표할 것이며, 이후 질의응답을 진행할 것이다.

2. 배경자료

> <성과평가제도 개선에 대한 인터뷰>
>
> 최근 A사는 회사 사세의 급성장으로 인해 작년보다 매출이 두 배 성장하였고, 직원 수 또한 두 배로 증가하였다. 회사의 성장은 임금, 복지에 대한 상승 등 긍정적인 영향을 주었으나 업무의 불균형 및 성과보상의 불평등 문제가 발생하였다. 또한 수시로 입사하는 신입직원과 경력직원, 퇴사하는 직원들까지 인원들의 잦은 변동으로 인해 평가해야 할 대상이 변경되어 현재의 성과평가제도로는 공정한 평가가 어려운 상황이다.
>
> [생산부서 김상호]
> 우리 팀은 지난 1년 동안 생산량이 급증했기 때문에 수십 명의 신규인력이 급하게 채용되었습니다. 이 때문에 저희 팀장님은 신규 입사자들의 이름조차 기억 못할 때가 많이 있습니다. 성과평가를 제대로 하고 있는지 의문이 듭니다.
>
> [마케팅 부서 김흥민]
> 개인의 성과평가의 취지는 충분히 이해합니다. 그러나 현재 평가는 실적기반이나 정성적인 평가가 많이 포함되어 있어 객관성과 공정성에는 의문이 드는 것이 사실입니다. 이러한 상황에서 평가제도를 재수립하지 않고, 인센티브에 계속 반영한다면, 평가제도에 대한 반감이 커질 것이 분명합니다.
>
> [교육부서 홍경민]
> 현재 교육부서는 인사팀과 밀접하게 일하고 있습니다. 그럼에도 인사팀에서 실시하는 성과평가제도에 대한 이해가 부족한 것 같습니다.
>
> [기획부서 김경호 차장]
> 저는 저의 평가자 중 하나가 연구부서의 팀장님인데, 일 년에 몇 번 같이 일하지 않는데 어떻게 저를 평가할 수 있을까요? 특히 연구팀은 저희가 예산을 배정하는데, 저에게는 좋지만….

4. 토론 면접

① 토론 면접의 특징

- 다수의 지원자가 조를 편성해 과제에 대한 토론(토의)을 통해 결론을 도출해가는 면접입니다.
- 의사소통능력, 팀워크, 종합인성 등의 평가에 용이합니다.

> - 주요 평가요소
>   - 설득적 말하기, 경청능력, 팀워크, 종합인성
> - 의견 대립이 명확한 주제 또는 채용분야의 직무 관련 주요 현안을 주제로 과제 구성
> - 제한된 시간 내 토론을 진행해야 하므로 적극적으로 자신 있게 토론에 임하고 본인의 의견을 개진할 수 있어야 함

토론 면접의 형태

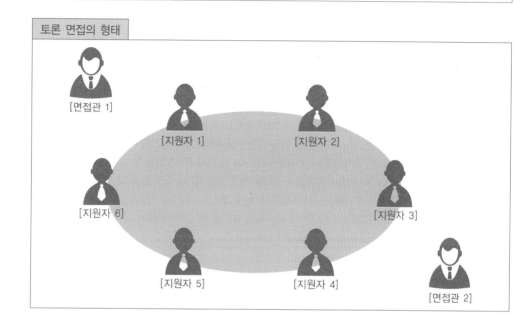

② 토론 면접 예시

고객 불만 고충처리

1. 들어가며

최근 우리 상품에 대한 고객 불만의 증가로 고객고충처리 TF가 만들어졌고 당신은 여기에 지원해 배치받았다. 당신의 업무는 불만을 가진 고객을 만나서 애로사항을 듣고 처리해 주는 일이다. 주된 업무로는 고객의 니즈를 파악해 방향성을 제시해 주고 그 해결책을 마련하는 일이다. 하지만 경우에 따라서 고객의 주관적인 의견으로 인해 제대로 된 방향으로 의사결정을 하지 못할 때가 있다. 이럴 경우 설득이나 논쟁을 해서라도 의견을 관철시키는 것이 좋을지 아니면 고객의 의견대로 진행하는 것이 좋을지 결정해야 할 때가 있다. 만약 당신이라면 이러한 상황에서 어떤 결정을 내릴 것인지 여부를 자유롭게 토론해 보시오.

2. 1분 자유 발언 시 준비사항

• 당신은 의견을 자유롭게 개진할 수 있으며 이에 따른 불이익은 없습니다.

• 토론의 방향성을 이해하고, 내용의 장점과 단점이 무엇인지 문제를 명확히 말해야 합니다.

• 합리적인 근거에 기초하여 개선방안을 명확히 제시해야 합니다.

• 제시한 방안을 실행 시 예상되는 긍정적·부정적 영향요인도 동시에 고려할 필요가 있습니다.

3. 토론 시 유의사항

• 토론 주제문과 제공해드린 메모지, 볼펜만 가지고 토론장에 입장할 수 있습니다.

• 사회자의 지정 또는 발표자가 손을 들어 발언권을 획득할 수 있으며, 사회자의 통제에 따릅니다.

• 토론회가 시작되면, 팀의 의견과 논거를 정리하여 1분간의 자유발언을 할 수 있습니다. 순서는 사회자가 지정합니다. 이후에는 자유롭게 상대방에게 질문하거나 답변을 하실 수 있습니다.

• 핸드폰, 서적 등 외부 매체는 사용하실 수 없습니다.

• 논제에 벗어나는 발언이나 지나치게 공격적인 발언을 할 경우, 위에서 제시한 유의사항을 지키지 않을 경우 불이익을 받을 수 있습니다.

1. 면접 Role Play 편성

- 교육생끼리 조를 편성하여 면접관과 지원자 역할을 교대로 진행합니다.
- 지원자 입장과 면접관 입장을 모두 경험해 보면서 면접에 대한 적응력을 높일 수 있습니다.

경험면접

STEP 1.
지원자 그룹 경험기술서 작성(30분)

STEP 2.
경험기반 인터뷰 실시(1인당 15분)

면접위원
(최소 2인 이상 구성)

질문
답변   답변

지원자
(1인 대상 권장)

STEP 3.
피드백 진행(1인당 5분)

발표면접

STEP 1.
지원자 그룹 발표 내용 작성(30분)

STEP 2.
발표 5분+추가질의 5분(1인당 10분)

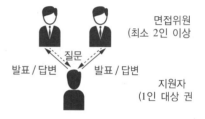

면접위원
(최소 2인 이상

질문
발표 / 답변   발표 / 답변

지원자
(1인 대상 권

STEP 3.
피드백 진행(1인당 5분)

Tip

면접 준비하기
1. 면접 유형 확인 필수
   - 기업마다 면접 유형이 상이하기 때문에 해당 기업의 면접 유형을 확인하는 것이 좋음
   - 일반적으로 실무진 면접, 임원면접 2차례에 거쳐 면접을 실시하는 기업이 많고 실무진 면접과 임원 면접에서 평가요소가 다르기 때문에 유형에 맞는 준비방법이 필요
2. 후속 질문에 대한 사전 점검
   - 블라인드 채용 면접에서는 주요 질문과 함께 후속 질문을 통해 지원자의 직무능력을 판단
     → STAR 기법을 통한 후속 질문에 미리 대비하는 것이 필요

1. 코레일 한국철도공사

- 이미 완수된 작업을 창의적으로 개선한 경험이 있다면 말해 보시오.
- 작업을 창의적으로 개선했을 때 주변인의 반응에 대해 말해 보시오.
- 다른 사람과의 갈등을 해결한 경험이 있다면 말해 보시오.
- 동료가 일하기 싫다며 일을 제대로 하지 않을 경우 어떻게 대처할 것인지 말해 보시오.
- 노력한 프로젝트의 결과가 안 좋을 경우 어떻게 해결할 것인지 말해 보시오.
- 추가로 어필하고 싶은 본인의 역량에 대해 말해 보시오.
- 자기개발을 어떻게 하는지 말해 보시오.
- 인생을 살면서 실패해 본 경험이 있다면 말해 보시오.
- 팀워크를 발휘한 경험이 있다면 본인의 역할과 성과에 대해 말해 보시오.
- 본인의 장점과 단점은 무엇인지 말해 보시오.
- 본인의 장단점을 업무와 연관지어 말해 보시오.
- 성공이나 실패의 경험으로 얻은 교훈이 있다면 이를 직무에 어떻게 적용할 것인지 말해 보시오.
- 본인이 중요하게 생각하는 가치관에 대해 말해 보시오.
- 공공기관의 직원으로서 중요시해야 하는 덕목이나 역량에 대해 말해 보시오.
- 인간관계에서 스트레스를 받은 경험이 있다면 말해 보시오.
- 코레일의 직무를 수행하기 위해 특별히 더 노력한 부분이 있다면 말해 보시오.
- 주변 사람이 부적절한 일을 했을 때 어떻게 해결했는지 말해 보시오.
- 상사와 가치관이 대립한다면 어떻게 해결할 것인지 말해 보시오.
- 상사가 불법적인 일을 시킨다면 어떻게 행동할 것인지 말해 보시오.
- 조직에 잘 융화되었던 경험이 있다면 말해 보시오.
- 상사와 잘 맞지 않았던 경험이 있다면 말해 보시오.
- 무언가에 열정을 갖고 도전한 경험이 있다면 말해 보시오.
- 동료와의 갈등을 해결한 경험이 있다면 말해 보시오.
- 원칙을 지켰던 경험이 있다면 말해 보시오.
- UPS와 같은 장치 내 반도체소자가 파괴되었다. 그 원인을 설명해 보시오.
- 전계와 자계의 차이점을 아는 대로 설명해 보시오.
- 페란티 현상이 무엇인지 아는 대로 설명해 보시오.
- 누군가와 협력해서 일해 본 경험이 있다면 말해 보시오.
- 본인만의 장점이 무엇인지 말해 보시오.
- 원칙을 지켜 목표를 달성한 경험이 있다면 말해 보시오.
- 직무를 수행하는 데 가장 중요한 것이 무엇이라고 생각하는지 말해 보시오.
- 낯선 환경에서 본인만의 대처법을 말해 보시오.
- 코레일에 입사하기 위해 준비한 것을 말해 보시오.

- 이미 형성된 조직에 나중에 합류하여 적응한 경험이 있다면 말해 보시오.
- 자기계발을 통해 얻은 성과가 무엇인지 말해 보시오.
- 물류 활성화 방안에 대한 본인의 생각을 말해 보시오.
- 규칙이나 원칙을 지키지 않은 경험이 있다면 말해 보시오.
- 평소 여가 시간에는 어떤 활동을 하는지 말해 보시오.
- 코레일에서 가장 중요하다고 생각하는 것이 무엇인지 말해 보시오.
- 의사소통에서 가장 중요하다고 생각하는 것이 무엇인지 말해 보시오.
- 까다로운 고객을 응대했던 경험이 있다면 말해 보시오.
- 소통을 통해 문제를 해결한 경험이 있다면 말해 보시오.
- 공공기관에서 가장 중요하다고 생각하는 윤리가 무엇인지 말해 보시오.
- IoT가 무엇인지 아는 대로 설명해 보시오.
- 코딩이 무엇인지 아는 대로 설명해 보시오.
- 최근 관심 있게 본 사회 이슈를 말해 보시오.
- 철도 부품 장비에 대해 아는 대로 설명해 보시오.
- 철도 정비 경험이 있다면 말해 보시오.
- 창의성을 발휘해 본 경험이 있다면 말해 보시오.
- 본인의 안전 의식에 대해 말해 보시오.
- 본인의 단점은 무엇이라고 생각하며, 이를 해결하기 위해 어떠한 노력을 했는지 말해 보시오.
- 남들이 꺼려하는 일을 해본 경험이 있다면 말해 보시오.
- 잘 모르는 사람과 단기간으로 일할 때 어떻게 성과를 이뤄낼 것인가? 그러한 경험이 있는가?
- 성과는 없지만 일을 잘 마무리한 경험이 있는가?
- 코레일에 입사하여 본인이 기여할 수 있는 것에는 무엇이 있겠는가?
- 살아오면서 최근에 좌절한 경험이 있는가?
- 팀 과제나 프로젝트를 하면서 어려움이 있었던 경험에 대해 말해 보시오.
- 학창 시절 어떤 프로젝트를 수행했는지 말해 보시오.
- 자신의 직무 경험이 무엇이고, 그 경험이 가지는 강점에 대해 말해 보시오.
- 공모전에 참가한 경험이 있다면 말해 보시오.
- 코레일 사이트는 2가지가 있다. 그중 예매와 관련 있는 사이트는?
- 본인의 전공과 철도와의 연관성을 말해 보시오.
- 나이 차이가 나는 상사와의 근무환경을 어떻게 생각하는가?
- 변압기가 무엇인지 말해 보시오.
- 전동기 제동 방법에 대해 말해 보시오.
- 가치관이 다른 사람과 대화를 해본 경험에 대해 말해 보시오.
- 철도 민영화에 대한 생각을 말해 보시오.
- 보안사고 발생 시 대처법에 대해 말해 보시오.
- 살면서 가장 기뻤던 일과 슬펐던 일에 대해 말해 보시오.
- 아르바이트나 동아리를 해본 경험이 있는가? 있다면 경험을 통해 팀워크를 증가시키기 위해 했던 노력을 말해 보시오.
- 최근 코레일에 대한 뉴스를 접한 적이 있는가?
- 입사한다면 상사의 지시에 따를 것인가, 자신의 방법대로 진행할 것인가?
- 의견을 고집하는 사람이 조직 내에 있으면 어떻게 할 것인가?
- 신입직원으로서 업무가 익숙하지 않은데 위험한 상황에 처한다면 어떻게 해결할 것인가?

- 차량을 정비할 때 동료들끼리 혼선되지 않고 일하려면 어떻게 할 것인가?
- 민원이 들어오거나 차량 안전에 문제가 있을 때 어떻게 하겠는가?
- 교육사항과 현장의 작업 방식 간 차이가 발생했을 때 어떻게 대처해야 하는가?
- 코레일 환경상 하청 없이 전기직 직원이 직접 유지 · 보수를 해야 하는 상황에서 많은 사고가 발생한다. 사고를 줄일 수 있는 획기적인 방법은 무엇인가?
- 무임승차를 한 고객을 발견했을 때 어떻게 대응할 것인가?
- 카페열차의 이용 활성화 방안에 대해 말해 보시오.
- 명절에 갑자기 취소하는 표에 대한 손해액 대책 마련 방안에 대해 말해 보시오.

2. 서울교통공사

- 자신의 소통 역량을 어필할 수 있는 경험이 있다면 말해 보시오.
- 본인의 강점과 업무상 필요한 자질을 연관 지어 이야기해 보시오.
- 경쟁하던 상대방을 배려한 경험이 있다면 말해 보시오.
- 책에서 배우지 않았던 지식을 활용했던 경험이 있다면 말해 보시오.
- 타인과의 소통에 실패했던 경험이 있는지, 이를 통해 느낀 점은 무엇인지 말해 보시오.
- 본인의 직업관을 솔직하게 말해 보시오.
- 정보를 수집하는 본인만의 기준이 있다면 말해 보시오.
- 긍정적인 에너지를 발휘했던 경험이 있다면 말해 보시오.
- 서울교통공사와 관련하여 최근 접한 이슈가 있는지, 그에 대한 본인의 생각은 어떠한지 말해 보시오.
- 팀 프로젝트 과정 중에 문제를 겪었던 경험이 있는지, 그런 경험이 있다면 문제를 어떻게 효과적으로 해결했는지 말해 보시오.
- 본인은 주위 사람들로부터 어떤 평가를 받는 사람인지 말해 보시오.
- 본인이 맡은 바보다 더 많은 일을 해본 경험이 있는지 말해 보시오.
- 평소 생활에서 안전을 지키기 위해 노력했던 습관이 있다면 말해 보시오.
- 기대했던 목표보다 더 높은 성과를 거둔 경험이 있다면 말해 보시오.
- 공공데이터의 활용방안에 대해 말해 보시오.
- 지하철 객차 내에서 느낀 불편한 점이 있는지 말해 보시오.
- 본인의 스트레스 해소 방안에 대해 말해 보시오.
- 서울교통공사에 입사하기 위해 참고했던 자료 중 세 가지를 골라 말해 보시오.
- 본인의 악성민원 응대 방법에 대해 말해 보시오.
- 기획안을 작성하고자 할 때 어떤 자료를 어떻게 참고할 것인지 말해 보시오.
- 공직자에게 가장 중요한 신념이 무엇이라고 생각하는지 말해 보시오.
- 봉사활동 경험이 있는지 말해 보시오.
- 갈등해결 경험이 있는지, 있다면 어떠한 갈등해결 전략을 어떻게 활용하였는지 말해 보시오.
- 자기계발 경험에 대하여 간략하게 말해 보시오.

- 서울교통공사에 입사하기 위해 특별히 노력한 부분이 있는지 말해 보시오.
- 서울교통공사에서 시행 중인 4차 산업혁명 관련 사업을 아는 대로 말해 보시오.
- 지하철 관련 사건·사고에 대해서 아는 대로 말해 보시오.
- 공기업 직원으로서 가장 중요한 덕목이 무엇인지 말해 보시오.
- 갈등 상황에서 Win – Win 전략을 사용한 적이 있는지 말해 보시오.
- 다른 회사와 비교할 때 서울교통공사만의 장단점에 대해 말해 보시오.
- 역무원으로서 가져야 할 자세와 그에 대한 경험에 대해 말해 보시오.
- 역무원 업무에서 4차 산업혁명 기술을 이용할 수 있는 방안에 대해 말해 보시오.
- 부정승차를 대처할 수 있는 방안에 대해 말해 보시오.
- 컴플레인에 대처할 수 있는 방안에 대해 말해 보시오.
- 지하철 혼잡도를 낮추고 승객 스트레스를 줄이기 위한 방안에 대해 말해 보시오.
- 지하철 공간 활용방안에 대해 말해 보시오.
- 일회용 교통권 회수율 상승 방안에 대해 말해 보시오.
- 특정 분야의 전문가가 되기 위해 노력했던 경험이 있는지, 이를 서울교통공사에서 어떻게 발휘할 것인지 말해 보시오.
- 지금의 자신을 가장 명확하게 표현할 수 있는 과거의 경험이 있다면 말해 보시오.
- 접지저항의 종별 크기에 대하여 말해 보시오.
- 영어로 자기소개를 할 수 있다면 간략하게 해 보시오.
- 평상시 서울교통공사에 바라는 개선점이 있었다면 말해 보시오.
- 우리나라 지하철을 이용하며 느낀 장단점에 대하여 말해 보시오.
- 소속 집단을 위하여 사소하게라도 희생한 경험이 있다면 말해 보시오.
- 분기기에 대해 말해 보시오.
- 이론교점과 실제교점에 대해 말해 보시오.
- 크로싱부에 대해 말해 보시오.
- 궤도틀림에 대해 말해 보시오.
- 궤도 보수에 사용되는 장비에 대해 말해 보시오(MTT, STT 등).
- 온도 변화 신축관이란 무엇인지, 피뢰기와 피뢰침, 조합논리회로와 순차논리회로에 대한 개념과 비교하여 말해 보시오.
- 노인 무임승차 해결 방안에 대해 말해 보시오.
- 혼잡한 시간대에 열차를 증차하면 그에 따르는 추가비용은 어떻게 감당할 것인지에 대한 방안을 빅데이터를 활용해서 말해 보시오.
- 대중교통 이용을 통해 건강문제를 해결할 수 있는 방안에 대해 말해 보시오.
- 지하철 성범죄 예방방법에 대해 말해 보시오.
- 신호체계 혼재로 인한 안전사고 해결 방안에 대해 말해 보시오.
- 4차 산업의 빅데이터를 활용하여 지하철 출퇴근 시간의 붐비는 현상을 개선할 방안에 대해 말해 보시오.
- 지하철 안내판 개선방법에 대해 말해 보시오.
- 지하철 불법 광고 근절 방안에 대해 말해 보시오.
- 교통체계 시스템 개선 방안에 대해 말해 보시오.
- 국민들이 사기업보다 공기업 비리에 더 분노하는 이유는 무엇이라고 생각하는지 말해 보시오.
- 사람과 대화할 때 가장 중요한 것이 무엇이라고 생각하는지 말해 보시오.
- 본인을 색으로 표현하면 무슨 색이고 왜 그 색인지 이유를 말해 보시오.

3. 국민건강보험공단

- 출생신고제와 보호출산제의 병행 방향을 제시해 보시오.
- 섭식장애에 대한 지원 방향을 제시해 보시오.
- 저소득층의 당뇨 관리 방안은 무엇인가?
- 국민건강보험공단에 제시하고 싶은 개인정보보호 강화 방안은 무엇인가?
- 선임이 나에게는 잡일을 시키고 동기에게는 중요한 일을 시킨다면 본인은 어떻게 할 것인가?
- 열심히 자료 조사를 했는데 선임이 상사에게 본인이 찾았다고 하는 상황에서 어떻게 대처할 것인가?
- 국민건강보험공단의 보장성을 강화할 수 있는 방안은 무언인가?
- 상병수당을 효과적으로 홍보할 수 있는 방안은 무엇인가?
- 고령화시대에서 국민건강보험공단의 이상적인 사업 추진 방향은 무엇인가?
- 사회복지와 관련된 경험이 적은 편인데, 관련된 지식은 어떤 것들이 있는지 말해 보시오.
- 성장의 동력이 되었던 실패 경험이 있는가?
- 성실하다는 평을 들어본 경험이 있다면 이야기해 보시오.
- 상사와 가치관이 대립한다면 어떻게 대처할 것인지 말해 보시오.
- 본인이 가지고 있는 역량 중 어떤 업무에 전문성이 있다고 생각하는가?
- 가장 자신 있는 업무와 이와 관련된 이슈를 아는 대로 말해 보시오.
- 업무 중 모르는 것이 있다면 어떻게 대처하겠는가?
- 업무를 숙지하는 노하우가 있다면 말해 보시오.
- 악성 민원을 대처해 본 경험이 있다면 말해 보시오.
- 상사의 긍정적 또는 부정적 피드백을 받은 경험이 있는가?
- 동료와의 갈등상황이 생긴다면 어떻게 대처하겠는가?
- 끈기를 가지고 노력했던 경험이 있는가?
- 공공기관 직원이 갖춰야 할 중요한 가치나 덕목은 무엇이라고 생각하는가?
- 자신이 갖고 있는 직무역량 및 강점을 가지고 요양직 직무를 한다면 어떤 점을 발휘할 수 있는가?
- 예상치 못한 어려움 속에서 이를 해결했던 경험과 본인의 역할은 무엇이었는지 말해 보시오.
- 빠른 상황판단 능력을 통해 국민건강보험공단에서 기여할 수 있는 부분에 대해 말해 보시오.
- 민원 업무에 대한 자신의 가치관에 대해 이야기하고, 그 이유에 대해 설명해 보시오.
- 직무기술서에 대해 읽어본 적이 있는가? 읽어보았다면 어떤 내용이 있는지 말해 보시오.
- 통계조사를 하기 위해서 어떤 능력이 필요한가? 혹시 관련된 프로그램을 쓸 줄 안다면 말해 보시오.
- 국민건강보험공단에 들어오게 되면 개선시키고 싶은 사업이 있는가? 그 이유는 무엇인가?
- 현재 국민건강보험공단이 추진하고 있는 사업에 대해 아는 대로 말해 보시오.
- 본인이 생각했을 때 친해지기 어려운 사람에 대해 말해 보시오.
- 실패하거나 힘들었던 경험에서 후회하는 부분은 무엇이며 지금 다시 돌아간다면 어떻게 할 것인가?
- 자신의 의사소통 방법에 대하여 설명해 보시오.
- 공직자로서의 태도에 대하여 자신의 생각을 말해 보시오.
- 국민건강보험공단을 이용했을 때 좋았던 점과 개선할 점에 대해 말해 보시오.
- 지원한 직무의 강점 및 약점을 말해 보시오.
- 귀하의 약점을 개선하기 위해 어떠한 노력을 했는지 말해 보시오.
- 조직에 적응하기 위해 어떠한 노력을 했는지 말해 보시오.
- 생계형 체납자에 대한 실효적인 관리 방안에 대하여 토론해 보시오.

- 장애인 건강권 보장에 대하여 토론해 보시오.
- 국민건강보험과 민간의료보험(사보험)의 차이에 대하여 말해 보시오.
- 지원자 본인이 가지고 있는 능력을 발전시키기 위해 어떠한 노력을 했는지 말해 보시오.
- 지원자가 경험한 일 중 요양직 업무에 기여할 수 있는 것은 무엇이 있는가?
- 공정하게 일을 처리한 경험을 말해 보시오.
- 까다로운 환자를 담당한 경험을 말해 보시오.
- 불만을 표시하는 상대를 설득한 경험을 말해 보시오.
- 조직 생활이나 학교 생활을 하면서 창의적으로 일을 처리했던 경험을 말해 보시오.
- 지원자가 생각하는 일을 잘한다는 기준은 무엇인가?
- 지금까지 살면서 가장 후회했던 경험이 있는가?
- 본인이 생각했을 때 가장 좋은 성품과 고치고 싶은 습관은 무엇인가?
- 단호하게 일 처리를 했던 적이 있는가?
- 갈등 상황에서 타인의 의견을 수용하고 해결한 경험을 말해 보시오.
- 지금까지의 경험으로 강화된 역량은 무엇인가?
- 책임감을 가지고 자신이 맡은 업무에 임한 경험이 있는가?
- 윤리적으로 잘못된 것이라고 판단하고 일을 하지 않은 경험을 말해 보시오.
- 고객과 소통하는 자신만의 노하우가 있는가?
- 자신만의 원칙으로 업무를 처리한 경험을 말해 보시오.
- 30초 동안 자기소개를 해 보시오.
- 새로운 변화로 발생한 문제를 해결한 경험을 말해 보시오.
- 국민건강보험공단에서 하는 일은 무엇인가?
- 협업하여 어떤 일을 해낸 경험을 말해 보시오.
- 어떤 상황에서 가장 스트레스를 받는가?
- 본인만의 스트레스 해소법은 무엇인가?
- 국민건강보험공단에 지원한 이유가 무엇인가?
- 보험에 대해 아는 대로 말해 보시오.
- 살면서 가장 힘들었던 경험을 말해 보시오.
- 상사나 동료와의 갈등 경험이 있는가?
- 국민건강보험공단 면접장에 처음 왔을 때 기분이 어떠하였는가?
- 본인이 합격 혹은 불합격을 한다면 그 이유는 무엇이라고 생각하는가?
- 고객들을 위해 남들은 하지 않았지만 본인이 했던 행동이 있다면 무엇이었는가?
- 일을 주도적으로 한 경험이 있는가?
- 최근에 사람들에게 싫은 소리를 한 적이 있는가?
- 거절당한 경험을 말해 보시오.
- 평소에 하던 업무가 아닌 새로운 업무를 시작한 경험이 있는가?
- 새로운 조직이나 환경에 적응하기 위해 어떤 노력을 했는가?
- 부당한 대우를 당한 경험이 있는가?
- 새롭게 주어진 업무 중에서 가장 어려웠던 경험을 말해 보시오.
- 조직의 어떤 프로세스를 후배에게 전수한 경험을 말해 보시오.
- 직장에서 부정적인 평가를 들었던 경험과 극복한 사례를 말해 보시오.
- 정보화시대에서 정보를 찾으려 노력해 성공적으로 일을 해결한 경험을 말해 보시오.

4. 건강보험심사평가원

- NHI와 NHS를 비교하여 말해 보시오.
- 건강보험심사평가원의 요양급여대상 여부의 적용 4단계와 각 고려요소에 대해 말해 보시오.
- 디지털시대 고객만족 CS에 대해 말해 보시오.
- 행정처분 시 병원이 해야 하는 절차에 대해서 말해 보시오.
- 그린벨트에 대한 찬성 / 반대 입장을 말해 보시오.
- 원칙과 상황 중 어느 것을 중요하게 생각하는지 말해 보시오.
- 업무를 익히는 노하우에 대해 말해 보시오.
- 본인의 단점으로 인해 발생할 수 있는 문제와 이를 개선하기 위한 방안을 말해 보시오.
- 건강보험심사평가원의 발전에 기여할 수 있는 아이디어를 말해 보시오.
- 건강보험심사평가원의 업무 중 더 효율적으로 개선할 수 있는 부분에 대한 본인의 생각을 말해 보시오.
- 인생을 살면서 가장 몰입했던 일이 무엇인지 말해 보시오.
- 신뢰를 받은 경험이 있다면 말해 보시오.
- 고객 서비스 정신이란 무엇이라고 생각하는지 말해 보시오.
- 건강보험심사평가원이 독립적으로 존재해야 하는 이유에 대해 말해 보시오.
- 자보 심사를 건강보험심사평가원에서 하는 이유에 대해 말해 보시오.
- 건강보험심사평가원의 부족한 점에 대해 생각나는 대로 말해 보시오.
- 요양급여대상을 확인하는 방법과 이의신청에 대하여 말해 보시오.
- 직장이란 무엇이라고 생각하는지 말해 보시오.
- 본인의 장점이 건강보험심사평가원의 어떤 점과 잘 맞을 거라고 생각하는지 말해 보시오.
- 건강보험심사평가원 홈페이지에서 좋았던 점이 있다면 말해 보시오.
- 최근에 읽었던 책과 가장 감명 깊었던 책에 대하여 말해 보시오.
- 건강보험심사평가원의 역할 중 가장 중요한 것이 무엇이라고 생각하는지 말해 보시오.
- 상급종합병원의 조건에 대해 말해 보시오.
- 공보험과 사보험의 차이에 대해 아는 대로 말해 보시오.
- 포괄수가제에 대해 아는 대로 말해 보시오.
- 직장에서 업무를 진행하면서 전문용어 때문에 어려움을 겪은 사례와 어떻게 해결했는지 말해 보시오.
- 직장생활에서 꼭 필요한 점 2가지를 말해 보시오.
- 빅데이터를 활용한 아이디어를 제시해 보시오.
- 건강보험심사평가원에 접목할 수 있는 4차 산업혁명의 기술은 어떠한 것이 있겠는가?
- 건강보험심사평가원의 보안 솔루션을 제시해 보시오.
- 고객의 공공데이터 접근성을 높이기 위한 방법에는 어떠한 것이 있겠는가?
- 우리나라 중증질환자 증가율을 OECD 평균 중증질환자 증가율과 비교하면 어떠한지 말해 보시오.
- 공직자의 직업윤리를 설명해 보시오.
- PA간호사에 대해 설명해 보시오.
- PA간호사 인력에 대한 찬성 / 반대 입장을 말해 보시오.
- 건강보험심사평가원에 대한 기사 중 최근에 읽은 것은 무엇인가?
- 건강보험심사평가원의 외부 청렴도를 높이기 위한 방안을 제시하시오.
- 건강보험심사평가원의 평가와 심사의 다른 점은 무엇인가?
- 필터버블에 대해서 아는 대로 설명해 보시오.
- 사회복지재원의 부당한 사용에 대해 어떻게 생각하는가?

- 의료보건 전달체계에 대해 말해 보시오.
- 가장 뛰어나다고 생각하는 발명을 말해 보시오.
- 건강보험심사평가원의 의료동향 지표 20가지를 말해 보시오.
- 한국의 GDP와 GNP가 대략 얼마일 것 같은가?
- 의료민영화에 대한 자신의 생각을 말해 보시오.
- DUR에 대해 아는 대로 말해 보시오.
- 다른 사람들이 하기 싫어하는 일을 자진해서 먼저 해본 경험을 말해 보시오.
- 건강보험심사평가원의 비전에 기여할 방안을 향후 10년 계획으로 말해 보시오.
- 청렴에 대한 귀하의 생각을 말해 보시오.
- 귀하의 비전을 한 단어로 설명해 보시오.
- 협업을 통해 팀워크를 발휘한 경험을 말해 보시오.
- 건강보험심사평가원에 지원하게 된 동기를 말해 보시오.
- 상사와 의견이 다를 때 어떻게 설득할 것인지 말해 보시오.
- 희망하는 부서와 그 부서에 자신이 적합하다고 생각하는 이유를 경험과 관련지어 설명해 보시오.
- 자기소개를 개인의 경험과 관련해서 하고, 본인의 강점을 말해 보시오.
- 학교 때 가장 힘들었던 과목과 그 이유를 말해 보시오.
- 병원이나 조직 생활 시 갈등을 해결했던 경험이 있는가?
- 지켜야 할 규정의 기준이 정확하지 않을 때 어떻게 할 것인가?
- 관련 직무를 위해서 어떤 경험과 노력을 했는가?
- 본인이 지원한 부서에 어떻게 기여할 수 있는가?
- 본인의 강점은 무엇인가?
- 본인의 장단점과 좌우명을 말해 보시오.
- 건강보험심사평가원에 방문한 소감을 말해 보시오.
- HIRA는 무엇의 약자인가?
- 건강보험심사평가원의 미션과 가치를 알고 있는가? 어떻게 생각하는가?
- 건강보험심사평가원에서 일을 하다가 중간에 다른 일이 본인에게 더 맞는다는 생각이 든다면 어떻게 할 것인가?
- 건강보험심사평가원이 하는 일 중 가장 인상 깊은 것은 무엇인가?
- 규칙과 규범을 어겨본 적이 있는가?
- 자신의 가치관을 형성하게 한 위인은 누구인가?
- 상사와의 갈등을 어떻게 해결할 것인가?
- 업무를 하는데 본인의 가치관과 반하는 일을 해야 한다면 어떻게 할 것인가?
- 주변에서 본인을 어떻게 평가하는가?
- 자신이 면접관이라면 무엇을 질문하겠는가?
- 10년 뒤 본인의 모습을 설명해 보시오.
- 상사가 100% 도덕적·사회적으로 문제가 있다고 생각하는 업무를 지시했다. 그러나 법적으로는 문제가 없다면 따르겠는가?

5. 한국전력공사

- 적자 해소를 위한 방안에 대해 말해 보시오.
- 역률의 개념에 대해 설명해 보시오.
- 이상전압 현상에 대해 설명해 보시오.
- 전기차와 관련하여 한국전력공사에서 할 수 있는 업무는 무엇인지 설명해 보시오.
- 학교에 재학할 당시 가장 친한 친구는 어떠한 사람이었는가?
- 자신을 한마디로 설명해 보시오.
- 가공전선로와 지중전선로의 차이점에 대해 설명해 보시오.
- 지중전선로에 사용되는 케이블에 대해 설명해 보시오.
- 페이저가 무엇인지 말해 보시오.
- 한전에 입사하기 위해 어떤 준비를 하였는지 본인의 경험에 대해 말해 보시오.
- 본인의 분석력이 어떻다고 생각하는지 말해 보시오.
- 금리와 환율의 변화가 한전에 미치는 영향에 대해 말해 보시오.
- 공유지의 비극에 대해 설명해 보시오.
- 수평적 조직과 수직적 조직의 장점에 대해 말해 보시오.
- 가장 친환경적인 에너지는 무엇이라 생각하는지 말해 보시오.
- 윤리경영의 우수한 사례에 대해 말해 보시오.
- 연구비 및 회계처리 방법에 대해 말해 보시오.
- IPO(기업공개)에 대해 설명해 보시오.
- 연결 재무제표의 장단점에 대해 말해 보시오.
- 수금업무가 무엇인지 설명해 보시오.
- 변화된 전기요금체계에 대해 설명해 보시오.
- 윤리경영과 준법경영에 대해 설명해 보시오.
- 시장형 공기업의 정의에 대해 말해 보시오.
- 민법상 계약의 종류는 어떠한 것이 있는지 말해 보시오.
- 위헌 법률에 대해 설명해 보시오.
- 소멸시효와 공소시효의 차이점에 대해 설명해 보시오.
- 채권금리와 시장의 상관관계에 대해 설명해 보시오.
- 중앙은행이 금리를 올렸을 때 채권이자율의 변동을 설명해 보시오.
- 기회비용과 매몰비용의 개념에 대해 설명해 보시오.
- 시장실패와 정부실패의 개념과 발생 원인에 대해 설명해 보시오.
- 신자유주의의 개념에 대해 설명해 보시오.
- GIS 변전소의 특징을 말해 보시오.
- 새로운 방법으로 문제를 해결한 경험을 말해 보시오.
- 변압기의 기계적 보호장치에 대해 설명해 보시오.
- 신재생에너지와 관련하여 한국전력공사가 나아가야 할 방향을 말해 보시오.
- 가장 최근에 접한 한국전력공사 관련 뉴스는 어떤 것인지 말해 보시오.
- ESS 화재원인에 대하여 알고 있는가?
- 탈원전에 대하여 어떻게 생각하는가?
- 페란티 현상에 대하여 설명해 보시오.
- 제한전압이란 무엇인지 설명해 보시오.

- 블랙아웃 현상에 대하여 설명해 보시오.
- HVDC에 대하여 설명해 보시오.
- 철심의 조건에 대하여 알고 있는가?
- 부하율과 부등률에 대하여 설명해 보시오.
- 도전적으로 무언가를 한 경험에 대해 말해 보시오.
- PCS 종류와 특징에 대해 말해 보시오.
- 콘크리트 시험 시 시공 전, 시공 중, 시공 후에 각각 어떤 실험을 하는지 말해 보시오.
- 철탑은 풍하중을 많이 받는다. PHC 파일과 강관파일 중에 어떤 것이 더 많이 흔들릴 것 같은가?
- 응력선도에 대해 설명해 보시오.
- 단항, 군항의 정의를 말해 보시오.
- 숏크리트의 효과에 대해 말해 보시오.
- 다른 사람의 만류에도 불구하고 무언가를 했던 경험에 대해 말해 보시오.
- 계통에서 발생할 수 있는 가장 큰 사고가 무엇인가?
- 수직공 굴착할 때 주변에 침하가 많이 발생하는데 어떻게 할 것인가?
- 측량 오차의 종류와 특징을 말해 보시오.
- 옹벽의 안정 조건이 무엇인가?
- 옹벽의 활동을 막으려면 어떻게 해야 하는가?
- Wi-Fi 품질 저하에 대한 해결책과 원인을 말해 보시오.
- 범위의 경제가 무엇인지 아는가?
- 수평적 통합과 수직적 통합에 대해 설명해 보시오.
- 소멸시효와 제척기간의 차이가 무엇인가?
- 본인이 주도적으로 팀을 만들어 이끌어 본 경험이 있는가?
- SW 공학에서 나선형 모델을 설명하고 장단점을 비교해 보시오.
- 머신러닝과 딥러닝의 차이점을 설명하고, AI가 주목받는 이유를 설명해 보시오.
- SPT 표준관입시험에 대해 말해 보시오.
- CPT에 대해 들어보았는가? 아는 대로 말해 보시오.
- 콘크리트 타설 방법에 대해 말해 보시오.
- 캡스톤 디자인 때 어떤 것을 했는지 자세히 말해 보시오.
- 워커빌리티, 트래커빌리티에 대해서 이야기해 보시오.
- 액상화 현상에 대해 설명해 보시오.
- 본인의 장점과 단점은 무엇인가?
- 입사 후 친구가 전기세가 비싸다고 본인에게 따진다면 어떻게 대처하겠는가?
- 개폐기와 차단기의 차이점을 말해 보시오.
- 변압기 결선에 대해 말해 보시오.
- COS와 PF의 차이에 대해 설명해 보시오.
- 누진제에 대해 어떻게 생각하는가?
- '전기'하면 생각나는 것이 무엇인가?
- 블랙아웃에 대해 어떻게 생각하는가? 다시 발생할 수 있다고 생각하는가?
- 카르텔과 담합에 대해 말해 보시오.
- 기펜재는 무엇이며, 역사적으로 기펜재의 사례로 무엇이 있는가?
- 피라미드 조직과 수평적 조직에 대해 설명해 보시오. 한국전력공사는 어떤 조직에 속하는가?

- 이러닝과 단체교육의 장단점을 말해 보시오.
- 대체재와 보완재로 상품을 분류하고 설명해 보시오.
- 한국전력공사를 STP 분석해 보시오.
- 맥스웰 방정식에 대해 말해 보시오.
- 전선의 요구 조건에는 무엇이 있는가?
- 송전전압이 낮아졌을 때와 높아졌을 때 일어나는 현상을 말해 보시오.
- 지중송전선로와 가공송전선로를 비교해 보시오.
- 송배전 분야에서 가장 자신 있는 분야를 말해 보고, 한국전력공사가 그 분야에서 어떤 기기를 사용하는지 말해 보시오.
- 무선충전기의 원리를 간략하게 말해 보시오.
- 슈퍼그리드와 마이크로그리드의 차이점을 아는가? 마이크로그리드를 정의해 보시오.
- 마이크로그리드에 사용되는 신재생에너지의 종류는 무엇인가?
- 타인과의 갈등 상황이 발생했을 때, 지원자만의 해결 방안이 있는가?
- 한국전력공사와 관련한 최신 기사에 대하여 간략하게 말해 보시오.
- 정확성과 신속성 중 무엇을 더 중요하게 생각하는가?
- 최근의 시사 이슈를 한 가지 말하고, 그것에 대한 본인의 생각을 말해 보시오.
- 개인주의와 이기주의의 차이점에 대하여 설명하고, 이 두 가지를 조직에 어떻게 적용할 수 있는지 설명해 보시오.
- 지원자에게 큰 영향을 미친 사건이 있다면 말해 보시오.
- 변화란 무엇이라고 생각하는가?
- 한국전력공사의 미래는 어떨 것 같은가?
- 조직 내에서 많은 변화가 이뤄지고 있다. 조직 개편, 근로시간 단축에 대해 어떻게 생각하는가?

6. 한국가스공사

- 4차 산업혁명과 관련하여 한국가스공사에서 할 수 있는 일에 대하여 발표해 보시오.
- 개폐기와 차단기의 차이점에 대하여 발표해 보시오.
- 한국가스공사의 업무 중 마케팅 방안에 대하여 발표해 보시오.
- 공급관리자 교육 참여율을 높이는 방법에 대하여 발표해 보시오.
- 공사 사업 중 천연가스 사업에 대하여 발표해 보시오.
- 기록물 관리 전문요원으로서 문제 상황을 어떻게 해결하겠는가?
- 기록물과 도서의 차이점에 대하여 발표해 보시오.
- LNG산업의 미래에 대하여 발표해 보시오.
- 신재생에너지원의 중요도에 대하여 발표해 보시오.
- 안전관리에 대한 아이디어를 제시해 보시오.
- 불산가스 누출 사고에 대한 원인을 검토하고 대책을 강구해 보시오.
- 안전한 가스 저장시설의 운영에 필요한 기술들에 대해서 발표해 보시오.

- 가스 저장시설을 옮기려고 하는데 지역주민들의 반대가 심할 때 이에 대한 해결 방안을 제시해 보시오.
- 원유의 정제 과정에 대하여 설명해 보시오.
- 이상기체와 실제기체의 차이를 설명해 보시오.
- 레이놀즈 수를 정의하고, 층류와 난류의 특성을 설명해 보시오.
- 캐비테이션의 방지법에 대해 설명해 보시오.
- 허용응력 설계법과 극한강도 설계법에 대해서 설명해 보시오.
- 전공 지식을 업무에 어떻게 녹여낼 것인지 말해 보시오.
- 분쟁 시 어떻게 해결하는지 그 과정을 말해 보시오.
- 트라우마 극복 방법을 말해 보시오.
- 지원자가 입사하게 된다면 하고 싶은 업무는 무엇인가?
- 업무와 관련한 지인과 충돌이 발생한다면 어떻게 대처하겠는가?
- 상사와의 의견 충돌이 있다면 어떻게 할 것인가?
- 학생과 직장인의 차이점은 무엇이라 생각하는가?
- 지원자만의 좌우명이나 생활신조가 있는가?
- 현재 국내 환경 문제 중 가장 큰 관심사인 미세먼지 문제를 해결하기 위해 한국가스공사가 나아가야 할 방향과 그것과 관련한 본인의 역할은 무엇이라고 생각하는가?
- 본인의 성실함에 점수를 준다면 몇 점이라고 생각하는가?
- 최근에 접한 한국가스공사의 기사가 있다면 무슨 내용이었는지 말해 보시오.
- 한국가스공사에 대하여 생각나는 단어 한 가지를 말해 보시오.
- 안전한 업무 추진을 위한 방안으로 무엇이 있겠는가?
- 한국가스공사의 현장업무나 교대근무에 지장이 없겠는가?
- 자신이 가장 열정적으로 무언가를 해본 경험에 대하여 말해 보시오.
- 한국가스공사의 인재상과 본인의 가치관 중 무엇이 가장 잘 맞는가?
- 부당한 일을 지시하는 상사를 만나면 어떻게 하겠는가?
- 가장 끈기 있게 해본 일은 무엇인가?
- 최근 본 사람 중 가장 열정적인 사람이 있는가?
- 직장인으로서 양보와 자기주장은 몇 대 몇이 가장 이상적이라고 생각하는가?
- 새로운 사람들을 만날 때, 빨리 친해지는 본인만의 방법이 있는가?
- 팀프로젝트를 진행할 때, 본인이 가장 중요시하는 가치관은 무엇인가?
- 입사를 하게 된다면 어떠한 일을 하고 싶은가?
- 본인이 해본 조별 과제 중 제일 어려웠던 과제는 무엇인가?
- 한국가스공사가 하는 사업을 알고 있는가?
- 신재생에너지에 대하여 아는 대로 말해 보시오.
- 공공기관 이전에 대하여 어떻게 생각하는가?
- 한국가스공사의 비전에 대하여 알고 있는가?
- 봉사활동을 해본 경험이 있는가?
- 일반근무와 교대근무 중 어떤 근무를 하고 싶은가?
- 본인이 가장 힘들었던 경험에 대하여 말해 보시오.
- 본인의 포부에 대하여 말해 보시오.
- 한국가스공사를 어떻게 알게 되었는가?
- 3상 발전에 대하여 알고 있는가?

- 커리어 플랜이 어떻게 되는가?
- 제도를 개혁하고 이어나간 경험에 대해 말해 보시오.
- 오지로 발령받는다면 어떻게 할 것인가?
- 갈등을 중재하거나 해결한 경험이 있는가? 이를 통해 어떤 결과를 창출해냈는가?
- 가장 힘들었던 기억과 극복 과정에 대해서 말해 보시오.
- 자신은 어떠한 삶을 살아왔다고 생각하는가?
- 가스 산업의 미래에 대해 말해 보시오.
- 일을 처리할 때 혼자 진행하는 것이 좋은가, 팀으로 진행하는 것이 좋은가?
- 조직 생활에서 가장 중요한 요소는 무엇이라고 생각하는가?
- 현재 우리나라 경제 상황에 대한 의견을 말해 보시오.
- 자신의 장단점을 말해 보시오.
- 행정조직의 개편에 대해서 어떻게 생각하는지 말해 보시오.
- 한국가스공사의 핵심가치 중 가장 중요하게 생각하는 것은 무엇인가?

7. 한국수력원자력

- 나이가 많은 사람 혹은 상사를 설득해 본 경험이 있는가?
- 자신의 의견을 비판받을 때 이를 수용한 경험이 있는가?
- 리더로서 실패한 경험에 대해 말해 보시오.
- 원자력에 대한 생각을 말해 보시오.
- 열악한 환경에서 근무해야 한다면 어떻게 하겠는가?
- 인간관계에서 가장 중요하게 생각하는 것이 무엇인지 말해 보시오.
- 한국수력원자력 입사를 위해 어떠한 노력을 해왔는지 말해 보시오.
- 한국수력원자력의 인재상 중 귀하와 가장 부합하는 것이 무엇인지 말해 보시오.
- 상사의 비리를 목격했을 때 어떻게 대처하겠는가?
- 직장인으로서 중요하게 생각하는 가치에 대해 말해 보시오.
- 새로운 환경에 적응했던 경험이 있는가?
- 주변에서 '나'라는 사람을 어떻게 평가하는지 말해 보시오.
- 자신을 표현하는 단어 3가지를 말해 보시오.
- 본인에게 경쟁이란 무엇인가?
- 상사가 부당한 지시를 한다면 어떻게 해결할 것인가?
- 동아리나 조별 활동을 하면서 가장 힘들었던 것은 무엇이었는가?
- 본인 성격의 장단점을 말해 보시오.
- 전공과 관련하여 팀 활동을 한 경험이 있는가?
- 탈원전에 대해 어떻게 생각하는가?
- 원자력 건물의 안전성에 대해 설명해 보시오.
- 다른 사람들과 어울리는 것을 좋아하는가?

- 한국수력원자력에 지원하게 된 동기를 말해 보시오.
- 한국수력원자력에 입사하게 된다면 하고 싶은 업무를 말해 보시오.
- 자신의 전공과 원자력의 공통점이 무엇인가?
- 한국수력원자력에 대해 얼마나 알고 있는가?
- 파란색을 시각장애인에게 설명해 보시오.
- 배려와 경쟁이 팀에 어떻게 작용하는지 말해 보시오.
- 원자력과 화력의 차이점에 대해 말해 보시오.
- 책임감, 도덕성, 자기계발, 인성 등 여러 덕목 중에 신입사원이 갖추어야 할 덕목은 무엇인가?
- 한국수력원자력을 어떻게 홍보할 것인가?
- 가장 행복했던 일, 가장 열받았던 일에 대해 어떻게 극복했는가?
- 팀워크란 무엇이라고 생각하는가?
- 전공과목 중 너무 어려웠던 과목은 무엇이며, 그 과목을 극복한 일이 있는가?
- 방사선이 동·식물에 축적되는데, 이에 대해 고려할 점을 토론해 보시오.
- 사용 후 핵연료의 안전하고 체계적인 수송 방안에 대해 토의해 보시오.
- 한국수력원자력이 비리를 없애기 위해 부품을 공급받는 방식을 변화시키려고 한다. SCM을 어떻게 바꿔야 하는가?
- 직장 상사가 부당하거나 불법한 지시를 내릴 경우 어떻게 대처할 것인가?
- SNS 규제에 대해 어떻게 생각하는가?
- 본인의 역량을 입사 후 어떻게 사용하겠는가?
- 국정지표에 대해 말해 보시오.
- 안중근 의사에 대해 말해 보시오.
- 매니저와 리더의 차이가 무엇이라 생각하는가?
- 제시문 : A발전회사가 B지역으로 이주하려고 한다. 직원과 가족들은 회사에서 제공하는 사택에 거주할 예정이다. 직원은 600명이며, 가족까지 합치면 1,500명이다. 이주하는 도시에서 서울까지는 6시간이 걸리며, 가까운 대도시까지는 2시간이 걸린다. 사택 근처에 초등학교, 중학교는 있지만 고등학교까지는 30분 이상 걸린다.

고려사항	선호도	중요도
오락시설(PC방, 당구장)	하	하
대형 마트(식료품 등)	상	상
헬스케어(병원 등)	하	중
문화시설(체육관, 영화관 등)	중	상
교육시설(학원 등)	중	상
교통 개선(노선 증가 등)	중	하

- 중요도와 선호도를 생각했을 때 필요한 것 3가지를 고르고, 이유를 말해 보시오.
- 건설 비용과 필요성을 생각했을 때 3가지를 고르고, 이유를 말해 보시오.
- 만일 사택에 사는 사람이 줄어들게 된다면 위에서 선택한 것 중 수정해야 할 사항을 말해 보시오.
- 제시문 : 팀장 후보에 대한 성격, 신상, 활동 내용
- 마케팅 부서 팀장을 뽑을 때, 팀장 후보 중 누구를 뽑아야 하겠는가?

- 제시문 : 여행사 직원이 되어 여름을 겨냥한 여행 패키지 출시 전략에 대한 내용
  - 어떤 조합으로 패키지를 선택하는 것이 가장 효과적일지 말해 보시오.
  - 다른 여행사에서 똑같은 상품이 출시됐을 때 내세울 수 있는 차별화 방안을 말해 보시오.
  - 자금 부족으로 인해 해당 전략을 실행할 수 없을 때 대처할 수 있는 방안을 말해 보시오.
- 회사 조직의 다양성 관리 방안을 말해 보시오.
- 한국수력원자력의 사회적 책임 강화 방안을 말해 보시오.
- 한국수력원자력의 기업 이미지 개선 방안을 말해 보시오.
- 고졸자 채용 증대에 대한 견해를 말해 보시오.
- 한국수력원자력의 지속 가능한 성장을 위한 사업다각화에 대한 견해를 말해 보시오.
- 한국수력원자력의 바람직한 조직문화와 활성화 방안을 말해 보시오.
- 회사 청렴도, 윤리경영 제고 방안을 말해 보시오.
- 프랑스의 원전 의존도 축소 정책에 대한 의견을 말해 보시오.
- 일본의 모든 원자력발전 정지에 대한 견해를 말해 보시오.
- 후쿠시마 사고 후 우리나라 원전 안전 대책에 대한 견해를 말해 보시오.
- 원자력발전에 대한 견해를 말해 보시오.
- 한국수력원자력의 원자력 국제협력 강화 방안을 말해 보시오.
- 신규 원전 부지 확보와 기존 부지 원전 추가 중 하나를 선택하고 이유를 말해 보시오.
- 한국수력원자력의 성장과 안전에 대해 말해 보시오.
- 겨울철 전력수요 억제 방안의 견해를 말해 보시오.
- 민자사업 요금 인상에 대한 견해를 말해 보시오.
- 전국적 순환정전 사태의 원인 및 해결 방안에 대한 견해를 말해 보시오.
- 전기요금 등 공공요금 인상 요구에 대한 견해를 말해 보시오.
- 동성 결혼에 대한 의견을 말해 보시오.
- 직장생활과 가정생활의 균형에 대한 견해를 말해 보시오.
- 공생 발전에 대한 견해를 말해 보시오.
- 이공계 기피 현상에 대한 견해를 말해 보시오.
- Peer Pressure에 대한 견해를 말해 보시오.
- 한국 사회에서의 기부문화 증대 방안를 말해 보시오.
- 사회적 물의를 일으킨 연예인의 방송 복귀에 대한 견해를 말해 보시오.
- 미아 문제에 대한 자신의 견해를 말해 보시오.
- 학교폭력 문제에 대한 해결 방안을 말해 보시오.
- 국내 가계부채 문제에 대한 견해를 말해 보시오.
- 공공기관에 적합한 인센티브 운영 방안에 대한 견해를 말해 보시오.
- 공기업 직원으로서 가져야 할 가치관에 대한 견해를 말해 보시오.
- 다문화 가정 증가에 따른 문제를 말해 보시오.
- 기업의 정년 연장에 대한 견해를 말해 보시오.
- 북한에 대한 인도적 지원에 대한 견해를 말해 보시오.

8. 국민연금공단

- 자신이 함께 일하기 힘든 사람의 유형을 설명하고, 어떻게 동기부여를 할 것인지 말해 보시오.
- 본인의 장점을 소개하고, 그 점이 우리 회사에 어떻게 기여할 수 있는지 말해 보시오.
- 워라벨을 중요시하는 요즘 신입사원들의 분위기에 대해 어떻게 생각하는지 말해 보시오.
- 리더십이란 무엇이라고 생각하는지 말해 보시오.
- 저출생 시대에 국민연금공단이 사회를 위하여 할 수 있는 일에 대해 말해 보시오.
- 국민연금공단이 운영하고 있는 연금제도가 다른 연금과 다른 점이 무엇인지 말해 보시오.
- 본인은 어떤 사람을 보았을 때 '일을 잘한다.'라고 느끼는지 말해 보시오.
- 조직 생활을 하면서 책임감이나 성실성을 인정 받았던 경험이 있다면 말해 보시오.
- 고객만족을 위해 노력한 경험이 있다면 말해 보시오.
- 화가 난 민원인이 폭력을 행사하려고 할 경우 어떻게 대응할 것인지 말해 보시오.
- 노령의 민원인이 본인의 말을 알아듣지 못할 경우 어떻게 응대할 것인지 말해 보시오.
- 민원인이 규정상 불가능한 사항을 계속 요구할 때 어떻게 대처할지 말해 보시오.
- 자신이 국민연금공단에서 할 수 있는 가장 자신 있는 업무에 대해 말해 보시오.
- 팀플레이에 있어서 가장 중요하다고 생각하는 것을 말해 보시오.
- 국민연금공단이 고객가치를 실현하는 방법에 대해 이야기해 보시오.
- 국민연금공단이 운영하는 SNS 중 개선해야 한다고 생각하는 매체는 무엇인지 말해 보시오.
- 다른 사람과 협력하는 업무와 혼자서 진행하는 업무 중 어떤 것을 더 선호하는지 말해 보시오.
- 지금 당장 화재가 발생한다면 어떻게 대처할 지 말해 보시오.
- 야근에 대한 본인의 생각에 대해 말해 보시오.
- 사기업과 공기업의 차이점에 대해 말해 보시오.
- 6시에 업무를 마감했는데 장애인이 힘들게 지사에 방문했다. 다른 부서와 협업해야 하는데 본인도 신입사원이고 다른 부서에도 신입사원밖에 없다. 어떻게 응대하겠는가?
- 자료를 취합해서 보고서를 만들어야 하는데 10개의 부서 중에 3개의 부서만 자료를 제출했다. 기한까지 1시간이 남았는데 어떻게 할 것인가?
- 설문조사를 통해서 직원들의 만족도를 조사하는데 참여율이 떨어진다. 어떻게 참여율을 높일 것인가?
- 상사가 비효율적인 절차를 고집하고 선임은 효율적인 절차를 안내할 때 어떤 것을 따를 것이며, 그 이유는 무엇인지 말해 보시오.
- 노령연금과 기초연금의 차이점을 설명해 보시오.
- 국민연금의 주요 수요층은 누구라고 생각하는지 말해 보시오.
- 국민연금공단에 대한 신뢰도 향상 방안을 제시해 보시오.
- 국민연금공단에서 '협력'을 중요하게 생각하는 이유는 무엇이겠는가?
- 친한 동기가 지방 발령이 난다는 사실을 당사자만 모를 때, 귀하는 동기에게 이 사실을 말해줄 것인가?
- 리더십이란 무엇이라고 생각하는가? 본인의 리더십 수준은 어떠한가?
- 퇴근 10분 전에 상사가 업무를 지시한다면 어떻게 하겠는가?
- 연금의 종류를 설명해 보시오.
- 고객 만족을 위해 가장 필요한 것은 무엇인가?
- 연금에 대한 부정적 인식을 타파할 수 있겠는가?
- 최근 다른 사람에게 감사하다는 말을 들은 적이 있는가?
- 업무적인 갈등 외에 인간적인 마찰을 겪은 적이 있는가?
- 조직의 프로세스를 개선한 경험이 있는가?

- 민원 업무가 많아 야근을 계속해야 하는 상황이라면 어떻게 할 것인가?
- 국민연금공단에서 어떠한 업무를 하고 싶은가?
- 국민연금공단의 최근 이슈에 대하여 자신의 생각을 말해 보시오.
- 건강보험과 국민연금의 차이점을 설명해 보시오.
- 기금이 고갈될 것이라는 예측에 대비하여 적금 방식에서 부과 방식으로 바꾸려고 할 때, 귀하가 담당자라면 현재와 고갈될 시점 중 언제가 적절하다고 생각하는가?
- 새로운 업무 방법과 기존의 방법 중 어떠한 것을 선택할 것인가?
- 오늘 마감하는 업무 서류에 민원인의 서명이 반드시 필요하다. 이때, 민원인의 서명을 받을 수 없는 상황이라면 어떻게 대처하겠는가?
- 직장에서는 시간을 꼭 준수해야 하는 상황이 있다. 귀하가 담당하는 3년 기한의 프로젝트 마무리 과정에서 치명적인 실수를 발견했다면 어떻게 하겠는가?
- 아무나 열람할 수 없는 보안 서류가 상사의 책상 위에 올려져 있다. 이때, 상사가 자리를 비운 상황이라면 귀하는 어떻게 할 것인가?
- 지역축제에 국민연금공단의 홍보 부스가 생겼는데 어떻게 홍보를 할 것인가?
- 본인이 서류 안내를 잘못하는 바람에 이미 집에 돌아간 민원인이 한 가지 서류를 빼먹은 것을 알게 되었다. 어떻게 할 것인가?
- 신뢰를 얻었거나 준 경험이 있는가? 무엇이 신뢰를 얻게 한 것 같은가?
- 악성 민원인이 방문했을 경우 어떻게 하겠는가?
- 근무시간 이후에 방문한 고객을 어떻게 하겠는가?
- 국민연금공단이 진행 중인 사업에 대해 설명해 보시오.
- 대기 고객이 많은데 현재 고객의 상담이 길어질 경우 어떻게 하겠는가?
- 본인이 생각하는 비연고지 배치의 단점과 극복 방안을 말해 보시오.
- 사회보장시스템 측면에서 국민연금을 분석해 보시오.
- 국민연금에 대한 만족도를 높이는 방안에는 무엇이 있는가?
- 노후준비 서비스 영역에 대해 설명해 보시오.
- 목표를 설정해서 도전을 했던 경험이 있는가?
- 힘든 일을 극복하는 본인만의 방법을 말해 보시오.
- 성과연봉제 도입에 대해 어떻게 생각하며, 이를 국민연금공단에 적용하려면 어떻게 해야 하는가?
- 상사가 금품수수하는 것을 목격했을 때 어떻게 할 것인가?
- 업무상 전화 응대할 일이 많은데 같은 팀 직원이 전화를 받지 않을 때 어떻게 할 것인가?
- 원하지 않는 지사에서 배치받을 경우 어떻게 할 것인가?
- 비연고지 근무에 대한 단점과 극복 방안에 대해 말해 보시오.
- 고객이 상품권 10만 원을 주고 갔다. 돌려주려고 했지만 고객의 연락처를 모른다면 어떻게 하겠는가?
- 성과연봉제와 연공서열제 중 어떤 것이 더 좋다고 생각하는가? 또한 연공서열제의 폐해 원인은 무엇이라고 생각하는지 말해 보시오.
- 연금을 받아야 하는 상황인데 계속해서 신청을 하고 있지 않은 사람이 있다면 어떻게 해결할 것인가?
- 상사가 어떤 일의 해결 방안에 대해 제안했는데 본인의 생각과 다르다면 어떻게 할 것인가?
- 리더란 무엇이라 생각하는지 한 단어로 정의해 보시오.
- 연장자가 리더를 하는 것에 대해 어떻게 생각하는가?
- 회사에서 산으로 야유회를 가게 되었는데, 먼저 정상에 오른 팀에게 상을 주기로 했다. 산을 오르던 중 자신의 팀에서 부상자가 발생했을 경우, 본인이 팀의 리더라면 어떻게 할 것인가?

- 국민연금 가입자의 종류와 임의가입자에 대해 말해 보시오.
- 국민연금 보험료 책정 공식, 기준소득월액에 대해 말해 보시오.
- 국민연금 관련 최근 이슈에 대한 생각을 말해 보시오.
- 기초연금과 국민연금의 차이에 대해서 말해 보시오.
- 지금 노령화사회를 넘어 노령사회로 가고 있는데, 이러한 환경을 국가적 차원과 개인적 차원에서 어떻게 대응해야 하는지 말해 보시오.
- 노력을 했는데도 자신이 동기보다 승진 결과가 좋지 못하다면 어떨 것 같은가?
- 입사 후 업무가 본인과 맞지 않으면 어떻게 할 것인가?
- 노조와 사측 의견이 대립할 때 어떻게 할 것인가?
- 국민연금공단의 사회공헌활동이 앞으로 나아가야 할 방향에 대해 말해 보시오.
- 성실, 열정, 팀워크 중에 업무에 있어서 가장 중요한 가치는 무엇인가?
- 태도, 열정, 전문성 중에 리더가 함양해야 할 가장 우선적인 덕목은 무엇인가?
- 갑자기 너무 많은 양의 업무가 본인에게 주어진다면 어떻게 처리할 것인가?
- 조직생활을 할 때 가장 싫어하는 사람의 유형은 무엇이며, 왜 그런 생각을 하게 됐는지 경험과 관련해 말해 보시오.
- 본인의 장점과 단점을 말하고, 단점을 어떻게 보완할 것인지 말해 보시오.

9. 인천국제공항공사

- 사회적 약자를 위해서 공항이 해야 할 일은 무엇인지 말해 보시오.
- 공항서비스 향상을 위한 방안을 말해 보시오.
- 악성 민원에 대해 어떻게 대처할 것인지 발표해 보시오.
- 자신의 강점을 바탕으로 인천국제공항공사에 기여할 수 있는 부분이 있다면 말해 보시오.
- 본인이 가장 자주 사용하는 언어에 대해 말해 보시오.
- 인천국제공항공사의 사업 중 가장 관심이 가는 사업에 대해 말해 보시오.
- 공부를 제외하고 본인이 열정을 다해서 한 일에 대해 말해 보시오.
- 본인의 약점에 대해 말해 보시오.
- 창의성을 발휘한 경험이 있다면 말해 보시오.
- 동료와 불협화음 시 극복할 수 있는 방법을 말해 보시오.
- 업무 중 상사와 의견이 다를 때 어떻게 설득할 것인지 말해 보시오.
- 공항에서 응급상황이 발생했다. 어떻게 대처할 것인가?
- Wi-Fi 품질 저하에 대한 해결책과 원인을 말해 보시오.
- 인천국제공항의 개선점을 말해 보시오.
- 공항의 수요정책을 확대하기 위해 메디컬 및 전통문화 체험관 등을 개발하여 환승고객의 유치를 증대하는 방안을 제시해 보시오.
- 통신시설의 관리자로서 당황스러운 상황이 발생할 때 어떻게 대처할 것인가?
- 인천국제공항에 있는 기계설비에 대해 아는 대로 말해 보시오.
- BHS의 특징과 기능에 대해 말해 보시오.
- 설계를 맡긴 곳에서 기대 이하의 설계를 제출하면 어떻게 할 것인가?
- 여름철 공사 중 홍수 피해가 발생할 때 복구 대책에 대해 말해 보시오.
- 굴착공사 시 보강막이 붕괴할 때 복구 대책에 대해 말해 보시오.
- 자신의 인생 가치관에 대해 말해 보시오.
- 동료와 협업한 경험과 협업 과정에서 어떠한 역할을 맡았는지 말해 보시오.
- 공기업 직원으로서 갖춰야 할 가장 중요한 덕목은 무엇이라고 생각하는가?
- 비정규직 문제에 대해 어떻게 생각하는가?
- 인생에서 힘들었던 경험을 말해 보시오.
- 인천국제공항공사의 인재상 중 자신에게 맞는 인재상은 무엇인가?
- 인천국제공항의 고객서비스를 상승시킬 방안은 무엇인가?
- 인천국제공항의 조직 중 민간소방대의 역할은 무엇인가?
- 네트워크조직에 대해서 말해 보시오.
- 인천국제공항 수요의 분산정책은 무엇인가?
- 인천국제공항의 홍보대사에 대해서 알고 있는가?
- 본인은 10년 뒤 전문가와 관리자 중 어떤 것이 되고 싶은가?
- 업무를 수행함에 있어 본인의 가장 부족한 점과 그것을 보완하기 위한 계획은 무엇인가?
- 공항의 운영에서 효율성, 안전성, 편의성 중 가장 중요한 것은 무엇이라고 생각하는가?
- 지금까지 살아오면서 인간관계에서 실패했던 혹은 성공했던 경험을 말해 보시오.
- 어려웠던 일을 극복한 사례를 말해 보시오.
- 동료의 잘못된 행동을 봤을 때 어떻게 대처하겠는가?
- 만약 입사 후 인천국제공항공사가 자신의 기대와 다르다면 어떻게 할 것인가?

- 인생을 한 단어로 표현하고 설명해 보시오.
- 오늘 면접이 어땠는지 영어로 말해 보시오.
- 현재 면접 장소를 영어로 묘사해 보시오.
- 오늘의 날씨를 영어로 표현해 보시오.
- 여행하고 싶은 나라에 대해 영어로 말해 보시오.
- 취미가 무엇인지 영어로 말해 보시오.
- 입사 포부를 영어로 말해 보시오.
- 외국의 어느 한 공항에서 인천국제공항의 ASQ 12연패에 대한 벤치마킹을 하기 위해 공항을 방문하려고 이메일을 보냈다. 자신이 인천국제공항공사의 홍보팀 매니저라 생각하고 아래의 내용이 포함되도록 답변 메일을 작성해 보시오.
  - ASQ 12연패 수상 축하에 대한 감사의 표현
  - 공항 방문을 허락하는 내용
  - 일정 변경(2023. 2. 1 → 2023. 2. 30)
  - 방문단 인원 및 세부 정보
  - 다른 부서와 협력이 필요하다는 내용
- 작성한 답변 메일을 요약해서 말해 보시오.
- 기상 악화로 인한 항공기 결함으로 고객의 불만사항이 접수되었을 때, 다음과 같은 내용을 포함해서 고객에게 보낼 답변 메일을 작성해 보시오.
  - 연락처
  - 기상 악화에 대한 상황
  - 자신의 신분(CS팀 매니저)
  - 홈페이지에 게재된 기상 악화 상황에 대한 안내문
  - 해당 문의사항은 항공사의 소관
- 인천국제공항공사와 항공사의 관계에 대해 말해 보시오.
- 해외 경험을 말해 보시오.
- 존경하는 인물은 누구인가?
- 본인의 영어 실력은 어떠한지 말해 보시오.
- 어떻게 하면 고객 수요를 분산시키고 서비스를 향상시킬 수 있는가?
- 인천국제공항의 서비스 향상 혹은 개발과 사회적 공헌을 같이할 수 있는 아이디어가 있는가?
- SNS 사용이 늘어남에 따른 효과와 홍보 방법 및 본인이 회사에 접목해서 사용할 수 있는 방법에 대해 토론해 보시오.
- 대형 마트, 기업형 슈퍼마켓(SSM) 영업 규제의 장단점에 대해 토론해 보시오.
- 흡연자의 인사 불이익은 당연한 것인지에 대해 토론해 보시오.
- 안락사(존엄사)를 법으로 허용해야 하는지에 대해 토론해 보시오.
- 입사 후 이루고 싶은 꿈이 있는가? 있다면 어떤 것인지 구체적으로 말해 보시오.
- 평소에 스트레스가 쌓이면 어떻게 해소하는지 말해 보시오.
- 본인이 CEO라면 회사를 어떻게 이끌겠는가?
- 안정적인 일과 도전적인 일 중 어떤 것을 선호하는가?

10. 한국공항공사

- 공항을 이용하면서 불편했던 경험과 이를 개선하기 위한 방안에 대해 설명해 보시오.
- 스마트 공항에 대해 아는 대로 설명해 보시오.
- 리더형과 팔로워형 중 자신의 성향에 대해 말해 보시오.
- 남들이 신경 쓰지 않았던 문제를 해결한 경험이 있다면 말해 보시오.
- 공항 이용 고객들을 위한 어플 개발의 문제점은 무엇인가?
- 지원동기와 입사 후 포부를 영어로 말해 보시오.
- 본인의 성격이 어떠한지 영어로 소개해 보시오.
- 영어로 1분 자기소개를 해 보시오.
- 한국공항공사의 비전을 영어로 말해 보시오.
- 한국공항공사를 알게 된 경로를 영어로 말해 보시오.
- 한국공항공사가 앞으로 나아가야 할 방향을 영어로 말해 보시오.
- 우리나라 공항의 현 상황에 대한 본인의 생각을 영어로 말해 보시오.
- 어떤 부서에서 일하고 싶은가?
- 입사하면 어떻게 기여할 수 있는가?
- 한국공항공사의 인재상을 설명해 보시오.
- 여행을 간다면 어디에 가고 싶은가?
- 해외여행 경험이 있는가?
- 지방공항 건설에 대해 찬성하는가, 반대하는가?
- 공항에 비즈니스 패스트트랙 도입을 찬성하는가, 반대하는가?
- 인천공항의 허브화 정책을 감안하여 김포공항의 국제선 확충 방안에 대해 토론해 보시오.
- 고속 무빙워크와 저속 무빙워크 중 어떤 것을 도입해야 하는지에 대해 토론해 보시오.
- 공항 설비 무인화에 대해 토론해 보시오.
- 지진으로 이슈가 되는데 내진공사를 당장 해야 되는가, 좀 더 신중하게 검토하고 천천히 해야 되는가?
- 지방공항을 통폐합해야 하는가?
- 김포공항 주차장의 주차료 인상을 해야 하는가?
- 무인드론은 최소 몇 명이 운용해야 효율적인가?
- 무인드론 고장 시 어떻게 할 것인가?
- GE매트릭스란 무엇인지 설명해 보시오.
- 침투가격이란 무엇인기 설명해 보시오.
- 파킨스 법칙에 대해 설명해 보시오.
- 정재파비란 무엇인가?
- 전동기 기동전류에 대해 말해 보시오.
- 낙뢰 발생 시 방호기기에 대해 말해 보시오.
- 공항에서 근무하면서 겪을 수 있는 일을 설명하고, 어떻게 대응할 것인지 말해 보시오.
- 대인관계능력을 기르기 위해 어떠한 노력을 했는지 말해 보시오.
- 타인의 관점에서 자신의 장·단점을 말해 보시오.
- 살면서 가장 힘들었던 경험은 무엇인가?
- 한국공항공사의 성공적인 마케팅 방안을 말해 보시오.
- 팀 활동에서 갈등 발생 시 해결한 방법에 대해 말해 보시오.
- 협업을 통해 성공적인 결과를 이끌어 낸 경험이 있는가?

- 이전 방식과 차별화된 새로운 방식으로 문제를 해결한 경험이 있는가?
- 컴플레인 발생 시 어떻게 대처할 것인가?
- 가장 기억에 남았던 이론은 무엇인지 그 이유를 들어 말해 보시오.
- 귀하가 생각하는 한국공항공사의 이미지는 어떠한가?
- 다친 사람을 목격하면 어떻게 대처할 것인가?
- 성과연봉제에 대해 어떻게 생각하는가?
- 전국 순환근무가 가능한가?
- 공항을 이용하면서 느낀 문제점에 대해 말해 보시오.
- 공항 건축에 중요한 것은 무엇인가?
- 여객터미널 건축에서 가장 중요한 것은 무엇인가?
- 사내 매뉴얼에 대해 어떻게 생각하는가?
- 지방공항 활성화에 대해서 말해 보시오.
- 도급업체 관리 방법을 설명해 보시오.
- 한국공항공사의 보안에 대해 말해 보시오.
- 공부나 취업 준비 말고 살면서 가장 열심히 한 것은 무엇인가?
- 중산층이라는 단어를 어떻게 생각하는가?
- 한국공항공사가 해야 할 일은 무엇인가?
- 한국공항공사에서 새로운 서비스를 개발할 수 있다면 그것이 무엇인지 창의적으로 대답해 보시오.
- 한국공항공사의 보안은 어떤 것 같은가? 발전시키려면 어떻게 해야 하는가?
- 환경단체와의 갈등에 대한 해결책을 제시해 보시오.
- 실무담당자라 생각하고 지역공항 활성화 방안을 말해 보시오.
- 공직자가 갖추어야 할 덕목은 무엇인가?
- 편법 없이 원칙대로 수행해서 좋은 결과를 냈던 경험을 말해 보시오.
- 한국공항공사가 더 발전하려면 어떻게 해야 하는가?
- 회사를 선택하는 기준을 말해 보시오.
- 본인이 지원한 업무와 전공 지식을 접목해 보시오.
- 비행기가 나는 원리에 대해 말해 보시오.
- LCC와 FSC의 차이점을 말해 보시오.
- 한국공항공사가 4차 산업혁명에 대응할 수 있는 방안을 제시해 보시오.
- 지방공항을 살리기 위한 방안을 제시해 보시오.
- 후광 효과가 무엇인가?
- 공항의 소음 문제를 어떻게 해소할 수 있는지 본인의 생각을 말해 보시오.
- 화학에너지와 석유에너지를 신재생에너지가 대체할 수 있다고 생각하는가?
- 한국공항공사에서 전산시스템의 역할은 무엇이라고 생각하며, 본인의 역량을 통해서 전산시스템에 어떤 기여를 할 수 있겠는가?
- 한국공항공사에서 신기술 IT를 도입해서 할 수 있을 만한 것을 제안해 보시오.
- 젊은 층에게 한국공항공사를 홍보할 방법을 말해 보시오.
- 항공수익과 비항공수익의 적정 비율은 얼마라고 생각하는가?
- 항행안전시설 해외수출에 대한 생각은 무엇인가?
- 공항이 하는 일은 무엇인가?
- 공항이 나아가야 할 방향성에 대해서 말해 보시오.

11. 도로교통공단

- 업무와 관련하여 본인만의 노하우가 있는지 말해 보시오.
- 고령운전자에 대한 조건부면허제도에 대해 본인의 의견을 말해 보시오.
- 본인이 좋아하는 사람과 싫어하는 사람은 어떤 유형의 사람인지 말해 보시오.
- 한국도로교통공단, 한국교통안전공단, 한국도로공사의 차이점에 대해 말해 보시오.
- 본인의 전공과 한국도로교통공단의 연관성에 대해 말해 보시오.
- 무인자동차 기술에 대한 자신의 생각을 말해 보시오.
- 5년 뒤 나의 모습에 대해서 말해 보시오.
- 자신이 한국도로교통공단에 입사한다면, 일을 잘하는 사람과 인성이 좋은 사람 중 어떤 사람이 되고 싶은지 선택하고 그 이유를 말해 보시오.
- 노인들의 교통사고를 최소화할 수 있는 방안을 말해 보시오.
- 타인이나 조직의 어려움을 도왔던 경험을 말해 보시오.
- 본인의 취미는 무엇인가?
- 본인의 단점은 무엇인가?
- 좋아하는 과목은 무엇인가?
- 초음파센서의 종류를 말해 보시오.
- 운전면허에 관련한 벌점이 있는가?
- 신자유주의에 대한 견해를 설명해 보시오.
- 브레인 해킹의 해결 방안을 발표해 보시오.
- 1분 동안 자유 주제로 스피치를 해 보시오.
- 램프 증후군의 해결 방안을 발표해 보시오.
- 자신이 원하는 상사의 모습을 설명해 보시오.
- 스쿨존 교통사고 방지 대책을 제시해 보시오.
- '승차공유 서비스'에 대해 어떻게 생각하는가?
- '윤창호법' 시행에 대해 간략하게 설명해 보시오.
- 택시기사의 승차거부 해결 방안을 발표해 보시오.
- 운전 중 범칙금이나 과태료 등을 지불한 적이 있는가?
- 본인이 생각하는 바람직한 직장인상에 대해 말해 보시오.
- 음주운전으로 운전면허가 정지 또는 취소된 적이 있는가?
- 본인과 불편한 관계인 사람의 유형과 사례를 말해 보시오.
- 스마트페이의 장단점과 사용 활성화 방안을 발표해 보시오.
- 기술적으로 직무를 잘 수행할 수 있는 본인만의 강점이 있는가?
- 도로교통공단에 입사하게 된다면 어떤 직무에서 일하고 싶은가?
- 도로교통공단에서 시행하는 사업에 대해 아는 대로 설명해 보시오.
- 자전거 음주 주행 사고를 감소시킬 수 있는 방안을 발표해 보시오.
- 조직에서 좋았던 사람과 싫었던 사람의 유형에 대해서 말해 보시오.
- 엔젤산업이 한국 사회의 발전에 어떤 영향을 끼치는지 설명해 보시오.
- 고객이 억지를 부리며 불합리한 요구를 한다면 어떻게 대처할 것인가?
- 도로교통공단은 종종 외국인이 오는데, 적절하게 응대할 수 있겠는가?
- 도로교통공단에 입사하게 된다면 어떤 자세로 일할 것인지 설명해 보시오.

- 친환경 자동차(무소음)에 보행자가 치이는 사고 해결 방안을 발표해 보시오.
- 본인이 전공한 과목이 도로교통공단의 일과 어떤 부분에 있어서 관련이 있는지 말해 보시오.
- 도로교통공단의 가장 큰 고객은 누구이며, 그 고객들의 민원을 해결하는 방법은 무엇인가?
- 65세 이상의 고령 운전자 수의 증가가 일으킬 수 있는 문제의 해결 방안을 발표해 보시오.
- 최첨단 운전시스템 도입에 따른 운전자의 역할과 교통안전 교육의 변화 방향을 발표해 보시오.
- 마지막으로 하고 싶은 말은 무엇인가?

12. 부산교통공사

- 부산교통공사에서 시행 중인 대규모 사업에 대해 아는 대로 말해 보시오.
- 디지털 화폐가 기존의 화폐 시스템을 대체할 수 있는지 의견을 말해 보시오.
- 점심시간에 민원창구를 열어 두어야 하는지 의견을 말해 보시오.
- 역사 내 안전을 개선하기 위한 방안을 말해 보시오.
- 경제적 성장과 사회공헌 중 무엇이 더 중요한지 설명해 보시오.
- 철도 운행 중 정전이 된다면 어떻게 대응할 것인가?
- 20대의 지하철 불만률이 높은데, 그 이유와 개선 방법을 논의해 보시오.
- 업무 수행 시 매뉴얼과 유연성 중 중요한 것이 무엇이라 생각하는가?
- 최근 중요하게 생각되는 워라밸이 지켜지려면 어떻게 해야 하는가?
- 데이터 구조의 종류와 차이점을 말해 보시오.
- 교통카드의 원리를 설명해 보시오.
- 저출산에 따른 문제점을 제시하고, 이에 대한 해결 방안을 제시해 보시오.
- 부산교통공사에서 신재생에너지를 어떻게 활용할 수 있을지 논의해 보시오.
- 전기세를 줄이는 방안을 제시해 보시오.
- 지하철 이용률을 증가시킬 방안을 발표해 보시오.
- 구조물의 지점과 반력 세 가지를 말해 보시오.
- IoT에 관해 설명해 보시오.
- 전차선 설비에 대해 말해 보시오.
- 귀선에 대해 말해 보시오.
- 커터너리 조가방식과 가공 강체가선 방식의 차이점을 말해 보시오.
- 전식에 대해 설명해 보시오.
- 부산교통공사 노조에 대해 얼마나 알고 있는가?
- 최근 부산교통공사 기사 중 기억에 남는 것이 있는가?
- 다른 기업에 지원한 적이 있는가?
- 역사 안에서 안전사고가 일어난다면 누구의 책임인지 말해 보시오.
- 지원자가 운영직일 때, 사고 발생 시 어떻게 대처할 것인가?
- 늦은 시간에 긴급출동을 해야 한다면 어떻게 할 것인가?
- 회사와 노조의 불화가 빈번하다면 어떻게 해결할 수 있겠는가?

- 선배보다 먼저 진급하게 되자 선배가 언짢은 태도를 보인다. 어떻게 하겠는가?
- 정규직인 지원자의 입장에서 비정규직을 전부 정규직으로 전환하는 것을 어떻게 생각하는가?
- 부산교통공사의 시설물을 이용하는 고객의 만족을 높이기 위해 어떤 노력을 할 수 있는지 말해 보시오.
- 자신이 채용되어야 하는 이유를 설명해 보시오.
- 옆 지원자를 칭찬해 보시오.
- 자신을 3가지 명사로 표현해 보시오.
- 원만한 인간관계를 위해 무엇이 필요하다고 생각하는가?
- DC(직류)를 AC(교류)로 변환하는 방법을 설명해 보시오.
- 변류기에 대하여 설명해 보시오.
- 사이리스터 정류와 다이오드 정류의 차이점에 대하여 설명해 보시오.
- 부산교통공사가 개선해야 할 점을 말해 보시오.
- 서울 지하철을 타본 경험이 있는가? 타봤다면 서울 지하철과 부산 지하철의 차이점을 말해 보시오.
- 이어폰마다 소리가 잘 들리는 것과 잘 들리지 않는 것이 있는데, 이를 회로·통신설비와 관련하여 설명해 보시오.
- IPv4와 IPv6의 차이를 말해 보시오.
- 등화기에 대해 설명해 보시오.
- 나이퀴스트(Nyquist)에 대해 설명해 보시오.
- 차단기와 단로기에 대해 아는 것을 설명해 보시오.
- 역률에 대해 설명해 보시오.
- 변압기의 원리를 설명해 보시오.
- 통신직 근무자에게 필요한 소양은 무엇인가?
- UPS에 대해 설명해 보시오.
- 직류전차선과 교류전차선의 차이를 설명해 보시오.
- 우리나라의 전력계통을 설명해 보시오.
- 발전원에 대해 설명해 보시오.
- 변전소에 대해 설명해 보시오.
- 변전소 설비에 대해 설명해 보시오.
- 전차선의 종류와 특징을 설명해 보시오.
- 다이오드와 더블 컨버터를 설명해 보시오.
- 케이블 열화 현상을 설명해 보시오.
- 초퍼 제어 방식과 WWF 제어 방식에 대해 설명해 보시오.
- 안전사고와 재난사고의 차이를 설명해 보시오.
- 폭우 시 역사 근무요원의 역할을 설명해 보시오.
- 활선 점검 시 점검 방법에 대해 설명해 보시오.
- 지원자만의 비전은 무엇인가?
- '부산교통공사' 하면 떠오르는 것은 무엇인가?
- '안전경영품질'로 육행시를 지어 보시오.
- '선진도시철도'로 육행시를 지어 보시오.

- 사람을 두 그룹으로 분류해 보시오.
- 가장 자신 있는 질문과 그에 대한 답변을 해 보시오.
- 자신에게 가장 소중한 물건 하나를 말해 보시오.
- 주말에 하는 여가 활동에는 어떤 것이 있는가?
- 개인의 목표와 공동의 목표 중 어떤 것이 더 중요한가?
- 친구와의 약속과 회사 일 중 어느 것이 더 중요한가?
- 자신을 사물로 표현해 보시오.
- 자신보다 일을 잘하지 못하는 상사와 일할 때 어떻게 대처할 것인가?
- 자신이 팀장이라면, 일을 안 하는 후임을 어떻게 할 것인가?
- 원치 않는 일을 배정받는다면 어떻게 할 것인가?
- 첫 월급을 타면 무엇을 할 것인가?
- 어머니를 생각했을 때 떠오르는 말은 무엇인가?
- 인생의 좌우명을 말해 보시오.
- 화가 났던 일과 그것에 대한 대처 방법을 말해 보시오.
- 입사 관련 일은 제외하고 최근 고민거리가 무엇인가?
- 자신만의 스트레스 해소법은 어떤 것이 있는가?
- 사람들이 보는 나와 자신이 보는 나의 차이점을 말해 보시오.
- 자신의 특성을 한마디로 정의해 보시오.

13. 한국수자원공사

- 물 순환 사업의 발전 방향 및 한국수자원공사의 역할에 대해 설명해 보시오.
- 펌프 효율 개선을 위한 기술적 방안에 대해 말해 보시오.
- 수격 현상의 발생 원인과 대처 방안에 대해 말해 보시오.
- 수상태양광의 장단점에 대해 말해 보시오.
- 몰드변압기에 대해 말해 보시오.
- 베어링의 종류에 대해 말해 보시오.
- 조류(潮流)의 종류에 대해 말해 보시오.
- 한국수자원공사의 주요 홍보 활동 및 개선 방안에 대해 말해 보시오.
- 한국수자원공사의 빅데이터 활용방안 및 기대 효과에 대해 말해 보시오.
- BSC와 MBO의 개념을 설명하고, 특징을 비교 분석해 보시오.
- 한국수자원공사의 SWOT 분석에 대해 말해 보시오.
- 회계의 정의에 대해 말해 보시오.
- 녹조의 발생 이유와 녹조가 발생했을 때 한국수자원공사에서 해야 할 일을 말해 보시오.
- BIM 공법이 무엇인지 말해 보시오.
- 상사가 부당한 지시를 시키면 어떻게 대처할 것인지 말해 보시오.
- 한국수자원공사에 입사한 후 어떠한 도움을 줄 수 있을지 말해 보시오.
- 맡은 일을 해내기 위해 자신의 창의적인 아이디어를 적용했던 경험이 있다면 말해 보시오.
- 동료들과 살아온 환경이나 사고방식이 달라 협업에 어려움을 느꼈던 경험이 있다면 말해 보시오.
- 팀활동에서 주변 사람들에게 신뢰를 얻을 수 있는 본인만의 노하우가 있다면 말해 보시오.
- 일을 처리할 때 정확성과 신속성 중 본인이 더 중시하는 것은 무엇인지 말해 보시오.
- 평소 스트레스를 푸는 방법이 있다면 말해 보시오.
- MZ세대의 장단점에 대해 설명해 보시오.
- MZ세대로서 조직에 어떻게 적응할지 말해 보시오.
- 조직의 원칙에 불만을 가졌을 때 어떻게 대처할 것인지 말해 보시오.
- 공공기관 직원에게 가장 중요한 점은 무엇인지 말해 보시오.
- 원칙을 어겼던 경험이 있는지 말해 보시오.
- 원치 않는 근무지로 발령받을 시 어떻게 할 것인지 말해 보시오.
- 다른 사람과 협업을 진행할 때 부족한 점은 무엇인지 말해 보시오.
- 김영란법의 순기능과 역기능에 대해 말해 보시오.
- 업무 중 예상치 못하게 긴급한 업무가 생긴다면 어떻게 처리할지 말해 보시오.
- '젊은 꼰대'에 대해 말해 보시오.
- 친구들에게 어떤 존재인지 말해 보시오.
- 지금 하고 있는 노력에 대하여 말해 보시오.
- 부모님께 거짓말을 한 적이 있는지 말해 보시오.
- 댐 건설에 반대하는 지역주민과의 갈등을 어떻게 해결할 것인지 말해 보시오.
- 댐의 수질이 오염되었을 때 이로 인해 발생하는 외적 문제에 대해 말해 보시오.

- 어떤 조직 내에서 리더십을 발휘하여 주어진 일을 해결한 경험이 있는지 말해 보시오.
- 고객의 컴플레인에 어떻게 대처할 것인지 말해 보시오.
- 어떤 봉사활동을 해 보았는지 말해 보시오.
- 한국수자원공사의 상징이 무엇인지 말해 보시오.
- 한국수자원공사가 어떠한 일을 하는지 말해 보시오.
- 전자기학에서 기억에 남는 공식을 말해 보시오.
- 인문학 경험을 기르기 위해 어떠한 노력을 했는지 말해 보시오.
- 한국수자원공사의 인재상 중 어디에 가장 부합하며, 그 이유는 무엇인지 말해 보시오.
- 앞으로의 커리어 방향에 대해 말해 보시오.
- 녹조현상에 대해 말해 보시오.
- 상사와 의견이 다른 경우 어떻게 할 것인지 말해 보시오.
- 변압기의 2종 접지는 어디에 하는지 말해 보시오.
- 준법정신을 가지고 있는지 말해 보시오.
- 법을 지키면서 희생한 경험이 있는지 말해 보시오.
- 자신을 뽑아야 하는 이유를 말해 보시오.
- 토목직이 하는 일이 무엇인지 말해 보시오.
- 상수도가 새는 것을 알면 어떻게 할 것인지 말해 보시오.
- 자신을 동물에 빗대어 말해 보시오.
- 자신이 다른 지원자들보다 뛰어난 점에 대해 말해 보시오.
- 스트레스를 받으면 어떻게 푸는지 말해 보시오.
- 취미가 무엇인지 말해 보시오.
- 한국수자원공사에서 일하게 된다면 가장 중요한 역량은 무엇이라고 생각하는지 말해 보시오.
- 최근 본 한국수자원공사에 관련된 뉴스가 있는지 말해 보시오.
- 신입사원이 아니라 사장으로 임명되었다면 무엇부터 개선할 것인지 말해 보시오.
- 공기업들이 비판을 받는 이유가 뭐라고 생각하는지 말해 보시오.
- 자신의 생활신조나 신념을 통해 성공하거나 실패한 경험에 대해 말해 보시오.
- 좋아하거나 즐기는 스포츠가 있는지 말해 보시오.
- 평소 수돗물을 잘 마시는지 말해 보시오.
- 수돗물에 대한 사람들의 인식은 어떠한 것 같은지 말해 보시오.
- 졸업 후 한국수자원공사에 입사하기 위해 무엇을 준비했는지 말해 보시오.
- 한국수자원공사 외에 지원한 곳은 어디인지 말해 보시오.
- 마지막으로 하고 싶은 말을 해 보시오.
- 직업 선택의 기준은 무엇인지 말해 보시오.
- 업무를 진행하는 데 있어 무엇이 가장 중요하다고 생각하는지 말해 보시오.

14. SR 수서고속철도

- SR의 정시율과 국제 정시율 수준을 비교해서 말해 보시오.
- 첫 월급을 받으면 어떻게 사용할지 말해 보시오.
- 최신 고속차량 기술에 대하여 아는 것이 있는가?
- SR의 문제점이 무엇이라고 생각하는가?
- 입사 후 포부에 대하여 말해 보시오.
- 직장 상사와의 갈등 발생 시 대처 방법을 말해 보시오.
- 직무와 관련하여 팀 내부에서 갈등이 발생한다면 어떻게 해결하겠는가?
- 지원한 직무에 지원자가 왜 어울린다고 생각하는가?
- SRT를 도입할 수 있는 KTX와의 차별화된 서비스 전략이 있겠는가?
- 객실의 어느 가방에 폭탄이 있다면 어떻게 대처하겠는가?
- 직무의 특성상 감정노동으로 발생하는 스트레스를 감수해야 한다. 이때 스트레스를 어떻게 풀 것인가?
- 외국인 손님이 자녀와 동행하고 있는데, 열차를 놓쳐 굉장히 화가 난 상태이다. 어떻게 대처하겠는가?
- 인생에서 지원자가 가장 후회하는 일은 무엇인가?
- SR의 새로운 사업을 제시해 보시오.
- 입사 후 정말로 해 보고 싶은 일은 무엇인가?
- 팀워크를 발휘해 본 경험에 대하여 말해 보시오.
- SR에 입사하기 위해 무엇을 준비했는가?
- 지원한 직무 중 특별히 하고 싶은 업무가 있는가?
- SR에 지원한 동기가 무엇인가?
- 지원자는 철도 관련 전공자인가?
- 지원자가 객실장으로 적합한 이유가 무엇이라고 생각하는가?
- 할 줄 아는 제2외국어가 있는가?
- 상사가 부당한 지시를 하면 어떻게 대응할 것인가?
- SR에 대해 아는 대로 말해 보시오.
- 열차의 역사에 대해 말해 보시오.
- 직무와 관련한 경험에 대해 말해 보시오.
- SR을 어떻게 알게 되었는가?
- 직무와 전공의 관련성이 없는데 철도산업에 지원한 이유가 무엇인가?
- 기차에 대해 어떤 것을 알고 있는가?
- 전차는 몇 만 볼트로 운행되는지 알고 있는가?
- SRT가 KTX와 분리된 이유가 무엇인지 아는가?
- SR의 사업성장 속도에 대하여 말해 보시오.
- 앞 열차 때문에 열차가 지연된다는 것을 영어로 설명해 보시오.
- 잘못된 플랫폼에 있는 외국인에게 영어로 어떻게 설명하겠는가?
- 철도에 대하여 지원자만 알고 있다고 생각하는 것을 말해 보시오.
- 객실장이 하는 일이 무엇인지 아는 대로 말해 보시오.
- 덩치가 크고 온몸에 문신을 한 남성이 객실 내에서 흡연을 하고 있다면 어떻게 하겠는가?
- 지원자의 강점을 말해 보시오.
- 지원자를 한 단어로 표현할 수 있는가?
- 감명 깊게 읽었던 책 한 권을 소개해 보시오.

15. 한국마사회

- 한국마사회의 사회적 가치 경영 활성화 방안을 제시해 보시오.
- 경마의 활성안 방안을 제시해 보시오.
- 용역발주 제안서 작성법에 대해 설명해 보시오.
- 장외발매소에 예산을 추가로 편성하고 배분해 보시오.
- 민원 해결 방안에 대하여 작성해 보시오.
- 외국에 건설할 경마장의 형태와 장소 등 구체적 내용을 작성해 보시오.
- 유연근무제를 어떻게 활성화시킬 것인가?
- 워크숍을 기획해 보시오.
- 불법 사설경마 대응 방안을 말해 보시오.
- 신규 프로그램 기획서를 작성하고 설명해 보시오.
- 법률적 리스크를 예방할 수 있는 방안을 마련해 보시오.
- 계약서 서면과 직원이 구두로 언급한 내용이 다를 때 어느 쪽이 효력을 가지는가?
- 한국마사회에 관심을 가지게 된 계기를 말해 보시오.
- 한국마사회의 존재 이유는 무엇인가?
- 한국마사회에서 시행하는 사업의 긍정적인 면과 부정적인 면을 평가해 보시오.
- 20 ~ 30대에게 한국마사회 사업을 홍보한다면 어떻게 할 것인지 제시해 보시오.
- 경마에 대한 귀하의 생각을 말해 보시오.
- 지원한 분야와 다른 업무에 배정된다면 어떻게 하겠는가?
- 상사의 부당한 업무 지시로 동료 간 문제가 발생하면 어떻게 해결하겠는가?
- 말을 접해본 경험이 있는가?
- 마사회를 지인에게 소개한다면 어떻게 소개하겠는가?
- 마사회에 기여할 수 있는 본인의 직무역량은 무엇이라고 생각하는가?
- 한국마사회에 지원한 동기가 무엇인가?
- 한국마사회가 진행하는 사업 중 관심 있는 사업은 무엇인가?
- 본인의 역량을 바탕으로 지금 당장 한국마사회에서 할 수 있는 일은 무엇인가?
- 한국마사회는 어떤 이미지인가?
- 성공 또는 실패한 경험을 말해 보시오.
- 공기업과 사기업의 차이는 무엇인가?
- 공기업이 갖추어야 할 요소 3가지가 있다면 무엇이라고 생각하는가?
- 공기업은 사익 추구와 공공 복리를 잘 조화시켜야 하는데, 그 기준점은 무엇이라고 생각하는가?
- 한국마사회의 인재상을 말해 보시오.
- 한국마사회에 필요한 리더십은 무엇인가?
- 한국마사회의 어떤 부서에서 일하고 싶은가?
- 본인이 경마 상품을 만든다면 어떤 상품을 만들 것인가?
- 자신의 강점을 중계 형식으로 말해 보시오.
- 오는 길에 벚꽃을 보고 든 생각을 중계해 보시오.

16. 한전KDN

- 최근 IT 기술 관련 도서를 읽은 적이 있다면 말해 보시오.
- 빅데이터 분석 절차에 대해 설명해 보시오.
- 스마트그리드 구축을 위해 본인이 기여할 수 있는 방안에 대해 말해 보시오.
- 4차 산업 기술 중 어떤 기술이 가장 중요하다고 생각하는지 말해 보시오.
- 한전KDN의 직무에 대해 아는 대로 설명해 보시오.
- EMS에 대해 아는 대로 설명해 보시오.
- 공기업에서 근무하면서 지켜야 할 3가지 윤리 덕목을 말해 보시오.
- 공기업이 집중해야 할 분야에 대해 본인의 생각을 말해 보시오.
- 보안 모델에 대해 설명해 보시오.
- 사회적 가치에 대해 아는 대로 설명해 보시오.
- 한전KDN과 AICBM의 직무를 연결 지어 설명해 보시오.
- 드론통신방식에 대해 발표해 보시오.
- 드론 활용방안에 대해 발표해 보시오.
- AI 활용방안에 대해 발표해 보시오.
- OSI 7계층모델에 대해 설명해 보시오.
- 디지털 트윈과 시뮬레이션의 차이점을 설명해 보시오.
- 한전KDN은 어떤 회사라고 생각하는가? 귀하가 회사에 어떠한 도움이 될 수 있다고 생각하는가?
- 최근 3개월 내에 주변 지인의 비양심적 행동을 목격한 적이 있는가? 있다면 귀하가 느낀 점 또는 취한 행동을 말해 보시오.
- 퇴근시간 전 또는 금요일 저녁에 다음 주 월요일까지 끝내야 하는 업무를 부여받는다면 어떻게 대처할 것인지 말해 보시오.
- 지원하는 직렬과 관련한 업무를 수행해본 적이 있는가? 있다면 구체적으로 말해 보시오.
- 팀 프로젝트를 경험해본 적이 있는가?
- 향후 한전KDN이 나아가야 할 방향에 대하여 말해 보시오.
- 주52시간 근무제에 대한 지원자의 생각을 말해 보시오.
- 스마트그리드에 대해서 아는 것이 있는가?
- 가장 힘들었던 경험은 무엇인가?
- 본인이 다른 지원자보다 뛰어난 점은 무엇이라고 생각하는가?
- 개발자와 관리자 중에 어떤 것이 본인에게 더 잘 맞는다고 생각하는가?
- 인상 깊게 읽었던 책을 영어로 소개해 보시오.
- 전력IT연구소에서 하는 일은 무엇인가?
- 기업 재무분석을 통해 향후 한전KDN이 지속적인 매출을 낼 수 있는 방안을 제시해 보시오.
- ICBM은 무엇인가?
- AC와 DC의 차이는 무엇인가?
- 배전계통에 대해 말해 보시오.
- 한전KDN에서 사용하는 PLC가 무엇인지 알고 있는가?
- DAS가 무엇인지 알고 있는가? 자세하게 설명해 보시오.
- 우리나라 전력계통에 관해 설명해 보시오.
- 전력선통신이 무엇인가?
- AMI가 무엇인지 아는가?

- 가장 자신 있는 언어가 무엇이고, 그 언어를 사용했던 프로젝트는 무엇인가?
- 한전KDN에 입사하게 된다면 어떤 일을 하고 싶은가?
- 본인의 창의성을 발휘한 경험이 있는가?
- 애플리케이션을 만들어본 경험이 있는가?
- 드론과 관련한 프로젝트를 경험해 본 적이 있는가?
- 최근 IT 경향에 관해 말해 보시오.
- 태양광 발전에서 중요하다고 생각하는 것은 무엇인가?
- 스키마란 무엇인가?
- DBMS가 무엇인가?
- AMI와 DAS의 차이점은 무엇인가?
- 빅데이터에 대해 설명하고, 한전KDN에서 이를 어떻게 활용할 수 있을지 설명해 보시오.
- 영어로 스마트그리드와 한전KDN을 연관 지어 설명해 보시오.
- 클래스와 라이브러리의 차이를 말해 보시오.
- 입사 후 업무가 귀하가 생각한 것과 전혀 다른 일이라면 어떻게 하겠는가?
- 상사가 부당한 지시를 한다면 귀하는 어떻게 할 것인가?
- 살면서 가장 큰 성취감을 느꼈던 경험을 말해 보시오.
- 조직 문화에서 가장 중요한 것은 무엇인가? 이것을 4차 산업혁명에서는 어떻게 변화시킬 수 있는가?
- 자신의 트라우마를 어떻게 극복했는가?
- 지방근무에 대해 어떻게 생각하는가?
- 전혀 경험해 보지 못한 새로운 업무가 주어졌을 때 어떻게 할 것인가?
- 올해에 이룬 것 중 가장 성취가 높은 것은 무엇인가?
- 회식에 대해서 어떻게 생각하는가?
- 상사와 갈등이 생겼을 때 어떻게 대처할 것인가?
- 본인의 의사소통능력에 대해 어떻게 생각하는가?
- 중요한 일과 긴급한 일 중 어떤 것을 먼저 할 것인가?
- 자신의 장단점을 말해 보시오.
- 자신의 성격을 업무와 연관 지어 말해 보시오.
- 본인이 다른 사람에게 신뢰를 구축했던 경험을 말해 보시오.
- 문제를 해결했던 경험과 그 방법을 말해 보시오.
- 가장 힘들었던 경험과 그것을 어떻게 극복했는지 말해 보시오.
- 팀 프로젝트를 했던 경험과 맡았던 역할, 결과를 말해 보시오.
- 지금 당장 떠오르는 사자성어를 1가지 말해 보시오.
- 본인이 남을 위해 헌신한 경험이 있는가? 그 경험에서 본인이 희생한 것이 무엇인가?
- 한전과 한전KDN의 차이점을 말해 보시오.
- 본인의 인생 중 가장 좌절했던 순간과 그것을 극복했던 자신만의 방법을 이야기해 보시오.
- 본인이 자주 쓰는 앱은 무엇인가?
- 협력업체 관리를 어떻게 할 것인가?
- 공기업의 역할은 무엇이라고 생각하는가?
- 가장 기억에 남는 프로젝트는 무엇인가?
- 100만 원이 생긴다면 무엇을 할 것인가?
- 입사한다면 현장 근무도 많이 해야 하는데 가능한가?
- 본인이 면접관이라면 누구를 뽑을 것인가?

17. 한전KPS

- 같이 일하기 싫은 상사의 유형에 대해 말해 보시오.
- 솔선수범했던 경험이 있다면 말해 보시오.
- 한전KPS가 데이터 플랫폼으로써 나아가야 할 방향에 대해 토론해 보시오.
- 리더로서 조직 내의 갈등을 해결해 본 경험과 그 방법에 대해 말해 보시오.
- 약속과 신뢰를 지켰던 경험에 대해 말해 보시오.
- 자신을 뽑아야 하는 이유에 대해 말해 보시오.
- 1년 이상의 기간 동안 꾸준히 노력하여 성과를 이뤄낸 경험이 있다면 말해 보시오.
- 업무에 갑작스러운 변화가 발생할 경우 어떻게 대처할 것인가?
- 사회생활을 하면서 부당한 지시에 대처한 경험이 있다면 말해 보시오.
- 상대방의 니즈를 파악하기 위한 본인만의 방법이 있다면 말해 보시오.
- 한전KPS를 알게 된 계기를 말해 보시오.
- 어려운 부탁을 받았을 때 대처한 경험이 있다면 말해 보시오.
- 남들이 본인을 험담하는 말을 듣게 된다면 어떻게 행동할 것인가?
- 국민 여론과 상충된 의견이 있을 때 어떻게 대처할 것인가?
- 공동의 목표 달성 시 본인이 주도적으로 했던 경험에 대하여 말해 보시오.
- 지원자 본인은 화합과 개인의 책임감 중 더 중요한 것이 무엇인가?
- 님비지역 주민을 어떻게 설득하겠는가?
- 지원자가 어떠한 목표를 달성하지 못했던 경험에 대하여 말해 보시오.
- 제한된 시간을 극복한 경험에 대하여 말해 보시오.
- 주인의식이란 무엇이라고 생각하는가?
- 지원자에게 고객이란 무엇인가?
- 팀원과 협력했던 경험에 대해 말해 보시오.
- 힘든 상황에서 끝까지 노력했던 경험에 대해 말해 보시오.
- 한전KPS 입사를 위해 준비한 것이 무엇인가?
- 입사 후 직원들과 갈등이 생겼을 때 어떻게 대처할 것인가?
- 책임감을 가지고 진행한 일에 대해 말해 보시오.
- 요구받은 일을 수행한 경험에 대해 말해 보시오.
- 목표를 달성한 경험에 대해 말해 보시오.
- 자신이 남들보다 잘하는 것은 무엇인가?
- 서비스 정신을 발휘한 사례가 있는가?
- 업무 또는 학업에 있어 힘들었던 사례를 말해 보시오.
- 인생의 좌우명이 무엇인가?
- 자신만의 직업관이 있다면 말해 보시오.
- 가정의 행복을 위해서 가장 중요한 것은 무엇인가?
- 최근에 본 영화나 책이 있는가?
- 노사관계에 대한 자신의 의견을 말해 보시오.
- 발전회사에 대한 자신의 의견을 말해 보시오.

- 고객감동 경영이 무엇인가?
- 윤리경영은 무엇이며 그것에 대한 자신의 생각을 말해 보시오.
- '기러기 아빠'에 대해 어떻게 생각하는가?
- 공기업 경영혁신에 대해 말해 보시오.
- 공기업의 민영화에 대한 자신의 생각을 말해 보시오.
- 노동조합의 경영 참여에 대한 자신의 생각을 말해 보시오.
- 살면서 가장 성공적으로 해낸 일이 무엇인가?
- 새로운 것을 창출해 본 경험이 있는가?
- 가장 창의적인 능력을 발휘했던 경험을 말해 보시오.
- 주말에 쉬고 있는데 시스템 장애가 발생했다면 어떻게 대처할 것인가?
- 본인 거주지역과 인접한 근무지에서 근무를 했을 경우의 단점을 말해 보시오.
- 자신이 속해있는 조직 안에서 갈등이 생긴다면 어떻게 해결할 것인가?
- 지역 주민과 발전소의 관계에 대해 말해 보시오.
- 최근 지진이 발생했는데 원자력 발전소는 안전할 것인지 말해 보시오.
- ICT를 활용하여 한전KPS에 기여할 수 있는 사업은 무엇이 있는가?
- 고객과 정부 사이에서 마찰이 생긴다면 어느 편에 서야 하는가?
- 원자력 발전이 어떻게 이루어지는가?
- 갑을 관계에서 갈등 해결 방안에 대해 말해 보시오.
- 캐비테이션 발생 원리와 해결 방법에 대해 말해 보시오.
- 기업마다 회사의 분위기나 느낌이 다르다. 자신이 가고 싶은 분위기의 회사에 대해 말해 보시오.
- 필리핀에서 화력발전소를 고치려고 하는데 필리핀 인부들이 일을 하기 싫어한다고 가정했을 때 어떻게 설득할 것인지 말해 보시오.
- 이전 직장에서 가장 힘들었던 점이 무엇이었고 이를 어떻게 극복하였는가?
- 해외 경험이 있으면 말해 보시오.
- 협력했던 경험이 있으면 말해 보시오.
- 현지 인력과 갈등이 있을 때 어떻게 해결할 것인가?
- 결혼을 한다면 직장은 어떻게 할 것인가?
- 무거운 걸 옮겨야 할 때 어떻게 할 것인가?
- 요즘 젊은이들이 왜 취업을 안 하려고 하는 것 같은가?
- 학교 외 활동 중에서 단체 활동을 했던 경험을 말해 보시오.
- 학교생활 중 팀별 활동을 했던 경험을 말해 보시오.

18. 한국중부발전

- 화력발전소에 열병합 태양광발전기가 몇 개 있는지 알고 있는가?
- 화력발전소에 대한 홍보 방안을 제시해 보시오.
- 작년 한국중부발전의 사업보고서와 분기보고서를 본 적이 있는가?
- 탈황, 탈질설비에 대하여 들어본 적 있는가?
- 중부발전 외에 다른 발전소에 대해 아는 게 있다면 말해 보시오.
- 한국중부발전이 친환경 이미지를 구축하기 위해 어떻게 해야 할지 말해 보시오.
- 그린뉴딜에 대해 발표해 보시오.
- LNG발전의 교육안에 대해 발표해 보시오.
- 신재생에너지와 화력발전소의 미래 방향에 대해 발표해 보시오.
- 한국중부발전의 발전소 안전사고 방지를 위한 대책을 발표해 보시오.
- 발전기 용접부에 누수가 발생하였는데 원인은 무엇이고, 누수를 방치한다면 어떤 문제점이 생기는지에 대해 발표해 보시오.
- 발전소 보일러 효율 저하 원인과 점검 사항에 대해 말해 보시오.
- 발전소에서 일어나는 사고에는 어떤 것이 있는지 말해 보고, 이에 대한 해결책을 제시해 보시오.
- 미세먼지 감소 대책에 대해 말해 보시오.
- 재생에너지의 효과적인 활성화 방안에 대해 말해 보시오.
- 보일러 효율을 높일 수 있는 방안에 대해 말해 보시오.
- 친환경 정책과 관련된 정부 정책을 연관시켜 한국중부발전이 나아가야 할 방향을 토론해 보시오.
- 본인이 팀장인데 팀원들과 의견이 엇갈린다면 어떻게 해결할 것인가?
- 태양광에너지에 대해 설명해 보시오.
- 가장 도전적인 경험에 대해 말해 보시오.
- 유연 근무에 대해 어떻게 생각하는가?
- 한 곳에서 꾸준히 근무하는 것과 다양한 곳에서 경험을 쌓는 것 중 어떤 것이 좋은가?
- 업무를 순차적으로 두 개를 부여받았을 때 어떤 업무를 먼저 시작할 것인가?
- 미래산업 중 가장 발전 가능성이 높은 분야는 무엇이라고 생각하는가?
- 화력발전소에 지원하게 된 동기와 자기소개를 해 보시오.
- 글자를 쓰는 용도 이외의 연필의 다른 용도를 10가지 말해 보시오.
- 한국에서는 4년제 대학 진학률이 높은데, 그것에 대한 본인의 생각을 말해 보시오.
- 한국에 유독 프랜차이즈 커피점이 많은데, 그 이유에 대한 본인의 생각을 말해 보시오.
- 3D 프린팅에 대해 어떻게 생각하는가?
- 에너지 산업에 대한 본인의 생각을 말해 보시오.
- 한국중부발전의 해외 사업에는 무엇이 있는가?
- 한국전력공사의 6개 발전 자회사에 대해 설명해 보시오.
- 지원동기를 말해 보시오.
- 살면서 가장 성취감을 느낀 적은 언제인가?
- 본인의 삶에 영향을 끼친 인물이 있는가?
- 해외에 나가본 적이 있는가?
- 주말에 주로 무엇을 하는가?
- 인생의 목표는 무엇인가?
- 리더십을 발휘한 경험이 있는지 말해 보시오.

- 정부가 금연 정책을 실시할 수 있는 권리가 있다고 생각하는가?
- 외국에서 계속 살아야 한다면 어떻게 하겠는가?
- 외국인 친구를 데려가고 싶은 장소가 있다면 말해 보시오.
- 한국인이 해외여행을 많이 가는 이유를 말해 보시오.
- 발전소에서 문제가 발생했을 때, 귀하는 어떻게 처리할 것인지 말해 보시오.
- 한국중부발전이 앞으로 나아가야 할 방향에 대해 제시해 보시오.
- 귀하는 교대근무 상세일정을 작성하는 업무를 담당하고 있다. A선배가 편한 시간대에 근무 배치를 요구할 때, 귀하는 어떻게 대처하겠는가?(A선배를 편한 시간대에 근무 배치를 하면, 후배 사원인 C와 D가 상대적으로 편하지 않은 시간대에 근무를 하게 된다)
- 갈등 상황이 생길 때 어떻게 대처할 것인지 말해 보시오.
- 업무별로 귀하가 해당 업무에 적합한 인재인 이유를 설명해 보시오.
- 본인의 장단점에 대해 말해 보시오.
- 조직생활에서 중요한 것은 전문성인가, 조직 친화력인가?
- 한국중부발전의 장단점에 대해 말해 보시오.
- 성과연봉제 도입에 대해 어떻게 생각하는가?
- 업무를 진행하는 데 있어 가장 중요한 자세는 무엇이라고 생각하는가?
- 한국중부발전과 관련된 기사에 대해 말해 보시오.
- 여러 발전사가 존재하는데 왜 한국중부발전에 지원하였는지 설명해 보시오.
- 자신이 부족하다고 느껴 무엇인가를 준비하고 공부해 해결해 낸 경험이 있는가?
- 감명 깊게 읽었던 책이 무엇인가?
- 이전 직장에서 가장 힘들었던 점이 무엇인가?
- 친구랑 크게 싸운 적이 있는가?
- 입사 10년 후 자신의 모습에 대해 말해 보시오.
- 노조에 대해 어떻게 생각하는가?
- 우리나라 대학생들이 책을 잘 읽지 않는다는 통계가 있다. 본인이 1년에 읽는 책의 권수와 최근 가장 감명 깊게 읽은 책을 말해 보시오.
- 삶을 살아오면서 친구들의 영향도 많이 받지만 부모님의 영향도 많이 받는다. 부모님으로부터 어떤 영향을 받았으며 지금 자신의 삶에 어떻게 나타나는지 말해 보시오.
- 살면서 실패의 가장 크게 쓴맛을 본 경험을 말해 보시오.
- 가훈에 대해 말해 보시오.
- 본인이 어려움을 겪었을 때 다른 사람의 도움으로 극복한 사례를 말해 보시오.
- 자신이 한국중부발전의 팀장이며, 10명의 부하직원이 있다면 어떻게 팀을 이끌겠는가?
- 자신의 인생관에 대해 말해 보시오.

19. 한국남동발전

- 발전소 효율 향상에 기여할 수 있는 부분이 있다면 말해 보시오.
- 수소 에너지에 대한 본인의 생각을 말해 보시오.
- 화력발전의 원리를 쉽게 설명해 보시오.
- 연료전지가 무엇인지 설명해 보시오.
- 본인의 의사소통 역량을 보여줄 수 있는 사례를 말해 보시오.
- 한국남동발전의 발전소 현황과 추진 사업에 대해 말해 보시오.
- MOF(계기용 변성기)에 대해 아는 대로 말해 보시오.
- 신재생에너지의 과부화에 대한 해결 방안을 말해 보시오.
- 지역사회와 한국남동발전의 상생방안에 대해 말해 보시오.
- 바이오매스 발전소 건설에 대해 토론해 보시오.
- 바이오매스 발전의 효용성에 대해 토론해 보시오.
- 태양광 발전소 건립에 대한 주민의 반대에 대해 토론해 보시오.
- 국가 간 계통 연결에 대해 토론해 보시오.
- 노후화된 화력발전소를 적절하게 운영·관리할 방법을 찾아 보시오.
- 고졸채용 확대로 인한 역차별에 대해 토론해 보시오.
- 병역기피 현상을 근절할 수 있는 해결 방안에 대해 토론해 보시오.
- 남자들의 육아휴직에 대한 회사의 입장에 대해 토론해 보시오.
- 청년실업과 고령자의 고용 확대 방안에 대해 토론해 보시오.
- 산업개발과 환경보존의 공존 방안에 대해 토론해 보시오.
- 공기업 본사의 지방 이전에 따른 지역균형개발의 영향에 대해 토론해 보시오.
- 여러 발전사 중 한국남동발전에 지원한 이유를 설명해 보시오.
- 4차 산업혁명에서 한국남동발전이 나아가야 할 방향에 대해 말해 보시오.
- 자신의 단점과 그것을 극복하기 위해 자신이 한 노력은 무엇인가?
- 일을 처리할 때 자신만의 프로세스가 있다면 무엇인가?
- 다른 사람과의 갈등을 해결하는 자신만의 방법과 사례를 말해 보시오.
- 여러 업무를 처리할 때 업무의 우선순위를 정하는 기준은 무엇인가?
- 한국남동발전의 최근 이슈에 대해 말해 보시오.
- 지원자가 남들보다 특출난 강점이 무엇인가?

- 남들이 피하는 일을 먼저 나서서 성공한 일이 있는가? 만일 그때로 돌아간다면 어떻게 행동할 것인가?
- 커뮤니케이션을 실패한 경험에 대해 말해 보시오.
- 실수하여 팀에 문제를 일으킨 경험에 대해 말해 보시오.
- 현재 한국남동발전의 상황과 그 해결책에 대해 말해 보시오.
- 화학직무에서 어떤 일을 할 것 같은가?
- 대인관계에서 스트레스를 받을 때 어떤 식으로 풀어나가는가?
- 한국남동발전의 비전을 제시하고, 그 비전에 자신이 어떻게 기여할 것인지 말해 보시오.
- 한국남동발전이 다른 에너지기업과 비교하여 가지고 있는 강점은 무엇이라고 생각하는가?
- 한정된 자원을 잘 활용하여 좋은 결과를 냈던 경험을 간단히 말해 보시오.
- 남에게 부탁을 할 때 나만의 노하우는 무엇인가?
- 한국남동발전에 대하여 아는 대로 말해 보시오.
- 2차 필기시험을 준비하면서 어려웠던 점과 시험에서 개선할 점을 말해 보시오.
- 태양광발전의 이용률은 12%인데, 풍력발전의 이용률은 몇 %인가?
- 회사에 들어오면 신입사원으로서 회사 사람들과 잘 어울리기 위해 가장 중요하다고 생각하는 3가지가 무엇인가?
- 한국남동발전에 들어오기 위해 무엇을 준비했는가?
- 삼성전자에 다녔던데 삼성전자와 우리 회사의 가장 큰 차이점이 무엇이라 생각하는가?
- 스마트그리드에 대해 아는 대로 말해 보시오.
- 자소서에 적힌 내용 이외에 자신의 장점을 어필해 보시오.
- 최근 이슈에 관해서 아는 것이 있는가?
- 세월호 사태에 대해 어떻게 생각하는가?
- 팀이 소통하기 위해서는 어떻게 해야 된다고 생각하는가?
- 첫 월급을 받으면 무엇을 하겠는가?
- 전공이 전기 관련 학과가 아닌데 왜 전기직을 선택했는가?
- 마지막으로 하고 싶은 말이 있으면 말해 보시오.

- 법을 어겨본 경험이 있다면 말해 보시오.
- 한국남부발전의 사업소는 모두 몇 곳이며, 어디에 위치하고 있는지 말해 보시오.
- 가상발전소 도입 시 발생할 수 있는 문제와 이를 해결하기 위한 방안에 대해 설명해 보시오.
- LNG발전이 나아가야 하는 방향에 대해 설명해 보시오.
- 에너지 산업의 이슈에 대해 알고 있는가?
- 한국남부발전에 대해 아는 대로 말해 보시오.
- 발전소 안전 관리가 어려운 이유를 설명해 보시오.
- 귀하가 한국남부발전에 궁금했던 점을 질문해 보시오.
- 가장 힘들었던 경험과 그때 얻은 교훈은 무엇인가?
- 전공과 관련하여 더 나은 결과를 얻기 위해 노력한 경험에 대해 말해 보시오.
- 발전소 열효율과 열이용률 향상에 대해 전문적인 지식을 가지고 있는가?
- 미세먼지의 원인이 무엇이라고 생각하는가?
- 직무와 관련한 경험에 대해 말해 보시오.
- 직무와 관련하여 어떠한 성과와 능력을 발휘할 수 있는가?
- 상사가 꾸짖는다면 어떻게 대처하겠는가?
- 본인의 단점 두 가지를 말해 보시오.
- 본인의 강점은 무엇인가?
- 한국남부발전 취업을 위해 특별히 준비한 것은 무엇인가?
- 공기업 입사를 희망하는 이유는 무엇인가?
- 컴퓨터 프로그램을 능숙하게 다룰 수 있는가?
- 상사의 부정을 보았다면 어떻게 하겠는가?
- 본인이 스스로 평가하기에 성실한 성격인가?
- 직무와 관련해 어떤 지식을 가지고 있으며, 어떤 직무를 원하는가?
- 어떤 일을 하면서 시간이 촉박하거나 예산이나 관련 지식이 부족했는데 이를 해결한 경험이 있는가?
- 스스로가 부끄러웠던 경험에 대해 말해 보시오.
- 상사, 동료, 후배와 사이가 안 좋다면 어떻게 할 것인가?
- 한국남부발전에 들어오기 위해서 무엇을 준비했는가?
- 댐 건설 시 고려해야 하는 사항을 말해 보시오.
- 발전소 건설을 위한 지반고는 어떤 방식으로 정해지는지 아는가?
- 콘크리트를 배합할 때 시멘트 양의 산정 기준은 무엇인지 말해 보시오.
- 기능상에 문제는 없지만 설계와 시공이 다르다면 어떻게 하겠는가?
- 해외에서 본 특이한 토목 구조물이 있는가? 있다면 그 구조물을 보고 느낀 점을 말해 보시오.
- 화학물질 안전 관리 방안에 대해 토론해 보시오.
- 가스터빈 국산화 방안에 대해 토론해 보시오.
- 리스크와 가능성이 다른 국가에 진출할 순위를 정해 보시오.
- 한국남부발전의 민영화를 찬성과 반대 입장에서 토론해 보시오.

- 태양광발전사업 확대를 위한 방안을 전기 직무와 결합시켜 말해 보시오.
- 발전소 도입 방안에 예상되는 문제점을 발표해 보시오.
- 발전소의 사고·사망 재해를 줄일 수 있는 실질적인 제도적 방안을 발표해 보시오.
- 고령 노동자 교육 방안에 대한 귀하의 생각을 말해 보시오.
- PDCA에 대해 아는 대로 말해 보시오.
- 분권화 방식에 따른 특징과 내용을 발표해 보시오.
- 현재 환경문제의 원인으로 화력발전소가 지목되고 있다. 이에 대한 귀하의 생각을 말해 보시오.
- 지역 주민과의 갈등을 해결할 수 있는 방안에 대해 발표해 보시오.
- 주52시간제 도입에 따른 대응 방안을 발표해 보시오.
- 업무협의제와 스마트워크의 전제 요소에 대해 말해 보시오.
- 친환경 발전소를 활성화하기 위한 방안을 말해 보시오.
- 일자리 창출 방안에 대해 말해 보시오.
- 부서에서 어떠한 사람이 되고 싶은지 말해 보시오.
- DR시장의 적용 및 활성화 방안을 제시해 보시오.
- 미세먼지 저감을 위한 대책을 발표해 보시오.
- 도심형 신재생에너지발전소에 대해 발표해 보시오.
- 노후화 발전소에 대해 발표해 보시오.
- 빅데이터 활용방안에 대해서 발표해 보시오.
- 발전 연관 사업에 대해서 발표해 보시오.
- 친환경 건축에 대해서 발표해 보시오.
- 한국남부발전의 해외 진출 방안에 대해서 발표해 보시오.
- 팀 프로젝트 시 시간 관리 차원에서 본인의 역할이 무엇이라고 생각하는가?
- 지원 분야 관련 자격증이나 경험이 있는가? 있다면 말해 보시오.
- 시간 관리를 어떻게 하는지 말해 보시오.
- 한국남부발전에서 하는 일에 대해 말해 보시오.
- 상사의 부정에 어떻게 대처하겠는가?
- 자신의 강점과 그것을 바탕으로 한국남부발전에 기여할 방안에 대하여 말해 보시오.
- 한국남부발전의 강점에 대하여 말해 보시오.
- 한국남부발전에 입사한다면 어떤 일을 하고 싶은지 말해 보시오.
- 자신의 태도 중 반드시 고치고 싶은 것은 무엇인지 말해 보시오.
- 회사 업무를 잘하기 위해서 어떤 것이 필요하다고 생각하는가?
- 싫어하는 사람과 함께 일하게 된다면 어떻게 대처할 것인가?
- 다수결 방식에 의해 피해를 입은 사례에 대해 말해 보시오.
- 민주주의에서 가장 중요한 것은 무엇이라고 생각하는가?
- 순환근무에 대해 어떻게 생각하는가?
- 조직 분위기가 좋지 않을 때 어떻게 바꾸겠는가?
- 마지막으로 하고 싶은 말을 해 보시오.

21. 한국동서발전

- 발전소의 효율을 올릴 수 있는 방법에 대해 말해 보시오.
- 설비관련 부품 중 가장 중요한 것은 무엇인지 말해 보시오.
- 비파괴 검사의 종류에 대해 말해 보시오.
- 집단에서 갈등을 해결한 경험이나 배려를 한 경험 또는 배려를 받은 경험에 대해 말해 보시오.
- 지원한 직무에 관심을 갖게 된 계기에 대해 말해 보시오.
- 보호무역주의와 자유무역주의에 대해 토론해 보시오.
- 사내 소통 방안에 대해 토론해 보시오.
- 당진 발전소 주민 반대를 설득할 방안을 구해 보시오.
- (설계수명, 경제수명, 전문가 의견, 발전설비 교체 비용 추세 등에 관한 자료를 주고) 노후화된 발전시설에서 고장 부품을 교체해야 하는데 일부만 교체할 것인가, 전량 교체할 것인가?
- B사에서 바이오에너지 발전소를 만들 예정이다. B사는 중소기업과 상생을 추구하고 있다. 분할발주를 하려고 하니 업무가 폭증할 것이라 예상된다. 하지만 일괄발주를 하게 되면 대기업에게 이익이 가기 때문에 B사가 추구하는 상생과 맞지 않는다. 어떤 방식의 발주가 좋을지 아이디어를 내보시오.
- 7명의 팀원이 있고 당신은 입사 2년차 막내이다. 입사는 빨리 했지만 나이가 어린 팀장과 입사는 늦었지만 나이가 많은 차장이 있는데 막내로서 둘 사이의 관계 개선을 어떻게 이룰 수 있겠는가?
- 서울에서 에코콘서트를 하게 되었는데, 관객들이 자가발전을 하여 생산된 전기로만 콘서트를 진행하려고 한다. 콘서트를 진행하기 위해 필요한 최소 관객은 몇 명일까?
- 태양전지를 서울의 2배 면적만한 공간에 설치하려는 사업 계획을 발표하려고 한다. 공간 문제를 어떤 방법으로 해결해서 사업제안을 해야 할지에 대한 아이디어를 내보시오.
- 팀원 간 갈등이 생길 때 어떻게 하는가?
- 압박 상황에 어떻게 대처하는가?
- Title과 Salary 중에 무엇이 중요한가?
- 본인의 성격을 2가지 형용사를 이용해서 소개해 보시오.
- 갈등 상황이 있을 때 어떻게 해결하는가?
- 단기적 혹은 장기적인 목표가 있는가?
- 사는 곳이 어디이며, 그 지역에서 가장 유명한 것은 무엇인가?
- 전공이 무엇이며, 전공을 선택한 이유를 말해 보시오.
- 해외여행을 가본 적이 있는가?
- 입사하여 5년 후에 무엇을 하고 싶은가?
- 한국동서발전 이외에 지원한 회사는 어디인가?
- 열정을 쏟았던 경험과 그 경험으로 얻은 것에 대해 말해 보시오.
- 회사에 본인이 기여할 수 있는 점이 무엇인가?
- 공과 사 중 어떤 것을 추구해야 하는가?
- 지금까지 힘들었던 점을 극복한 사례를 말해 보시오.
- 열정적으로 한 일에 대해 설명해 보시오.
- 돈, 명예, 일 중에서 하나를 선택하라면 무엇을 선택할 것인가?
- 로또에 당첨된다면 당첨금을 어떻게 사용할 것인가?
- 한국동서발전에서 비윤리적 요소가 있는 프로젝트를 진행하게 된다면 어떻게 할 것인가?
- 만약 싫어하는 직무에 배치를 받는다면 어떻게 할 것인가?
- 마지막으로 하고 싶은 말을 해 보시오.

22. 한국서부발전

- 전기가 가정까지 전달되는 과정에 대해 설명해 보시오.
- 주파수에 따른 전기 품질의 차이에 대해 설명해 보시오.
- SMP에 대해 설명해 보시오.
- 사회적 가치를 위해 한국서부발전이 노력해야 하는 부분에 대해 말해 보시오.
- 업무를 수행하는 중 취약점 발생 시 어떻게 해결할 것인지 말해 보시오.
- 본인 성격의 장단점에 대해 말해 보시오.
- 업무를 위해 준비해 온 것에 대해 말해 보시오.
- 워킹 홀리데이를 한 이유가 무엇인가?
- 협업했던 경험에 대해 말해 보시오.
- 다른 지원자들과 차별화되는 본인의 강점은 무엇인가?
- 입사한다면 어떤 업무를 하고 싶은가?
- 자신의 장점이 회사에 어떻게 작용할 수 있겠는가?
- 가장 어려웠던 일과 그때 느낀 점은 무엇인가?
- 가장 즐거웠던 경험과 슬펐던 경험에 대해 말해 보시오.
- 어려운 일을 극복해 보았는가?
- 조직생활을 잘 하는가?
- 태안에서 근무해야 한다면 할 수 있는가?
- 한국서부발전에 지원한 동기를 말해 보시오.
- 자신이 가장 성취했던 경험에 대해서 말해 보시오.
- 평소에 시간을 관리하는 방법에 대해 말해 보시오.
- 상사가 부당한 지시를 한다면 어떻게 하겠는가?
- CSR에 대해 설명해 보시오.
- 조직에서 본인이 노력을 해서 성과를 낸 경험을 말해 보시오.
- 기존의 조직 관행 중 본인이 노력해서 바꾼 경험을 말해 보시오.
- 렌츠의 법칙에 대해 말해 보시오.
- 유도 전동기와 동기 전동기의 차이를 말해 보시오.
- 페러데이의 법칙에 대해 설명해 보시오.
- 업무에 적용 가능한 자신만의 강점을 말해 보시오.
- 특기는 무엇이고, 그것을 업무에 어떻게 적용할 것인가?
- 급수펌프에서 이상진동이 발생되었다. 원인과 해결 방안은 무엇인가?

23. 사립학교교직원연금공단

- 국회에서 진행한 사학연금 개편 관련 안건 중 어느 쪽을 지지하는지 말해 보시오.
- 기초연금과 공적연금의 차이에 대해 설명해 보시오.
- 살면서 가장 잘한 일과 아쉬운 일에 대해 말해 보시오.
- 사립학교교직원연금공단의 재무제표 중 보고 온 내용이 있다면 말해 보시오.
- 프로젝트를 실패한 경험과 그 경험을 통해 배운 점에 대해 말해 보시오.
- 조직의 목표를 달성하고자 할 때 조직원의 이익이 침해될 수 있다면 어느 것을 우선시해야 하는가?
- 장기적인 연금 고갈에 대한 본인의 생각과 그에 대한 대책에 대해 말해 보시오.
- 본인이 존경하는 인물에 대해 말해 보시오.
- 공적연금과 사적연금의 차이에 대해 말해 보시오.
- 사립학교교직원연금공단에 지원한 동기가 무엇인가?
- 업무 과정에서 팀원과 갈등이 발생했을 때, 해결 방안을 말해 보시오.
- 본인이 어려움을 느꼈을 때, 극복 방안을 말해 보시오.
- 자신 있는 외국어로 사립학교교직원연금공단 업무를 설명해 보시오.
- 본인이 좋아하는 색깔은 무엇인가?
- 사립학교교직원연금공단에 입사하기 위해 무슨 노력을 하였는가?
- 인생을 살면서 가장 보람을 느꼈던 일은 무엇인가?
- 함께했던 동료들과 좋은 관계를 유지하기 위해 어떤 노력을 하였는가?
- 사립학교교직원연금공단이 진행하고 있는 사업에 대해 말해 보시오.
- 사립학교교직원연금공단이 나아가야 할 방향은 무엇인가?
- 실패했던 경험에 대해 말해 보시오.
- 본인만의 의사소통 방법과 대인관계를 유지하는 방법을 말해 보시오.
- 타인과 비교했을 때, 자신 있는 강점은 무엇인가?
- 사립학교교직원연금공단의 미션, 비전과 관련지어 본인의 강점을 말해 보시오.
- 상사가 요청한 업무의 기한이 얼마 남지 않았는데, 중요하고 급박한 일이 발생한다면 어떻게 대처하겠는가?
- 본인이 인생을 살면서 가장 열중한 일은 무엇인가?
- 본인의 주변인 중 존경하는 인물이 있는가?
- 사립학교교직원연금공단 홈페이지에 접속한 적이 있는가? 있다면 기억에 남는 것이 있는가?
- 본인 성격의 장단점은 무엇인가?
- 상사와 업무 진행 스타일이 자신과 맞지 않을 경우 어떻게 하겠는가?
- 상사가 불합리한 지시를 할 경우 어떻게 하겠는가?
- 본인은 공기업에 적합한 인재인가?
- 워라밸(Work Life Balance)에 대한 본인의 생각을 말해 보시오.

24. 서울시설공단

- 서울시설공단에서 운영하고 있는 인프라를 이용해 본 경험이 있다면 말해 보시오.
- 서울시설공단에서 운영하고 있는 인프라의 활성화 방안에 대해 말해 보시오.
- 자신을 희생하여 남을 도운 경험이 있다면 말해 보시오.
- 자신과 맞지 않는 사람은 어떤 유형이고, 어떻게 대처할 것인지 설명해 보시오.
- 업무와 연관 지어 본인의 장점을 말해 보시오.
- 신호등에 대해 아는 대로 말해 보시오.
- 전기 관련 업무를 진행하면서 높은 곳에 올라갈 수 있는가?
- 수변전 설비에서 가장 중요하다고 생각되는 부품과 그 이유를 말해 보시오.
- 본인이 오늘 면접을 위해 준비한 것들 중 핵심은 무엇인가?
- 본인이 알고 있는 전기 관련 이론에 대해 말해 보시오.
- 토크와 마력의 상관관계에 대해 말해 보시오.
- 다짐공법에 대해 설명해 보시오.
- 유압기를 다루어 본 경험이 있는가?
- 두루마리 휴지는 왜 원기둥 형태인가?
- 서울시설공단의 주요 사업은 무엇인가?
- TIG 용접에 대해 아는 대로 말해 보시오.
- 수공구를 사용해본 경험이 있다면 말해 보시오.
- 청계천 공사에 대한 본인의 견해를 말해 보시오.
- 서울시설공단에 입사한다면 어떤 일을 할 것 같은가?
- 서울시가 관리하는 주요 공원 중 아는 것을 말해 보시오.
- 신입사원이 갖추어야 할 덕목을 세 가지만 꼽는다면 무엇이라고 생각하는가?
- 서울시설공단에서 SNS를 활용한다면 어느 분야에 어떻게 활용하면 좋겠는가?
- 서울시설공단의의 대국민 서비스 중 지원자가 경험한 것에 대해 평가해 보시오.
- 선반과 밀링으로 무엇을 만들어 보았는가?(추가로 윤활유의 역할에 대해 질문함)
- 'KS B'에서 'B'가 의미하는 것은 무엇인가?(추가로 KS C와 KS D에 대해 질문함)
- 서울시설공단에 입사한 이후에 성취감을 느끼지 못하면 본인은 어떻게 할 것인가?
- 취득한 자격증이 서울시설공단에서 업무에 임할 때 어떻게 활용될 수 있을지 말해 보시오.
- 비가 많이 내려서 펌프에 물이 넘쳐흐른 경우에는 무엇을 가장 중요하게 확인해야 하는가?
- 서울시설공단의 주요 사업은 무엇이며, 그 가운데 가장 중요하다고 생각하는 사업은 무엇인가?
- 아동성폭력 범죄자를 화학적으로 거세하는 것에 대한 본인의 찬반 의견과 이유를 제시해 보시오.
- 서울시설공단의 사업 중 경쟁력이 떨어진다고 생각하는 사업의 종류와 대처 방안, 경쟁력 향상 방법에 대해 설명해 보시오.

25. 전북개발공사

- 전북개발공사의 직업윤리에 대해 말해 보시오.
- 가고 싶은 부서나 피하고 싶은 부서가 있다면 말해 보시오.
- 행정 직무에서 중요하다고 생각하는 직무 역량이 있다면 말해 보시오.
- 상사와의 갈등을 어떻게 해결할 것인지 말해 보시오.
- 청렴, 배려, 공평, 정의에 대한 귀하의 생각을 말해 보시오.
- 학창 시절에 커닝을 해 보았는가?
- 바람직한 남성상(여성상)은 무엇인가?
- '국가'는 본인에게 무엇을 의미하는가?
- 커닝의 장점이 무엇이라고 생각하는가?
- 개런티와 워런티의 차이를 설명해 보시오.
- 고정비를 줄이는 방법에는 무엇이 있겠는가?
- 본인에게 가장 큰 영향을 준 인물은 누구인가?
- 전북개발공사의 사가(社歌)를 한 곡 지어서 노래해 보시오.
- 전북개발공사에 꼭 입사하고 싶은 이유가 있다면 무엇인가?
- 겸손한 사람과 성과가 뛰어난 사람 중 누구를 선택하겠는가?
- 장래 배우자는 직장에 대해 어떻게 하는 것이 좋다고 생각하는가?
- 전북개발공사와 관련한 업계의 시장 전망을 간략하게 설명해 보시오.
- 사랑하는 사람과 멀리 떨어진 곳에서 근무하게 된다면 어떻게 하겠는가?
- 전북개발공사에서 가장 중요하다고 생각하는 부서와 그 이유를 말해 보시오.
- 아파트 가격의 상승과 하락이 국내 경제에 끼치는 영향에 대해서 간략하게 설명해 보시오.
- 본인인 리더라면 업무능력이 뛰어난 사람과 성격이 좋은 사람 중 누구와 일하고 싶은가?
- 전북개발공사가 개선해야 할 점을 한 가지 제시하고, 그것에 대한 개선 방안을 설명해 보시오.
- 본인이 본 영화의 주인공 중에서 본인을 닮은 인물은 누구이며, 왜 그렇게 생각하는지 말해 보시오.
- 통일이 되었는데 누가 10억 원을 주고 20억 원을 만들어 오라고 한다면 북한에서 무엇을 하겠는가?
- 전북개발공사에 입사하면 어려운 일이 있을 텐데, 극복할 방법을 자신의 어떤 부분에서 찾을 수 있겠는가?

26. 아산시설관리공단

- 상식 밖의 민원인을 어떻게 대처할 것인지 말해 보시오.
- 아산시설관리공단에 대해 아는 대로 말해 보시오.
- 공공기관 직원이 지녀야 할 가치관에 대해 설명해 보시오.
- 평소 스트레스 관리 방법에 대해 말해 보시오.
- 공무원 시험에 응시한 적이 있는가?
- 1분 동안 자기소개를 하시오.
- 본인의 인턴 경험을 소개해 보시오.
- 워라밸에 대한 본인의 견해를 말해 보시오.
- 직무수행을 통해 문제해결 능력을 발휘한 경험이 있으면 말해 보시오.
- 인생에 큰 변화의 계기가 될 만한 일이 있었나? 그 영향은 어떠했는가?
- PLC(Programmable Logic Controller)에 대해 간단하게 설명해 보시오.
- 직장인으로서 직업윤리가 왜 중요한지 본인의 가치관을 중심으로 말해 보시오.
- 대학 졸업 후 지금까지 무엇을 했는가? 아직 취업하지 않은 이유는 무엇인가?
- 도급업을 시행할 때 공무원으로서 주의해야 할 점 3가지는 무엇이라고 생각하는가?
- 아산시의 시설물에 대해 아는 것에 대해 말하고, 직군에 맞게 점검 방법을 말해 보시오.

27. 청주시설관리공단

- 청주시설관리공단을 알게 된 계기가 있다면 말해 보시오.
- 이상적이라고 생각하는 조직의 분위기에 대해 말해 보시오.
- 청주시설관리공단의 비전과 핵심가치에 대해 말해 보시오.
- 본인을 사물로 표현해 보시오.
- 근무하다 공무원 시험에 합격하게 되면 퇴사를 할 것인가?
- 합격 후 어느 부서에서 일하고 싶은지 말해 보시오.
- 청주시설관리공단에 대해 아는 것을 말해 보시오.
- 스트레스를 어떻게 푸는지 말해 보시오.
- 부서 이동이 잦은 것에 대한 귀하의 생각을 말해 보시오.
- 청주시의 인문지리학적 특징을 말해 보시오.
- 청주시의 5kg 쓰레기봉투 1장의 가격은 얼마인가?
- 청주시설관리공단에 꼭 필요하다고 생각되는 업무가 있으면 추천하고, 이유를 설명하시오.
- 청주시설관리공단의 '탄소제로 교육관'은 어떤 물질을 제거해 환경을 보존하자는 교육이다. 본인 주변에서 이 물질을 제거할 수 있는 손쉬운 방법을 한 가지 소개해 보시오.

28. 안동시시설관리공단

- 안동시시설관리공단에서 관리하는 시설물을 아는 대로 말해 보시오.
- 해외 휴가 중 시설물에 문제가 생긴다면 어떻게 할 것인가?
- 공기업인으로서 가져야 할 자세를 설명해 보시오.
- 안동시시설관리공단에 어떻게 기여할 수 있는지 말해 보시오.
- 자신의 장단점을 말해 보시오.
- 입사하면 어떤 일을 하고 싶은가?
- 안동시에 대해 아는 대로 설명해 보시오.
- 개인과 조직의 목표가 일치하지 않을 경우 어떻게 할 것인가?
- 대인관계에 있어 본인이 가장 중요하게 생각하는 것은 무엇인가?
- 안동시가 배경이 되었던 주요 영화나 드라마를 아는 대로 말해 보시오.
- 마지막으로 하고 싶은 말은 무엇인가?

29. 여수시시설관리공단

- 공공기관 근로자로서 갖추어야 할 자세는 무엇인가?
- 여수시도시관리공단의 문제점과 개선방법에 대해 말해 보시오.
- 4차 산업에서 여수시도시관리공단이 할 수 있는 역할은 무엇인가?
- 공사와 공단의 차이점에 대해 말해 보시오.
- 요즘 여수시에 빈 집이 많이 생기고 있는데, 어떻게 하면 이 문제를 좋은 방향으로 해결할 수 있을지 말해 보시오.
- 최근 가장 힘들었던 일을 말해 보시오.
- 엔지니어들과 의견 충돌 시 어떻게 대처할 것인지 말해 보시오.

30. 강남구도시관리공단

- 강남구도시관리공단에서 하고 싶은 업무는 무엇인가?
- 방화벽에 대해 설명해 보시오.
- 전기 화재의 원인에 대해 아는 대로 설명해 보시오.
- 살면서 꼭 해 보고 싶은 일이 있다면 말해 보시오.
- 상사와 의견 차이가 존재할 때 어떻게 대처하겠는가?
- 강남구도시관리공단의 경영평가는 어떠한 기준으로 이루어지는가?
- 강남구에 있는 공영주차창의 요금을 알고 있는가?
- 본인이 강남구도시관리공단에서 수행하게 될 업무들에 대해 알고 있는가?
- 공기업과 사기업의 차이에 대해 말해 보시오.
- 강남구도시관리공단의 공익성 모델을 제시해 보시오.
- 강남구의 대표적인 문화예술 시설은 무엇이 있는가?
- 지역 시설관리의 최대 문제는 무엇이라고 생각하는가?
- 강남구의 대표적인 유적지나 관광지에는 무엇이 있는가?
- 강남구도시관리공단의 미래 지향적 사업 분야를 평가해 보시오.
- 강남구도시관리공단의 임무와 업무에 대해 아는 대로 말해 보시오.
- 강남구도시관리공단의 정보화 사업의 활성화 정책을 평가해 보시오.
- 강남구의 생활 안전 관리는 어떻게 이루어지고 있는지 말해 보시오.
- 강남구도시관리공단의 지역 정보 관리 사업에는 어떤 사업들이 있는가?
- 강남구에 꼭 필요하다고 생각하는 시설을 추천하고, 그 이유를 말해 보시오.
- 강남구도시관리공단이 어떤 사업을 하며, 법인의 특성은 어떤 상황인지 설명해 보시오.
- 강남구도시관리공단의 기술용역 사업에는 어떤 것이 있으며, 왜 필요하다고 생각하는가?
- 강남구도시관리공단에서 운영하는 생활체육공원에서 부족한 체육 시설이나 운동 시설은 무엇이라고 생각하는가?
- 강남구도시관리공단의 시설을 활용해 개최되었거나 향후 개최 예정인 경기나 체육행사 중 아는 것을 말해 보시오.
- 강남구가 관리·운영하는 관광·레저 시설 중에서 꼭 홍보해야 한다고 생각하는 것 두 가지를 선정해 설명해 보시오.
- 최근 안전사고가 빈발해 주민 안전과 주민 보호가 어려운 상황에 처했다는 여론이 높다. 이런 문제를 어떻게 해소할 수 있겠는가?
- 강남구도시관리공단에서 향후 추진해야 할 지역주민을 위한 계획을 한 가지만 선정하고, 그것이 왜 최우선 순위가 되어야 하는지 설명해 보시오.
- 강남구도시관리공단의 업무가 체계적이지 않아서 지역 내의 시설에 대한 관리·감독이 미흡하다는 비판이 있다. 이것에 대해 어떻게 생각하는가?

얼마나 많은 사람들이 책 한 권을 읽음으로써
인생에 새로운 전기를 맞이했던가.

– 헨리 데이비드 소로 –

앞선 정보 제공! 도서 업데이트

언제, 왜 업데이트될까?

도서의 학습 효율을 높이기 위해 자료를 추가로 제공할 때!
공기업 · 대기업 필기시험에 변동사항 발생 시 정보 공유를 위해!
공기업 · 대기업 채용 및 시험 관련 중요 이슈가 생겼을 때!

01 시대에듀 도서
www.sdedu.co.kr/book
홈페이지 접속

02 상단 카테고리
「도서업데이트」
클릭

03 해당
기업명으로
검색

참고자료, 시험 개정사항 등 정보 제공으로 학습효율을 높여 드립니다.

시대에듀

공기업 취업을 위한 NCS
직업기초능력평가 시리즈

2025 최·신·판

공사공단
고졸채용

인·적성검사
초(超)단기완성

정답 및 해설

누적 판매량
1위
기업별 NCS 시리즈

합격의 모든 것!

시대에듀

Add+

특별부록

시대
에듀

01	02	03	04	05	06	07	08	09	10
③	⑤	③	③	④	⑤	①	①	④	③
11	12	13	14	15	16	17	18	19	20
②	⑤	④	③	①	②	②	②	②	④
21	22	23	24	25	26	27	28	29	30
②	③	④	②	③	②	②	②	②	⑤

01   정답 ③

제시된 시는 신라시대 6두품 출신의 문인인 최치원이 지은 「촉규화」이다. 최치원은 자신을 향기 날리는 탐스런 꽃송이에 비유하여 뛰어난 학식과 재능을 뽐내고 있지만, 수레와 말 탄 사람에 비유한 높은 지위의 사람들이 자신을 외면하는 현실을 한탄하고 있다.

> **최치원**
>
> 신라시대 6두품 출신의 문인으로, 12세에 당나라로 유학을 간 후 6년 만에 당의 빈공과에 장원으로 급제할 정도로 학문적 성취가 높았다. 그러나 당나라에서 제대로 인정을 받지 못했으며, 신라에 돌아와서도 6두품이라는 출신의 한계로 원하는 만큼의 관직에 오르지는 못하였다. 「촉규화」는 최치원이 당나라 유학시절에 지은 시로 알려져 있으며, 자신을 알아주지 않는 시대에 대한 개탄을 담고 있다. 최치원은 인간 중심의 보편성과 그에 따른 다양성을 강조하였으며, 신라의 쇠퇴로 인해 이러한 그의 정치 이념과 사상은 신라 사회에서는 실현되지 못하였으나 이후 고려 국가의 체제 정비에 영향을 미쳤다.

02   정답 ⑤

'말로는 친한 듯 하나 속으로는 해칠 생각이 있음'을 뜻하는 한자성어는 '口蜜腹劍(구밀복검)'이다.
- 刻舟求劍(각주구검) : 융통성 없이 현실에 맞지 않는 낡은 생각을 고집하는 어리석음

오답분석
① 水魚之交(수어지교) : 아주 친밀하여 떨어질 수 없는 사이
② 結草報恩(결초보은) : 죽은 뒤에라도 은혜를 잊지 않고 갚음

③ 靑出於藍(청출어람) : 제자나 후배가 스승이나 선배보다 나음
④ 指鹿爲馬(지록위마) : 윗사람을 농락하여 권세를 마음대로 함

03   정답 ③

③에서 '뿐이다'는 체언(명사, 대명사, 수사)인 '셋'을 수식하므로 조사로 사용되었다. 따라서 앞말과 붙여 써야 한다.

오답분석
① 종결어미 '-는지'는 앞말과 붙여 써야 한다.
② '만큼'은 용언(동사, 형용사)인 '애쓴'을 수식하므로 의존명사로 사용되었다. 따라서 앞말과 띄어 써야 한다.
④ '큰지'와 '작은지'는 모두 연결어미 '-ㄴ지'로 쓰였으므로 앞말과 붙여 써야 한다.
⑤ '-판'은 앞의 '씨름'과 합성어를 이루므로 붙여 써야 한다.

04   정답 ③

터널의 길이를 xm라 하면 다음과 같은 식이 성립한다.

$$\frac{x+200}{60} : \frac{x+300}{90} = 10 : 7$$

$$\frac{x+300}{90} \times 10 = \frac{x+200}{60} \times 7$$

→ $600(x+300) = 630(x+200)$

→ $30x = 54,000$

∴ $x = 1,800$

따라서 터널의 길이는 1,800m이다.

05   정답 ④

3월의 경우 K톨게이트를 통과한 영업용 승합차 수는 229천 대이고, 영업용 대형차 수는 139천 대이다.
$139 \times 2 = 278 > 229$이므로 3월의 영업용 승합차 수는 영업용 대형차 수의 2배 미만이다.
따라서 모든 달에서 영업용 승합차 수는 영업용 대형차 수의 2배 이상이 아니므로 옳지 않은 설명이다.

① 각 달의 전체 승용차 수와 전체 승합차 수의 합은 다음과 같다.
- 1월 : $3,807+3,125=6,932$천 대
- 2월 : $3,555+2,708=6,263$천 대
- 3월 : $4,063+2,973=7,036$천 대
- 4월 : $4,017+3,308=7,325$천 대
- 5월 : $4,228+2,670=6,898$천 대
- 6월 : $4,053+2,893=6,946$천 대
- 7월 : $3,908+2,958=6,866$천 대
- 8월 : $4,193+3,123=7,316$천 대
- 9월 : $4,245+3,170=7,415$천 대
- 10월 : $3,977+3,073=7,050$천 대
- 11월 : $3,953+2,993=6,946$천 대
- 12월 : $3,877+3,040=6,917$천 대

따라서 전체 승용차 수와 승합차 수의 합이 가장 많은 달은 9월이고, 가장 적은 달은 2월이다.

② 4월을 제외하고 K톨게이트를 통과한 비영업용 승합차 수는 월별 3,000천 대($=300$만 대)를 넘지 않는다.

③ 모든 달에서 (영업용 대형차 수)$\times10\ge$(전체 대형차 수)이므로 영업용 대형차 수의 비율은 모든 달에서 전체 대형차 수의 10% 이상이다.

⑤ 승용차가 가장 많이 통과한 달은 9월이고, 이때 영업용 승용차 수의 비율은 9월 전체 승용차 수의 $\dfrac{140}{4,245}\times100$≒3.3%로 3% 이상이다.

06
정답 ⑤

A는 B의 부정적인 의견들을 구조화하여 B가 그러한 논리를 가지게 된 궁극적 원인인 경쟁력 부족을 찾아내었고, 이러한 원인을 해소할 수 있는 방법을 찾아 자신의 계획을 재구축하여 B에게 설명하였다. 따라서 제시문에서 나타난 논리적 사고의 구성요소는 상대 논리의 구조화이다.

① 설득 : 논증을 통해 나의 생각을 다른 사람에게 이해·공감시키고, 타인이 내가 원하는 행동을 하도록 하는 것이다.
② 구체적인 생각 : 상대가 말하는 것을 잘 알 수 없을 때, 이미지를 떠올리거나 숫자를 활용하는 등 구체적인 방법을 활용하여 생각하는 것이다.
③ 생각하는 습관 : 논리적 사고를 개발하기 위해 일상적인 모든 것에서 의문점을 가지고 그 원인을 생각해 보는 습관이다.
④ 타인에 대한 이해 : 나와 상대의 주장이 서로 반대될 때, 상대의 주장 전부를 부정하지 않고 상대의 인격을 존중하는 것이다.

07
정답 ①

마지막 조건에 따라 C는 항상 두 번째에 도착하게 되고, 첫 번째 조건에 따라 A - B가 순서대로 도착했으므로 A, B는 첫 번째로 도착할 수 없다. 또한 두 번째 조건에 따라 D는 E보다 늦게 도착하므로 가능한 경우를 정리하면 다음과 같다.

구분	첫 번째	두 번째	세 번째	네 번째	다섯 번째
경우 1	E	C	A	B	D
경우 2	E	C	D	A	B

따라서 E는 항상 가장 먼저 도착한다.

08
정답 ①

K공단에서 위촉한 자문 약사는 다제약물 관리사업 대상자가 먹고 있는 약물의 복용상태, 부작용, 중복 등을 종합적으로 검토하고 그 결과를 바탕으로 상담, 교육 및 처방조정 안내를 실시한다. 또한 우리나라는 2000년에 시행된 의약 분업의 결과, 일부 예외사항을 제외하면 약사는 환자에게 약물의 처방을 할 수 없다. 따라서 약사는 환자의 약물점검 결과를 의사에게 전달하여 처방에 반영될 수 있도록 할 뿐 직접적인 처방을 할 수는 없다.

② 다제약물 관리사업으로 인해 중복되는 약물을 파악하고 조치할 수 있다. 실제로 세 번째 문단의 다제약물 관리사업 평가에서 효능이 유사한 약물을 중복해서 복용하는 환자가 40.2% 감소되는 등의 효과가 확인되었다.
③ 다제약물 관리사업은 10종 이상의 약을 복용하는 만성질환자를 대상으로 약물관리 서비스를 제공하는 사업이다.
④ 병원의 경우 입원 및 외래환자를 대상으로 의사, 약사 등으로 구성된 다학제팀이 약물관리 서비스를 제공하는 반면, 지역사회에서는 다학제 협업 시스템이 미흡하다는 의견이 나오고 있다. 이에 K공단은 도봉구 의사회와 약사회, 전문가로 구성된 지역협의체를 구성하여 의·약사 협업 모형을 개발하였다.

09
정답 ④

제시문의 첫 번째 문단은 아토피 피부염의 정의를 나타내므로 이어서 연결될 수 있는 문단은 아토피 피부염의 원인을 설명하는 (라) 문단이다. 또한, (가) 문단의 앞부분 내용이 (라) 문단의 뒷부분과 연계되므로 (가) 문단이 다음에 오는 것이 적절하다. 그리고 (나) 문단의 첫 번째 문장에서 앞의 약물치료와 더불어 일상생활에서의 예방법을 말하고 있으므로 (나) 문단의 앞에는 아토피 피부염의 약물치료 방법인 (다) 문단이 오는 것이 가장 자연스럽다. 따라서 (라) - (가) - (다) - (나)의 순서로 나열해야 한다.

10

2021년의 건강보험료 부과 금액은 전년 대비 69,480−63,120=6,360십억 원 증가하였다. 이는 2020년 건강보험료 부과 금액의 10%인 63,120×0.1=6,312십억 원보다 크므로 2021의 건강보험료 부과 금액은 전년 대비 10% 이상 증가하였음을 알 수 있다.

2022년 또한 76,775−69,480=7,295십억 > 69,480×0.1=6,948십억 원이므로 건강보험료 부과 금액은 전년 대비 10% 이상 증가하였다.

오답분석
① 제시된 자료를 통해 확인할 수 있다.
② 연도별 전년 대비 1인당 건강보험 급여비 증가액을 구하면 다음과 같다.
 • 2020년 : 1,400,000−1,300,000=100,000원
 • 2021년 : 1,550,000−1,400,000=150,000원
 • 2022년 : 1,700,000−1,550,000=150,000원
 • 2023년 : 1,900,000−1,700,000=200,000원
 따라서 1인당 건강보험 급여비가 전년 대비 가장 크게 증가한 해는 2023년이다.
④ 2019년 대비 2023년의 1인당 건강보험 급여비 증가율은 $\frac{1,900,000-1,300,000}{1,300,000}\times100 ≒ 46\%$이므로 40% 이상 증가하였다.

11

'잎이 넓다.'를 P, '키가 크다.'를 Q, '더운 지방에서 자란다.'를 R, '열매가 많이 맺힌다.'를 S라 하면, 첫 번째 명제는 P → Q, 두 번째 명제는 ~P → ~R, 네 번째 명제는 R → S이다. 두 번째 명제의 대우인 R → P와 첫 번째 명제인 P → Q에 따라 R → P → Q이므로 네 번째 명제가 참이 되려면 Q → S인 명제 또는 이와 대우 관계인 ~S → ~Q인 명제가 필요하다.

오답분석
① ~P → S이므로 네 번째 명제가 참임을 판단할 수 없다.
③ '벌레가 많은 지역'은 네 번째 명제와 관련이 없다.
④ R → Q와 대우 관계인 명제로, 네 번째 명제가 참임을 판단할 수 없다.

12

2019 ~ 2023년의 고용률은 다음과 같다.
 • 2019년 : $\frac{24,585}{36,791}\times100 ≒ 66.8\%$
 • 2020년 : $\frac{24,130}{36,639}\times100 ≒ 65.9\%$
 • 2021년 : $\frac{24,280}{36,498}\times100 ≒ 66.5\%$
 • 2022년 : $\frac{24,824}{36,233}\times100 ≒ 68.5\%$
 • 2023년 : $\frac{24,891}{35,956}\times100 ≒ 69.2\%$

따라서 2019 ~ 2023년 동안 고용률은 70%를 넘지 못하였다.

오답분석
① 2020년의 취업자 수는 전년 대비 감소하였다.
② 2019 ~ 2023년의 실업자 수는 다음과 같다.
 • 2019년 : 25,564−24,585=979천 명
 • 2020년 : 25,134−24,130=1,004천 명
 • 2021년 : 25,198−24,280=918천 명
 • 2022년 : 25,556−24,824=732천 명
 • 2023년 : 25,580−24,891=689천 명
 따라서 2020년의 실업자 수는 전년 대비 증가하였다.
③ 2020년의 경제활동인구 수는 전년 대비 감소하였다.
④ 2019 ~ 2023년의 비경제활동인구는 다음과 같다.
 • 2019년 : 36,791−25,564=11,227천 명
 • 2020년 : 36,639−25,134=11,505천 명
 • 2021년 : 36,498−25,198=11,300천 명
 • 2022년 : 36,233−25,556=10,677천 명
 • 2023년 : 35,956−25,580=10,376천 명
 따라서 2020년의 비경제활동인구 수는 전년 대비 증가하였다.

13

2019 ~ 2023년의 실업률은 다음과 같다.
 • 2019년 : $\frac{979}{25,564}\times100 ≒ 3.8\%$
 • 2020년 : $\frac{1,004}{25,134}\times100 ≒ 4\%$
 • 2021년 : $\frac{918}{25,198}\times100 ≒ 3.6\%$
 • 2022년 : $\frac{732}{25,556}\times100 ≒ 2.9\%$
 • 2023년 : $\frac{689}{25,580}\times100 ≒ 2.7\%$

따라서 2022년의 실업자 수는 732,000명이고, 실업률은 약 2.9%이다.

14

중학교 교육용 도서와 고등학생 교육용 도서 모두 부가기호의 앞자리 숫자는 '5'로 같다.

오답분석
① 다섯 번째 자리 숫자는 0 이외의 숫자가 올 수 없다.
② 독자대상이 아동이므로 독자대상기호는 '7'이고, 발행형태가 만화, 단행본이므로 발행형태기호가 가장 큰 '7'을 부여한다.

④ 국제표준도서번호의 접두부는 2013년 3월 6일 이후로 '979'를 부여하므로 이전에 부여한 도서의 국제표준도서번호는 '978'을 부여하였다.
⑤ 2013년 3월 6일 이후 국내도서의 국제표준도서번호의 접두부 세 자리 숫자는 '979'이고, 국별번호는 '11'을 부여한다.

15 정답 ①

주어진 국제표준도서번호에 가중치를 부여하면 다음과 같다.

ISBN	9	7	9	1	1	2
가중치	1	3	1	3	1	3
ISBN	5	4	8	3	3	6
가중치	1	3	1	3	1	3

$9×1+7×3+9×1+1×3+1×1+2×3+5×1+4×3+8×1+3×3+3×1+6×3=104$이므로 104를 10으로 나눈 나머지는 4이다.
따라서 $○=10-4=6$이므로 '9791125483360' 도서의 체크기호는 '6'이다.

16 정답 ②

행정학은 사회과학 분야에 가장 가까운 분야이므로 내용분류기호의 범위는 300 ~ 399이다.

17 정답 ②

ㄱ. 헤겔의 정반합 이론상 '정'에 대립되는 주장을 '반'이라고 했으므로 '정'과 '반'은 항상 대립하는 관계이다.
ㄷ. '정'과 '반'의 우위를 가리는 것이 아닌 두 명제 사이의 모순을 해결하면서 더 발전적인 결과인 '합'을 도출해 내야 한다.

오답분석

ㄴ. 마지막 문단에서 정반합의 단계를 되풀이하면서 계속하여 발전해 간다고 하였으므로 '합'이 더 발전된 개념임을 알 수 있다.
ㄹ. 헤겔의 정반합 이론이란 정, 반, 합 3단계 과정 전체를 말하는 것이므로 적절한 설명이다.

18 정답 ②

제시문에서 헤겔은 정, 반, 합의 3단계 과정을 거치면서 발전한다고 하였으며, '합'에서 끝나는 것이 아니라 '합'은 다시 '정'이 되어 다시금 정, 반, 합의 3단계 과정을 되풀이하며 발전해 간다고 하였다. 따라서 개인과 사회는 정반합의 과정을 계속하면서 이전보다 더 발전하게 된다는 내용이 빈칸에 들어가기에 가장 적절하다.

19 정답 ②

나열된 수의 규칙은 [(첫 번째 수)+(두 번째 수)]×(세 번째 수)−(네 번째 수)=(다섯 번째 수)이다.
따라서 빈칸에 들어갈 수는 $(9+7)×5-1=79$이다.

20 정답 ④

두 주사위 A, B를 던져 나온 수를 각각 a, b라 할 때, 가능한 순서쌍 (a, b)의 경우의 수는 $6×6=36$가지이다.
이때 $a=b$의 경우의 수는 $(1, 1)$, $(2, 2)$, $(3, 3)$, $(4, 4)$, $(5, 5)$, $(6, 6)$으로 6가지이므로 $a≠b$의 경우의 수는 $36-6=30$가지다. 따라서 $a≠b$일 확률은 $\frac{30}{36}=\frac{5}{6}$이다.

21 정답 ②

마지막 조건에 따라 3층에 사는 신입사원은 없다.
• A, B가 2층에 살 경우 : 세 번째 조건에 따라 C는 1층에 살고, 다섯 번째 조건에 따라 E는 4층, F는 5층에 살지만, G가 혼자 살 수 있는 층이 없으므로 여섯 번째 조건에 위배된다.
• A, B가 4층에 살 경우 : 다섯 번째 조건에 따라 E는 1층, F는 2층에 살고, 여섯 번째 조건에 따라 G는 5층에 산다. C는 세 번째 조건에 따라 1층 또는 2층에 살지만 네 번째 조건에 따라 D, E는 서로 다른 층에 살아야 하므로 C는 1층, D는 2층에 산다.
• A, B가 5층에 살 경우 : 다섯 번째 조건에 따라 E는 1층, F는 2층에 살고, 여섯 번째 조건에 따라 G는 4층에 살 수 있다. C는 세 번째 조건에 따라 1층 또는 2층에 살지만 네 번째 조건에 따라 D, E는 서로 다른 층에 살아야 하므로 C는 1층, D는 2층에 산다.
이를 정리하면 다음과 같다.

5층	G
4층	A, B
3층	(복지 공간)
2층	D, F
1층	C, E

5층	A, B
4층	G
3층	(복지 공간)
2층	D, F
1층	C, E

따라서 바르게 연결한 것은 ②이다.

오답분석

① 1층에 사는 신입사원은 C, E이다.
③ 4층에 사는 신입사원은 A, B 또는 G이다.
④ 5층에 사는 신입사원은 G 또는 A, B이다.

22

정답 ③

구매자별 이용권 구매 비용을 계산하면 다음과 같다.
- A : $(10,000-500) \times 30 = 285,000$원
- B : $(18,000-1,000) \times 25 = 425,000$원
- C : $(18,000-1,000-500) \times 30 = 495,000$원
- D : $(25,000 \times 0.85) \times 25 \times 0.9 = 478,125$원

따라서 이용권 구매비용이 가장 큰 사람은 C이다.

23

정답 ④

'〈Window 로고 키〉+〈D〉'를 입력하면 활성화된 모든 창을 최소화하고 바탕화면으로 돌아갈 수 있으며, 이 상태에서 다시 '〈Window 로고 키〉+〈D〉'를 입력하면 단축키를 입력하기 전 상태로 되돌아간다. 비슷한 기능을 가진 단축키로 '〈Window 로고 키〉+〈M〉'이 있지만, 입력하기 전 상태의 화면으로 되돌아갈 수는 없다.

오답분석
① 〈Window 로고 키〉+〈R〉 : 실행 대화 상자를 여는 단축키이다.
② 〈Window 로고 키〉+〈I〉 : 설정 창을 여는 단축키이다.
③ 〈Window 로고 키〉+〈L〉 : PC를 잠그거나 계정을 전환하기 위해 잠금화면으로 돌아가는 단축키이다.

24

정답 ②

「COUNTIF(셀의 범위,"조건")」 함수는 어떤 범위에서 제시되는 조건이 포함되는 셀의 수를 구하는 함수이다. 판매량이 30개 이상인 과일의 수를 구해야 하므로 [C9] 셀에 들어갈 함수식은 「=COUNTIF(C2:C8,">=30")」이다.

오답분석
① MID 함수 : 지정한 셀의 텍스트의 일부를 추출하는 함수이다.
③ MEDIAN 함수 : 지정한 셀의 범위의 중간값을 구하는 함수이다.
④ AVERAGEIF 함수 : 어떤 범위에 포함되는 셀의 평균을 구하는 함수이다.
⑤ MIN 함수 : 지정한 셀의 범위의 최솟값을 구하는 함수이다.

25

정답 ③

갈등의 과정 단계
1. 의견 불일치 : 서로 생각이나 신념, 가치관, 성격이 다르므로 다른 사람들과의 의견 불일치가 발생한다. 의견 불일치는 상대방의 생각과 동기를 설명하는 기회를 주고 대화를 나누다 보면 오해가 사라지고 더 좋은 관계로 발전할 수 있지만, 그냥 내버려 두면 심각한 갈등으로 발전하게 된다.
2. 대결 국면 : 의견 불일치가 해소되지 않아 발생하며, 단순한 해결방안은 없고 다른 새로운 해결점을 찾아야 한다. 대결 국면에 이르게 되면 감정이 개입되어 상대방의 주장에 대한 문제점을 찾기 시작하고, 자신의 입장에 대해서는 그럴듯한 변명으로 옹호하면서 양보를 완강히 거부하는 상태에 이르는 등 상대방의 입장은 부정하면서 자기주장만 하려고 한다. 서로의 입장을 고수하려는 강도가 높아지면 긴장은 높아지고 감정적인 대응이 더욱 격화된다.
3. 격화 국면 : 상대방에 대하여 더욱 적대적으로 변하며, 설득을 통해 문제를 해결하기보다 강압적·위협적인 방법을 쓰려고 하며, 극단적인 경우 언어폭력이나 신체적 폭행으로 번지기도 한다. 상대방에 대한 불신과 좌절, 부정적인 인식이 확산되면서 갈등 요인이 다른 요인으로 번지기도 한다. 격화 국면에서는 상대방의 생각이나 의견, 제안을 부정하고, 상대방은 그에 대한 반격을 함으로써 자신들의 반격을 정당하게 생각한다.
4. 진정 국면 : 계속되는 논쟁과 긴장이 시간과 에너지를 낭비하고 있음을 깨달으며, 갈등상태가 무한정 유지될 수 없다는 것을 느끼고 흥분과 불안이 가라앉으면서 이성과 이해의 원상태로 돌아가려 한다. 이후 협상이 시작된다. 협상과정을 통해 쟁점이 되는 주제를 논의하고 새로운 제안을 하고 대안을 모색하게 된다. 진정 국면에서는 중개자, 조정자 등의 제3자가 개입함으로써 갈등 당사자 간에 신뢰를 쌓고 문제를 해결하는 데 도움이 되기도 한다.
5. 갈등의 해소 : 진정 국면에 들어서면 갈등 당사자들은 문제를 해결하지 않고는 자신들의 목표를 달성하기 어렵다는 것을 알게 된다. 모두가 만족할 수 없는 경우도 있지만, 불일치한 서로 간의 의견을 일치하려고 한다. 갈등의 해소는 회피형, 지배 또는 강압형, 타협형, 순응형, 통합 또는 협력형 등의 방법으로 이루어진다.

26

정답 ③

원만한 직업생활을 위해 직업인이 갖추어야 할 직업윤리는 근로윤리와 공동체윤리로 나누어지며, 각 윤리의 덕목은 다음과 같다.

- 근로윤리 : 일에 대한 존중을 바탕으로 근면하고, 성실하고, 정직하게 업무에 임하는 자세
  - 근면한 태도(㉠)
  - 정직한 행동(㉢)
  - 성실한 자세(㉣)
- 공동체윤리 : 인간존중을 바탕으로 봉사하며, 책임감 있게 규칙을 준수하고, 예의바른 태도로 업무에 임하는 자세
  - 봉사와 책임의식(㉡)
  - 준법성(㉢)
  - 예절과 존중(㉣)

27

정답 ②

경력개발의 단계별 내용

1. 직업선택
   - 최대한 여러 직업의 정보를 수집하여 탐색한 후 나에게 적합한 최초의 직업을 선택함
   - 관련 학과 외부 교육 등 필요한 교육을 이수함
2. 조직입사
   - 원하는 조직에서 일자리를 얻음
   - 정확한 정보를 토대로 적성에 맞는 적합한 직무를 선택함
3. 경력 초기
   - 조직의 규칙과 규범에 대해 배움
   - 직업과 조직에 적응해 감
   - 역량(지식, 기술, 태도)을 증대시키고 꿈을 추구해 나감
4. 경력 중기
   - 경력 초기를 재평가하고 더 업그레이드된 꿈으로 수정함
   - 성인 중기에 적합한 선택을 하고 지속적으로 열심히 일함
5. 경력 말기
   - 지속적으로 열심히 일함
   - 자존심을 유지함
   - 퇴직 준비의 자세한 계획을 세움(경력 중기부터 준비하는 것이 바람직)

28

정답 ②

$1 \sim 200$의 자연수 중에서 2, 3, 5 중 어느 것으로도 나누어떨어지지 않는 수의 개수는 각각 2의 배수, 3의 배수, 5의 배수가 아닌 수의 개수이다.

- $1 \sim 200$의 자연수 중 2의 배수의 개수 : $\frac{200}{2}=100$이므로 100개이다.
- $1 \sim 200$의 자연수 중 3의 배수의 개수 : $\frac{200}{3}=66 \cdots 2$이므로 66개이다.
- $1 \sim 200$의 자연수 중 5의 배수의 개수 : $\frac{200}{5}=40$이므로 40개이다.
- $1 \sim 200$의 자연수 중 6의 배수의 개수 : $\frac{200}{6}=33 \cdots 2$이므로 33개이다.
- $1 \sim 200$의 자연수 중 10의 배수의 개수 : $\frac{200}{10}=20$이므로 20개이다.
- $1 \sim 200$의 자연수 중 15의 배수의 개수 : $\frac{200}{15}=13 \cdots 5$이므로 13개이다.
- $1 \sim 200$의 자연수 중 30의 배수의 개수 : $\frac{200}{30}=6 \cdots 20$이므로 6개이다.

따라서 $1 \sim 200$의 자연수 중에서 2, 3, 5 중 어느 것으로도 나누어떨어지지 않는 수의 개수는 $200-[(100+66+40)-(33+20+13)+6]=200-(206-66+6)=54$개이다.

29

정답 ②

A지점에서부터 최단거리로 이동하여 B지점에 도착하기까지 가능한 경로의 수를 구하면 다음과 같다.

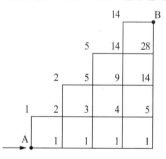

따라서 구하고자 하는 경우의 수는 42가지이다.

30

2020 ~ 2023년 동안 전년 대비 전체 설비 발전량 증감량과 신재생 설비 발전 증가량은 다음과 같다.

• 2020년
  전체 설비 발전량 : $563,040-570,647=-7,607$GWh
  신재생 설비 발전량 : $33,500-28,070=5,430$GWh
• 2021년
  전체 설비 발전량 : $552,162-563,040=-10,878$GWh
  신재생 설비 발전량 : $38,224-33,500=4,724$GWh
• 2022년
  전체 설비 발전량 : $576,810-552,162=24,648$GWh
  신재생 설비 발전량 : $41,886-38,224=3,662$GWh
• 2023년
  전체 설비 발전량 : $594,400-576,810=17,590$GWh
  신재생 설비 발전량 : $49,285-41,886=7,399$GWh

따라서 전체 설비 발전량 증가량이 가장 많은 해는 2022년이고, 신재생 설비 발전량 증가량이 가장 적은 해 또한 2022년이다.

오답분석

① 2020 ~ 2023년 기력 설비 발전량의 전년 대비 증감 추이는 '감소 – 감소 – 증가 – 감소'이지만, 전체 설비 발전량의 전년 대비 증감 추이는 '감소 – 감소 – 증가 – 증가'이다.

② 2019 ~ 2023년 전체 설비 발전량의 1%와 수력 설비 발전량을 비교하면 다음과 같다.
  • 2019년 : $7,270 > 570,647\times0.01≒5,706$GWh
  • 2020년 : $6,247 > 563,040\times0.01≒5,630$GWh
  • 2021년 : $7,148 > 552,162\times0.01≒5,522$GWh
  • 2022년 : $6,737 > 576,810\times0.01≒5,768$GWh
  • 2023년 : $7,256 > 594,400\times0.01=5,944$GWh
  따라서 2019 ~ 2023년 동안 수력 설비 발전량은 항상 전체 설비 발전량의 1% 이상이다.

③ 2019 ~ 2023년 전체 설비 발전량의 5%와 신재생 설비 발전량을 비교하면 다음과 같다.
  • 2019년 : $28,070 < 570,647\times0.05≒28,532$GWh
  • 2020년 : $33,500 > 563,040\times0.05=28,152$GWh
  • 2021년 : $38,224 > 552,162\times0.05≒27,608$GWh
  • 2022년 : $41,886 > 576,810\times0.05≒28,841$GWh
  • 2023년 : $49,285 > 594,400\times0.05=29,720$GWh
  따라서 2019년 신재생 설비 발전량은 전체 설비 발전량의 5% 미만이고, 그 외에는 5% 이상이다.

④ 신재생 설비 발전량은 꾸준히 증가하였지만 원자력 설비 발전량은 2022년에 전년 대비 감소하였다.

01	02	03	04	05	06	07	08	09	10
⑤	①	④	③	③	⑤	⑤	②	③	①
11	12	13	14	15	16	17	18	19	20
④	①	③	⑤	③	⑤	③	②	①	④
21	22	23	24	25	26	27	28	29	30
②	④	③	②	⑤	⑤	①	③	①	①

01

정답 ⑤

제시문은 비휘발성 메모리인 NAND 플래시 메모리에 대해 먼저 소개하고, NAND 플래시 메모리에 데이터가 저장되는 과정을 설명한 후 반대로 지워지는 과정을 설명하고 있다. 따라서 (라) NAND 플래시 메모리의 정의 → (나) 컨트롤 게이트와 기저 상태 사이에 전위차 발생 → (가) 전자 터널링 현상으로 전자가 플로팅 게이트로 이동하며 데이터 저장 → (다) 전위차를 반대로 가할 때 전자 터널링 현상으로 전자가 기저 상태로 되돌아가며 데이터 삭제의 순서로 나열하는 것이 적절하다.

02

정답 ①

레이저 절단 가공은 고밀도, 고열원의 레이저를 쏘아 절단 부위를 녹이고 증발시켜 소재를 절단하는 작업이지만, 다른 열 절단 가공에 비해 열변형의 우려가 적다고 언급되어 있다.

오답분석

② 고밀도, 고열원의 레이저를 쏘아 소재를 녹이고 증발시켜 소재를 절단한다 하였으므로 절단 작업 중에는 기체가 발생함을 알 수 있다.

③ 레이저 절단 가공은 물리적 변형이 적어 깨지기 쉬운 소재도 다룰 수 있다고 언급되어 있다.

④ 반도체 소자가 나날이 작아지고 정교해졌다고 언급되어 있으므로 과거 반도체 소자는 현재 반도체 소자보다 덜 정교함을 추측할 수 있다.

⑤ 반도체 소자는 나날이 작아지며 정교해지고 있으므로 현재 기술력으로는 레이저 절단 가공 외의 가공법으로는 반도체 소자를 다루기 쉽지 않음을 추측할 수 있다.

03

정답 ④

수도권별 각 과일의 판매량은 다음과 같다.

• 배 : $800,000+1,500,000+200,000=2,500,000$개

• 귤 : $7,500,000+3,000,000+4,500,000=15,000,000$개

• 사과 : $300,000+450,000+750,000=1,500,000$개

$\therefore a=\dfrac{800,000}{2,500,000}=0.32, \ b=\dfrac{3,000,000}{15,000,000}=0.2,$

$c=\dfrac{750,000}{1,500,000}=0.5$

따라서 $a+b+c=1.02$이다.

04

정답 ③

2022년 A ~ D사의 전년 대비 판매 수익 감소율을 구하면 다음과 같다.

• A사 : $\dfrac{18-9}{18}\times100=50\%$

• B사 : $\dfrac{6-(-2)}{6}\times100 ≒ 133\%$

• C사 : $\dfrac{7-(-6)}{7}\times100 ≒ 186\%$

• D사 : $\dfrac{-5-(-8)}{-5}\times100=-60\%$이지만, 전년 대비 감소하였으므로 감소율은 60%이다.

따라서 2022년의 판매 수익은 A ~ D사 모두 전년 대비 50% 이상 감소하였다.

오답분석

① 2021 ~ 2023년의 전년 대비 판매 수익 증감 추이는 A ~ D사 모두 '감소 – 감소 – 증가'이다.

② 2022년 판매 수익 총합은 $9+(-2)+(-6)+(-8)=-7$조 원으로 적자를 기록하였다.

④ B사와 D사의 2020년 대비 2023년의 판매 수익은 각각 $10-8=2$조 원, $-2-(-4)=2$조 원으로 두 곳 모두 2조 원 감소하였다.

⑤ 2020년 대비 2023년의 판매 수익은 A사만 증가하였고, 나머지는 모두 감소하였다.

05

정답 ③

D가 런던을 고른 경우, A는 뉴욕만 고를 수 있으므로 B는 파리를 고른다.

오답분석
① A가 뉴욕을 고를 경우, D가 런던을 고르면 E는 방콕 또는 베를린을 고른다.
② B가 베를린을 고를 경우, F는 파리를 고른다.
④ E가 뉴욕을 고를 경우, A는 런던을 고르므로 D는 방콕을 고른다.
⑤ A가 런던을 고르고 B가 파리를 고를 경우, F는 뉴욕을 고를 수 있다.

06

정답 ⑤

규칙은 가로로 적용된다. 첫 번째 도형을 90° 회전한 것이 두 번째 도형이고, 두 번째 도형의 색을 반전시킨 것이 세 번째 도형이다.

07

정답 ⑤

우리나라의 낮은 장기 기증률은 전통적 유교 사상 때문이라고 주장하고 있는 A와 달리, B는 이에 대하여 다양한 원인을 제시하고 있다. 따라서 A의 주장에 대해 반박할 수 있는 내용으로 ⑤가 가장 적절하다.

08

정답 ②

제시문에서 '당분 과다로 뇌의 화학적 균형이 무너져 정신에 장애가 왔다고 주장'한 것과 '정제한 당의 섭취를 원천적으로 차단'한 실험 결과를 토대로 추론하면 빈칸에 들어갈 내용은 '과다한 정제당 섭취가 반사회적 행동을 유발할 수 있다.'로 귀결된다. 따라서 빈칸에 ②가 들어가는 것이 가장 적절하다.

09

정답 ③

두 사람이 각각 헤어숍에 방문하는 간격인 10과 16의 최소공배수 80을 일주일 단위로 계산하면 11주 3일(=80÷7=11 … 3)이 된다. 따라서 두 사람은 일요일의 3일 후인 수요일에 다시 만난다.

10

정답 ①

이산화탄소의 농도가 계속해서 증가하고 있는 것과 달리 오존 전량은 2018년부터 2020년까지 차례로 감소하였고 2023년에도 감소하였으므로 옳지 않다.

오답분석
② 이산화탄소의 농도는 2017년 387.2ppm에서 시작하여 2023년 395.7ppm으로 해마다 증가했다.
③ 오존 전량은 2018년에는 1DU, 2019년에는 2DU, 2020년에는 3DU 감소하였으며, 2023년에는 8DU 감소하였다.
④ 2023년 오존 전량은 335DU로, 2017년의 331DU보다 4DU 증가했다.
⑤ 2023년 이산화탄소 농도는 2018년의 388.7ppm에서 395.7ppm으로 7ppm 증가했다.

11

정답 ④

다이아몬드는 광물이고, 광물은 매우 규칙적인 원자 배열을 가지고 있다. 따라서 다이아몬드는 매우 규칙적인 원자 배열을 가지고 있다.

12

정답 ①

1형 당뇨는 유전적 요인에 의해 췌장에서 인슐린 분비 자체에 문제가 생겨 발생하는 당뇨병이다. 반면 2형 당뇨는 비만, 운동부족 등 생활 습관적 요인에 의해 인슐린 수용체가 부족하거나 인슐린 저항성이 생겨 발생하는 당뇨병이다. 따라서 나쁜 생활 습관은 2형 당뇨를 유발할 수 있다.

오답분석
② 2형 당뇨 초기에는 생활 습관 개선이나 경구 혈당강하제를 통해 혈당을 관리할 수 있지만, 지속될 경우 인슐린 주사가 필요할 수 있다.
③ 당뇨병은 혈액 속에 남은 포도당이 글리코겐으로 변환되지 못하고 잔류하여 소변을 통해 배출되는 병이다.
④ 2020년 기준 한국인 당뇨 유병자는 약 600만 명이며, 이 중 90%가 2형 당뇨를 앓고 있으므로 약 540만 명(=600만×0.9)이다.
⑤ 포도당이 글리코겐으로 세포에 저장되기 위해서는 췌장에서 분비한 인슐린이 세포의 겉에 있는 인슐린 수용체와 결합해야 한다.

13

정답 ③

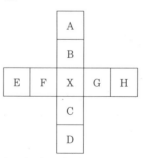

$(A+B)×(C+D)=(E+F)×(G×H)=X$이다. 따라서 ( )=$(6+4)×(11+25)=(5+7)×(11+19)=360$이다.

14
정답 ⑤

울타리의 가로와 세로 길이는 건물의 외벽보다 10m씩 더 길다. 따라서 건물을 둘러싼 울타리의 길이는 $2\times\{(65+10)+(55+10)\}=280$m이다.

15
정답 ③

첫 번째 조건에 따라 A는 B의 바로 뒤쪽에 서야 하므로 (AB) 그룹으로 묶을 수 있다. 또한, C와 D는 서로 붙어 있으므로 (CD) 혹은 (DC)로 묶을 수 있다. 그러므로 (AB), (CD / DC), E, F 4그룹으로 분류하고, 세 번째 조건에 따라 E가 맨 앞이나 맨 뒤에 오는 경우를 구하면 된다. 따라서 E를 제외하고 남은 3그룹을 줄 세우는 경우의 수는 3!=6가지이고, C와 D의 위치가 바뀔 수 있으므로 $6\times2=12$가지이다. 마지막으로 E가 가장 뒤에 있을 수 있으므로 $12\times2=24$가지이다.

16
정답 ⑤

농작물 재배 능력이 낮고 영농 기반이 부족한 청년농업인들에게는 기존의 농업방식보다 자동화 재배 관리가 가능한 온프레시팜 방식이 농작물 재배에 더 용이할 수 있으나, 초기 시설비용이 많이 들고 재배 기술의 확보가 어려워 접근이 더 수월하다고 볼 수는 없다.

오답분석
① 온프레시팜 지원 사업은 청년농업인들이 더욱 쉽게 농작물을 재배하는 것은 물론 경제적으로도 정착할 수 있도록 도와주는 사업이다.
② 온프레시팜 방식은 농업에 이제 막 뛰어든 청년농업인들이 더욱 수월하게 농업을 경영할 수 있도록 돕는 사업이다.
③·④ 온프레시팜 방식은 토양 없이 식물 뿌리와 줄기에 영양분이 가득한 물을 분사해 농작물을 생산하는 방식이기 때문에 흙 속에 살고 있는 병해충으로 인한 피해를 예방할 수 있다. 또한 흙이 없어 다층으로의 재배도 가능하기에 동일한 면적에서 기존의 농업방식보다 더 많은 농작물을 재배할 것으로 예상된다.

17
정답 ③

$A\ B\ C \to B^A = C$이다.
따라서 빈칸에 들어갈 알맞은 수는 4이다.

18
정답 ②

제시된 내용을 기호로 정리하면 다음과 같다.
P : 원숭이를 좋아한다.
Q : 코끼리를 좋아한다.
R : 낙타를 좋아한다.

S : 토끼를 좋아한다.
• 원숭이를 좋아하면 코끼리를 좋아한다. : P → Q
• 낙타를 좋아하면 코끼리를 좋아하지 않는다. : R → ~Q
• 토끼를 좋아하면 원숭이를 좋아하지 않는다. : S → ~P
A : 코끼리를 좋아하면 토끼를 좋아한다. : 추론할 수 없음
B : 낙타를 좋아하면 원숭이를 좋아하지 않는다. : R → ~Q → ~P
따라서 B만 옳다.

19
정답 ①

• A : 색 반전
• B : 상하 반전(도형의 위치 고정)
• C : 도형의 좌우 위치 변경(도형의 색상 고정)

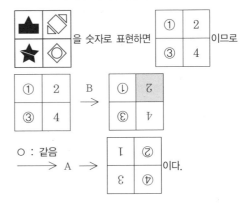

20
정답 ④

• A : 색 반전
• B : 시계 방향으로 도형 한 칸 이동
• C : 도형의 상하 위치 변경(도형의 색상 고정)

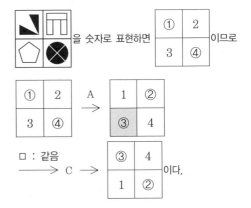

21

정답 ②

제시문은 끊임없이 도전하여 원하는 결과를 이루게 되는 상황이다. 따라서 이와 비슷한 의미를 가진 한자성어는 '쓴 것이 다하면 단 것이 온다.'는 의미로, 고생(苦生) 끝에 즐거움이 온다는 뜻을 가진 '고진감래(苦盡甘來)'이다.

오답분석

① 가렴주구(苛斂誅求) : '세금을 가혹하게 거두어들이고, 무리하게 재물을 빼앗는다.'는 의미이다.
③ 오비이락(烏飛梨落) : '까마귀 날자 배 떨어진다.'는 의미로, 아무 관계도 없이 한 일이 공교롭게도 때가 같아 억울하게 의심을 받거나 난처한 위치에 서게 된다는 뜻이다.
④ 안빈낙도(安貧樂道) : '가난한 생활을 하면서도 편안한 마음으로 도를 즐겨 지킨다.'는 의미이다.

22

정답 ④

서울, 베이징, 도쿄 모두 해당 기간 동안 지속적으로 인구가 증가하고 있으므로 옳지 않은 설명이다.

오답분석

① 1993년 대비 2003년의 서울의 인구 증가율은 $\frac{120-80}{80}$ $\times 100=50\%$이다.
② 2003년 대비 2013년의 인구 증가폭은 서울이 25십만 명, 베이징이 78십만 명, 도쿄가 26십만 명으로 베이징이 가장 높다.
③ 2013년을 기점으로 서울과 베이징의 인구 순위가 뒤바뀌었다.

23

정답 ③

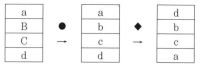

24

정답 ②

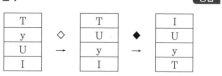

25

정답 ⑤

제시문에서는 '여성 세 명'의 특성을 우리나라 모든 여성에게 적용하는 성급한 일반화의 오류를 범하고 있다. 이와 같은 오류를 드러내고 있는 것은 '한 젊은이'의 특성을 '모든 젊은이'에게 적용하고 있는 ⑤이다.

오답분석

① 흑백 논리의 오류에 해당한다.
② 애매어의 오류에 해당한다.
③ 군중에 호소하는 오류에 해당한다.
④ 정황에 호소하는 오류에 해당한다.

26

정답 ⑤

총 전입자 수는 서울이 가장 높지만, 총 전입률은 인천이 가장 높으므로 옳지 않은 설명이다.

오답분석

① 광주의 총 전입자 수는 17,962명으로 가장 적다.
② 부산의 총 전입자 수는 광주의 총 전입자 수의 $\frac{42,243}{17,962}$ ≒ 2.35배이다.
③ 서울의 총 전입자 수는 전국의 $\frac{132,012}{650,197} \times 100$ ≒ 20.3%이므로 옳은 설명이다.
④ 대구의 총 전입률이 1.14%로 가장 낮다.

27

정답 ①

전자기술이 발전하여 휴대나 가독성 등의 문제를 해결하고 조그만 칩 하나에 수백 권 분량의 정보가 기록될 것이라고 서술하고 있다. 따라서 일반화할 수 있는 결론으로 '컴퓨터는 종이책을 대신할 것이다.'가 타당하다.

28

정답 ③

ⅰ) 피겨 경기 대진표의 경우의 수 : $_4C_2 \times _2C_2 \times \frac{1}{2!}$
$=3$가지
ⅱ) 쇼트트랙 경기 대진표의 경우의 수 : $_8C_2 \times _6C_2 \times _4C_2 \times _2C_2 \times \frac{1}{4!} = 105$가지

따라서 두 경기 대진표의 경우의 수의 합은 $3+105=108$가지이다.

29

정답 ①

- ㉠ : 모든 도형을 시계 방향으로 90° 회전 후, 위쪽으로 1칸씩 이동
- ㉡ : 모든 도형을 좌우 대칭한 후, 오른쪽으로 2칸씩 이동

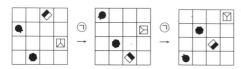

30

정답 ①

정사각형 4개의 칸을 기준으로 바깥쪽에 있는 직각삼각형은 정사각형의 변을 따라 시계 방향으로 90° 회전하며 시계 방향으로 한 칸씩 이동한다. 오각형은 정사각형 4개의 칸 안에서 180° 회전하며 시계 반대 방향으로 한 칸씩 이동한다. 회색 칸은 시계 방향으로 한 칸씩 이동하며, 이때 오각형이 회색 칸에 있으면 색 반전한다.

교육은 우리 자신의 무지를 점차 발견해 가는 과정이다.

- 윌 듀란트 -

PART 1

직무적성검사

01	02	03	04	05	06	07	08	09	10
④	③	③	②	④	④	④	④	①	③
11	12	13	14	15	16	17	18	19	20
④	②	④	④	④	③	②	④	②	③
21	22	23	24	25	26	27	28	29	30
④	③	②	③	②	①	①	①	③	④
31	32	33	34	35	36	37	38	39	40
③	④	③	④	②	②	②	④	②	④
41	42	43	44	45	46	47	48	49	50
④	①	①	②	①	④	③	②	①	①
51	52	53	54	55	56	57	58	59	60
②	③	②	①	①	④	③	②	②	④
61	62	63	64	65	66	67	68	69	70
①	④	①	①	③	②	①	④	④	④
71	72	73	74	75	76	77	78	79	80
②	③	④	③	④	④	①	③	②	④
81	82	83	84	85	86	87	88	89	90
③	③	①	④	④	④	③	②	②	③
91	92	93	94	95					
②	①	④	③	④					

01　　　　　정답 ④

• 한둔 : 한데에서 밤을 지새움
• 노숙 : 한데에서 자는 잠

[오답분석]
① 하숙 : 일정한 방세와 식비를 내고 남의 집에 머물면서 숙식함
② 숙박 : 여관이나 호텔 따위에서 잠을 자고 머무름
③ 투숙 : 여관, 호텔 따위의 숙박 시설에 들어서 묵음

02　　　　　정답 ③

• 무릇 : 대체로 헤아려 생각하건대
• 대저(大抵) : 대체로 보아서

[오답분석]
① 가령(假令) : 1. 가정하여 말하여, 2. 예를 들어
② 대개(大蓋) : 일의 큰 원칙으로 말하건대
④ 도통(都統) : 1. 아무리 해도, 2. 이러니저러니 할 것 없이 아주

03　　　　　정답 ③

• 비루하다 : 행동이나 성질이 너절하고 더럽다.
• 추잡하다 : 말이나 행동이 지저분하고 잡스럽다.

[오답분석]
① 비장하다 : 슬프면서도 감정을 억눌러 씩씩하고 장하다.
② 비대하다 : 몸에 살이 쪄서 크고 뚱뚱하다.
④ 비약하다 : 논리나 사고방식 따위가 그 차례나 단계를 따르지 아니하고 뛰어넘다.

04　　　　　정답 ②

• 나위 : 더 할 수 있는 여유나 더 해야 할 필요
• 여지 : 어떤 일을 하거나 어떤 일이 일어날 가능성이나 희망

[오답분석]
① 유용(有用) : 쓸모가 있음
③ 자취 : 어떤 것이 남긴 표시나 자리
④ 지경(地境) : 경우나 형편, 정도의 뜻을 나타내는 말

05　　　　　정답 ④

• 허름하다 : 값이 좀 싼 듯하다.
• 너절하다 : 허름하고 지저분하다.

[오답분석]
① 동조하다 : 남의 주장에 자기의 의견을 일치시키거나 보조를 맞추다.
② 극명하다 : 속속들이 똑똑하게 밝히다.
③ 결연하다 : 마음가짐이나 행동에 있어 태도가 움직일 수 없을 만큼 확고하다.

06 정답 ④

'주관성'은 '개인의 독특한 사적(私的) 경험을 반영하는 성질'을 말한다.

오답분석

① 융통성 : 일의 형편에 따라 적절하게 처리하는 재주
② 주변성 : 일을 주선하거나 변통하는 솜씨
③ 두름성 : 일을 주선하거나 변통하는 솜씨

07 정답 ④

제시문과 ④의 '돌아오다'는 '일정한 간격으로 되풀이되는 것이 다시 닥치다.'를 뜻한다.

오답분석

① 본래의 상태로 회복하다.
② 몫, 비난, 칭찬 따위를 받다.
③ 원래 있던 곳으로 다시 오거나 다시 그 상태가 되다.

08 정답 ④

• 탁월(卓越)하다 : 남보다 두드러지게 뛰어나다.
• 열등(劣等)하다 : 보통의 수준이나 등급보다 낮다.

오답분석

① 뛰어나다 : 남보다 월등히 훌륭하거나 앞서 있다.
② 월등하다 : 다른 것과 견주어서 수준이 정도 이상으로 뛰어나다.
③ 출중하다 : 여럿 가운데 뛰어나다.

09 정답 ①

'영절스럽다'는 '아주 그럴듯하다.'를 뜻한다.

10 정답 ③

'저열하다'는 '질이 낮고 변변하지 못하다.'를, '고매하다'는 '인격이나 품성, 학식, 재질 따위가 높고 빼어나다.'를 뜻한다.

11 정답 ④

'반제(返濟)'는 '빌린 돈을 전부 갚는 것'을 의미하며, 이와 반대되는 의미를 가진 단어는 '돈이나 물건을 빌려 씀'을 뜻하는 '차용(借用)'이다.

12 정답 ②

• 총체 : 있는 것들을 모두 하나로 합친 전부 또는 전체
• 개체 : 전체나 집단에 상대하여 하나하나의 낱개를 이르는 말

오답분석

① 전체 : 개개 또는 부분의 집합으로 구성된 것을 몰아서 하나의 대상으로 삼는 경우에 바로 그 대상
③ 별개 : 관련성이 없이 서로 다름
④ 유별 : 다름이 있음

13 정답 ④

'호들갑을 떨다.'는 '행동을 경망스럽게 자꾸 하거나, 그런 성질을 겉으로 나타내다.'라는 뜻이다. 따라서 반대되는 의미를 가진 단어로는 '조용한 마음으로 대상의 본질을 바라봄'의 뜻을 가진 '관조'가 가장 적절하다.

오답분석

① 관람(觀覽) : 연극, 영화, 경기, 미술품 따위를 구경함
② 관찬(官撰) : 관청에서 편찬함
③ 관상(觀相) : 사람의 얼굴을 보고 성질이나 운명 따위를 판단함

14 정답 ④

오답분석

①·②·③ 앞의 두 단어가 뒤의 단어에 물리적으로 포함되는 관계이다.

15 정답 ②

오답분석

①·③·④ 앞의 한 단어가 뒤의 단어들의 재료로 이루어진 관계이다.

16 정답 ③

'임대'는 '자기 물건을 남에게 돈을 받고 빌려줌'이라는 뜻이므로 '남에게 물건을 빌려서 사용함'이라는 뜻인 '차용'과 반의 관계이고, 나머지는 유의 관계이다.

오답분석

① • 참조 : 참고로 비교하고 대조하여 봄
　 • 참고 : 살펴서 도움이 될 만한 재료로 삼음
② • 숙독 : 글의 뜻을 생각하면서 차분하게 읽음
　 • 탐독 : 어떤 글이나 책 따위를 열중하여 읽음
④ • 정세 : 일이 되어 가는 형편
　 • 상황 : 일이 되어 가는 과정

17 정답 ②

일고(一考) : 한 번 생각해 봄

오답분석
① 일각(一角) : 한 귀퉁이. 또는 한 방향
③ 일람(一覽) : 한 번 봄. 또는 한 번 죽 훑어봄
④ 일부(一部) : 일부분(한 부분)

18 정답 ④

포상(褒賞) : 1. 칭찬하고 장려하여 상을 줌
　　　　　　 2. 각 분야에서 나라 발전에 뚜렷한 공로가 있
　　　　　　　 는 사람에게 정부가 칭찬하고 장려하여 상
　　　　　　　 을 줌. 또는 그 상

오답분석
① 보훈(報勳) : 공훈에 보답함
② 공훈(功勳) : 나라나 회사를 위하여 두드러지게 세운 공로
③ 공로(功勞) : 일을 마치거나 목적을 이루는 데 들인 노력
　　과 수고. 또는 일을 마치거나 그 목적을 이룬 결과로서의
　　공적

19 정답 ②

임차(賃借) : 돈을 내고 남의 물건을 빌려 쓰는 것

오답분석
① 돈을 받고 자기의 물건을 남에게 빌려 줌
③·④ 이미 있던 것을 고쳐 새롭게 함

20 정답 ③

돌파 : 일정한 기준이나 기록 따위를 지나서 넘어섬

오답분석
① 경과(經過) : 시간이 지나감
② 갱신(更新) : 이미 있던 것을 고쳐 새롭게 함
④ 돌진(突進) : 세찬 기세로 거침없이 곧장 나아감

21 정답 ④

• 보전(補塡) : 부족한 부분을 보태어 채움
• 선별(選別) : 가려서 따로 나눔
• 합병(合倂) : 둘 이상의 기구나 단체, 나라 따위가 하나로
　합쳐짐 또는 그렇게 만듦

오답분석
• 보존(保存) : 잘 보호하고 간수하여 남김
• 선발(選拔) : 많은 가운데서 골라 뽑음
• 통합(統合) : 둘 이상의 조직이나 기구 따위를 하나로 합침

22 정답 ③

• 제시(提示) : 어떤 의사를 글이나 말로 드러내어 보임
• 표출(表出) : 겉으로 나타냄
• 구현(具縣) : 어떤 내용이 구체적인 사실로 나타나게 함

오답분석
• 표시(表示) : 어떤 사항을 알리는 문구나 기호 따위를 외부
　에 나타내 보임
• 표명(表明) : 의사, 태도 따위를 분명하게 나타냄
• 실현(實現) : 꿈, 기대 따위를 실제로 이룸

23 정답 ②

제시된 뜻을 가진 말은 '터득하다'이다.

오답분석
① 취득하다 : 자기 것으로 만들어 가지다.
③ 침해하다 : 침범하여 해를 끼치다(≒ 침손하다).
④ 출몰하다 : 어떤 현상이나 대상이 나타났다 사라졌다 하다.

24 정답 ③

제시된 뜻을 가진 말은 '호응'이다.

오답분석
① 호평 : 좋게 평함. 또는 그런 평판이나 평가
② 핀잔 : 맞대어 놓고 언짢게 꾸짖거나 비꼬아 꾸짖는 일
④ 화근 : 재앙의 근원

25 정답 ②

제시된 뜻을 가진 말은 '보완하다'이다.

오답분석
① 복구하다 : 손실 이전의 상태로 회복하다.
③ 복제하다 : 본디의 것과 똑같은 것을 만들다.
④ 보류하다 : 어떤 일을 당장 처리하지 아니하고 나중으로
　미루어 두다.

26 정답 ①

• 어긋나다 : 방향이 비껴서 서로 만나지 못하다.
• 배치하다 : 서로 반대로 되어 어그러지거나 어긋나다.

오답분석
② 도치하다 : 차례나 위치 따위를 서로 뒤바꾸다.
③ 대두하다 : 어떤 세력이나 현상이 새롭게 나타나다.
④ 전도하다 : 거꾸로 되거나 거꾸로 하다.

27
정답 ①

빈칸 뒤의 문장에서 일상에서 사용되는 태양광 발전의 예를 보여주므로 빈칸에는 예시 관계의 접속어인 '예를 들어'가 가장 적절하다.

28
정답 ①

토론의 목적은 주어진 논제에 대해 자신의 입장에서 타인을 설득하는 것이라는 빈칸 앞의 내용이 토론의 주제는 찬반의 명확한 입장이 잘 드러나야 한다는 빈칸 뒤의 내용의 근거가 되므로 빈칸에는 '그러므로'가 가장 적절하다.

29
정답 ②

제시문은 펭귄 무리의 중앙에 있으면 체지방을 덜 소모하기 때문에 펭귄들은 중앙으로 들어가기 위해 나선 모양으로 걷는다는 내용이므로 빈칸에는 앞의 내용이 뒤의 내용의 원인이 될 때 사용하는 접속어인 '그래서'가 가장 적절하다.

30
정답 ③

㉠의 앞에서는 평화로운 시대에는 시인의 존재가 문화의 비싼 장식으로 여겨질 수 있다고 하였으나, ㉠의 뒤에서는 조국이 비운에 빠졌거나 통일을 잃었을 때는 시인이 민족의 예언가 또는 선구자가 될 수 있다고 하였으므로 ㉠에는 역접의 의미인 '그러나'가 적절하다.
㉡의 앞에서는 과거에 탄압받던 폴란드 사람들이 시인을 예언자로 여겼던 사례를 제시하고 있으며, ㉡의 뒤에서는 또 다른 사례로 불행한 시절 이탈리아와 벨기에 사람들이 시인을 조국 그 자체로 여겼던 점을 제시하고 있다. 따라서 ㉡에는 '거기에다 더'의 의미를 지닌 '또한'이 적절하다.

31
정답 ③

민주주의 정치제도의 단점을 이야기하는 ㉠의 앞 문장과 달리 ㉠ 뒤의 문장에서는 민주주의 정치제도의 장점을 이야기하고 있으므로 ㉠에는 '그러나'가 적절하며, ㉡의 앞 문장은 뒤 문장에서 주장하는 국민의 역할에 대한 근거가 되므로 ㉡에는 '따라서'가 적절하다.

32
정답 ④

이동통신사들이 VR 시장 확대에 주력하고 있지만 5세대 통신(5G) 활용까지는 아직 갈 길이 멀었다는 내용을 통해 ㉠에는 '그러나'가 들어가야 함을 알 수 있다. 또한 그렇기 때문에 이동통신사들이 우선은 경험 제공 서비스 보급에 초점을 두고 있다는 ㉡ 뒤의 내용을 통해 ㉡에는 '따라서'가 들어가야 한다.

33
정답 ③

빈칸의 앞 문단에서는 사회적 문제가 되고 있는 딥페이크의 악용 사례에 관해 이야기하고 있으나, 빈칸의 뒤 문단에서는 딥페이크 기술을 유용하게 사용하고 있는 이스라엘 기업의 사례를 이야기하고 있다. 따라서 빈칸에는 어떤 일에 대하여 앞에서 말한 측면과 다른 측면을 말할 때 사용하는 접속어인 '한편'이 가장 적절하다.

34
정답 ④

㉠에는 앞의 내용을 뒤의 문장이 보충설명해 주고 있으므로 '즉'이 적절하며, ㉡ 앞과 뒤의 문장은 서로 반대되므로 ㉡에는 '그러나'가 적절하다. 또한 ㉢에는 문장의 마지막 부분의 '~때문이다'라는 표현을 고려하여 '왜냐하면'이 적절하며, ㉣ 뒤의 문장에서 앞 현상의 결과가 제시되고 있으므로 ㉣에는 '결과적으로'가 가장 적절하다.

35
정답 ②

제시문은 인간 본성의 하부 체계들은 상호 간 밀접하게 연결되어 있기 때문에 일부가 변경되면 전체의 통일성이 무너진다는 내용이므로 빈칸에는 앞의 내용이 뒤의 내용의 원인, 근거가 됨을 나타내는 '따라서'가 가장 적절하다.

36
정답 ②

- −째 : '그대로' 또는 '전부'의 뜻을 더하는 접미사
- 절다 : 푸성귀나 생선 따위에 소금기나 식초, 설탕 따위가 배어들다.
- 배어들다 : 액체, 냄새 따위가 스며들다.

37
정답 ②

순서대로 '특히', '그런데', '그러나'가 들어간다. '특히'는 '보통과 다르게'라는 뜻으로, 냉면 중에서도 메밀면이 유명하다는 문장 앞에 들어가기에 적절하다. '그런데'는 화제를 앞의 내용과 연관시키면서 다른 방향으로 이끌어 나갈 때 쓰이며, '그런데' 이후 문장이 냉면의 싼 가격에 대해 논하고 있다. '그러나'는 앞의 내용과 뒤의 내용이 상반될 때 쓰이는 접속어이므로 앞의 내용과 상반되는 내용인 '냉면을 맛볼 수 없다.'는 문장 앞에 쓰이기에 적절하다.

38
정답 ④

㉠에는 앞뒤 문장의 내용이 반대이기 때문에 '그러나'가 와야 하고, ㉡에는 앞 문장의 예가 뒤 문장에 제시되고 있기 때문에 '예컨대'가 와야 한다.

39 정답 ②

⊙ 산출(産出) : 물건을 생산하여 내거나 인물·사상 따위를 냄
② 효율(效率) : 들인 노력과 얻은 결과의 비율
⊎ 도입(導入) : 기술, 방법, 물자 따위를 끌어 들임
⊗ 촉진(促進) : 다그쳐 빨리 나아가게 함

오답분석
ⓒ 표출(表出) : 겉으로 나타냄
ⓒ 구현(具現) : 어떤 내용이 구체적인 사실로 나타나게 함
ⓜ 이율(利率) : 원금에 대한 이자의 비율
ⓞ 촉구(促求) : 급하게 재촉하여 요구함

40 정답 ④

ⓒ 방침(方針) : 앞으로 일을 치러 나갈 방향과 계획
② 수반(隨伴) : 붙좇아서 따름
ⓜ 제재(制裁) : 법이나 규정을 어겼을 때 국가가 처벌이나 금지 따위를 행함. 또는 그런 일

오답분석
⊙ 조치(措置) : 벌어지는 사태를 잘 살펴서 필요한 대책을 세워 행함. 또는 그 대책
ⓒ 수용(收用) : 거두어들여 사용함
⊎ 혜택(惠澤) : 은혜와 덕택을 아울러 이르는 말

41 정답 ④

오답분석
① 벌리는구나 → 벌이는구나
② 김치찌게 → 김치찌개
③ 다릴 → 달일

42 정답 ①

오답분석
② 웬지 → 왠지
③ 박힌 → 박인
④ 가던지 → 가든지

43 정답 ①

오답분석
② 생각컨대 → 생각건대
③ 안되요 → 안 돼요
④ 만난지 → 만난 지

44 정답 ②

오답분석
① 냉냉하다 → 냉랭하다
③ 요컨데 → 요컨대
④ 바램 → 바람

45 정답 ①

과녁에 화살을 맞추다. → 과녁에 화살을 맞히다.
• 맞히다 : 문제에 대한 답을 틀리지 않게 하다. 쏘거나 던지거나 하여 한 물체가 어떤 물체에 닿게 하다.
• 맞추다 : 서로 떨어져 있는 부분을 제자리에 맞게 대어 붙이거나 서로 어긋남이 없이 조화를 이루다.

46 정답 ④

'깍정이'는 '깍쟁이'의 잘못된 표현으로, '이기적이고 인색한 사람, 아주 약빠른 사람'을 일컫는 말은 '깍정이'가 아니라 '깍쟁이'이다.

47 정답 ③

'어찌 된'의 뜻을 나타내는 관형사는 '웬'이므로, '어찌 된 일로'라는 함의를 가진 '웬일'이 맞는 말이다.

오답분석
① 메다 : 어떤 감정이 북받쳐 목소리가 잘 나지 않음
② 치다꺼리 : 남의 자잘한 일을 보살펴서 도와줌
④ 베다 : 날이 있는 연장 따위로 무엇을 끊거나 자르거나 가름

48 정답 ②

조사는 체언과 결합하면 붙여쓰기를 하고, 의존 명사는 주로 용언의 관형사형 뒤에서 쓰여 띄어쓰기를 한다. ②의 '차(次)'는 '어떠한 일을 하던 기회나 순간'의 뜻이 있는 의존 명사이므로 띄어 써야 한다.

오답분석
① 너 뿐이야 → 너뿐이야 : '뿐'은 대명사 '너' 뒤에 쓰인 보조사이므로 붙여 쓴다.
③ 들릴만큼 → 들릴 만큼 : '만큼'은 동사의 관형사형 뒤에 쓰인 의존 명사이므로 띄어 쓴다.
④ 선생님께 만큼은 → 선생님께만큼은 : '께, 만큼, 은'은 모두 조사이므로 붙여 쓴다.

49 정답 ①

'데'는 '장소'를 의미하는 의존 명사이므로 띄어 쓴다.

[오답분석]

② 목포간에 → 목포 간에 : '간'은 '한 대상에서 다른 대상까지의 사이'를 의미하는 의존 명사이므로 띄어 쓴다.
③ 있는만큼만 → 있는 만큼만 : '만큼'은 '정도'를 의미하는 의존 명사이므로 띄어 쓴다.
④ 같은 데 → 같은데 : '데'가 연결형 어미일 때는 붙여 쓴다.

50 정답 ①

의존 명사는 띄어 쓴다는 규정에 따라 '나간지 → 나간 지'로 띄어 써야 한다.

51 정답 ②

[오답분석]

① 숫사슴 → 수사슴
③ 양치물 → 양칫물
④ 전세집 → 전셋집

52 정답 ③

사이시옷이 들어가려면 합성어를 이루는 구성 요소 중 적어도 하나는 고유어이어야 한다. ⓒ의 '전세(傳貰)+방(房)'과 ⓒ의 '기차(汽車)+간(間)'은 모두 한자어로 이루어진 합성어이므로 사이시옷이 들어가지 않는다.

53 정답 ②

'찌개 따위를 끓이거나 설렁탕 따위를 담을 때 쓰는 그릇'을 뜻하는 어휘는 '뚝배기'이다.

[오답분석]

① '손가락 따위로 어떤 방향이나 대상을 집어서 보이거나 말하거나 알리다.'의 의미를 가진 어휘는 '가리키다'이다.
③ '사람들의 관심이나 주의가 집중되는 사물의 중심 부분'의 의미를 가진 어휘는 '초점'이다.
④ '액체 따위를 끓여서 진하게 만들다, 약재 따위에 물을 부어 우러나도록 끓이다.'의 의미를 가진 어휘는 '달이다'이다(다려 → 달여).

54 정답 ①

[오답분석]

② 다릴 → 달일
③ 으시시 → 으스스
④ 치루고 → 치르고

55 정답 ①

'웃-' 및 '윗-'은 명사 '위'에 맞추어 통일한다.
[예] 윗넓이, 윗니, 윗도리 등
단, 된소리나 거센소리 앞에서는 '위-'로 한다.
[예] 위짝, 위쪽, 위층 등

56 정답 ④

깨끗이(○) – 사글세(○)

[오답분석]

① 초콜렛(×) → 초콜릿(○) / 악세사리(×) → 액세서리(○)
② 날으는(×) → 나는(○) / 구렛나루(×) → 구레나룻(○)
③ 객적다(×) → 객쩍다(○) / 몇일(×) → 며칠(○)

57 정답 ③

건강은 자음동화 현상에 해당하지 않으므로 [건강]으로 발음된다.

58 정답 ②

②는 'ㄹ'이 탈락하는 현상이다.

59 정답 ②

[오답분석]

'좀체로, 여직껏, 편역들다'는 비표준어이다.

60 정답 ④

[오답분석]

'벌러지, 설다, 서양철'은 비표준어이다.

61 정답 ①

- 가게채 : 가게로 쓰는 집채
- 다락집 : 마룻바닥이 지면보다 높게 되거나 이층으로 지은 집
- 자배기 : 둥글넓적하고 아가리가 쫙 벌어진 질그릇

오답분석
② • 하염없다 : 시름에 싸여 멍하니 이렇다 할 만한 아무 생각이 없다.
  • 자라목 : 보통 사람보다 짧은 목을 비유적으로 이르는 말
  • 걸걸하다(傑傑──) : 성질이 쾌활하고 외모가 훤칠하다.
③ • 하찮다 : 그다지 훌륭하지 아니하다.
  • 자랑질 : 남에게 드러내어 뽐내는 짓
  • 벽돌(甓-) : 진흙과 모래로 만든 건축 재료
④ • 가겟집 : 가게를 벌이고 장사를 하는 집
  • 무자맥질 : 물속에서 팔다리를 놀리며 떴다 잠겼다 하는 짓
  • 쓰리 : '소매치기'를 뜻하는 일본어

62 정답 ④

- 가꾸러지다 : 가꾸로 넘어지거나 엎어지다.
- 아름드리 : 한 아름이 넘는 큰 나무나 물건
- 자욱길 : 사람이 다닌 흔적이 잘 드러나지 않는 희미한 길

오답분석
① • 가까스로 : 애를 써서 간신히
  • 사재기 : 필요 이상으로 사두는 일
  • 걸신들리다(乞神───) : 굶주려 음식을 탐하는 마음이 몹시 나다.
② • 다박머리 : 어린아이의 다보록하게 난 머리털
  • 갈색(褐色) : 검은빛을 띤 주홍색
  • 아귀차다 : 휘어잡기 어려울 만큼 벅차다.
③ • 단번에(單番-) : 단 한 번에
  • 다짐 : 마음이나 뜻을 굳게 가다듬어 정함
  • 아람 : 밤이나 상수리 따위가 충분히 익은 상태나 그 열매

63 정답 ①

오답분석
② 왕십리 : Wangsimni
③ 종로 : Jongno
④ 별내 : Byeollae

64 정답 ①

'엔딩 크레디트'가 올바른 외래어 표기법이다.

65 정답 ③

'두께'는 제주, 충남에서 쓰이는 '뚜껑'의 방언이다. 경북에는 '두꽁, 두깨, 두껑', 경남과 전라에는 '뚜겅'이라는 방언이 있다.

오답분석
① '가갑다'는 평북, 함남에서 쓰이는 '가볍다'의 방언이다.
② '나뚜다'는 '일정한 곳에 놓다.'라는 뜻의 '두다'의 경남의 방언이다.
④ '마'는 '그냥'의 경상도 방언이다.

66 정답 ②

커피가 손님의 것이긴 하지만 커피까지 높이는 것은 옳지 않다. 따라서 '나오셨습니다'를 '나왔습니다'로 바꿔야 한다.

67 정답 ①

소유나 자격, 능력 등의 보유를 의미하는 '있다'의 높임말은 '계시다'가 아니라 '있으시다'로 써야 한다. 따라서 '그 어르신은 고민이 있으시다.'가 옳은 문장이다.

68 정답 ④

'자다'의 높임말은 '주무시다'로, '자시다'는 '먹다'의 높임말이다.

오답분석
③ '잡숫다'는 '잡수시다'의 준말로, '잡수다'의 높임말이다.

69 정답 ④

'계시다'는 존칭 명사가 주어이고, '존재'의 의미를 나타낼 때 사용한다. '말씀'의 경우, 자체로 존대의 대상이 될 수 없고 '존재할' 수 있는 명사가 아니므로 '계시다'를 사용할 수 없다. 따라서 '말씀이 있겠습니다.'와 같이 표현하는 것이 옳다.

70 정답 ④

'-ㄹ게요'는 주로 1인칭 주어의 의지나 약속을 표현하는 종결어미로, 주체를 높이는 '-시-'와 함께 쓰일 수 없으므로 '다음 손님 들어가세요.'와 같이 표현하는 것이 옳다.

71 정답 ②

오답분석
① 말약 → 가루약
③ 건빨래 → 마른빨래
④ 화곽 → 성냥

72

정답 ③

오답분석

① 숫벌 → 수벌
② 경없는 → 경황없는
④ 설비음 → 설빔

73

정답 ④

오답분석

① 부스럭지 → 부스러기
② 광우리 → 광주리
③ 무우 → 무

74

정답 ③

'옥수수 / 강냉이'는 복수 표준어이다.

오답분석

① 마추다(×) → 맞추다(○)
② 우뢰(×) → 천둥(○), 우레(○)
④ 좀체로(×) → 좀체(○), 좀처럼(○)

75

정답 ④

'개선장군(凱旋將軍)'은 '싸움에서 이기고 돌아온 장군'이라는 뜻으로, 어떤 일에서 크게 성공한 사람을 비유하는 말로 쓰인다.

오답분석

① 상화하목(上和下睦) : '위에서 사랑하고 아래에서 공경함으로써 화목함'을 의미한다.
② 일척건곤(一擲乾坤) : '한 번 던져서 하늘이냐 땅이냐를 결정한다.'는 뜻으로, 운명과 흥망을 걸고 단판으로 승부를 겨룸을 의미한다.
③ 인명재천(人命在天) : '사람의 목숨은 하늘에 있다.'는 뜻으로, 사람이 살고 죽는 것이나 오래 살고 못 사는 것이 다 하늘에 달려 있어 사람으로서는 어찌할 수 없음을 의미한다.

76

정답 ④

'감탄고토(甘呑苦吐)'는 '달면 삼키고 쓰면 뱉는다.'는 뜻으로, 자신의 비위에 따라서 사리의 옳고 그름을 판단함을 이르는 말이다.

오답분석

① 감언이설(甘言利說) : '귀가 솔깃하도록 남의 비위를 맞추거나 이로운 조건을 내세워 꾀는 말'을 의미한다.
② 당랑거철(螳螂拒轍) : '제 역량을 생각하지 않고, 강한 상대나 되지 않을 일에 덤벼드는 무모한 행동거지'를 비유적으로 이르는 말이다.
③ 무소불위(無所不爲) : '하지 못하는 일이 없음'을 뜻한다.

77

정답 ①

'언중유골(言中有骨)'은 '말 속에 뼈가 있다.'는 뜻으로, 예사로운 말 속에 단단한 속뜻이 들어 있음을 이르는 말이다.

오답분석

② 중언부언(重言復言) : '이미 한 말을 자꾸 되풀이함 또는 그런 말'을 의미한다.
③ 탁상공론(卓上空論) : '현실성이 없는 허황한 이론이나 논의'를 의미한다.
④ 희희낙락(喜喜樂樂) : '매우 기뻐하고 즐거워함'을 의미한다.

78

정답 ③

'격세지감(隔世之感)'은 '오래지 않은 동안에 몰라보게 변하여 아주 다른 세상이 된 것 같은 느낌'을 이르는 말이다.

오답분석

① 건목수생(乾木水生) : '마른나무에서 물이 난다.'는 뜻으로, 아무것도 없는 사람에게 무리하게 무엇을 내라고 요구함을 이르는 말이다.
② 견강부회(牽强附會) : '이치에 맞지 않는 말을 억지로 끌어 붙여 자기에게 유리하게 함'을 의미한다.
④ 독불장군(獨不將軍) : '무슨 일이든 자기 생각대로 혼자서 처리하는 사람'을 뜻한다.

79

정답 ②

'눈에 쌍심지를 켜다.'는 '몹시 화가 나서 눈을 부릅뜬다.'를 의미하는 말이므로 ②는 적절하지 않다.

오답분석

① 눈 가리고 아웅하다 : 얕은수로 남을 속이려 한다.
③ 눈에 헛거미가 잡히다 : 욕심에 눈이 어두워 사물을 바로 보지 못한다.
④ 눈에 흙이 들어가다 : 죽어서 땅에 묻힌다.

80

정답 ④

'발을 구르다.'는 '매우 안타까워하거나 다급해하다.'를 의미하므로 ④는 적절하지 않다.

오답분석

① 발이 내키지 않다 : 마음에 내키지 아니하거나 서먹서먹하여 선뜻 행동에 옮겨지지 아니하다.
② 발을 뻗고 자다 : 마음 놓고 편히 자다.
③ 발 디딜 틈이 없다 : 복작거리어 혼란스럽다.

81

정답 ③

• 미봉(彌縫) : 일의 빈 구석이나 잘못된 것을 임시변통으로 이리저리 주선하여 꾸며 댐
• 임시방편(臨時方便) : 갑자기 터진 일을 우선 간단하게 둘러맞추어 처리함

오답분석

① 이심전심(以心傳心) : '마음과 마음으로 서로 뜻이 통함'을 의미한다.
② 괄목상대(刮目相對) : '눈을 비비고 상대편을 본다.'는 뜻으로, 남의 학식이나 재주가 놀랄 만큼 부쩍 늚을 이르는 말이다.
④ 주도면밀(周到綿密) : '주의가 두루 미쳐 자세하고 빈틈이 없음'을 뜻한다.

82

정답 ③

귀에 못이 박히다 : 너무 여러 번 들어서 듣기가 싫다.

83

정답 ①

가슴을 태우다 : 몹시 애태우다.

84

정답 ④

'청출어람(靑出於藍)'은 '푸른색이 쪽에서 나왔으나 쪽보다 더 푸르다.'는 뜻으로, 제자가 스승보다 나은 것을 비유하는 말이다.

85

정답 ④

④는 뛰어난 사람이 없는 곳에서 보잘것없는 사람이 득세함을 비유적으로 이르는 말로, 주어진 상황에 가장 적절하다.

오답분석

① 싸움을 통해 오해를 풀어 버리면 오히려 더 가까워지게 된다.
② 무슨 일을 잘못 생각한 후에야 이랬더라면 좋았을 것을 하고 궁리한다.
③ 굶주렸던 사람이 배가 부르도록 먹으면 만족하게 된다.

86

정답 ④

④는 사람이 지나치게 결백하면 남이 따르지 않음을 비유적으로 이르는 말로, 지나치게 원리・원칙을 지키다 친구들의 신뢰를 잃게 된 반장 민수의 상황에 가장 적절하다.

오답분석

① 남의 덕으로 대접을 받고 우쭐댄다.
② 아무리 좋은 일이라도 여러 번 되풀이하여 대하게 되면 싫어진다.
③ 큰 것을 잃은 후에 작은 것을 아끼려고 한다.

87

정답 ③

• 버스가 정류장에 섰다(멈췄다).
• 그 동네에 오일장이 선다(열린다).
• 바지에 주름이 섰다(생겼다).

88

정답 ②

• 나는 아직도 그에게는 실력이 밀린다(부친다).
• 오늘은 유난히 고속도로가 밀린다(막힌다).
• 그는 인물이 비교적 남에게 밀린다(떨어진다).

89

정답 ②

• 집안일은 생각보다 손이 많이 가는(드는) 일이야.
• 어제 발송된 택배는 다음 주 화요일에 가서야(이르러서야) 온대.
• 너의 그 다짐이 며칠이나 가겠어(유지되겠어).

90

정답 ③

• 부화뇌동(附和雷同) : '우레 소리에 맞춰 함께 한다.'는 뜻으로, 자신의 뚜렷한 소신 없이 그저 남이 하는 대로 따라가는 것을 의미한다.
• 서낭에 가 절만 한다 : '서낭신 앞에 가서 아무 목적도 없이 절만 한다.'는 뜻으로, 영문도 모르고 남이 하는 대로만 따라함을 비유적으로 이르는 말이다.

오답분석

① 까맣게 잊어버린 지난 일을 새삼스럽게 들추어내서 상기시키는 쓸데없는 행동을 비유적으로 이르는 말이다.
② 무슨 일을 힘들이지 않고 쉽게 하는 것을 비유적으로 이르는 말이다.
④ 오달진 사람일수록 한 번 타락하면 걷잡을 수 없게 된다는 말이다.

91

정답 ②

제시문은 모든 일에는 지켜야 할 질서와 차례가 있음에도 불구하고 이를 무시한 채 무엇이든지 빠르게 처리하려는 한국의 '빨리빨리' 문화에 대해 설명하고 있다. 따라서 제시문과 관련 있는 속담으로는 '일의 순서도 모르고 성급하게 덤빔'을 의미하는 속담인 '우물에 가 숭늉 찾는다.'가 가장 적절하다.

오답분석

① 모양이나 형편이 서로 비슷하고 인연이 있는 것끼리 서로 잘 어울리고, 사정을 보아주며, 감싸주기 쉬움을 비유적으로 이르는 말이다.
③ '속으로는 가기를 원하면서 겉으로는 만류하는 체한다.'는 뜻으로, 속생각은 전혀 다르면서도 말로만 그럴듯하게 인사치레함을 비유적으로 이르는 말이다.
④ 한마디 말을 듣고도 여러 가지 사실을 미루어 알아낼 정도로 매우 총기가 있다는 말이다.

92

정답 ①

제시된 속담은 '능력도 기력도 없는 사람이 장차 큰일을 할 듯이 서둘 때 이를 놀리면서 하는 말'이다. 따라서 할아버지가 그럴만한 기력이 없으면서 하겠다고 우기는 상황에서 할머니가 핀잔을 주는 ①의 상황이 가장 잘 어울린다.

93

정답 ④

'풍전등화(風前燈火)'는 바람 앞에 흔들리는 등불, 즉 '위태로운 상황'이라는 뜻의 한자성어이다.

94

정답 ③

전철을 밟다 : 이전 사람의 잘못이나 실패를 되풀이하다.

오답분석

① 곱살이 끼다 : 남이 하는 일에 곁다리로 끼다.
② 변죽을 울리다 : 바로 집어 말을 하지 않고 둘러서 말을 하다.
④ 경을 치다 : 호된 꾸지람이나 나무람을 듣거나 벌을 받다.

95

정답 ④

'마디가 있어야 새순이 난다'에서 나무의 마디는 새순이 나는 곳이다. 즉, 마디는 성장하기 위한 디딤돌이자 발판이 된다. 어떤 일의 과정에서 생기는 역경이 오히려 일의 결과에 좋은 영향을 미침을 비유하여 이른다.

오답분석

① 쫓아가서 벼락 맞는다 : 피해야 할 화를 괜히 나서서 화를 당한다.
② 곤장 메고, 매품 팔러 간다 : 공연한 일을 하여 스스로 화를 자초한다.
③ 식초에 꿀 탄 맛이다 : 궁합이 맞아 서로 잘 어울린다.

CHAPTER

02 언어추리능력

01	02	03	04	05	06	07	08	09	10
②	①	③	③	④	③	②	①	②	④
11	12	13	14	15	16	17	18	19	20
④	②	②	①	④	③	②	①	②	②
21	22	23	24	25	26	27	28	29	30
②	③	①	③	④	③	④	③	②	③
31	32	33	34	35	36	37	38	39	40
①	④	①	①	③	④	①	②	②	①
41	42	43	44	45	46	47	48	49	50
④	④	③	②	③	③	②	③	①	②
51	52	53	54	55	56	57	58	59	60
③	②	②	②	④	④	④	③	②	③

01 　　정답 ②

'할아버지'와 '할머니'는 각각 [+남성]·[-여성], [-남성]·
[+여성]과 같이 성별로 대립되는 반의어이다. 따라서 남편과
성별로 대립되는 '아내'가 가장 적절하다.

02 　　정답 ①

제시된 단어는 기능의 유사성 관계이다. '안경'과 '렌즈'는 유
사한 기능을 하며, '선풍기'와 가장 유사한 기능을 가진 단어
는 '에어컨'이다.

03 　　정답 ③

바퀴는 자동차가 이동하는 데 쓰이고, 다리는 사람이 이동하
기 위한 신체의 일부분이다.

04 　　정답 ③

의사와 병원은 직업과 직장의 관계이다. 따라서 교사라는 직
업의 직장은 학교가 적절하다.

05 　　정답 ④

제시된 단어는 부분 관계이다. 연필심은 연필의 부분이고, 뿌
리는 나무의 부분이다.

06 　　정답 ③

제시문은 목적어 - 서술어 관계이다.
'학생'을 '충원'하고, '자금'을 '벌충'한다.

07 　　정답 ②

제시문은 서로 짝을 이룬다. 몽룡의 짝은 춘향이고, 피터팬의
짝은 웬디이다.

08 　　정답 ①

'소프라노'는 성악에서 가장 높은 음역을, '하이힐'은 굽이 높
은 구두를, '고혈압'은 혈압이 정상보다 높은 수치의 증상을
의미하므로 '높다'를 연상할 수 있다.

09 　　정답 ②

남극의 '빙하', 남극 '대륙', 남쪽을 가리키는 자석의 'S극'을
통해 '남극'을 연상할 수 있다.

10 　　정답 ④

'조선왕조실록'에는 역사가 기록되었고, '서울역'은 역사(역
으로 쓰는 건물)이며, '역도'는 뛰어나게 힘이 센 역사들이 하
는 운동이므로 '역사'를 연상할 수 있다.

11 　　정답 ④

로맨스 '영화', 로맨스의 '설렘', 로맨스 '소설'을 통해 '로맨스'
를 연상할 수 있다.

12 　정답 ②

맛이 '달다', 무게를 '달다', 단추를 '달다'를 통해 '달다'를 연상할 수 있다.

13 　정답 ②

'매'의 꼬리에 붙이는 '이름표'를 '시치미'라 하고 이것에서 유래한 말이 '시치미를 떼다.'이므로 '시치미'를 연상할 수 있다.

14 　정답 ①

여권, 공항, 비행기를 통해 '해외여행'을 연상할 수 있다.

15 　정답 ④

수업, 선생님, 교무실을 통해 '학교'를 연상할 수 있다.

16 　정답 ③

빛나는, 반짝반짝, 감옥을 통해 '보석'을 연상할 수 있다. 이때 형사사건에서 보증인을 세우거나 보증금을 내고 피고인을 구류에서 풀어주는 것을 '보석(保釋)'이라 한다.

17 　정답 ②

퇴짜, 상처, 벌금을 통해 '딱지'를 연상할 수 있다.

18 　정답 ①

단무지, 꽃빵, 춘장을 통해 '중국집'을 연상할 수 있다.

19 　정답 ②

워터파크, 수도꼭지, 오아시스를 통해 '물'을 연상할 수 있다.

20 　정답 ②

제시문에서는 자제력이 있는 사람은 합리적 선택에 따라 행위를 하고, 합리적 선택에 따르는 행위는 모두 자발적 행위라고 하였다. 따라서 자제력이 있는 사람은 자발적으로 행위를 한다.

21 　정답 ②

아리스토텔레스에게는 물체의 정지 상태가 물체의 운동 상태와는 아무런 상관이 없었으며, 물체에 변화가 있어야만 운동한다고 이해했다.

[오답분석]
㉠ 이론적인 선입견을 배제한다면 일상적인 경험에 의거해 아리스토텔레스의 논리가 더 그럴듯하게 보일 수는 있다고 했지만, 뉴턴 역학이 올바르지 않다고 언급한 것은 아니다.
㉡ 제시문의 두 번째 문장에서 '아리스토텔레스에 의하면 물체가 똑같은 운동 상태를 유지하기 위해서는 외부에서 끝없이 힘이 제공되어야만 한다.'라고 했다. 그러므로 아리스토텔레스의 주장과 반대되는 내용이다.
㉢ 이론적인 선입견을 배제한다면 일상적인 경험에 의거해 아리스토텔레스의 논리가 더 그럴듯하게 보일 수는 있다고 했지만, 제시문만으로 당시에 뉴턴이나 갈릴레오가 아리스토텔레스의 논리를 옳다고 판단했는지는 알 수 없다.

22 　정답 ③

제시문은 정신보건법에 따른 정신질환의 종류를 구분하고 있다.

23 　정답 ①

식사에 관한 상세한 설명이 주어지거나, 요리가 담긴 접시 색이 밝을 때 비만인 사람들의 식사량이 증가했다는 내용을 통해 비만인 사람들이 외부로부터의 자극에 의해 식습관에 영향을 받기 쉽다는 것을 추론할 수 있다.

24 　정답 ③

③은 어떤 처지가 되지 않기 위해 회피해야 할 일에 대한 가언적 명령이다.
• 정언적 명령 : 무조건적으로 지켜야 하는 명령
• 가언적 명령 : 일정한 목적을 설정하고 이 목적을 달성하려면 어떤 행동을 하는 것이 타당한가에 대해 내려지는 명령

25 　정답 ④

민간부문에서 역량 모델의 도입에 대한 논의가 먼저 이루어진 것으로 짐작할 수는 있지만, 이것이 민간부문에서 더욱 효과적으로 작용한다는 것을 의미한다고 보기는 어렵다.

26 　　　　　　　　　　　　　정답 ③

비가 오면 큰아들의 장사가 잘 돼서 좋고, 비가 오지 않으면 작은 아들의 장사가 잘 돼서 좋다. 비가 오거나 오지 않거나 둘 중의 하나이므로, '항상 좋다.'라는 내용이 들어가야 한다.

27 　　　　　　　　　　　　　정답 ④

첫 번째 명제는 'not 스누피 → 제리'이고, 결론은 'not 제리 → 니모'이다. 어떤 명제가 참이면 그 대우 또한 참이므로 'not 제리 → 스누피'가 성립하고, 삼단논법이 성립하기 위해서는 빈칸에 '스누피 → 니모'가 들어가야 'not 제리 → 스누피 → 니모'가 되어 세 번째 명제가 참이 된다. 따라서 '스누피 → 니모'의 대우인 ④가 가장 적절하다.

28 　　　　　　　　　　　　　정답 ③

삼단논법이 성립하기 위해서는 '사과나무는 식물이다.'라는 명제가 필요하다.

29 　　　　　　　　　　　　　정답 ②

세 번째 명제의 대우는 '전기를 낭비하면 많은 사람이 피해를 입는다.'이므로, 삼단논법이 성립하기 위해서는 '전기를 낭비하면 전기 수급에 문제가 생긴다.'라는 명제가 필요하다.

30 　　　　　　　　　　　　　정답 ③

'일요일이다'를 A, '미영이가 직장에 간다.'를 B, '미영이가 집에서 밥을 먹는다.'를 C라고 하면, 'A → ~B → C'이므로 빈칸에는 'A → C' 혹은 그 대우인 '~C → ~A'가 들어가야 한다.

31 　　　　　　　　　　　　　정답 ①

- A : 현아의 신발 사이즈가 230mm라면 소영이는 225mm, 지영이는 235mm이므로 보미의 신발 사이즈는 240mm 혹은 245mm로 두 번째로 크다고 할 수 있다.
- B : 보미의 신발 사이즈가 240mm라면 현아의 신발 사이즈는 230mm 혹은 245mm가 된다. 둘 중 현아의 신발 사이즈가 230mm일 때만 소영이의 신발 사이즈가 225mm임을 확신할 수 있으므로 B는 옳은지 틀린지 판단할 수 없다.

32 　　　　　　　　　　　　　정답 ④

닭고기<돼지고기
닭고기<소고기<오리고기<생선
- A : 태민이가 돼지고기보다 오리고기를 좋아하는지는 알 수 없다.
- B : 생선보다 돼지고기를 더 좋아할 가능성도 있기 때문에 생선을 가장 좋아하는지는 알 수 없다.

33 　　　　　　　　　　　　　정답 ①

- A : 정욱이는 청포도, 체리, 사과, 딸기를 좋아하므로 가장 많은 종류의 과일을 좋아한다.
- B : 하나는 청포도를 좋아하지만 은정이는 청포도를 좋아하지 않는다.

34 　　　　　　　　　　　　　정답 ①

- A : 디자인을 잘하면 편집을 잘하고, 편집을 잘하면 영업을 잘한다. 영업을 잘하면 기획은 못한다.
- B : 편집을 잘하면 영업을 잘하고, 영업을 잘하면 기획을 못한다.

35 　　　　　　　　　　　　　정답 ③

왼쪽 코너부터 순서대로 나열하면 '소설 – 잡지 – 외국 서적 – 어린이 도서' 순서이다. 따라서 A, B 모두 옳다.

36 　　　　　　　　　　　　　정답 ④

조건에 따라 나열하면 '지은, 지영, 수지, 주현, 진리'의 순서대로 서 있다. 따라서 수지가 3번째로 서 있음을 알 수 있고, 지영이는 수지 옆에 서 있으므로 A와 B 둘 다 틀리다.

37 　　　　　　　　　　　　　정답 ①

주어진 조건을 정리하면 다음과 같다.

구분	준열	정환	수호	재하
데이터 선택 65.8	×	○	×	×
데이터 선택 54.8	×	×		
데이터 선택 49.3	○	×	×	×
데이터 선택 43.8	×	×		

- 준열이는 데이터 선택 49.3을 사용한다.
- 수호는 데이터 선택 54.8과 데이터 선택 43.8 중 하나를 사용하지만 어떤 요금제를 사용하는지 정확히 알 수 없다.

38

정답 ②

주어진 조건을 표로 정리하면 다음과 같다.

경제학과					
경영학과					
영문학과					
국문학과					

- 영문학과가 경영학과와 국문학과가 MT를 떠나는 사이의 이틀 중 언제 떠날지는 알 수 없다. 경영학과가 떠난 후 바로 다음날 간다면 경제학과와 만나겠지만, 경영학과가 떠나고 이틀 후에 간다면 경제학과와 만나지 않는다.
- 영문학과는 이틀 중 언제 MT를 떠나든 국문학과와 만나게 된다.

39

정답 ②

주어진 조건을 표로 정리하면 다음과 같다.

구분	월	화	수	목	금	토·일	월
A							
B						휴가 일수에 포함되지 않음	
C							
D							

- C는 다음주 월요일까지 휴가이다.
- D는 금요일까지 휴가이다.

40

정답 ①

주어진 조건은 다음과 같은 두 가지의 경우로 정리할 수 있다.

구분	체육복		교복	
	남학생	여학생	남학생	여학생
경우 1	3명	6명	4명	7명
경우 2	6명	3명	4명	7명

- 두 가지 경우 모두 교복을 입은 여학생은 7명이다.
- 두 가지 경우 모두 체육복을 입은 여학생보다 교복을 입은 여학생이 더 많다.

41

정답 ④

정가와 이보다 낮은 판매가격을 함께 제시하면 정가가 기준점으로 작용하여 사람들은 제한된 판단을 하게 된다. 이로 인해 판매가격을 상대적으로 싸다고 인식하므로, 주어진 문장을 뒷받침할 수 있는 적절한 사례이다.

42

정답 ④

8조각으로 나누어져 있는 피자 3판을 6명이 같은 양만큼 나누어 먹으려면 한 사람당 8×3÷6=4조각씩 먹어야 한다. A, B, E는 같은 양을 먹었으므로 A, B, E가 1조각, 2조각, 3조각, 4조각을 먹었을 때로 나누어볼 수 있다.

- A, B, E가 1조각을 먹었을 때
  A, B, E를 제외한 나머지는 모두 먹은 양이 달랐으므로 D, F, C는 각각 4, 3, 2조각을 먹었을 것이다. 하지만 6조각이 남았다고 했으므로 24−6=18조각을 먹었어야 하는데 총 1+1+1+4+3+2=12조각이므로 옳지 않다.
- A, B, E가 2조각을 먹었을 때
  2+2+2+4+3+1=14조각이므로 옳지 않다.
- A, B, E가 3조각을 먹었을 때
  3+3+3+4+2+1=16조각이므로 옳지 않다.
- A, B, E가 4조각을 먹었을 때
  4+4+4+3+2+1=18조각이므로 A, B, E는 4조각씩 먹었음을 알 수 있다.

F는 D보다 적게 먹었으며, C보다는 많이 먹었다고 하였으므로 C가 1조각, F가 2조각, D가 3조각을 먹었다. 따라서 2조각을 더 먹어야 하는 사람은 현재 2조각을 먹은 F이다.

43

정답 ③

전제1의 대우는 '업무를 잘 못하는 어떤 사람은 자기관리를 잘 하지 못한다.'이다.
이때 전제1의 대우의 전건은 전제2의 후건 부분과 일치한다. 따라서 전제2의 전건과 전제1의 대우의 후건으로 구성된 '산만한 어떤 사람은 자기관리를 잘 하지 못한다.'라는 명제는 참이 된다.

44

정답 ②

국어를 싫어하는 학생은 수학을 좋아하는데, 수학을 좋아하면 영어를 싫어하므로, 국어를 싫어하는 학생은 영어도 싫어한다고 할 수 있다.

45

정답 ②

제시문은 연역적 추리에 대한 설명으로, ②는 연역적 추리인 삼단논법의 전형적인 형식이다.
모든 사람은 죽는다. → 대전제
소크라테스는 사람이다. → 소전제
소크라테스는 죽는다. → 결론

오답분석
①·④ 귀납적 추리에 해당한다.
③ 유비 추리에 해당한다.

46
정답 ③

'물을 마신다'를 p, 기분이 '상쾌해진다'를 q, '피부가 건조해진다'를 r이라고 하면, $p \rightarrow q$, $\sim p \rightarrow r$이므로 $\sim r \rightarrow p \rightarrow q$의 관계가 성립한다.

오답분석

ㄷ. 피부가 건조해졌다고 해서 물을 마시지 않았는지는 알 수 없다.

47
정답 ②

제시문에서는 근대건축물이 방치되고 있는 상황과 함께 지속적인 관리의 필요성을 설명하고 있다. 또한, 기존 관리 체계의 한계점을 지적하며, 이를 위한 해결책으로 공공의 역할을 강조하고 있다. 따라서 제시문의 중심 내용으로 가장 적절한 것은 ②이다.

48
정답 ③

제시문은 유명인 모델의 광고 중복 출연이 광고 효과가 크지 않음을 지적하며 광고 효과를 극대화하기 위한 방안을 제시하고 있다. 따라서 먼저 유명인 모델이 여러 광고에 중복 출연하는 것이 높은 광고 효과를 보장할 수 있는지 의문을 제기하는 (나)가 맨 앞에 와야 한다. 다음으로는 (나)의 질문에 대한 대답으로, 유명인이 자신의 이미지와 상관없이 여러 상품 광고에 출연하면 광고 효과가 줄어들 수 있음을 언급하고 있는 (가)가 와야 한다. 또한 유명인의 이미지가 여러 상품으로 분산되어 상품 간의 결합력을 떨어뜨린다는 내용으로 유명인 광고 중복 출연의 또 다른 단점을 제시하고 있는 (라)가 그 다음에 와야 한다. 마지막으로 (가)와 (라)를 종합하여 유명인이 자신과 잘 어울리는 한 상품의 광고에만 지속적으로 나오는 것이 좋다는 내용의 (다)가 차례로 와야 한다. 따라서 (나) – (가) – (라) – (다) 순서로 나열해야 한다.

49
정답 ①

제시문은 유기농 식품의 생산이 증가하고 있지만, 전문가들은 유기 농업을 부정적으로 보고 있다는 내용의 글이다. (나)에 있는 '또한'과 (다)에 있는 '하지만', (다)에서 '결점'이 있음을 언급하고 (라)에서 그러한 결점의 구체적 사례를 든 것 등을 토대로 문단 사이의 순서를 정리하면 (가) 최근 유기농 식품 생산의 증가(도입, 화제 제시) → (다) 전문가들은 유기 농업에 결점이 있다고 말함 → (라) 유기 농가는 전통 농가에 비해 수확량이 낮으며 벌레의 피해가 큼 → (나) 유기 농업은 굶주리는 사람을 먹여 살릴 수 없음(결론)의 순서로 나열해야 한다.

50
정답 ②

제시문은 인간의 질병 구조가 변화하고 있고 우리나라는 고령화 시대를 맞이함에 따라 만성질환이 증가하였으며, 이에 따라 간호사가 많이 필요해진 상황에 대해 말하고 있다. 하지만 제도는 간호사를 많이 채용하지 않고 있으며, 뒤처진 제도에 대한 아쉬움에 대해 설명하고 있는 글이다. 따라서 (나) 급성질환이 많았던 과거엔 의사 의존도가 높았음 → (가) 만성질환이 많아진 지금, 간호사 시대가 올 것임 → (다) 간호사가 필요한 현실과는 맞지 않는 고용 상황 → (라) 간호사의 필요성과 뒤처진 의료 제도에 대한 안타까움의 순서로 나열해야 한다.

51
정답 ③

제시문은 예술에서 적합한 크기와 형식을 벗어난 것을 사용할 수밖에 없는 이유를 설명하며 이것을 통해 아름다움을 느끼게 되는 요소를 설명하고 있다. 따라서 (라) 아름다운 것이 성립하는 경우와 불편함이 성립되는 경우 → (가) 불편함을 느낄 수 있는 것에서 아름다움을 느끼는 것에 대한 의문 제기 → (다) 예술 작품에서 불편함을 느낄 수 있는 요소를 사용하는 이유 → (나) 이것에서 아름다움을 느끼는 원인의 순서로 나열해야 한다.

52
정답 ②

제시문의 첫 번째 문단에 따르면 범죄는 취잿감으로 찾아내기가 쉽고 편의에 따라 기사화할 수 있을 뿐만 아니라 범죄 보도를 통해 시청자의 관심을 끌 수 있기 때문에 언론이 범죄를 보도의 주요 소재로 삼지만, 지나친 범죄 보도는 범죄자나 범죄 피의자의 초상권을 침해하여 법적·윤리적 문제를 일으킨다. 따라서 마지막 문단의 내용처럼 범죄 보도가 초래하는 법적·윤리적 논란은 언론계 전체의 신뢰도에 치명적인 손상을 가져올 수도 있다. 이러한 현상을 비유하기에 가장 적절한 표현은 '부메랑'이다. 부메랑은 그것을 던진 사람에게 되돌아와 상처를 입힐 수도 있기 때문이다.

오답분석

① 시금석(試金石) : 귀금속의 순도를 판정하는 데 쓰는 검은색의 현무암이나 규질의 암석(층샛돌)을 뜻하며, 가치·능력·역량 등을 알아볼 수 있는 기준이 되는 기회나 사물을 비유적으로 이르는 말로도 쓰인다.

③ 아킬레스건(Achilles 腱) : 치명적인 약점을 비유하는 말이다.

④ 악어의 눈물 : 일반적으로 강자가 약자에게 보이는 '거짓 눈물'을 비유하는 말이다.

53

정답 ②

- (가) : 빈칸 다음 문장에서 사회의 기본 구조를 통해 이것을 공정하게 분배해야 된다고 했으므로 ⓒ이 가장 적절하다.
- (나) : '원초적 상황'에서 합의 당사자들은 인간의 심리, 본성 등에 대한 지식 등 사회에 대한 일반적인 지식은 알고 있지만, 이것에 대한 정보를 모르는 무지의 베일 상태에 놓인다고 했으므로 사회에 대한 일반적인 지식과 반대되는 개념, 즉 개인적 측면의 정보인 ㉠이 가장 적절하다.
- (다) : 빈칸에 관하여 사회에 대한 일반적인 지식이라고 하였으므로 ⓒ이 가장 적절하다.

54

정답 ②

제시문은 '직업안전보건국이 제시한 1ppm의 기준이 지나치게 엄격하다고 판결하였다.'와 '직업안전보건국은 노동자를 생명의 위협이 될 수 있는 화학물질에 노출시키는 사람들이 그 안전성을 입증해야 한다.'의 논점의 대립을 다루고 있는 글이다. 따라서 빈칸에는 '벤젠의 노출 수준이 1ppm을 초과할 경우 노동자의 건강에 실질적으로 위험하다는 것을 직업안전보건국이 입증해야 한다.'는 내용이 오는 것이 가장 적절하다.

55

정답 ④

제시문은 오브제의 정의와 변화 과정에 대한 글이다. 빈칸 앞에서는 예술가의 선택에 의해 기성품 그 본연의 모습으로 예술작품이 되는 오브제를 설명하고, 빈칸 이후에는 나아가 진정성과 상징성이 제거된 팝아트에서의 오브제 기법에 대하여 설명하고 있다. 따라서 빈칸에는 예술가의 선택에 의해 기성품 본연의 모습으로 오브제가 되는 ④의 사례가 오는 것이 가장 적절하다.

56

정답 ④

제시문에서는 현대 사회의 소비 패턴이 '보이지 않는 손' 아래의 합리적 소비에서 벗어나 과시 소비가 중심이 되었으며, 그 이면에는 소비를 통해 자신의 물질적 부를 표현함으로써 신분을 과시하려는 욕구가 있다고 설명하고 있다.

57

정답 ④

제시문의 마지막 문단의 '기다리지 못함도 삼가고 아무것도 안함도 삼가야 한다. 작동 중에 있는 자연스런 성향이 발휘되도록 기다리면서도 전력을 다할 수 있도록 돕는 노력도 멈추지 말아야 한다.'를 통해 '잠재력을 발휘하도록 하려면 의도적 개입과 방관적 태도 모두를 경계해야 한다.'가 제시문의 주제로 가장 적절함을 알 수 있다.

오답분석
① 인위적 노력을 가하는 것에 대해 일을 '조장(助長)'하지 말라고 한 맹자의 말과 반대된다.
② 싹이 성장하도록 기다리는 것도 중요하지만 '전력을 다할 수 있도록 돕는 노력'도 해야 한다.
③ 명확한 목적성을 강조하는 부분은 제시문에 나와 있지 않다.

58

정답 ③

전제란 내용 전개의 바탕이 되는 것을 말한다. 전제를 찾기 위해서는 먼저 제시문의 주장이 무엇인지를 파악하고, 주장이 성립하기 위한 요건을 확인해야 한다. 제시문의 중심 내용은 '우리말을 가꾸기 위해서 우리의 관심과 의식이 중요하다.'이다. 따라서 이러한 주장이 성립되기 위해서는 우리말을 '왜' 지켜야 하며, '왜' 중요한가를 밝히는 내용이 필요하다.

오답분석
① 언어가 의사소통의 도구라는 것은 우리말뿐만이 아니라 인간의 모든 언어가 지니는 공통적 특징이다.
②·④ 모든 언어가 지니는 본질적 특징으로, ②는 언어의 사회성, ④는 언어의 기호성을 말한다.

59

정답 ②

제시문과 ②는 성급한 일반화의 오류에 해당한다. 성급한 일반화의 오류는 제한된 정보, 부적합한 증거, 대표성을 결여한 사례를 근거로 일반화하는 오류이다.

오답분석
① 인신공격의 오류 : 논거의 부당성보다 그 주장을 한 사람의 인품이나 성격을 비난함으로써 그 주장이 잘못이라고 하는 데서 발생하는 오류이다.
③ 무지로부터의 오류 : 증명할 수 없거나 알 수 없음을 들어 거짓이라고 추론하는 오류이다.
④ 순환논증의 오류 : 논증의 결론 자체를 전제의 일부로 받아들이는 오류이다.

60

정답 ③

제시문에서는 아이들이 어른에게서보다 어려운 문제 해득력이나 추상력을 필요로 하지 않는 텔레비전을 통해서 더 많은 것을 배우므로 어린이나 젊은이들에게서 어른에 대한 두려움이나 존경을 찾기 어렵다고 주장한다. 이러한 주장에 대한 반박으로는 아이들은 텔레비전보다 학교의 선생님이나 친구들과 더 많은 시간을 보내고, 텔레비전이 아이들에게 부정적 영향만 끼치는 것은 아니며, 아이들의 그러한 행동에 영향을 미치는 다른 요인이 있다는 것이 적절하다. 따라서 텔레비전이 인간의 필요성을 충족시킨다는 것은 주장에 대한 반박으로 적절하지 않다.

01	02	03	04	05	06	07	08	09	10	11	12	13	14	15	16	17	18	19	20
④	①	③	③	②	④	③	④	①	③	①	②	④	②	①	④	②	①	②	②

21	22	23	24	25															
④	④	①	④	①															

01 정답 ④

$244 \div 2 \times 0.1 + 0.85 = 122 \times 0.1 + 0.85 = 12.2 + 0.85 = 13.05$

02 정답 ①

$(15 \times 108) - (303 \div 3) + 7 = 1,620 - 101 + 7 = 1,526$

03 정답 ③

$(13 \times 13) - (255 \div 5) - 13 = 169 - 51 - 13 = 118 - 13 = 105$

04 정답 ③

$45 \times (243 - 132) - 23 = 45 \times 111 - 23 = 4,995 - 23 = 4,972$

05 정답 ②

- $(178 - 302) \div (-1) = (-124) \div (-1) = 124$
- $95 + 147 - 118 = 242 - 118 = 124$

오답분석
① $571 + 48 - 485 = 619 - 485 = 134$
③ $78 \times 2 - 48 \div 2 = 156 - 24 = 132$
④ $36 + 49 + 38 = 85 + 38 = 123$

06 정답 ④

- $41 + 42 + 43 = 126$
- $3 \times 2 \times 21 = 126$

① $6 \times 6 \times 6 = 216$

② $5 \times 4 \times 9 = 20 \times 9 = 180$

③ $7 \times 2 \times 3 = 7 \times 6 = 42$

07

정답 ③

- $3 \times 8 \div 2 = 24 \div 2 = 12$
- $3 \times 9 - 18 + 3 = 27 - 15 = 12$

오답분석

① $7 + 6 = 13$

② $77 \div 7 = 11$

④ $1 + 2 + 3 + 4 = 10$

08

정답 ④

$2.8 \times 0.2 + 2.45 = 0.56 + 2.45 = 3.01$

오답분석

① $5.4 \div 9 - 0.35 = 0.6 - 0.35 = 0.25$

② $2.67 - 3.45 + 0.83 = -0.78 + 0.83 = 0.05$

③ $4.96 \div 4 - 1.09 = 1.24 - 1.09 = 0.15$

09

정답 ①

$8 - 5 \div 2 + 2.5 = 8 - 2.5 + 2.5 = 8$

오답분석

② $14 - 5 \times 2 = 14 - 10 = 4$

③ $10 \div 4 + 3 \div 2 = 2.5 + 1.5 = 4$

④ $6 \times 2 - 10 + 2 = 12 - 8 = 4$

10

정답 ③

$114 + 95 - 27(\quad)2 = 155$

$\rightarrow 209 - 27(\quad)2 = 155 \rightarrow 27(\quad)2 = 54$

$\therefore (\quad) = \times$

11

정답 ①

$41 - 12(\quad)5 \times 2 = 39$

$\rightarrow -12(\quad)5 \times 2 = 39 - 41$

$\rightarrow -12(\quad)5 \times 2 = -2$

(　)가 $\times$ 또는 $\div$라고 할 때, 순차적으로 계산하면 -2가 나올 수 없으므로 (　)에는 $-$나 $+$가 들어가야 한다. 이때 $-$나 $+$보다는 $\times$를 먼저 계산해야 하므로 $-12(\quad)10 = -2$이다. 따라서 (　)에는 $+$가 들어가야 한다.

12

정답 ②

$12 \times 8 - (\quad) \div 2 = 94$

$\rightarrow (94 - 12 \times 8) \times 2 = -(\quad)$

$\rightarrow (\quad) = (94 - 96) \times (-2)$

$\therefore (\quad) = 4$

13

정답 ④

$208 \times (\quad) = 44,951 + 19,945$

$\rightarrow 208 \times (\quad) = 64,896$

$\therefore (\quad) = 64,896 \div 208 = 312$

14

정답 ②

$1.119 < \left(\dfrac{17}{15} \fallingdotseq 1.133 \right) < 1.138$

15

정답 ①

$\dfrac{25}{11} \fallingdotseq 2.273 < 2.345 < \dfrac{86}{25} = 3.44$

16

정답 ④

$17 \triangledown 9 = 17^2 + 9^2 - 17 \times 9 = 289 + 81 - 153 = 217$

17

정답 ②

$3 \blacktriangledown 23 = 3^2 + 23^2 + 3 \times 23 = 9 + 529 + 69 = 607$

18

정답 ①

$49 \times 0.393 = 19.257$

19

정답 ②

12와 32의 최소공배수는 96이고, 100 이하 자연수 중 96의 배수는 1개이다.

20

정답 ②

$$\frac{6x+5}{x^2-1}=\frac{2}{x-1}+\frac{3}{x+1}$$

$$\rightarrow \frac{6x+5}{x^2-1}\times(x^2-1)=\left(\frac{2}{x-1}+\frac{3}{x+1}\right)\times(x^2-1)$$

$$\rightarrow 6x+5=2\times(x+1)+3\times(x-1)$$

$$\rightarrow 6x+5=2x+2+3x-3$$

$$\rightarrow 6x-2x-3x=2-3-5$$

$$\therefore x=-6$$

21

정답 ④

$$\sqrt[12]{2a^5b^4}\times\sqrt[4]{2ab^2}\div\sqrt[6]{4a^3b}=\frac{\sqrt[12]{2a^5b^4}\times\sqrt[12]{2^3a^3b^6}}{\sqrt[12]{4^2a^6b^2}}=\sqrt[12]{\frac{16a^8b^{10}}{16a^6b^2}}=\sqrt[12]{a^2b^8}=\sqrt[6]{ab^4}$$

22

정답 ④

- 첫 번째 수열 : 앞의 항×(−2)=뒤의 항 → ⓐ=44×(−2)=−88
- 두 번째 수열 : 앞의 항부터 ÷5, ÷4, ÷3, ÷2, … → ⓑ=18÷3=6

$$\therefore \{ⓐ\times(-1)-4\}\div ⓑ+5=(88-4)\div6+5=19$$

23

정답 ①

$9^x-4\times3^{x+1}+27=0$에서

$(3^x)^2-12\times3^x+27=0$

$3^x=t\,(t>0)$로 치환하면 주어진 방정식은

$t^2-12t+27=0$

이차방정식 $t^2-12t+27=0$의 두 근은 3^α, 3^β이므로 근과 계수의 관계에 의해

$3^\alpha\times3^\beta=27$

$\rightarrow 3^{\alpha+\beta}=3^3$

$\therefore \alpha+\beta=3$

24

정답 ④

23은 소수로, 1과 자기 자신만으로 나누어떨어진다. 그러므로 $a(a-b)=23$의 방정식에서 a가 1이면 $(a-b)$는 23이어야 하고, a가 23이면 $(a-b)$는 1이어야 한다. 이때 a가 1일 경우 $(a-b)$가 23이 되어야 하므로 b는 자연수가 아닌 음수 −22가 된다. 따라서 a는 23이고, b는 $a-b=1 \rightarrow 23-b=1 \rightarrow b=22$이므로 $a^2-b^2=(a+b)(a-b)=(23+22)\times(23-22)=45$임을 알 수 있다.

25

정답 ①

두 점 $A(-3,\ -4)$, $B(5,\ 2)$를 지름의 양 끝점으로 하는 원의 중심은 $\left(\dfrac{-3+5}{2},\ \dfrac{-4+2}{2}\right)=(1,\ -1)$이고

반지름의 길이는 $\dfrac{1}{2}\overline{AB}=\dfrac{1}{2}\sqrt{(5+3)^2+(2+4)^2}=5$이다.

따라서 구하는 원의 중심이 $(1,\ -1)$, 반지름의 길이가 5이므로 $(x-1)^2+(y+1)^2=5^2$이다.

01	02	03	04	05	06	07	08	09	10	11	12	13	14	15	16	17	18	19	20
①	②	③	②	②	②	②	①	④	④	②	③	④	③	④	③	③	③	④	②
21	**22**	**23**	**24**	**25**	**26**	**27**	**28**	**29**	**30**	**31**	**32**	**33**	**34**	**35**	**36**	**37**	**38**	**39**	**40**
④	④	①	④	④	①	②	①	④	④	④	②	②	③	③	④	①	③	②	④
41	**42**	**43**	**44**	**45**	**46**	**47**	**48**	**49**	**50**										
④	④	③	③	②	①	④	②	③	②										

01

정답 ①

2월 5일에서 8월 15일까지는 총 $24+31+30+31+30+31+15=192$일이다. 이를 7로 나누면 $192 \div 7 = 27 \cdots 3$이므로 8월 13일의 이전 날인 8월 12일이 수요일이었다. 따라서 8월 15일은 토요일이다.

02

정답 ②

6시 30분일 때, 시침과 분침의 각도는 다음과 같다.
- 시침 : $6 \times 30 + 0.5 \times 30 = 180 + 15 = 195°$
- 분침 : $6 \times 30 = 180°$

따라서 시침과 분침이 이루는 작은 각도는 $195 - 180 = 15°$이다.

03

정답 ③

각 신호등이 켜지는 간격은 다음과 같다.
- 첫 번째 신호등 : $6+10=16$초
- 두 번째 신호등 : $8+4=12$초

따라서 16과 12의 최소공배수는 48이며, 두 신호등이 동시에 불이 켜지는 순간은 48초 후이다.

04

정답 ②

소연이가 시계를 맞춰 놓은 시각과 다음 날 독서실을 나선 시각의 차는 24시간이다.
4시간마다 6분씩 늦어진다고 하였으므로 24시간 동안 36분이 늦어진다.
따라서 소연이가 독서실을 나설 때 시계가 가리키고 있는 시각은 오전 8시-36분=오전 7시 24분이다.

05

정답 ②

화면 비율이 4 : 3일 때, 가로와 세로의 크기를 각각 a, $b$cm라고 하면 $a=4z$이고 $b=3z$이다(이때의 z는 비례상수). 또한 대각선의 길이를 A로 두면 피타고라스 정리에 의해 $A^2=4^2z^2+3^2z^2$이다. 이를 정리하면 $z^2=\dfrac{A^2}{5^2}=\left(\dfrac{A}{5}\right)^2$, $z=\dfrac{A}{5}$이고, 대각선의 길이가 40인치×2.5cm=100cm이므로 $A=100$cm이다. 따라서 $z=\dfrac{100}{5}\to 20$이며, a는 80cm, b는 60cm이다. 그러므로 가로와 세로 길이의 차이는 80−60=20cm이다.

06

정답 ②

A와 B의 속력을 각각 x, ym/min라고 하면 다음 식이 성립한다.
$5(x+y)=2,000 \cdots \text{㉠}$
$10(x-y)=2,000 \cdots \text{㉡}$
㉠과 ㉡을 연립하면
$\therefore x=300$

07

정답 ②

배의 속력을 $x$km라고 하면, 강물을 거슬러 올라갈 때의 속력은 $(x-3)$km이다.
$(x-3)\times 1=9$이므로, 배의 속력은 시속 12km이다.
강물을 따라 내려올 때의 속력은 시속 12+3=15km이고, 걸린 시간을 y시간이라고 하면
$15\times y=9$
$\therefore y=\dfrac{9}{15}$
따라서 $\dfrac{9}{15}$ 시간, 즉 36분이다.

08

정답 ①

세 번째 조건에서 중앙값이 28세이고, 최빈값이 32세라고 했으므로 신입사원 5명 중 2명은 28세보다 어리고, 28세보다 많은 사람 2명은 모두 32세가 되어야 한다. 또한 두 번째 조건에서 신입사원 나이의 총합은 28.8×5=144세이므로, 27세 이하인 2명의 나이 합은 144−(28+32+32)=52세가 된다. 그러므로 2명의 나이는 (27세, 25세), (26세, 26세)가 가능하지만 최빈값이 32세이기 때문에 26세가 2명인 경우는 불가능하다. 따라서 28세보다 어린 2명은 25세와 27세이며, 가장 어린 사람과 가장 나이가 많은 사람의 나이 차는 32−25=7세이다.

09

정답 ④

세 마리 거북이의 나이를 X, Y, Z살이라고 하자.
$XY=77 \cdots \text{㉠}$
$YZ=143 \cdots \text{㉡}$
$ZX=91 \cdots \text{㉢}$
㉠, ㉡, ㉢을 모두 곱하면
$(XYZ)^2=77\times143\times91=(7\times11)\times(11\times13)\times(13\times7)=7^2\times11^2\times13^2$
$\to XYZ=7\times11\times13$
㉠, ㉡, ㉢을 $XYZ=7\times11\times13$에 대입하면, $X=7$, $Y=11$, $Z=130$이다.
따라서 가장 나이 많은 거북이와 가장 어린 거북이의 나이 차는 13−7=6살이다.

10

산책로의 길이를 xm라 하면, 40분 동안의 민주와 세희의 이동거리는 다음과 같다.

• 민주의 이동거리 : $40 \times 40 = 1,600$m
• 세희의 이동거리 : $45 \times 40 = 1,800$m

40분 후에 두 번째로 마주친 것이라고 하므로

$1,600 + 1,800 = 2x$

$\rightarrow 2x = 3,400$

$\therefore x = 1,700$

따라서 산책로의 길이는 1,700m이다.

11

한 숙소에 4명씩 잤을 때의 신입사원 수는 $4a+8=b$명이고, 한 숙소에 5명씩 잤을 때의 신입사원 수는 $5(a-6)+4=b$명이다.

$4a+8=5(a-6)+4 \rightarrow a=34$

$b=34 \times 4+8=144$

$\therefore b-a=144-34=110$

12

1년 후의 개체 수는 $\left(\dfrac{12}{10}x-1,000\right)$마리이므로 2년 후의 개체 수는 $\dfrac{12}{10}\left(\dfrac{12}{10}x-1,000\right)-1,000=\left(\dfrac{36}{25}x-2,200\right)$마리이다.

13

전체 사원 수가 x명이라고 하면 다음 식이 성립한다.

$x \times \dfrac{1}{3} \times \dfrac{1}{4} = 56$

$\therefore x=672$

14

전체 일의 양을 1이라고 하고, B사원이 혼자 일하는 데 걸리는 시간을 b일이라고 하자.

$\dfrac{1}{15} + \dfrac{1}{b} = \dfrac{1}{6}$

$\rightarrow 6b+6 \times 15 = 15b$

$\rightarrow 9b=6 \times 15$

$\therefore b=10$

따라서 B사원 혼자 자료를 정리하는 데 걸리는 시간은 10일이다.

15

1바퀴를 도는 데 갑은 2분, 을은 3분, 병은 4분이 걸린다. 2, 3, 4의 최소공배수는 12이므로 세 사람이 다시 만나기까지 걸리는 시간은 12분이다. 따라서 출발점에서 다시 만나는 시각은 4시 42분이다.

16

정답 ③

n번째 날 A의 남은 생선 양은 $k\left(\dfrac{1}{3}\right)^{n-1}$ 마리이고, B는 $2k\left(\dfrac{1}{6}\right)^{n-1}$ 마리이다.

$k\left(\dfrac{1}{3}\right)^{n-1} > k\left(\dfrac{1}{6}\right)^{n-1} \rightarrow \left(\dfrac{1}{3}\right)^{n} \times 3 > 2 \times 6 \times \left(\dfrac{1}{6}\right)^{n} \rightarrow \left(\dfrac{1}{3}\right)^{n} > 4 \times \left(\dfrac{1}{6}\right)^{n} \rightarrow 2^{n} > 4 \rightarrow n > 2$

따라서 $n=3$일 때부터 만족하므로 A의 남은 생선 양이 B보다 많아지는 날은 셋째 날부터이다.

17

정답 ③

톱니바퀴가 회전하여 다시 처음의 위치로 돌아오려면 적어도 두 톱니 수의 최소공배수만큼 회전해야 한다.
25와 35의 최소공배수를 구하면 $25=5^{2}$, $35=5 \times 7$이므로 $5^{2} \times 7=175$이다.
따라서 A는 $175 \div 25 = 7$바퀴를 회전해야 한다.

18

정답 ③

최소공배수를 묻는 문제이다. 원의 둘레는 $2 \times r \times$(반지름)이므로 다음과 같이 정리할 수 있다.
• A롤러가 1회전 할 때 칠할 수 있는 면적 : $2 \times r \times 5 \times$(너비)
• B롤러가 1회전 할 때 칠할 수 있는 면적 : $2 \times r \times 1.5 \times$(너비)
원주율인 r과 롤러의 너비는 같으므로 소거하면 A롤러는 10, B롤러는 3만큼의 면적을 칠한다.
따라서 처음으로 같은 면적을 칠하기 위해 A롤러는 3바퀴, B롤러는 10바퀴를 회전해야 하므로 그 합은 13바퀴이다.

19

정답 ④

할인받기 전 종욱이가 내야 할 금액은 $25,000 \times 2 + 8,000 \times 3 = 74,000$원이다.
통신사 할인과 이벤트 할인을 적용한 금액은 $(25,000 \times 2 \times 0.85 + 8,000 \times 3 \times 0.75) \times 0.9 = 54,450$원이다.
따라서 종욱이가 할인받은 금액은 $74,000 - 54,450 = 19,550$원이다.

20

정답 ②

A, B, C, D항목의 점수를 각각 a, b, c, d점이라고 하자.
각 가중치에 따른 점수는 다음과 같다.
$a+b+c+d=82.5 \times 4=330 \cdots$ ㉠
$2a+3b+2c+3d=83 \times 10=830 \cdots$ ㉡
$2a+2b+3c+3d=83.5 \times 10=835 \cdots$ ㉢
㉠과 ㉡을 연립하면
$a+c=160 \cdots$ ⓐ
$b+d=170 \cdots$ ⓑ
㉠과 ㉢을 연립하면
$c+d=175 \cdots$ ⓒ
$a+b=155 \cdots$ ⓓ
각 항목의 만점은 100점이므로 ⓐ와 ⓓ를 통해 최저점이 55점이나 60점인 것을 알 수 있다. 이때 만약 A항목이나 B항목의 점수가
55점이라면 ⓐ와 ⓑ에 의해 최고점이 100점 이상이 되므로 최저점은 60점인 것을 알 수 있다.
따라서 $a=60$, $c=100$이고, 최고점과 최저점의 차는 $100-60=40$점이다.

21

정답 ④

644와 476을 소인수분해하면 다음과 같다.

$644=2^2\times7\times23$

$476=2^2\times7\times17$

즉, 644와 476의 최대공약수는 $2^2\times7=28$이다.

이때 직사각형의 가로에 설치할 수 있는 조명의 개수를 구하면 다음과 같다.

$644\div28+1=23+1=24$개

직사각형의 세로에 설치할 수 있는 조명의 개수를 구하면 다음과 같다.

$476\div28+1=17+1=18$개

따라서 조명의 최소 설치 개수를 구하면 $(24+18)\times2-4=84-4=80$개이다.

22

정답 ④

컴퓨터 정보지수 500점 중 컴퓨터 활용지수(20%)의 정보수집률(20%)의 점수를 구해야 한다.

$(정보수집률)=500\times\dfrac{20}{100}\times\dfrac{20}{100}=500\times0.04=20$

따라서 정보수집률은 20점이다.

23

정답 ①

B팀이 2쿼터까지 얻은 점수를 x점이라 하면, A팀이 얻은 점수는 $(x+7)$점이다.

B팀이 3쿼터와 4쿼터에 얻은 점수를 y점이라 하면, A팀이 얻은 점수는 $\dfrac{3}{5}y$점이다.

$x+7+\dfrac{3}{5}y=75 \rightarrow x+\dfrac{3}{5}y=68\cdots\bigcirc$

$x+y=78\cdots\bigcirc\!\!\bigcirc$

$\bigcirc\!\!\bigcirc-\bigcirc$을 하면 $\dfrac{2}{5}y=10 \rightarrow y=25$이다.

따라서 A팀이 3쿼터와 4쿼터에 얻은 점수는 $\dfrac{3}{5}\times25=15$점이다.

24

정답 ④

진수, 민영, 지율, 보라 네 명의 최고점을 각각 a, b, c, d점이라고 하자.

$a+2b=10\cdots\bigcirc$

$c+2d=35\cdots\bigcirc\!\!\bigcirc$

$2a+4b+5c=85\cdots\bigcirc\!\!\bigcirc\!\!\bigcirc$

$\bigcirc\!\!\bigcirc\!\!\bigcirc$과 $\bigcirc$을 연립하면

$2\times10+5c=85 \rightarrow 5c=65 \rightarrow c=13$

c의 값을 $\bigcirc\!\!\bigcirc$에 대입하여 d를 구하면

$13+2d=35 \rightarrow 2d=22 \rightarrow d=110$이다.

따라서 보라의 최고점은 11점이다.

25

정답 ④

$\dfrac{10\times2+30\times5+20\times3.5}{10+30+20}=\dfrac{240}{60}=4$

따라서 A~C사이트의 전체 평균 평점은 4점이다.

26

정답 ①

기차의 길이를 xm, 기차의 속력을 ym/s라고 하면,

$\dfrac{x+400}{y}=10 \rightarrow x+400=10y \rightarrow 10y-x=400 \cdots \bigcirc$

$\dfrac{x+800}{y}=18 \rightarrow x+800=18y \rightarrow 18y-x=800 \cdots \bigcirc$

$\bigcirc$, $\bigcirc$을 연립하면 $x=100$, $y=50$이 나온다. 따라서 기차의 길이는 100m이고, 기차의 속력은 50m/s이다.

27

정답 ②

100g의 식염수의 농도를 x%라고 하자.

$100 \times \dfrac{x}{100}+400 \times \dfrac{20}{100}=(100+400) \times \dfrac{17}{100}$

$\rightarrow x+80=85$

$\therefore x=5$

28

정답 ①

A소금물과 B소금물의 소금의 양을 구하면 각각 $300 \times 0.09=27$g, $250 \times 0.112=28$g이다.

이에 따라 처음 C소금물의 농도는 $\dfrac{27+28}{300+250} \times 100=\dfrac{55}{550} \times 100=10$%이다.

소금물을 덜어내도 농도는 변하지 않으므로 소금물은 $550 \times 0.8=440$g이고, 소금의 양은 44g이다.

따라서 소금을 10g 더 추가했을 때의 소금물의 농도는 $\dfrac{44+10}{440+10} \times 100=\dfrac{54}{450} \times 100=12$%이다.

29

정답 ④

5%의 설탕물 500g에 들어있는 설탕의 양은 $\dfrac{5}{100} \times 500=25$g이고, 5분 동안 가열한 뒤 남은 설탕물의 양은 $500-(50 \times 5)=250$g

이다. 따라서 가열한 후 남은 설탕물의 농도는 $\dfrac{25}{250} \times 100=10$%이다.

30

정답 ④

민석이가 가진 지폐로 23,000원을 지불할 수 있는 방법은 다음의 5가지가 있다.

$(10,000 \times 2, 1,000 \times 3)$, $(10,000 \times 1, 5,000 \times 2, 1,000 \times 3)$, $(10,000 \times 1, 5,000 \times 1, 1,000 \times 8)$, $(5,000 \times 4, 1,000 \times 3)$, $(5,000 \times 3, 1,000 \times 8)$

31

정답 ④

• A만 문제를 풀 확률 : $\dfrac{1}{4} \times \dfrac{2}{3} \times \dfrac{1}{2}=\dfrac{2}{24}$

• B만 문제를 풀 확률 : $\dfrac{3}{4} \times \dfrac{1}{3} \times \dfrac{1}{2}=\dfrac{3}{24}$

• C만 문제를 풀 확률 : $\dfrac{3}{4} \times \dfrac{2}{3} \times \dfrac{1}{2}=\dfrac{6}{24}$

$\therefore$ 한 사람만 문제를 풀 확률 : $\dfrac{2}{24}+\dfrac{3}{24}+\dfrac{6}{24}=\dfrac{11}{24}$

32

정답 ②

- 전체 구슬의 개수 : $3+4+5=12$개

- 빨간색 구슬 2개를 꺼낼 확률 : $\dfrac{_3C_2}{_{12}C_2}=\dfrac{1}{22}$

- 초록색 구슬 2개를 꺼낼 확률 : $\dfrac{_4C_2}{_{12}C_2}=\dfrac{1}{11}$

- 파란색 구슬 2개를 꺼낼 확률 : $\dfrac{_5C_2}{_{12}C_2}=\dfrac{5}{33}$

∴ 꺼낸 구슬 2개가 모두 빨간색이거나 모두 초록색이거나 모두 파란색일 확률 : $\dfrac{1}{22}+\dfrac{1}{11}+\dfrac{5}{33}=\dfrac{19}{66}$

33

정답 ②

2명씩 짝지어 한 그룹으로 가정하고, 원탁에 앉는 방법은 원순열 공식 $(n-1)!$을 이용한다. 2명씩 3그룹이므로 $(3-1)!=2\times1=2$가지이다. 또한 그룹 내에서 2명이 자리를 바꿔 앉을 수 있는 경우는 2가지씩이다. 따라서 6명이 원탁에 앉을 수 있는 방법은 $2\times2\times2\times2=16$가지이다.

34

정답 ③

어떤 물통을 가득 채웠을 때 물의 양을 1이라 하면 A, B관이 1분 동안 채울 수 있는 물의 양은 각각 $\dfrac{1}{10}$, $\dfrac{1}{15}$이다.

$$\dfrac{1}{10}\times4+\dfrac{1}{15}\times x=1$$
$$\rightarrow \dfrac{1}{15}x=\dfrac{3}{5}$$
$$\therefore x=9$$

35

정답 ③

작년의 임원진은 3명이므로 올해 임원 선출이 가능한 인원은 17명 중 14명이다. 14명 중에서 회장, 부회장, 총무를 각 1명씩 뽑을 수 있는 방법은 $_{14}P_3=14\times13\times12=2,184$가지이다.
따라서 올해 임원을 선출할 수 있는 경우의 수는 2,184가지이다.

36

정답 ④

- 영훈·성준이는 합격, 홍은이는 탈락할 확률 : $\left(1-\dfrac{6}{7}\right)\times\dfrac{3}{5}\times\dfrac{1}{2}=\dfrac{1}{7}\times\dfrac{3}{5}\times\dfrac{1}{2}=\dfrac{3}{70}$

- 홍은·성준이는 합격, 영훈이는 탈락할 확률 : $\dfrac{6}{7}\times\left(1-\dfrac{3}{5}\right)\times\dfrac{1}{2}=\dfrac{6}{7}\times\dfrac{2}{5}\times\dfrac{1}{2}=\dfrac{12}{70}$

- 홍은·영훈이는 합격, 성준이는 탈락할 확률 : $\dfrac{6}{7}\times\dfrac{3}{5}\times\left(1-\dfrac{1}{2}\right)=\dfrac{6}{7}\times\dfrac{3}{5}\times\dfrac{1}{2}=\dfrac{18}{70}$

세 사람 중 두 사람이 합격할 확률은 $\dfrac{3}{70}+\dfrac{12}{70}+\dfrac{18}{70}=\dfrac{33}{70}$이고, $a=70$, $b=33$이다.

$$\therefore a+b=103$$

37

정답 ①

지혜와 주헌이가 함께 걸어간 거리는 150×30m이고, 집에서 회사까지 거리는 150×50m이다. 그러므로 지혜가 집에 가는 데 걸린 시간은 150×30÷300=15분이고, 다시 회사까지 가는 데 걸린 시간은 150×50÷300=25분이다. 따라서 주헌이가 회사에 도착하는 데 걸린 시간은 20분이고, 지혜가 걸린 시간은 40분이므로, 지혜는 주헌이가 도착하고 20분 후에 회사에 도착한다.

38

정답 ③

테니스 동아리 회원 수를 x명이라 하면, 테니스장 사용료에 대한 다음 식이 성립한다.
$5,500x-3,000=5,200x+300$
$\rightarrow 300x=3,300$
$\therefore x=11$
따라서 테니스 동아리 회원 수는 11명이므로 테니스장 이용료는 $5,500×11-3,000=57,500$원이다.

39

정답 ②

6개의 숫자를 가지고 여섯 자리 수를 만드는 경우의 수는 6!인데, 그중 1이 3개, 2가 2개로 중복되어 $3!×2!$의 경우가 겹친다.
따라서 가능한 모든 경우의 수는 $\dfrac{6!}{3!×2!}=60$가지이다.

40

정답 ④

• 잘 익은 귤을 꺼낼 확률 : $1-\left(\dfrac{10}{100}+\dfrac{15}{100}\right)=\dfrac{75}{100}$

• 썩거나 안 익은 귤을 꺼낼 확률 : $\dfrac{10}{100}+\dfrac{15}{100}=\dfrac{25}{100}$

따라서 한 사람은 잘 익은 귤, 다른 한 사람은 그렇지 않은 귤을 꺼낼 확률은 $2×\dfrac{75}{100}×\dfrac{25}{100}×100=37.5\%$이다.

41

정답 ④

두 수의 곱이 홀수가 되려면 (홀수)×(홀수)여야 하므로 1에서 10까지 적힌 숫자카드를 임의로 두 장을 동시에 뽑았을 때, 두 장 모두 홀수일 확률을 구해야 한다.

따라서 열 장 중 홀수 카드 두 개를 뽑을 확률은 $\dfrac{{}_5C_2}{{}_{10}C_2}=\dfrac{\dfrac{5×4}{2×1}}{\dfrac{10×9}{2×1}}=\dfrac{5×4}{10×9}=\dfrac{2}{9}$이다.

42

정답 ④

작년 A제품의 생산량을 x개, B제품의 생산량을 y개라고 하자.
$x+y=1,000 \cdots \bigcirc$
$\dfrac{10}{100}×x-\dfrac{10}{100}×y=\dfrac{4}{100}×1,000 \rightarrow x-y=400 \cdots \bigcirc$
$\bigcirc$과 $\bigcirc$을 연립하면 $x=700$, $y=300$이다.
따라서 올해에 생산된 A제품의 수는 $700×1.1=770$개이다.

PART 1

01

02

03

04

05

06

07

08

43

정답 ③

K랜드 이용 횟수를 x회라고 하자. 이를 토대로 K랜드 이용 금액을 구하면 다음과 같다.

• 비회원 이용 금액 : $20,000x$원

• 회원 이용 금액 : $\left[50,000+20,000\times\left(1-\dfrac{20}{100}\right)\times x\right]$원

회원 가입한 것이 이익이 되려면 비회원 이용 금액이 회원 이용 금액보다 더 비싸야 한다. 그러므로 다음 식이 성립한다.

$20,000\times x > 50,000+20,000\times\left(1-\dfrac{20}{100}\right)\times x$

$\rightarrow 20,000x > 50,000+16,000x$

$\rightarrow 4,000x > 50,000$

$\therefore x > 12.5$

따라서 K랜드를 최소 13번을 이용해야 회원 가입한 것이 이익임을 알 수 있다.

44

정답 ③

세 자리 수가 홀수가 되려면 끝자리 숫자가 홀수여야 한다. 홀수는 1, 3, 5, 7, 9로 5개이고, 백의 자리와 십의 자리의 숫자의 경우의 수를 고려해야 한다.

백의 자리에 올 수 있는 숫자는 0을 제외한 8가지, 십의 자리는 0을 포함한 8가지 숫자가 올 수 있다. 따라서 홀수인 세 자리 숫자는 $8\times8\times5=320$가지가 가능하다.

45

정답 ②

5명이 노란색 원피스 2벌, 파란색 원피스 2벌, 초록색 원피스 1벌 중 한 벌씩 선택하여 사는 경우의 수를 구하기 위해 5명을 2명, 2명, 1명으로 이루어진 3개의 팀으로 나누는 방법은 $_5C_2\times_3C_2\times_1C_1\times\dfrac{1}{2!}=\dfrac{5\times4}{2}\times3\times1\times\dfrac{1}{2}=15$가지이다.

따라서 원피스 색깔 중 2벌인 색은 노란색과 파란색 2가지이므로 선택할 수 있는 경우의 수는 $15\times2=30$가지이다.

46

정답 ①

• 7권의 소설책 중 3권을 선택하는 경우의 수 : $_7C_3=\dfrac{7\times6\times5}{3\times2\times1}=35$가지

• 5권의 시집 중 2권을 선택하는 경우의 수 : $_5C_2=\dfrac{5\times4}{2\times1}=10$가지

따라서 소설책 3권과 시집 2권을 선택하는 경우의 수는 $35\times10=350$가지이다.

47

정답 ④

원가를 x원이라고 하면, 정가는 $(x+3,000)$원이다.

정가에서 20%를 할인하여 5개 팔았을 때의 순이익과 조각 케이크 1조각당 정가에서 2,000원씩 할인하여 4개를 팔았을 때의 매출액이 같으므로 다음 식이 성립한다.

$5\times\{0.8\times(x+3,000)-x\}=4\times(x+3,000-2,000)$

$\rightarrow 5(-0.2x+2,400)=4x+4,000$

$\rightarrow 5x=8,000$

$\therefore x=1,600$

따라서 정가는 $1,600+3,000=4,600$원이다.

48

- 내일 비가 오고 모레 비가 안 올 확률 : $\dfrac{1}{5} \times \dfrac{2}{3} = \dfrac{2}{15}$

- 내일 비가 안 오고 모레 비가 안 올 확률 : $\dfrac{4}{5} \times \dfrac{7}{8} = \dfrac{7}{10}$

$\therefore \dfrac{2}{15} + \dfrac{7}{10} = \dfrac{5}{6}$

49

- 다섯 사람이 일렬로 줄을 서는 경우의 수 : $5! = 5 \times 4 \times 3 \times 2 \times 1 = 120$가지
- 현호, 진수가 양 끝에 서는 경우의 수 : $2 \times$(민우, 용재, 경섭이가 일렬로 줄을 서는 경우의 수)$= 2 \times 3! = 12$가지

양 끝에 현호와 진수가 줄을 설 확률은 $\dfrac{12}{120} = \dfrac{1}{10}$ 이다. 따라서 $a+b=11$이다.

50

ⅰ) 시침이 1분 동안 움직이는 각도 : $\dfrac{360}{12 \times 60} = 0.5°$

ⅱ) 분침이 1분 동안 움직이는 각도 : $\dfrac{360}{60} = 6°$

ⅲ) 11시 40분일 때, 시침의 각도 : $30° \times 11 + 0.5° \times 40 = 350°$

11시 40분일 때, 분침의 각도 : $6° \times 40 = 240°$

따라서 시침과 분침이 이루는 작은 각도는 $350° - 240° = 110°$이다.

01	02	03	04	05	06	07	08	09	10	11	12	13	14	15	16	17	18	19	20
①	④	②	③	④	③	③	②	④	③	③	①	④	①	②	①	①	③	①	④

21	22	23	24	25															
②	④	③	②	④															

01

정답 ①

2020년의 전년 대비 가격 상승률은 $\frac{230-200}{200}\times100=15\%$이고, 2023의 전년 대비 가격 상승률은 $\frac{270-250}{250}\times100=8\%$이므로 옳지 않다.

오답분석
② 재료비의 상승 폭은 2022년에 11만 원으로 가장 크고, 가격의 상승 폭도 2022년에 35만 원으로 가장 크다.
③ 인건비는 55만 원 − 64만 원 − 72만 원 − 85만 원 − 90만 원으로 꾸준히 증가했다.
④ 재료비와 인건비 모두 '증가 − 증가'이므로 증감 추이는 같다.

02

정답 ④

2015 ~ 2023년까지 전년 대비 사기와 폭행의 범죄건수 증감 추이는 다음과 같이 서로 반대이다.

구분	2015년	2016년	2017년	2018년	2019년	2020년	2021년	2022년	2023년
사기	감소	감소	감소	감소	감소	감소	증가	증가	감소
폭행	증가	증가	증가	증가	증가	증가	감소	감소	증가

오답분석
① 2015 ~ 2023년 범죄별 발생건수의 1 ~ 5위는 '절도 − 사기 − 폭행 − 살인 − 방화' 순이나 2014년의 경우 '절도 − 사기 − 폭행 − 방화 − 살인' 순으로 다르다.
② 2014 ~ 2023년 동안 발생한 방화의 총 발생건수는 5+4+2+1+2+5+2+4+5+3=33천 건으로 3만 건 이상이다.
③ 2016년 전체 범죄발생건수는 270+371+148+2+12=803천 건이며, 이 중 절도의 범죄건수가 차지하는 비율은 $\frac{371}{803}\times100$ ≒46.2%로 50% 미만이다.

03

정답 ②

100대 기업까지 48.7%이고, 200대 기업까지 54.5%이다. 따라서 101 ~ 200대 기업이 차지하고 있는 비율은 54.5−48.7=5.8%이다.

오답분석
①·③ 자료를 통해 확인할 수 있다.
④ 자료를 통해 0.2%p 감소했음을 알 수 있다.

04

정답 ③

전체 47개 기업 중 존속성 기술을 개발하는 기업은 24개이고, 와해성 기술을 개발하는 기업은 23개이므로 존속성 기술을 가진 기업의 비율이 더 높다.

오답분석

① 와해성 기술을 개발하는 기업은 총 23개인데, 이 중 벤처기업은 12개이고, 대기업은 11개이므로 벤처기업의 비율이 더 높다.
② 벤처기업은 총 20개인데 이 중 기술추동전략을 취하는 기업이 10개이고, 시장견인전략을 취하는 기업이 10개이므로 동일하다.
④ 기술추동전략을 취하는 기업은 총 20개인데, 이 중 존속성 기술을 개발하는 기업은 12개이고, 와해성 기술을 개발하는 기업은 8개이므로 존속성 기술을 개발하는 기업의 비율이 더 높다.

05

정답 ④

2022년과 2023년의 총 학자금 대출 신청건수를 구하면 다음과 같다.
• 2022년 : $1,921+2,760+2,195+1,148+1,632+1,224=10,880$건
• 2023년 : $2,320+3,588+2,468+1,543+1,927+1,482=13,328$건

따라서 2023년 총 학자금 대출 신청건수는 2022년 대비 $\frac{13,328-10,880}{10,880}\times100=22.5\%$ 증가하였다.

오답분석

① 학자금 대출 신청건수가 가장 많은 지역은 2022년에는 2,760건인 인천이고, 2023년에도 3,588건인 인천이다.
② 학자금 총 대출금액은 (대출 신청건수)×(평균 대출금액)으로 구할 수 있으므로 2023년의 대구와 부산의 학자금 총 대출금액을 구하면 다음과 같다.
   • 대구 : $2,320\times688=1,596,160$만 원
   • 부산 : $2,468\times644=1,589,392$만 원
   따라서 2023년 학자금 총 대출금액은 대구가 부산보다 많다.
③ 대전의 2023년 학자금 평균 대출금액은 376만 원으로 전년 대비 $\frac{376}{235}=1.6$배 증가하였다.

06

정답 ③

남아프리카공화국의 금 생산량은 전 세계 생산량의 55%를 차지하므로 세계에서 가장 많은 양을 생산한다.

오답분석

① 각 광물 수출량 및 가격이 주어져 있지 않기 때문에 판단할 수 없다.
② 다른 국가에 대한 미국의 수입의존도를 알 수 없기 때문에 판단할 수 없다.
④ 미국의 수입의존도는 미국의 크롬 수입 중 남아프리카공화국으로부터의 수입이 42%라는 것으로, 남아프리카공화국이 생산하는 크롬의 반을 수입한다는 의미는 아니다.

07

정답 ③

20대의 대중교통 이용률은 2018년에 $42+6+31=79\%$, 2023년에 $29+14+27=70\%$로 그 차이는 $79-70=9\%$p이고, 30대의 대중교통 이용률은 2018년에 $22+10+18=50\%$, 2023년에 $17+13+6=36\%$로 그 차이는 $50-36=14\%$p이다.

오답분석

① 2018년의 40대와 50대의 출퇴근 이용률의 상위 두 개 비율의 합은 각각 $52+28=80\%$, $64+21=85\%$이고 2023년에는 각각 $64+22=86\%$, $71+11=82\%$이므로 모두 80% 이상이다.
② 20대와 60대 이상은 2018년과 2023년 모두 출퇴근 이용률이 가장 높은 방법은 버스로 동일하며, 30대부터 50대까지는 자가용으로 동일하다.
④ 20대의 2018년 대비 2023년 출퇴근 방법별 이용률은 도보는 7%에서 11%로, 자전거는 3%에서 5%로, 자가용은 11%에서 14%로, 택시는 6%에서 14%로 증가한 반면, 버스는 42%에서 29%로, 지하철은 31%에서 27%로 감소하였다.

08

ㄴ. 2022년 대형 자동차 판매량의 전년 대비 감소율은 $\left| \dfrac{185.0 - 186.1}{186.1} \times 100 \right| \fallingdotseq 0.6\%$이다.

ㄷ. SUV 자동차의 3년 동안 총판매량은 $452.2 + 455.7 + 450.8 = 1,358.7$천 대이고, 대형 자동차 총판매량은 $186.1 + 185.0 + 177.6 = 548.7$천 대이다. 이때, 대형 자동차 총판매량의 2.5배는 $548.7 \times 2.5 = 1,371.75$이므로 SUV 자동차의 3년 동안 총판매량보다 크다.

오답분석

ㄱ. 2021 ~ 2023년 동안 판매량이 감소하는 차종은 대형 1종류이다.

ㄹ. 2022년 대비 2023년 판매량이 증가한 차종은 준중형과 중형이다. 두 차종의 증가율을 비교하면 준중형은 $\dfrac{180.4 - 179.2}{179.2} \times 100$ $\fallingdotseq 0.7\%$, 중형은 $\dfrac{205.7 - 202.5}{202.5} \times 100 \fallingdotseq 1.6\%$로 중형이 가장 높은 증가율을 나타낸다.

09

지자체 부서명이 '미세먼지대책과'인 곳은 경기와 충남지역이므로 두 지역의 보급대수의 합은 $6,000 + 2,820 = 8,820$대이다.

오답분석

① 서울지역의 지자체 부서명은 '기후대기과'이며, 이와 같은 지역은 부산, 광주, 충북, 경남으로 총 네 개 지역이다.

② 지방보조금이 700만 원 이상인 곳은 대전, 충북, 충남, 전북, 전남, 경북, 경남 총 7곳이며, 전체 지역인 17곳의 $\dfrac{7}{17} \times 100 \fallingdotseq$ 41.2%를 차지한다.

③ 전기차 보급대수가 두 번째로 많은 지역은 서울(11,254대)이고, 다섯 번째로 적은 지역은 광주(1,200대)이다. 두 지역의 보급대수 차이는 $11,254 - 1,200 = 10,054$대이다.

10

ⓒ •15세 이상 외국인 중 실업자의 비율 : $\dfrac{15.6 + 18.8}{695.7 + 529.6} \times 100 \fallingdotseq 2.80\%$

•15세 이상 귀화허가자 중 실업자의 비율 : $\dfrac{1.8}{52.7} \times 100 \fallingdotseq 3.41\%$

따라서 15세 이상 외국인 중 실업자의 비율이 더 낮다.

ⓒ 외국인 취업자 수는 $560.5 + 273.7 = 834.2$천 명이므로, $834.2 \div 33.8 \fallingdotseq 24.68$배이다.

오답분석

㉠ $\dfrac{695.7 + 529.6 + 52.7}{43,735} \times 100 \fallingdotseq 2.92\%$이므로, 국내 인구 중 이민자의 비율은 4% 이하이다.

㉣ 국내인 여성의 경제활동 참가율이 제시되어 있지 않으므로 알 수 없다.

11

전분기 대비 건설업은 2분기와 4분기에 감소하였으나, 국내총생산(GDP)은 4분기에만 감소하였다.

오답분석

①·② 자료를 통해 확인할 수 있다.

④ 전분기 대비 수출과 수입의 증감률이 모두 감소한 분기는 2분기와 4분기로, 이때는 GNI도 감소하였다.

12

2023년 11세 여학생의 제자리 멀리뛰기 기록은 143.3cm로, 16세 남학생의 제자리 멀리뛰기 기록의 60%인 225.0×0.6＝135cm 이상이다.

[오답분석]

② 2023년 14세 여학생의 경우에 2022년의 14세 여학생에 비해 50m 달리기와 제자리 멀리뛰기 기록은 좋아졌지만, 윗몸 일으키기 기록은 낮아졌다.

③ 2022년 중학교 남학생의 경우 직전 연령 대비 윗몸일으키기 증가율은 12세는 $\frac{38.0-35.0}{35.0}\times100≒8.6\%$이고, 13세는 $\frac{41.0-38.0}{38.0}\times100≒7.9\%$로 12세에 비해 13세에 직전 연령 대비 증가율이 작아진다.

④ 남학생의 경우 2022년과 2023년 모두 제자리 멀리뛰기 기록이 가장 좋은 연령은 17세이다. 반면, 윗몸일으키기의 경우 2022년에는 17세의 기록이 가장 좋지만 2023년의 경우 15세의 기록이 가장 좋다.

13

부산광역시는 2022년과 2023년에 아동 십만 명당 안전사고 사망자 수가 광주광역시보다 낮으므로 옳지 않은 설명이다.

[오답분석]

① 2022년에 제주특별자치도는 아동 십만 명당 안전사고 사망자 수가 7.1명으로, 6.0명을 넘는다.

② 경상남도와 같이 2022년에 전년 대비 감소하고 2023년에 전년 대비 증가하는 지역은 대전광역시, 세종특별자치시, 강원도 3곳이다.

③ 울산광역시의 2021년 대비 2023년 아동 십만 명당 안전사고 사망자 수는 $\frac{2.3-7.2}{7.2}\times100≒-68\%$ 감소했으므로 60% 이상 감소하였다.

14

9월 말을 기점으로 이후의 그래프가 모두 하향곡선을 그리고 있다.

[오답분석]

② 환율이 하락하면 반대로 원화가치가 높아진다.

③ 표를 통해 쉽게 확인할 수 있다.

④ 유가 범위는 125～85 사이의 변동 폭을 보이고 있다.

15

전년 대비 2023년 가구 수의 감소율이 가장 높은 부문은 귀농(－5.3%)으로 남성과 여성의 비율 차이는 68.6－31.4＝37.2%p이다.

[오답분석]

① 귀농과 귀어의 가구당 가구원의 수를 구하면 다음과 같으므로 귀어보다 귀농이 많다.

- 귀농 : $\frac{17,856}{11,961}≒1.5$명

- 귀어 : $\frac{1,285}{917}≒1.4$명

③ 연령대별 비율에서 각각 가장 낮은 비율의 연령대는 모두 70대 이상이며, 비율의 총합은 6.4＋6.3＋4.5＝17.2%이다.

④ 2022년 대비 2023년에 가구 수가 증가한 부문은 '귀어'뿐이다. 따라서 (2022년 가구 수)×1.012＝917가구이므로 2022년 귀어 가구 수는 $\frac{917}{1.012}≒906$가구이다.

16

정답 ①

오답분석

② 10세 남녀 체중 모두 그래프의 수치가 자료보다 높다.

③ 4~5세 남자 표준 키 수치가 자료보다 낮다.

④ 12~13세 여자 표준 키 및 체중이 자료보다 높다.

17

정답 ①

남성흡연율이 가장 낮은 연도는 50% 미만인 2019년이고, 여성흡연율이 가장 낮은 연도도 약 20%인 2019년이다.

오답분석

ㄱ. 남성흡연율은 2021년까지 증가하다가 그 이후 감소하지만, 여성의 흡연율은 매년 꾸준히 증가하고 있다.

ㄷ. 남성의 음주율이 가장 낮은 해는 80% 미만인 2022년이지만, 흡연율이 가장 낮은 해는 50% 미만인 2019년이다.

ㄹ. 2021년 남성의 음주율과 여성 음주율이 모두 80% 초과 90% 미만이므로 두 비율의 차이는 10%p 미만이다.

18

정답 ③

현재 유지관리하는 도로의 총거리는 4,113km이고, 1990년대는 $367.5+1,322.6+194.5+175.7=2,060.3$km이다. 따라서 1990년대보다 현재 도로는 $4,113-2,060.3=2,052.7$km 더 길어졌다.

오답분석

① 2000년대 4차선 거리는 $3,426-(155+450+342)=2,479$km이므로 1960년대부터 유지관리되는 4차로 도로 거리는 현재까지 계속 증가했음을 알 수 있다.

② 현재 유지관리하는 도로 한 노선의 평균거리는 $\dfrac{4,113}{29}≒141.8$km로 120km 이상이다.

④ 차선이 만들어진 순서는 4차로(1960년대) − 2차로(1970년대) − 6차로(1980년대) − 8차로(1990년대) − 10차로(현재)이다.

19

정답 ①

①은 교통사고·화재·산업재해 피해액의 비중이 아닌 사망자 수의 비중을 나타낸 그래프이다. 교통사고·화재·산업재해 피해액의 비중은 다음과 같다.

• 교통사고 : $\dfrac{1,290}{1,290+6,490+1,890}×100=\dfrac{1,290}{9,670}×100≒13.3\%$

• 화재 : $\dfrac{6,490}{9,670}×100≒67.1\%$

• 산업재해 : $\dfrac{1,890}{9,670}×100≒19.5\%$

20

정답 ④

4월의 전월 대비 수출액은 감소했고, 5월의 전월 대비 수출액은 증가했는데, 그래프에서는 반대로 나타나 있다.

21

정답 ②

• (A) : $299,876-179,743=(A) → (A)=120,133$

• (B) : $(B)-75,796=188,524 → (B)=188,524+75,796=264,320$

• (C) : $312,208-(C)=224,644 → (C)=312,208-224,644=87,564$

22

업그레이드 전 성능지수가 100인 기계의 수는 15대이고, 성능지수 향상 폭이 35인 기계의 수도 15대이므로 동일하다.

오답분석

① 업그레이드한 기계 100대의 성능지수 향상 폭의 평균을 구하면 $\dfrac{60 \times 14 + 5 \times 20 + 5 \times 21 + 15 \times 35}{100} = 15.7$로 20 미만이다.

② 성능지수 향상 폭이 35인 기기는 15대인데, 성능지수는 65, 79, 85, 100 네 가지가 있고 이 중 가장 최대는 100이다. 서비스 성능이 35만큼 향상할 수 있는 경우는 성능지수가 65일 때이다. 따라서 35만큼 향상된 기계의 수가 15대라고 했으므로 $\dfrac{15}{80} \times 100 = 18.75\%$가 100으로 향상되었다.

③ 성능지수 향상 폭이 21인 기계는 5대로, 업그레이드 전 성능지수가 79인 기계 5대는 모두 100으로 향상되었다.

23

2022년 전년 대비 각 시설의 증가량은 축구장 60개소, 체육관 58개소, 간이운동장 789개소, 테니스장 62개소이다. 따라서 639+11,458=12,097개소이다.

24

$\dfrac{529}{467 + 529 + 9,531 + 428 + 1,387} \times 100 = 4.3\%$이다.

25

2023년 공공체육시설의 수는 총 649+681+12,194+565+2,038=16,127개소이다.

01	02	03	04	05	06	07	08	09	10	11	12	13	14	15	16	17	18	19	20
②	②	④	②	①	②	③	①	②	①	③	④	③	③	②	④	④	①	②	②
21	22	23	24	25	26	27	28	29	30	31	32	33	34	35	36	37	38	39	40
③	③	①	②	①	②	④	②	④	④	④	④	②	②	②	③	③	③	②	④
41	42	43	44	45	46	47	48	49	50	51	52	53	54	55					
③	①	①	①	③	②	④	②	③	③	④	③	①	①	③					

01 정답 ②

제시된 수열은 앞의 항에 +7, −16을 번갈아 가며 적용하는 수열이다.
따라서 (   )=49−16=33이다.

02 정답 ②

제시된 수열은 첫 번째, 두 번째, 세 번째 수를 기준으로 세 칸 간격으로 각각 ×2, ×4, ×6의 규칙인 수열이다.
ⅰ) 3 6   12   24   … ×2
ⅱ) 4 16   (64)   256   … ×4
ⅲ) 5 30   180   1,080 … ×6
따라서 빈칸에 들어갈 숫자는 64이다.

03 정답 ④

제시된 수열은 홀수 항은 ×(−9)이고 짝수 항은 +9인 수열이다.
따라서 (   )=20+9=29이다.

04 정답 ②

제시된 수열은 앞의 항에 ×(−4)를 하는 수열이다.
따라서 (   )=(−68)×(−4)=272이다.

05 정답 ①

제시된 수열은 (앞의 항)×(−2)+2=(다음 항)인 수열이다.
따라서 (   )=150×(−2)+2=−298이다.

06

정답 ②

제시된 수열은 앞의 항에 $+3^1$, $+3^2$, $+3^3$, $+3^4$, …인 수열이다.

따라서 (   )$=122+3^5=122+243=365$이다.

07

정답 ③

제시된 수열은 앞의 항에 $\times 3+1$을 적용하는 수열이다.

따라서 (   )$=121\times 3+1=364$이다.

08

정답 ①

제시된 수열은 n을 자연수라고 할 때 n항과 $(n+1)$항의 역수를 곱한 값이 $(n+2)$항인 수열이다.

따라서 (   )$=\dfrac{9}{2}\times\dfrac{81}{20}=\dfrac{729}{40}$이다.

09

정답 ②

제시된 수열은 분자는 $+5$이고, 분모는 $\times 3+1$인 수열이다.

따라서 (   )$=\dfrac{6+5}{10\times 3+1}=\dfrac{11}{31}$이다.

10

정답 ①

제시된 수열은 분자는 $+17$이고, 분모는 $\times 3$인 수열이다.

따라서 (   )$=\dfrac{2+17}{3\times 3}=\dfrac{19}{9}$이다.

11

정답 ③

제시된 수열은 분자는 $+4$, $+3$, $+2$, $+1$ …이고, 분모는 -6, -7, -8, -9, …인 수열이다.

따라서 (   )$=\dfrac{37+3}{183-7}=\dfrac{40}{176}$이다.

12

정답 ④

$\underline{A\ B\ C} \rightarrow A^2+B^2=C$

$\therefore\ 5^2+6^2=61$

13

정답 ③

$\underline{A\ B\ C} \rightarrow A+B=C$

$\therefore\ 4+7=11$

PART 1

01

02

03

04

05

06

07

08

14
정답 ③

A B C → (A+C)×2=B

∴ ( )=(2+4)×2=12

15
정답 ②

A B C → B−A=C

따라서 빈칸에 들어갈 수는 −27+23=−4이다.

16
정답 ④

A B C D → 2×(A+C)=B+D

$\therefore \ (\quad)=2 \times \left(4 + \dfrac{7}{2}\right) - 5 = 10$

17
정답 ④

제시된 수열은 (분자의 첫 번째 수)×(분자의 세 번째 수)+(분자의 두 번째 수)×(분자의 네 번째 수)=(분모)인 수열이다.

$5 \times 0 + (-3) \times (-1) = B \ \rightarrow \ B = 3$

$\therefore \ B^2 = 9$

18
정답 ①

(A, B)=[(C, D), …]라고 하면, C=B, D=A+B이다.

ⅰ) $a=9+14=23$

ⅱ) $c=15$

ⅲ) $b+7=15 \ \rightarrow \ b=8$

∴ $a-b-c=0$

19
정답 ②

제시된 수열은 홀수 항은 ÷1, ÷2, ÷3 …이고, 짝수 항은 +11인 수열이다.

따라서 (A)=11+11=22이고, (B)=840÷4=210이므로, (A)+(B)=22+210=232이다.

20
정답 ②

제시된 수열은 (분자들의 곱)=(분모)^{3}인 수열이다.

$(-1) \times 5 \times (A) \times (B) = 125$

∴ $(A) \times (B) = -25$

21
정답 ③

제시된 수열은 (첫 번째 행)×(두 번째 행)+1=(세 번째 행)인 수열이다.

∴ 7×3+1=22

22

정답 ③

$2a \times b = c$

$\therefore \ 2 \times 5 \times 6 = 60$

23

정답 ①

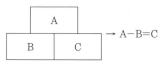

$\rightarrow A-B=C$

A	B	C
15	3	12 [$=15-3$]
9	2	7 [$=9-2$]
17	8	(9) [$=17-8$]

24

정답 ②

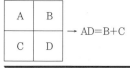

$\rightarrow AD=B+C$

AD	B+C
$9\times8=72$	$37+35=72$
$12\times7=84$	$46+38=84$
$13\times8=104$	$55+(49)=104$

25

정답 ①

위 칸의 연속된 세 수를 더한 값이 아래 칸 가운데 수가 된다.
따라서 빈칸에 들어갈 수는 $2+8+5=15$이다.

26

정답 ②

가로 또는 세로의 네 숫자를 더하면 20이 된다.
따라서 $20-(11-8+5)=12$이다.

27

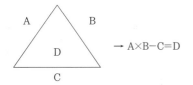

→ A×B−C=D

∴ 12×4−28=48−28=20

28

앞의 항에 각각 +1, −2, +3, −4, +5, …인 문자열이다.

F	G	E	H	D	(I)	C
6	7	5	8	4	(9)	3

29

앞의 항에서 2씩 빼는 문자열이다.

ㅍ	ㅋ	ㅈ	ㅅ	ㅁ	(ㄷ)
13	11	9	7	5	(3)

30

홀수 항은 2씩 곱하는 문자열이고, 짝수 항은 2씩 더하는 문자열이다.

ㄱ	ㄷ	ㄴ	(ㅁ)	ㄹ	ㅅ
1	3	2	(5)	4	7

31

+2의 규칙을 갖는 문자열이다.

J	L	N	(P)	R	T
10	12	14	(16)	18	20

32

홀수 항은 3씩 빼고, 짝수 항은 3씩 더하는 수열이다.

ㅋ	ㄹ	(ㅇ)	ㅅ	ㅁ	ㅊ
11	4	(8)	7	5	10

33

정답 ②

문자를 숫자로 변환하면 다음과 같다.

1	2	3	4	5	6	7	8	9	10	11	12	13
A	B	C	D	E	F	G	H	I	J	K	L	M
14	15	16	17	18	19	20	21	22	23	24	25	26
N	O	P	Q	R	S	T	U	V	W	×	Y	Z

위의 표에 따라 주어진 문자를 숫자로 변환하면 다음과 같다.

$$\underline{1 \quad 2 \quad 1} \quad \underline{12 \quad 2 \quad 23} \quad \underline{4 \quad 2 \quad (\quad)}$$

$\therefore$ A B C $\rightarrow$ A×B−1=G

34

정답 ②

앞의 항에 2를 곱하는 문자열이다.

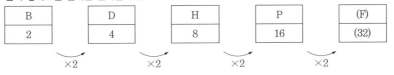

35

정답 ②

+5, −6이 반복되는 문자열이다.
9 14 ○(8) 13 7 (ㅌ)(12)

36

정답 ③

1^2, 2^2, 3^2, 4^2, 5^2, …인 문자열이다.
A(1) D(4) I(9) P(16) (Y)(25)

37

정답 ③

앞의 항에 2, 3, 4, 5, 6 …을 더하는 문자열이다.

ㄴ	D	(ㅅ)	K	P	V
2	4	(7)	11	16	22

38

정답 ③

앞의 항에 2씩 곱하는 문자열이다.

A	B	D	H	P	(F)
1	2	4	8	16	(32)

39

정답 ②

앞의 항에 3씩 더하는 문자열이다.

J	M	P	(S)	V
10	13	16	(19)	22

40

정답 ④

주어진 문자들을 숫자로 변형하여 규칙을 찾으면 다음과 같다.

1 ( ) 3   2 7 6   3 9 ( )   4 11 12

첫 번째 자리는 +1, 두 번째 자리는 +2, 마지막 자리는 3의 배수임을 알 수 있다. 따라서 첫 번째 빈칸은 7−2=5, 알파벳 다섯 번째 순서인 'e'가 적절하고, 두 번째 빈칸은 아홉 번째 순서에 있는 한글자음으로, 'ㅈ'이 적절하다.

41

정답 ③

보기 도형의 규칙은 시계 반대 방향으로 90° 회전이다. 따라서 시계 반대 방향으로 90° 회전의 규칙을 가지고 있는 C에 해당한다.

42

정답 ①

보기 도형의 규칙은 180° 회전이다. 따라서 180° 회전의 규칙을 가지고 있는 A에 해당한다.

43

정답 ①

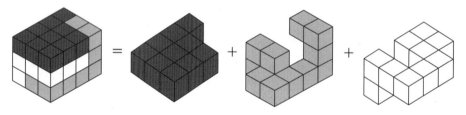

44

정답 ①

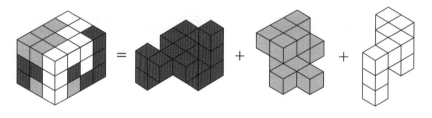

45

46

규칙은 가로 방향으로 적용된다.
첫 번째 도형을 좌우로 펼친 도형이 두 번째 도형이고, 두 번째 도형을 수평으로 반을 잘랐을 때의 아래쪽 도형이 세 번째 도형이다.

47

규칙은 세로 방향으로 적용된다.
첫 번째 도형을 180° 회전한 것이 두 번째 도형이고, 이를 색 반전한 것이 세 번째 도형이다.

48

규칙은 세로 방향으로 적용된다.
첫 번째 도형과 두 번째 도형을 합쳤을 때, 겹치는 부분을 제외한 도형이 세 번째 도형이다.

49

규칙은 세로 방향으로 적용된다.
첫 번째 도형의 좌우 도형 색을 각각 반전시키면 두 번째 도형이 된다.
두 번째 도형의 위쪽 가운데 도형과 오른쪽 도형 색을 각각 반전시키면 세 번째 도형이 된다.

50

규칙은 가로 방향으로 적용된다.
첫 번째 도형과 두 번째 도형을 합친 후, 겹치는 부분까지 색칠한 것이 세 번째 도형이다.

51

규칙은 가로 방향으로 적용된다.
첫 번째 도형을 좌우로 펼치면 두 번째 도형이 되고, 두 번째 도형을 상하로 펼치면 세 번째 도형이 된다.

52

정답 ③

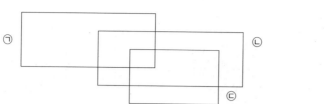

각 도형을 ㉠, ㉡, ㉢으로 표현하면 만들어질 수 있는 사각형은 ㉠, ㉡, ㉢, ㉠∩㉡, ㉠∩㉢, ㉡∩㉢, ㉡-㉠-㉢(2중 사각형), ㉢-㉡ 총 8개이다.

53

정답 ①

a	n
2	0
$3\times2+(-1)^2=7$	1
$3\times7+(-1)^7=20$	2
$3\times20+(-1)^{20}=61$	3
$3\times61+(-1)^{61}=182$	4
$3\times182+(-1)^{182}=(547)$	5

54

정답 ①

㉠ 트럼프 카드, ㉡ 인터넷 카드 결재, ㉢ 크리스마스 카드

55

정답 ③

㉠ 군사교육, ㉡ 학습교육, ㉢ 구급교육

01	02	03	04	05	06	07	08	09	10	11	12	13	14	15	16	17	18	19	20
②	①	③	④	①	④	②	②	④	①	③	①	①	③	①	①	④	④	①	③
21	22	23	24	25	26	27	28	29	30	31	32	33	34	35	36	37	38	39	40
③	④	①	①	③	①	②	④	③	①	①	④	③	③	③	②	②	④	③	③

01

정답 ②

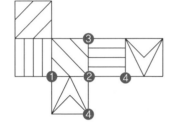

02

정답 ①

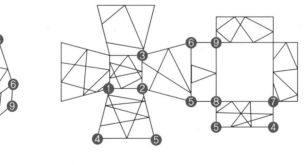

03

정답 ③

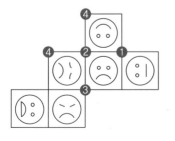

04

정답 ④

05

정답 ①

06

정답 ④

07

정답 ②

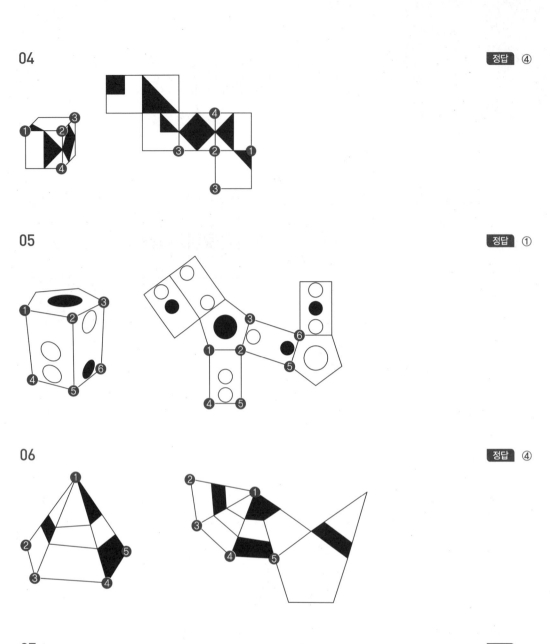

08

정답 ②

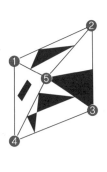 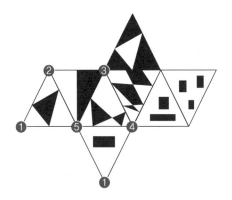

09

정답 ④

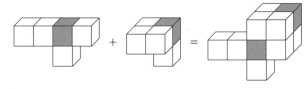

10

정답 ①

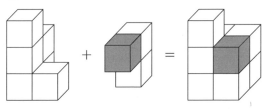

11

정답 ③

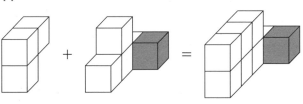

12

정답 ①

13

정답 ①

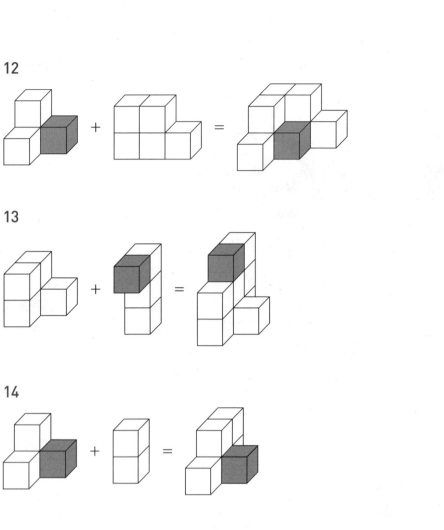

14

정답 ③

15

정답 ①

16

정답 ①

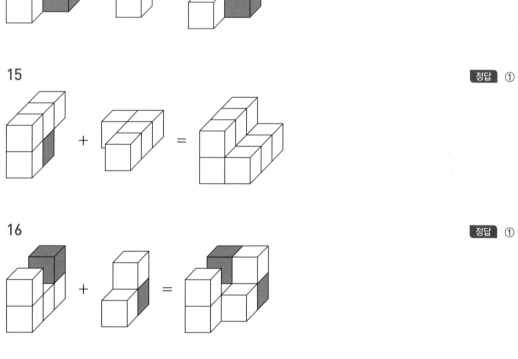

17

정답 ④

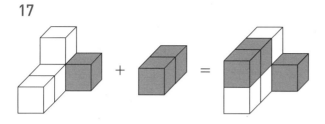

18

정답 ④

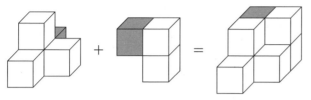

19

정답 ①

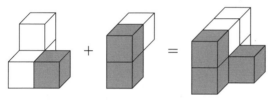

20

정답 ③

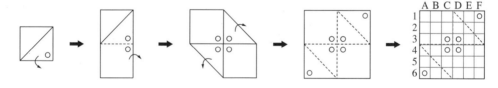

21

정답 ③

- 1층 : $30-(0+1+0+2+2+4)=21$개
- 2층 : $30-(2+2+2+3+4+4)=13$개
- 3층 : $30-(2+4+3+4+4+4)=9$개
- 4층 : $30-(4+5+4+5+5+4)=3$개
- ∴ $21+13+9+3=46$개

22

정답 ④

- 1층 : $5\times3-2=13$개
- 2층 : $15-5=10$개
- 3층 : $15-9=6$개
- ∴ $13+10+6=29$개

23

정답 ①

- 1층 : 5+5+5+4+3=22개
- 2층 : 5+5+4+3+2=19개
- 3층 : 5+3+4+3+1=16개
- 4층 : 4+1+3+1+0=9개
- 5층 : 2+1+0+1+0=4개
- ∴ 22+19+16+9+4=70개

24

정답 ①

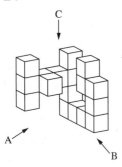

25

정답 ③

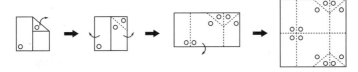

26

정답 ①

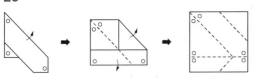

27

정답 ②

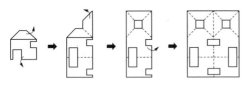

28 정답 ④

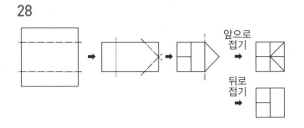

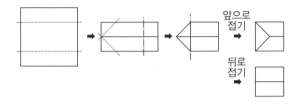

29 정답 ③

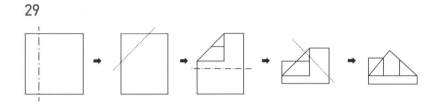

30 정답 ①

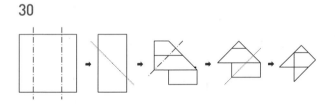

31 정답 ①

오답분석

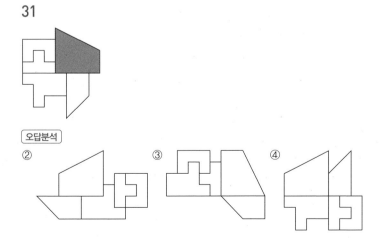

32

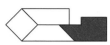

오답분석

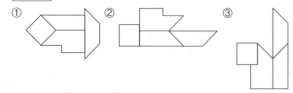

33

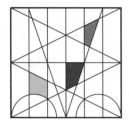

34

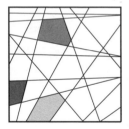

35

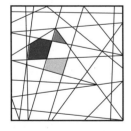

36

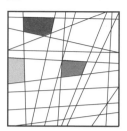

정답 ②

37

정답 ②

38

정답 ④

39

정답 ③

40

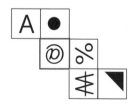

정답 ③

01	02	03	04	05	06	07	08	09	10	11	12	13	14	15	16	17	18	19	20
④	①	③	②	②	②	④	④	②	①	②	②	②	②	④	③	②	④	①	③
21	**22**	**23**	**24**	**25**	**26**	**27**	**28**	**29**	**30**										
③	②	①	③	①	②	④	②	④	④										

01 　　　　　　　　　　　　　　　　　정답 ④

인	언	안	온	운	익	연	안	운	익	연	운
운	언	익	운	연	운	언	온	연	인	안	언
운	온	인	연	인	연	온	안	운	인	안	연

02 　　　　　　　　　　　　　　　　　정답 ①

Đ	Ď	Ɓ	Ħ	Ż	Ā	Ɓ	Đ	θ	Ď	Ħ	Ɓ
Ɓ	Ħ	θ	Ÿ	Đ	Ď	θ	Ÿ	Ɓ	Ż	Đ	θ
θ	Đ	Ā	Ɓ	Ż	Đ	Ż	Ħ	Ż	Đ	Ż	Đ
Ā	Ÿ	Ż	Ď	θ	Đ	Ā	Đ	Ÿ	Ż	Ā	Ď

03 　　　　　　　　　　　　　　　　　정답 ③

畵	群	書	君	君	群	君	畵	畵	群	君	畵
畵	畵	畵	郡	群	畵	郡	君	群	書	群	畵
群	郡	郡	畵	書	群	畵	君	郡	畵	君	郡
書	畵	君	郡	君	畵	畵	畵	君	群	郡	畵

04 　　　　　　　　　　　　　　　　　정답 ②

방탕	반탕	반탄	반탕	밤탐	반탕	밤탄	밤탐	방탄	밤탄	반탕	방탕
방탄	방당	방탕	방탄	방당	밤탄	반탄	반탕	반탕	방탕	방탄	밤탐
방당	반탕	반탄	방탕	반탕	방탄	방탕	밤탄	방당	반탕	밤탄	방탕
반탕	밤탄	밤탐	반탄	밤탄	방당	반탕	방탄	반탄	밤탐	반탄	반탕

05

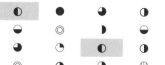

정답 ②

06

정답 ②

GV<u>n</u>VkOE<u>b</u>LUA<u>r</u>TQyu

07

정답 ④

Lady Marm<u>e</u>lade Don't cha

08

정답 ④

오답분석

① ㄱ⑨⑦ㄷㄹㄴ④ㅍ㉥ㅅ
② ㄱ⑨⑦㉤ㄷ㉣④ㅍㅂㅅ
③ ㄱ⑨⑦㉣ㄷㄴ④ㅍㅂㅅ

09

정답 ②

오답분석

① ╱╱╱╲╲╲╲╱
③ ╱╲╱╱╱╲╲╱
④ ╱╱╱╱╲╲╲╱

10

정답 ①

舡<u>央</u>商勝應翁盈 − 舡<u>英</u>商勝應翁盈

11

정답 ②

후<u>훈</u>호<u>혼</u>하한허헌 − 후<u>혼</u>호<u>훈</u>하한허헌

12

정답 ②

384<u>69</u>5<u>12</u> − 384<u>96</u>5<u>72</u>

13

정답 ②

리<u>ㅄ</u>ㅁ<u>ㅉ</u>ㅎ<u>ㄹ</u>래끄 − 리<u>ㅃ</u>ㅁ<u>ㅆ</u>ㅎ<u>ㄼ</u>래끄

PART 1
01
02
03
04
05
06
07
08

14

정답 ②

죄<u>테</u>나<u>챠</u>배<u>더</u>처 – 죄<u>톄</u>냐차배<u>다</u>쳐

15

정답 ④

÷↘☞◉♣‰≫≫ – ÷↖☜◉♣‰≫≫

16

정답 ③

ㅄㄲㄸㄹ – ●▲★■◆

17

정답 ②

odarbe – ENK<u>R</u>OA

18

정답 ④

PTOKI – OIC<u>TE</u>

19

정답 ①

♥♧♡♠♤ – ↔←→↑↓

20

정답 ③

qptar – 규뎌예료마

21

정답 ③

오답분석
① ◑■♨Ⅱ♣ – 23<u>15</u>4
② ♣♨Ⅱ◑■ – 41<u>52</u>3
④ ■◑♣♨Ⅱ – 324<u>15</u>

22

정답 ②

오답분석
① 켜켸캬큐쿄 – 녀녜나<u>뉴</u>뇨
③ 쿄캬켸켜큐 – 뇨냐<u>녜</u>녀뉴
④ 캬쿄큐켸켜 – 냐<u>뇨</u>뉴녜녀

23

정답 ①

[오답분석]

② ※q규⊃★ − 2≡6◎§

③ q규⊃★※ − ≡6◎§2

④ ★⊃※규q − §◎26≡

24

정답 ③

<u>누나</u> <u>와</u> <u>동생</u> <u>은</u> <u>함께</u> <u>만화</u> <u>를</u> <u>보았다</u> − ◆■◐◑◐●◎♠◇

25

정답 ①

<u>동생</u> <u>은</u> <u>오늘</u> <u>도</u> <u>늦게</u> <u>학교</u> <u>에</u> <u>갔다</u> − ◐◑♡♣★▤目☼

26

정답 ②

<u>나는</u> <u>어제</u> <u>누나</u> <u>에게</u> <u>부탁</u> <u>을</u> <u>했다</u> − ☎▲◆目♥♠☆

27

정답 ④

<u>누나</u> <u>는</u> <u>어제</u> <u>동생</u> <u>에게</u> <u>선물</u> <u>을</u> <u>주었다</u> − ◆◐▲◑目□♠▷

28

정답 ②

29

정답 ④

<u>讀書百遍義自見</u> − <u>讀書百遍</u>搭<u>日</u>見

30

정답 ④

<u>13B6DH7AV</u> − <u>18E6PH9AU</u>

남에게 이기는 방법의 하나는 예의범절로 이기는 것이다.

- 조쉬 빌링스 -

PART 2

상식

01	02	03	04	05	06	07	08	09	10
①	④	③	③	①	②	④	④	②	③
11	12	13	14	15	16	17	18	19	20
③	④	①	②	④	②	③	②	①	③
21	22	23	24	25	26	27	28	29	30
①	④	①	①	④	①	②	③	②	④
31	32	33	34	35	36	37	38	39	40
③	④	①	①	③	③	①	③	④	④

01 　　　정답 ①

폴리시드 맨(Polished Man)은 빈곤 퇴치와 아동의 인권 보호 활동을 벌이는 호주의 비영리단체 YGAP(Y Generation Against Poverty)가 기획한 아동학대 근절 캠페인이다. 캠페인에 참여하는 이들은 다섯 손가락 중 한 손가락에만 매니큐어를 바름으로써 폭력으로 고통받는 어린이들에 대한 관심을 촉구한다.

[오답분석]
② 미닝아웃 : 소비자가 단순히 제품을 구매하는 것이 아니라 경제활동을 통해 자신의 가치와 신념을 표출하는 소비 트렌드를 말한다.
③ 베리어프리 : 장애인 및 노인 등 사회적 약자들이 편하게 활동할 수 있도록 물리적인 장애물이나 심리적인 벽을 제거하자는 운동 또는 정책을 말한다.
④ 노멀크러시 : 화려하거나 특별한 것보다 일반적이고 평범한 것을 선호하는 경향을 말한다.

02 　　　정답 ④

리추얼 라이프는 규칙적으로 행하는 의식·의례를 뜻하는 '리추얼(Ritual)'과 일상을 뜻하는 '라이프(Life)'의 합성어이다. 자기계발을 중시하는 MZ세대 사이에 자리 잡은 하나의 트렌드로, 취업난, 주택난 등에서 오는 무력감을 극복하고, 심리적 만족감과 성취감을 얻으려는 욕구가 반영된 것으로 분석된다.

[오답분석]
① FIVVE : 재미(Fun), 비일관성(Inconsistency), 가치(Value), 바이러스 보복 소비(Virus Revenge), 표현(Expression) 등 MZ세대에서 새롭게 나타난 소비 행태를 뜻한다. 한편 '바이러스 보복 소비'는 소비를 통해서 결핍·억압감으로부터 벗어나려는 현상을 뜻한다.
② 소셜 버블 : 코로나19 사태가 장기화된 이후 사회적 거리두기 전략 중 하나로, 사람들을 비눗방울로 싸듯 집단화해 비눗방울 안에서는 거리두기를 완화하고, 비눗방울 바깥은 엄격하게 거리를 두도록 이원화하는 것을 뜻한다.
③ 미라클 모닝 : 아침 일찍 본격적인 일상을 시작하기 2 ~ 3시간 전에 기상해 운동이나 독서 습관 등으로 자기계발을 하는 것을 뜻한다. 이때 아침 일찍 일어나는 이유는 누구에게도 방해받지 않기 위해서이다.

03 　　　정답 ③

비둘기파는 외교나 특히 경제 부분에서 대립하는 세력들 사이를 온건하게 중재하고 타협하는 등 부드럽게 일을 처리하려는 성향의 세력(온건파)을 말한다.

[오답분석]
① 매파 : 강경하게 자신의 입장을 관철시키려는 태도를 보이며, 가령 경제에서는 경기과열 조짐을 보일 경우 통화를 거둬들이고 물가를 안정시키려는 긴축정책을 선호하는 세력(강경파)을 말한다.
② 오리파 : 다른 결정자들의 의견을 따를 뿐이며, 자신의 의견을 드러내거나 주장하지 않는 세력을 뜻한다.
④ 올빼미파 : 매파와 비둘기파 사이에서 중간적인 성향을 보이는 중도파들을 가리킨다.

04 　　　정답 ③

필터 버블(Filter Bubble)은 인터넷상에서 이용자가 자신이 관심 있는 필터링된 맞춤 정보만을 받아들이게 되는 것을 뜻한다. 포털사이트나 SNS 같은 플랫폼은 이용자의 활동내역을 활용해 취미, 관심사, 정치성향 등의 정보를 수집하고 파악하여 이에 부합하는 여과된 정보들을 제공한다. 이러한 메커니즘은 개인에게 최적화된 정보만을 제공한다는 점에서 편리하지만 한편으론 개인의 고정관념과 편견을 강화할 가능성이 높다.

05 정답 ①

퍼플칼라(Purple Collar)는 근무시간과 장소가 자유로워 일과 가정을 함께 돌보면서 일할 수 있는 노동자를 말한다. 적은 시간 동안 일하여 보수가 적지만, 정규직으로서의 직업 안정성과 경력을 보장받는다는 점에서 파트타임이나 비정규직과는 다르다.

오답분석

② 골드칼라 : 명석한 두뇌와 기발한 상상력으로 자발성과 창의성을 발휘하여 새로운 가치를 창조해 내고, 정보화 시대를 이끌어 가는 능력 있는 전문직 종사자를 뜻한다. 정보통신, 금융, 광고, 서비스, 첨단 기술 관련 분야에서 최근 들어 급부상하고 있는 직업인들이 이에 해당한다.

③ 블랙칼라 : 화이트칼라로 불리던 이전의 엘리트층과 비교되는 용어로, 매우 지적이며 창의적인 전문직 종사자를 가리킨다. 기존의 전문직 종사자보다 뚜렷한 개성을 가지고 살며, 소득 또한 높은 편이다.

④ 그레이칼라 : 사무직에 종사하는 화이트칼라와 생산 현장에서 일하는 블루칼라의 중간적인 성격을 지닌 노동자를 통틀어 이르는 말이다.

06 정답 ②

메기 효과는 치열한 경쟁 환경이 오히려 개인과 조직 전체의 발전에 도움이 되는 것을 말한다. 정어리들이 천적인 메기를 보면 더 활발히 움직인다는 사실에서 유래한다. 정어리를 운반할 때 수족관에 천적인 메기를 넣으면 정어리가 잡아먹힐 것 같지만, 오히려 정어리가 생존을 위해 꾸준히 움직여 항구에 도착할 때까지 살아남는다는 것이다. 조직 내에 적절한 자극이 있어야 기업의 경쟁력을 높일 수 있다는 의미로 해석된다.

오답분석

① 승수 효과 : 어떤 경제 요인의 변화가 다른 경제 요인의 변화를 유발하여 파급적 효과를 낳고 최종적으로는 처음의 몇 배의 증가 또는 감소로 나타나는 총효과를 뜻한다.

③ 샤워 효과 : 백화점 등에서 위층에서 열리는 특별 행사의 영향으로 그 아래층 매장에도 고객이 몰리게 되는 효과를 뜻한다. 샤워기의 물줄기가 아래로 흐르듯 위층 매장으로 소비자들이 몰리게 하면 이들이 아래층에도 들르며 추가적인 소비를 하게 된다는 것이다.

④ 메디치 효과 : 유럽 르네상스 시기에 이탈리아의 유력 가문인 메디치 가문이 문인과 예술가를 보호·후원하던 것에서 비롯된 용어로, 전혀 다른 분야의 결합이 획기적인 아이디어를 만들어 내거나 뛰어난 생산성을 가져오는 현상을 뜻한다.

07 정답 ④

하인리히의 법칙(Heinrich's Law)은 큰 사고가 일어나기 전에 반드시 유사한 작은 사고와 사전 징후가 나타난다는 경험적 법칙이다. 1931년 미국의 보험회사에서 일하던 헐버트 하인리히가 발견했다. 그는 다양한 산업재해를 분석하면서 통계학적으로 유의미한 결과를 확인했다. 큰 규모의 사고 이전에는 반드시 수차례의 작은 사고가 수반되고, 이에 앞서 훨씬 더 많은 사고의 징후가 포착된다는 것이다.

오답분석

① 샐리의 법칙 : 계속해서 자신에게 유리한 일만 일어나는 것을 뜻하는 용어이다. 미국 영화 〈해리가 샐리를 만났을 때〉의 여주인공 샐리의 이름에서 유래했다.

② 이케아 효과 : 소비자들이 조립형 제품을 구매해 직접 조립함으로써 기성 제품을 구입하는 것보다 큰 만족을 얻는 효과를 의미한다. 직접 노동을 해서 얻은 결과물에 애정을 느끼는 인지적 편향 때문에 발생한다고 한다.

③ 깨진 유리창 이론 : 작은 무질서 상태가 더 크고 심각한 범죄를 초래할 수 있다는 이론이다.

08 정답 ④

플렉시테리언은 '플렉시블(Flexible, 유연한, 융통적인)'과 '베지테리언(Vegetarian, 채식주의자)'의 조합어로, 가장 낮은 단계의 유연한 태도를 가진 채식주의자를 일컫는 말이다. 기본적으로 채식을 하지만 때때로 육식을 하기도 한다.

오답분석

① 에코테리언(Ecotarian) : 자연에 악영향을 미치지 않는 친환경 재료와 방식으로 만든 음식만 먹는 사람을 말한다.

② 폴로테리언(Pollotarian) : 붉은 고기와 포유류 고기는 먹지 않으나 가금류 고기, 생선, 유제품, 달걀은 먹는 채식주의자를 의미한다.

③ 프루테리언(Fruitarian) : 과일만 먹는 채식주의자를 말한다.

09 정답 ②

게젤샤프트(Gesellschaft)는 독일의 사회학자 퇴니에스(F. Tönnies)가 주장한 사회 유형 중 하나로, 인위적으로 계약되어 이해타산적 관계에 얽혀 이루어진 '이익사회'를 일컫는다. 회사나 조합, 정당 같은 계약·조약으로 구성된 사회가 이에 해당한다.

오답분석

① 자일샤프트 : 등산을 할 때 한 밧줄에 묶고 올라가는 등반대에서 비롯된 말로, 정치·경제 분야에서는 함께 일하는 협력 그룹을 가리킨다.

③ 게마인샤프트 : 인간에게 본래 갖추어져 있는 본질의사에 의하여 결합된 유기적 통일체로서의 사회로, 가족, 친족, 마을, 촌락 등의 '공동사회'를 의미한다.

④ 게노센샤프트 : 구성원의 협동을 기초로 하여 인위적으로 형성된 '협동사회'로, '공동사회'와 '이익사회'를 종합한 개념으로 볼 수 있다.

10
정답 ③

에이섹슈얼(Asexuality)은 성적 지향 자체가 없다고 보거나 부재한 사람들을 가리키는 말로, 무성애자라고도 한다. 이때 'a-'는 영어에서 명사나 형용사 앞에 붙어 '무(無), 비(非), 부(否)' 등 부정의 의미를 더하는 접두사이다.

오답분석

② 시스젠더(Cisgender) : 생물학적 성과 성 정체성이 일치하는 사람을 뜻한다.

④ 헤테로섹슈얼(Heterosexuality) : 생물학적 또는 사회적으로 서로 다른 성별을 지닌 사람에게 성적 끌림 혹은 성적 행위를 느끼는 것을 뜻한다. 우리말로 이성애(異性愛)라고 번역할 수 있다.

11
정답 ③

가스라이팅(Gaslighting)은 타인의 심리나 상황을 조작해 그 사람이 스스로 의심하게 만듦으로써 자존감과 판단력을 잃게 해 타인에 대한 지배력을 강화하는 것이다. 즉, 조종자가 피조종자를 위한다는 명분으로 어떻게 생각하고 행동할지를 결정하고 이를 수용하도록 강제하는 것이다. 위력에 의한 성폭력이나 데이트 폭력 등을 가스라이팅의 대표적인 사례로 볼 수 있다.

오답분석

① 원 라이팅(One Writing) : 전표나 문서 등 최초의 1매를 기록하면 동일 항목이 동시에 다량으로 복사되는 것을 뜻한다. 자료 기입 항목이나 그 모양 등을 사전에 통일해 작성하는 것으로, 옮겨 적기로 인한 오기를 방지하고 기입 작업의 중복을 막음으로써 사무 처리의 합리화를 높일 수 있다.

② 언더라이팅(Underwriting) : 보험자가 위험, 피보험 목적, 조건, 보험료율 등을 종합적으로 판단해 계약의 인수를 결정하는 것이다. 보험자가 피보험자의 손실을 담보한다는 의미로 요약할 수 있다.

④ 브레인 라이팅(Brain Writing) : 큰 집단을 4~5명의 작은 집단으로 세분해 회의 안건이 적혀 있는 용지에 참여자들이 돌아가며 아이디어를 적어 제출하는 아이디어 창출 방법이다. 회의는 참가자들의 아이디어가 고갈될 때까지 계속되며, 완료된 후에는 모든 참가자가 아이디어를 공유한다.

12
정답 ④

번아웃(Burnout) 증후군은 어떤 일에 불타오르듯 집중하다 갑자기 불이 꺼진 듯 무기력해지면서 업무에 적응하지 못하는 증상이 나타나는 현대인의 정신 질병을 말한다. 일에 몰두하던 사람이 극도의 스트레스로 인해 정신적·육체적으로 기력이 소진될 경우 무기력증, 우울증 등을 겪을 수 있다.

오답분석

① 가면 증후군 : 유능하고 인정받는 사람이 자신의 능력에 대해 의심하며 언젠가 무능함이 밝혀지지 않을까 걱정하는 심리를 뜻한다.

② 리셋 증후군 : 컴퓨터 작동이 원활하지 않을 때 리셋을 누르면 처음부터 다시 시작할 수 있는 것처럼 현실에서도 리셋이 가능할 것으로 착각하는 현상을 비유하여 이르는 말이다.

③ 살리에리 증후군 : 이탈리아의 오페라 작곡가인 살리에리가 질투심 때문에 모차르트를 독살했다는 전설에서 유래한 용어로, 주변 사람들 중 탁월하게 뛰어난 사람을 보며 열등감이나 무기력감을 느끼는 심리를 뜻한다.

13
정답 ①

디깅(Digging) 소비는 '파다'라는 뜻의 '디깅(digging)'과 '소비'를 합친 신조어로, 청년층의 변화된 라이프스타일과 함께 나타난 새로운 소비 패턴을 의미한다. 소비자가 선호하는 특정 품목이나 영역에 깊이 파고드는 행위가 소비로 이어짐에 따라 소비자들의 취향을 잘 반영한 제품들에서 나타나는 특별 수요 현상을 설명할 때 주로 사용된다. 특히 가치가 있다고 생각하는 부분에는 비용 지불을 망설이지 않는 MZ세대의 성향과 맞물려 청년층에서 크게 유행하고 있다.

오답분석

② 로케팅 소비 : 소비자들이 자신의 소득 수준에 관계없이 한 단계 높은 소비와 한 단계 낮은 소비를 동시에 하는 소비 유형이다. 경제적 불황 속에서 고급품을 사고 싶은 심리적 욕구에서 생겨난 소비 형태로, 생활용품은 저가 상품을, 명품과 같은 고급품 등은 고가 상품을 구입하는 것을 가리킨다.

③ 윤리적 소비 : 소비 활동이 개인의 이익만을 추구하는 것이 아니라 공적 행동이자 사회적 활동이라는 인식을 바탕으로 하는 소비를 뜻한다.

④ 클라우드 소비 : 물건, 공간, 정보 등을 개인이 전유하지 않고 복수의 사람들과 공유해 소비하는 행위를 뜻한다. 구매하지 않고도 저렴하게 소비 욕구를 충족할 수 있다.

14
정답 ②

승자의 저주(Winner's Curse)란 경쟁에서 이긴 승자에게 내려진 저주라는 뜻으로, 승자가 승리를 위해 과도한 비용을 치러 커다란 후유증을 겪거나 오히려 위험에 빠지는 상황이다.

① 자원의 저주 : 에너지 등 천연자원이 풍부할수록 경제 성장이 둔화되는 현상을 뜻한다. 여러 이익 집단이 자원을 놓고 싸우며 이익을 독점하다시피 하는 상황에서 제조업이나 서비스업 등 광업 이외의 부문에 대한 투자가 원활하지 않아 경제 전반적으로 경쟁력을 갖지 못하게 된다.

③ 피로스의 승리 : '실속 없는 승리, 상처뿐인 영광, 패전이나 다름없는 의미 없는 승리'라는 의미로, 고대 그리스 지방인 에피로스의 왕 피로스가 로마와의 두 번에 걸친 전쟁에서는 승리했으나 장수들을 많이 잃어 마지막 최후의 전투에서는 패망한 것에서 유래했다.

④ 레온티에프 역설 : 전 세계에서 자본이 가장 풍부한 국가인 미국이 노동집약적인 재화를 수출하고, 자본집약적인 재화를 수입한다는 경제학자 레온티에프의 실증분석 결과를 가리킨다. 이때 '역설'은 헥셔 – 올린의 정리에 의한 전통적 무역이론의 예상을 벗어난 정반대의 결과라는 의미이다. 일반적으로 미국처럼 자본이 풍부한 나라에서는 노동집약적 상품을 수입하고 자본집약적 상품을 수출한다고 생각했으나 그것과 반대되는 결과가 나타난 것이다.

15 정답 ④

그린스펀의 수수께끼는 중앙은행이 금리인상을 해도 시중의 금리가 반응을 보이지 않는 현상을 말한다. 미국 연방준비제도(Fed)의 의장을 여러 차례 역임한 앨런 그린스펀의 이름에서 비롯된 용어이다. 2005년 당시 그린스펀은 기준금리 인상을 단행했지만, 미국 국채수익률의 상승률은 미미했다. 이후에 경상수지에서 흑자를 낸 국가들이 막대한 미국 국채를 사들였음이 밝혀지면서 수수께끼가 풀렸다.

① 왝더독 : Wag the dog, 즉 꼬리가 몸통을 흔드는 주객전도(主客顚倒) 현상을 뜻하는데, 선물시장(꼬리)이 현물시장(몸통)을 좌지우지하는 상황을 가리킨다.

② 산타랠리 : 주식 시장에서 크리스마스를 전후한 연말과 신년 초에 주가가 상승세를 나타내는 현상을 가리킨다. 이 시기에 소비가 증가하면서 내수가 늘어나 기업의 매출 또한 늘어남에 따라 주식 시장이 긍정적인 영향을 받기 때문인 것으로 분석된다.

③ 낙타의 코 : 처음에는 매우 사소해서 별것 아닌 것처럼 보이지만, 차츰 커져서 결국에는 예기치 않은 일이 발생하게 된다는 의미이다. 큰 규모의 예산이 필요한 사업인데도 처음에는 정보 수집, 수요 조사 명목으로 소액만 요구한 뒤여러 가지 명분을 붙여 해마다 예산을 눈덩이처럼 키우는 수법을 말한다. 낙타가 사막의 추위를 피하려고 처음에는 텐트 안으로 코를 들이밀다가 결국에는 텐트 안을 다 차지하게 되어 정작 텐트 안에 있던 사람을 내쫓게 만든다는 아랍우화에서 유래했다.

16 정답 ②

프레너미는 'Friend'와 'Enemy'의 조합어로, 친구처럼 보이지만 실제로는 친구인지 적인지 모호한 상대라는 뜻이다. 경제나 사회 부문에서는 한편으로는 협력하며 다른 한편으로는 경쟁하는 관계, 서로 대립하면서도 상대에게 영향을 끼침으로써 성장을 촉진하는 관계를 의미한다. 즉, 이해관계가 얽혀 전략적으로 협력하는 동시에 경쟁하는 상대방 또는 그러한 관계를 가리킨다.

① 프리카스 : 경찰청이 개발해 운용하는 범죄 위험도 예측 및 분석 시스템을 가리킨다.

③ 프리보드 : 유가 증권 시장이나 코스닥 시장에 상장되지 않은 주권을 거래하기 위하여 한국금융투자협회가 세워 관리하는 증권 시장을 말한다.

④ 프리젠티즘 : 건강이 좋지 않은데도 출근했으나 정신적·신체적 컨디션이 나빠서 생산성이 낮아지는 현상을 가리킨다.

17 정답 ③

바이오시밀러(Biosimilar)는 '바이오(Bio)'와 'Similar(유사한)'의 조합어로, 기존 바이오의약품과 비슷하나 똑같지는 않은 제품이다. 즉, 처음 개발된 의약품(오리지널)의 복제약(제네릭)을 유사한 특성을 보이는 바이오의약품으로 생산한 경우를 가리킨다.

① 바이오베터(Biobetter) : 바이오시밀러에 신규 기술을 적용하여 더욱 우수하게 개량하고 최적화한 의약품을 뜻한다.

② 바이오트론(Biotron) : 생물의 생존과 번식에 필요한 기본 조건을 인공적으로 조절하여 생물을 사육하는 시설을 뜻한다.

④ 바이오매스(Biomass) : 특정한 어떤 시점에서 특정한 공간 안에 존재하는 생물의 양을 뜻하며, 중량이나 에너지양으로 나타낸다.

18 정답 ②

셀피노믹스(Selfinomics)는 'Self(자신)'와 'Economics(경제학)'의 조합어로, 유튜브처럼 온라인에서 활동하며 개인 콘텐츠를 만드는 인플루언서 또는 그들이 벌이는 독립적·자주적인 경제 활동을 뜻한다. 또한 기업들도 유튜브, SNS 등에서 많은 구독자를 보유한 사람들을 통해 제품 광고나 판매가 이루어지는 경우가 늘고 있어 셀피노믹스 시장은 성장 추세를 이어갈 것으로 예상된다. 그러나 조회수를 늘리기 위한 과열 경쟁, 부적절한 콘텐츠, 가짜뉴스 등의 확산 등 셀피노믹스의 부작용 또한 우려된다.

① 셀프홀릭(Selfholic) : 'Self(자신)'와 중독자라는 뜻의 접미사 '-holic'의 조합어로, 스스로에 대해 매우 만족하며 타인에게 인정받기를 원하는 자기애적 성향이나 태도를 뜻한다.
③ 폴리시 믹스(Policy Mix) : 경제 성장과 안정을 동시에 실현하기 위하여 재정 정책, 금융 정책, 외환 정책 등의 다양한 경제 정책 수단을 종합적으로 운영하는 일을 뜻한다.
④ 에르고노믹스(Ergonomics) : 인간 및 인간의 작업에 관계되는 원리를 과학적으로 연구하는 학문으로, 인간의 에너지를 효율적으로 사용하는 데 영향을 끼치는 해부학, 생리학, 심리학 또는 역학적 원리를 연구한다. 흔히 우리말로 '인간공학'이라고 하기도 한다.

19 정답 ①

밀레니얼 세대(1980년대 초반 ~ 2000년대 초반 출생한 세대)의 자녀 세대인 알파 세대는 스마트폰이 보편화된 2010년 이후 태어나 인공지능(AI), 로봇 기술 등 최첨단 기술의 진보를 체험한 세대를 뜻한다. 이들은 1995 ~ 2009년생을 일컫는 Z세대의 다음 세대이다. 또한 '알파(그리스 문자의 첫째 자모)'라는 명칭은 'X, Y, Z'라는 알파벳을 썼던 이전 세대들의 시대를 마무리하고 새로운 인류사를 열 완전히 새로운 종족의 탄생을 기대하는 은유적 표현이다. 알파세대는 차기 소비 집단이자 인재 집단이자 사회와 환경 이슈를 선도하는 활동가로서 존재감을 드러내고 있다. 그러나 알파세대가 사람보다는 기계와의 일방적 소통에 익숙하기 때문에 정서나 사회성 발달에 부정적인 영향을 받을 수 있다고 우려하는 학자들도 있다.

② 림보 세대 : 높은 수준의 교육을 받았지만 경력을 쌓을 기회도 얻지 못하고 가능성 없는 일을 하는 20대 젊은이들을 뜻한다.
③ 미어캣 세대 : 극심한 취업난 속에서도 적극적인 도전과 다재다능함으로 자신의 가치를 높이고자 노력하는 오늘날의 젊은 세대를 뜻한다. 어려운 현실에 좌절하지 않고 능동적으로 극복하며 스펙을 쌓으려는 모습을 강한 생존력을 지닌 미어캣에 빗대어 이르는 말이다.
④ 에코붐 세대 : 베이비 붐 세대의 자녀 세대로, 일반적으로 1980년대에 태어난 이들을 뜻한다. 전쟁 후의 대량 출산이 세대를 걸쳐 연속적으로 대량 출산을 이끄는 상황이 마치 메아리가 되돌아오는 것과 비슷하다 하여 붙여진 이름이다.

20 정답 ③

딘트족(DINT族)은 'Double Income, No Time'의 약어로, 맞벌이를 해서 수입은 두 배이지만 업무가 바쁘고, 서로 시간이 없어 소비를 못하는 신세대 맞벌이 부부를 지칭하는 신조어이다.

① 여피족(Yuppie族) : 'Young Urban Professionals'의 머리글자와 '히피(Hippie)'의 뒷부분을 조합한 신조어로, 도시 주변을 생활 기반으로 삼고 전문직에 종사하면서 신자유주의를 지향하는 젊은이들을 가리킨다.
② 네스팅족(Nesting族) : 부와 명예 등의 사회적 성공보다 가정의 화목을 가장 중요한 가치로 여기는 사람, 또는 그런 무리를 가리킨다.
④ 욘족(YAWN族) : 'Young And Wealthy but Normal'의 머리글자에서 따온 신조어로, 젊고 부자이지만 호화로운 생활을 지양하고 자선 사업에 관심을 기울이며 평범한 삶을 추구하는 사람을 이르는 말이다.

21 정답 ①

대통령이 궐위되거나 사고로 인하여 직무를 수행할 수 없을 때에는 국무총리, 법률이 정한 국무위원의 순서로 그 권한을 대행한다(대한민국헌법 제71조). 국무회의의 의장(대통령)이 사고로 직무를 수행할 수 없는 경우에는 부의장인 국무총리가 그 직무를 대행하고, 의장과 부의장이 모두 사고로 직무를 수행할 수 없는 경우에는 기획재정부장관이 겸임하는 부총리, 교육부장관이 겸임하는 부총리 및 제26조 제1항에 규정된 순서에 따라 국무위원이 그 직무를 대행한다(정부조직법 제12조 제2항). 이때 대행 순서는 '1. 기획재정부 → 2. 교육부 → 3. 과학기술정보통신부 → 4. 외교부 → 5. 통일부 → 6. 법무부 → 7. 국방부 → 8. 행정안전부 → 9. 국가보훈부 → 10. 문화체육관광부 → 11. 농림축산식품부 → 12. 산업통상자원부 → 13. 보건복지부 → 14. 환경부 → 15. 고용노동부 → 16. 여성가족부 → 17. 국토교통부 → 18. 해양수산부 → 19. 중소벤처기업부'이다(정부조직법 제26조 제1항 제1호부터 제18호).

22 정답 ④

① 네오 포비아(Neo Phobia) : 새로운 것을 두려워하는 심리 또는 사회 현상이다.
② 테크노 포비아(Techno Phobia) : 정보통신기술(ICT) 기기나 인공지능(AI)과 같은 첨단 기술에 대한 공포감이나 적대감을 느끼는 것이다.
③ 파이낸셜 포비아(Financial Phobia) : 돈 문제로 심리적·육체적 고통을 겪는 증상이다.

23

스틴저 효과(Stenger Effect)는 미국의 심리학자 스틴저가 제시한 이론으로, 조직의 목표를 결정하고 이끄는 경우, 안건에 대한 찬반 합의를 빠르고 수월하게 도출하기 위한 것이다. 회의 때 안건에 대해 찬성할 인물을 미리 정해두고, 반대 의견이 있는 이의 양측에 미리 앉히는 것을 말한다.

오답분석

② 레밍 효과 : 우두머리나 자신이 속한 무리가 하는 대로 맹목적으로 따라 하는 집단적 편승효과를 가리키는 말이다.

③ 메디치 효과 : 서로 다른 분야의 요소들이 결합할 때 각 요소들이 갖는 에너지의 합보다 더 큰 에너지를 내는 것을 말한다.

④ 간츠펠트 효과 : 장기간 외부 자극이 차단되어 감각을 상실할 때, 뇌에서 환상이나 환청을 만들어내는 현상이다.

24

에코파시즘(Ecofascism)

• 좁은 의미의 에코파시즘은 생태계와 환경을 보호한다는 명분으로 전체주의를 정당화하는 사상으로, 독일의 나치주의에서 유래되었으며, 환경 파괴의 원인을 유태인에게 돌림으로써 유태인의 학살을 정당화하는 이론적 명분을 제공했다. 이에 에코파시스트들은 환경 파괴의 원인이 다른 민족에게 있다며 다른 민족을 배척해야 한다고 주장하기도 한다.

• 넓은 의미의 에코파시즘은 환경 보호만을 최우선의 가치로 삼게 되면서 어떤 종류의 개발도 인정하지 않는 극단적인 생태 중심주의로, 오직 생태계 보전을 위해 인간의 희생을 정당화한다.

오답분석

② 에코 버블(Echo Bubble) : 주가에 소형 거품이 형성됐다가 꺼지는 일이 반복되는 현상을 뜻한다. 큰 거품이 부풀려졌다가 한꺼번에 꺼지는 것이 아니라 작은 거품이 형성됐다가 꺼지는 양상이 메아리처럼 반복된다는 의미이다. 단기간의 금리 급락과 유동성 증가로 주식 시장이 반등한 후 다시 증시가 폭락하는 경우가 이에 해당한다.

③ 에코보보스(Eco − Bobos) : 환경을 자신의 사회적 위치를 상징하는 소비 대상으로 삼아 친환경적인 생활을 위하여 돈을 아끼지 않는 새로운 유형의 소비자 집단을 뜻한다.

④ 에코폴리스(Ecopolis) : 도시의 구조와 기능이 환경을 잘 배려하고 인간과 자연이 조화를 이루는 쾌적한 도시로, 자원의 순환적 이용과 녹지 조성 등을 중요하게 다룬다.

25

'투키디데스의 함정'은 새로운 강대국이 떠오르면 기존의 강대국이 이를 두려워하여 견제하여 부딪칠 수밖에 없는 상황을 의미한다. 이는 아테네와 스파르타의 전쟁에서 유래한 말이다. 미국 정치학자 그레이엄 앨리슨은 저서 『예정된 전쟁』에서 기존 강국이던 스파르타와 신흥 강국이던 아테네가 맞붙었듯이 미국과 중국의 세력 충돌 또한 필연적이라는 주장을 하면서 이러한 필연을 '투키디데스의 함정'이라고 명명했다.

오답분석

① 루커스 함정 : 케인스 학파가 정부 정책의 효과를 분석할 때 사용하는 방식에 대한 비판을 뜻한다. 미국의 경제학자 루커스의 주장으로, 과거의 정부 정책하에 성립하였던 값을 이용하여 새로운 정부 정책의 효과를 분석하는 데에는 문제가 있다고 지적한다.

② 맬서스의 함정 : 영국의 경제학자 맬서스가 주장한 것으로, 소득의 증가 속도가 인구의 증가 속도를 따라가지 못하여 소득이 정체되는 현상을 뜻한다.

③ 중진국의 함정 : 개발도상국이 경제 발전 초기에는 순조로운 성장세를 보이다가 중진국에 이르면 성장이 장기간 둔화되면서 정체 또는 퇴보하는 현상을 뜻한다.

26

우리나라 대통령의 피선거권은 만 40세(선거일 현재 5년 이상 국내에 거주), 국회의원과 지방자치단체장(선거일 현재 계속하여 60일 이상 해당 지방자치단체의 관할구역에 주민등록이 되어 있어야 함)은 만 18세이다. 2022년 1월 18일을 기준으로 시행된 공직선거법에 따라 국회의원, 지방의회의원 및 지방자치단체 등의 후보로 출마 가능한 연령이 만 25세 이상에서 만 18세 이상으로 하향 조정되었다. 이는 2019년 선거권 연령이 19세 이상에서 18세 이상으로 조정되었음에도 피선거권 연령은 25세로 유지되어 청년의 정치적 권리와 참여가 제대로 보장되지 못하고 있다는 지적이 제기되어 왔으며, OECD 36개국 중 31개국이 국회의원(양원제 국가 중 일부 상원 제외) 피선거권을 18 ~ 21세로 정하고 있는 점 등을 고려하여 국회의원, 지방자치단체의 장 및 지방의회의원의 피선거권 연령을 25세 이상에서 18세 이상으로 조정함으로써 청년을 비롯한 시민들의 공무담임권을 폭넓게 보장하고 민주주의 발전에 기여하고자 하기 위함이었다. 2024년을 기준으로 현행 법령에서도 동일한 연령 기준을 유지하고 있다.

따라서 답은 40+18+18=76이다.

27 정답 ②

마타도어(Matador)는 흑색선전을 뜻하는 용어로, 근거 없는 사실을 조작해 상대 정당·후보 등을 공격하는 공세를 말한다. 스페인의 투우에서 투우사가 마지막에 소의 정수리에 칼을 꽂아 죽이는 스페인어 '마타도르'에서 유래했다.

오답분석

① 도그마(Dogma) : 독단적인 신념이나 학설을 뜻하는 말로, 이성적이고 논리적인 비판과 증명이 허용되지 않는 교리, 교의, 교조 등을 통틀어 이르는 말이다.

③ 텔레크라시(Telecracy) : '텔레비전'과 'Democracy(민주주의)'의 조합어로, 미디어 정치 또는 텔레비전 정치를 뜻한다. 텔레비전이나 라디오, 인터넷 등의 매체를 통해 정치 활동을 하는 형태의 정치 문화를 가리킨다.

④ 포지티브섬 게임(Positive-Sum Game) : 개별적으로 자신의 이득을 추구하는 합리적 플레이어 간에 상호적인 협력이 발생할 가능성이 높은 게임 구조를 이르는 말이다. 실제 정치에서는 이러한 조화 게임 아래 상호 협력보다 비협력을 포함한 딜레마 게임이 현실적이다. 한쪽이 이득을 보면 다른 한쪽은 손해를 보는 것이 제로섬 게임이라면, 포지티브섬 게임은 상호 협력으로 이득을 공유하는 것이다.

28 정답 ③

블루리본은 인터넷의 이용자인 네티즌들이 정부의 사전 검열에 반대해 펼치는 정보 교환과 표현의 자유화 운동의 상징으로, 이러한 운동은 1995년 미국에서 시작되었다. 이 운동에 참여하는 네티즌들이 자신의 지지 의사를 표현하기 위해 자신의 홈페이지에 파란 리본 그림을 띄우는 데서 유래했다.

오답분석

① 옐로리본 : 참전 병사, 인질·포로로 잡혀간 사람 등의 무사 귀환을 바라는 뜻으로 묶는 노란색 리본에서 유래했으며, 우리나라에서는 2014년 세월호 참사 발생 당시 생존자들의 생환을 바라는 염원에서 옐로리본 캠페인이 퍼졌다.

② 레드리본 : 에이즈 감염인과 환자, 그들의 가족에 대한 보호와 관심을 상징한다.

④ 핑크리본 : 유방암 근절 노력과 유방암 환자 및 가족에 대한 관심과 지원을 상징한다.

29 정답 ②

그로스 해킹(Growth Hacking)은 한정적인 예산으로 최대의 효과를 거둬야 하는 신생 벤처기업들이 성장의 속도에 초점을 맞춰 효율적인 성과를 거두기 위해 빅데이터에 기초한 소비자 행동을 과학적으로 분석해 창의적 아이디어를 도출하고, SNS와 같은 뉴미디어를 이용하는 온라인 마케팅 커뮤니케이션 전략을 뜻한다.

오답분석

① 그린 워싱(Green Washing) : 'Green'과 'White Washing(세탁)'의 합성어로, 실제로는 환경에 해롭지만 마치 친환경적인 것처럼 광고하는 것을 말한다. 기업들이 자사의 상품을 환경 보호에 도움이 되는 것처럼 홍보하는 '위장환경주의'를 뜻하기도 한다. 기업이 상품을 생산하는 과정에서 일어나는 환경오염 문제는 축소시키고 재활용 등의 일부 과정만을 부각시켜 마치 친환경인 것처럼 포장하는 것이 이에 해당한다.

③ 그랜플루언서(Grandfluencer) : 유튜브 등 SNS에서 영향력을 끼치고 있는 노인 인플루언서들을 가리킨다. '실버 크리에이터'라고도 한다. 이들은 오랜 연륜과 풍부한 경험을 바탕으로 다양한 콘텐츠를 만들고 있다.

④ 그레이 스타트업(Gray Startup) : 인터넷과 모바일 기술의 빠른 기술 발전 속도를 기반으로 탄생한 스타트업이나 벤처 중에서 절차적 정당성을 갖춰야 하는 특성 때문에 기존의 법이나 제도 체계로는 규정되지 않거나, 사각지대에서 사업이나 서비스를 영위하는 기업을 가리킨다.

30 정답 ④

녹색피로(Green Fatigue)는 소비자가 환경보호를 위한 친환경 소비를 하는 등의 노력에도 불구하고 기후변화에 유의미한 결과를 체감하지 못하자 이에 따른 피로가 누적되어 활동 의욕이 꺾이는 현상을 의미한다.

오답분석

① 듀레이션(Duration) : 현재가치를 기준으로 투자자금의 원금을 회수하는 데 걸리는 평균회수 기간을 의미한다. 채권에서 발생하는 현금 흐름의 가중평균만기로, 채권 가격의 이자율 변화에 대한 민감도를 측정하는 척도로 사용된다.

② 다크 넛지(Dark Nudge) : 'Nudge(옆구리를 슬쩍 찌르다)'와 'Dark'의 조합어로, 옆구리를 찌르듯 비합리적 구매를 유도하는 상술을 가리킨다. 상술에 속았지만 귀찮아서 불만을 제기하지 않아 불필요한 비용 지출을 경험하게 된다.

③ 더블 헤이터(Double Hater) : 선거에 출마한 2명의 유력 후보 또는 정당을 모두 싫어하는 유권자를 가리킨다. 투표 결과가 집계되기 전까지 이들이 어떤 선택을 했을지 예측하기 어려워 선거의 변수로 작용하기도 한다.

31
정답 ③

성문법은 불문법과 대립되는 개념으로, 문자로 표현되고 문서의 형식을 갖춘 법이다. 국가적인 입법기관에서 일정한 절차를 거쳐 제정되는 법을 제정법이라 하며 성문법은 모두 제정법이다. 하위 성문법으로는 법률·명령·조약·규칙·조례 등이 있다.

32
정답 ④

삼포세대는 연애, 결혼, 출산 3가지를 포기한 세대를 말한다.

33
정답 ①

국민의 기본적인 의무는 국방·납세·교육·근로·환경보전의 의무가 있다. 한편 국민의 권리인 동시에 의무인 것은 교육·근로·환경보전 등이 있다.

34
정답 ①

개천절은 10월 3일로, 우리 민족의 최초 국가인 고조선의 건국을 기념하기 위해 제정된 국경일이다.

35
정답 ③

프루갈리스타(Frugalista)란 검소, 절약을 의미하는 '프루갈(Frugal)'과 유행을 주도하는 사람을 의미하는 '패셔니스타(Fashionista)'의 합성어로, 검소하지만 유행에 따라 센스 있게 옷을 잘 입는 사람을 지칭한다.

36
정답 ③

③은 골리즘(Gaullism)에 대한 설명이다. 멘셰비즘은 러시아 사회 민주 노동당의 온건파인 멘셰비키('소수파'라는 뜻)의 정치적 사상 및 이론을 뜻한다. 또한 마르크스주의를 수정한 것으로, 자유주의적 성향이 강하다.

37
정답 ①

카피레프트는 지적재산권을 의미하는 카피라이트(Copy-right)와 반대되는 개념으로, 창작물에 대한 권리를 모든 사람이 공유할 수 있도록 하는 것을 의미한다.

38
정답 ③

파이어족의 '파이어(FIRE)'는 'Financial Independence, Retire Early'의 약자로, 일반적인 은퇴 연령인 60대가 아니라 30대 중반, 늦어도 40대 초반까지 은퇴하는 것이 목적인 사람들을 의미한다.

39
정답 ④

하늬바람은 서쪽에서 부는 바람을 일컫는 옛 이름이다. 이 밖에도 북쪽에서 부는 바람은 높바람(된바람), 동쪽에서 부는 바람은 샛바람, 남쪽에서 부는 바람은 마파람, 북동쪽에서 부는 바람은 높새바람이라고 한다.

40
정답 ④

지역이기주의란 자기 지역의 이익만을 배타적으로 추구하면서 생기는 지역갈등의 한 양상으로, 님비 현상, 바나나 현상, 핌피 현상 등이 있다. 스프롤 현상은 도시가 급격하게 팽창하면서 주거지역이 교외로 무질서하게 확대되는 현상이다.

오답분석
① 님비 현상 : 자기 지역에 유해시설 설치를 기피하는 현상이다.
② 바나나 현상 : 자기 지역에 환경오염시설 설치를 기피하는 현상이다.
③ 핌피 현상 : 자기 지역에 수익성 있는 시설을 유치하려는 현상이다.

01	02	03	04	05	06	07	08	09	10
③	①	①	④	②	③	④	②	①	①
11	12	13	14	15	16	17	18	19	20
②	③	④	①	①	④	①	③	④	④
21	22	23	24	25	26	27	28	29	30
④	①	②	④	②	④	④	④	③	①
31	32	33	34	35	36	37	38	39	40
①	④	②	③	①	④	②	②	②	②

01

정답 ③

(가)는 옥저의 민며느리제, (나)는 동예의 무천에 대한 설명이다. 같은 씨족끼리 혼인하지 않는 것은 동예의 족외혼 풍습이다.

오답분석
① 부여에 대한 설명이다.
② 고구려가 옥저에게 공물을 바친 것이 아니라, 옥저가 고구려에게 공물을 바쳤다
④ 삼한에 대한 설명이다.

02

정답 ①

고려 성종(재위 981 ~ 997) 시기의 정책이다.

오답분석
② · ③ · ④ 고려 광종(949 ~ 975) 시기의 정책이다. 광종은 후주 사람 쌍기를 등용하고 그의 건의에 따라 과거제도를 처음 실시하였으며, 독자 연호인 광덕(光德), 준풍(峻豊) 등을 사용하였다. 또한 노비안검법을 시행하여 본래 노비가 아니었다가 빚이나 전쟁으로 인해 노비가 된 사람들을 노비 신분에서 해방시켰다.

03

정답 ①

주어진 사료는 숙종 때 조직된 별무반에 대한 내용으로, 윤관이 여진을 정벌하기 위해 건의하여 조직되었다.

오답분석
② 삼별초 : 무신정권 때의 특수군으로, 최우가 치안유지를 위해 설치한 야별초에서 비롯되었으며, 사병적 요소가 강하다. 몽골과 강화가 성립된 후 대몽항쟁을 전개하였다.
③ 광군 : 947년 정종 때 거란군의 침입에 대비해 조직된 특수군으로, 농민으로 편성된 예비군사조직이다.
④ 주진군 : 고려 시대 때 국경지역인 양계지역에 두었던 지방군이다.

04

정답 ④

고려 전기의 향도는 매향활동을 하는 신앙조직이었으나 고려 후기에는 농민 공동체 조직으로 변하여 마을 노역, 혼례와 상장례, 마을 제사 등 공동체 생활을 주도하였다.

오답분석
① 법률은 중국의 당률을 참작하였으나, 대부분은 관습을 따랐다.
② 일부일처제가 일반적이었다.
③ 향 · 소 · 부곡은 양인에 비해 세금이 많은 등 차별을 받았다.

05

정답 ②

녹읍을 폐지하고, 관료전을 지급한 것은 신라 신문왕 때이다. 신문왕은 문무왕의 아들로, 김흠돌의 난을 진압하고 왕권을 강화하였으며, 녹읍을 폐지하고 일정한 조를 지급하는 관료전을 만들었다. 또한 유학교육기관인 국학을 설치하고, 지방제도를 정비하는 등의 업적을 남겼다.

06

정답 ③

무신 정권의 실질 권력자인 최우는 교정도감을 통하여 정치권력을 행사하였고, 독자적인 인사 기구인 정방을 설치하여 인사권을 장악하였다.

오답분석
① 고려 시대 중앙 행정 기구의 중심인 6부 중 하나인 형부는 법을 다루는 사법 기관이었다.
② 고려의 삼사는 화폐와 곡식의 출납과 회계를 담당하였다.
④ 춘추관은 조선 시대 역사 편찬을 담당한 관청으로, 고종 때 폐지되었다.

07 정답 ④

제시문에서 밑줄 친 왕은 공민왕이다. 전민변정도감은 고려 후기 권세가에게 점탈된 토지나 농민을 되찾아 바로잡기 위하여 설치된 임시 개혁기관으로, 1269년 원종 때 최초로 설치되었고 그 뒤 충렬왕, 공민왕, 우왕 때에도 각각 설치되었다. 이 중 공민왕이 세운 전민변정도감은 왕권강화과정의 하나로, 신돈이 주도하였다.

오답분석
① 주자감은 발해의 교육기관이다.
② 호포제는 흥선대원군의 정책이며, 이를 통해 조세 부과의 형평성이 진전되었다.
③ 소격서 폐지는 중종 때 조광조의 주도로 이루어졌다.

08 정답 ②

ㄴ. 호족 : 건국 초 집권세력으로, 시간이 흐르면서 문벌을 형성하였다.
ㅁ. 문벌귀족 : 고려 중기 성종 이후로 형성되었으며, 음서로 관직을 독점하고 공음전의 혜택을 받았다.
ㄱ. 무신 : 고려 중기 문벌귀족을 몰아내고 정권을 차지하였으며, 중방과 교정도감 등을 통해 정치를 하였다.
ㄷ. 권문세족 : 원 간섭기에 성장한 세력으로, 친원파이며 대농장을 보유하였다.
ㄹ. 신진사대부 : 고려 말의 집권 세력으로, 친명파이며 성리학을 공부하였고, 조선 건국을 주도하였다.

09 정답 ①

원 간섭기에는 친원 세력이 권력을 장악하였고, 이들을 권문세족이라 불렀다.

오답분석
② 왕실의 호칭은 폐하는 전하, 태자는 세자 등으로 격하되었다.
③ 정동행성(일본 원정준비 기관), 만호부(군사 간섭), 다루가치(감찰관) 등을 통해 내정에 간섭하였다.
④ 응방에서 '매', 결혼도감에서 '공녀' 등을 수탈하였고, 그 외에도 많은 특산물을 수탈하였다.

10 정답 ①

오답분석
② 청해진 : 통일신라 흥덕왕 때의 장군 장보고가 해상권을 장악하고 중국·일본과 무역하던 곳이다.
③ 왜관 : 조선 시대 일본인이 조선에서 통상을 하던 무역처이다.
④ 제물포 : 인천 중구 지역에 있던 조선 시대의 포구로, 1882년 제물포조약이 이루어진 곳이다.

11 정답 ②

빈칸에 들어갈 나라는 조선이다. 정도전은 고려 말의 유학자로, 대표적인 신진사대부이며 이성계를 도와 조선 건국에 큰 공을 세웠다. 이성계는 위화도 회군을 통해 정권을 장악하였고, 전시과 대신 과전법을 시행하였으며, 수도를 개성에서 한양으로 천도하였다. ②는 고려를 건국한 왕건이 펼친 정책이다.

12 정답 ③

제시문은 조선 초 재상 중심의 정치를 주장한 정도전의 글이다. 의정부 서사제는 의정부에서 정책을 심의하는 정치체제로, 국왕의 권한을 의정부에 많이 넘겨주고, 훌륭한 재상들을 등용하여 정치를 맡기는 재상 중심의 정치이다.

오답분석
①·② 태종의 왕권 강화정책의 일환이었다. 태종은 언론기관인 사간원을 독립시켜 대신들을 견제하게 하였다.
④ 집현전은 세종 때 설치된 것으로, 정책 연구와 문물 연구를 통해 문헌을 편찬하는 학술기관이었다.

13 정답 ④

사간원(司諫院)은 국왕에 대한 간쟁과 논박을 주요 기능으로 하는 관서이다.

오답분석
① 춘추관 : 시정(時政)을 기록하는 기구이다.
② 의금부 : 왕명을 받아 중죄인을 심문하는 기구이다.
③ 승정원 : 국왕 비서기관(왕명 출납)이다.

14 정답 ①

『경국대전』은 조선 시대의 기본법전으로, 세조 때 만들기 시작해서 성종 때 반포하였다.

오답분석
② 세종 때 북쪽의 여진족을 물리치고 최윤덕이 압록강 상류 지역에 4군을 김종서가 두만강 유역에 6진을 설치하여 현재와 같은 국경선을 확보하였다.
③ 세종 때(1423) 저화의 통용이 사실상 중단되자 동전을 주조·유통하기 위해 조선통보를 만들고, 사섬서에서 이를 관장하게 하였다.
④ 공법은 세종 때 시행되었으며, 관료나 전주가 수확의 손실을 답험하여 세를 정하는 답험손실법의 폐단이 심해지자 폐단을 막기 위해 제정되었다. 정액세법을 주요 내용으로 하며 전분 6등법과 연분 9등법 등이 있다.

15 정답 ①

제시된 사료의 밑줄 친 기구는 비변사이다. 비변사는 중종 때 삼포왜란(1510)을 계기로 임시기구로 설치되어, 명종 때 을묘왜변(1555)을 계기로 상설기구화 되었다. 이후 선조 때 임진왜란(1592)이 발발한 후 핵심기구로 발전하였고, 이후 최고 권력 기구로 변화되었으나, 1865년 흥선대원군이 비변사를 혁파하였다.

오답분석
② 의정부 : 백관을 통솔하고 정치를 의논하던 조선 시대 최고의 행정기관이다.
③ 병조 : 조선 시대 6조 중에 하나로, 군사관계 업무를 총괄하던 중추적 기관이다.
④ 도병마사 : 고려 시대 국가의 중요 정책을 의논하던 회의 기구이다.

16 정답 ④

제시문은 조선 중기의 문신 유성룡이 임진왜란 동안에 경험한 사실을 기록한 전란사인 『징비록』에 대한 설명으로, 임진왜란(1592)의 발발부터 정유재란(1597)까지를 기록하고 있다. 임진왜란 당시 권율은 행주산성에서 크게 승리하였다(1593).

17 정답 ①

서인이 남인인 허적과 윤휴 등을 제거한 것은 경신환국(1680)이고, 소론과 노론이 재집권 한 것은 갑술환국(1694)이므로 그 사이에 있었던 사건은 기사환국(1689)이다. 기사환국은 남인이 장희빈의 소생인 원자를 세자로 책봉하려는 것에 반대하는 서인을 제거하고 재집권한 사건이다.

오답분석
② 현종 때 예송논쟁에 대한 내용이다.
③ 갑술환국 때 있었던 사건이다.
④ 탕평책은 1728년 영조 때 시행되어 정조 때도 이어졌다.

18 정답 ③

제시문은 고려 성종 때 최승로가 건의한 시무 28조이다. 성종은 지방 각지에 경학박사·의학박사를 파견하여 교육 제도를 정비하였다.

오답분석
① 고려 인종 때의 일로, 묘청과 정지상 등이 풍수지리설을 내세워 서경 천도를 주장하였다.
② 고려 현종 때의 일로, 전국을 5도 양계, 경기로 크게 나누고, 그 안에 3경, 4도호부, 8목을 비롯하여 군·현·진을 설치하였다.
④ 고려 성종은 과도한 국가 재정 지출을 막기 위해 연등회와 팔관회 등의 불교행사를 폐지하였다.

19 정답 ④

제시문은 임진왜란 이후 조선 후기 사회상에 대한 내용으로, 선혜청은 광해군 때 대동법을 관리하기 위해 설치된 관서이다. 해동통보와 건원중보는 고려 시대의 금속화폐이다.

오답분석
① 천인도 공명첩을 사서 양인이 될 수 있었다.
② 공물 대신 쌀로 바치는 대동법이 시행되었다.
③ 시장에 내다 팔기 위한 작물인 상품작물이 재배되었다.

20 정답 ④

제시된 교서는 탕평교서로, 영조가 발표한 내용이다. 당파의 파벌이 심해지자 영조는 군주의 힘으로 이를 억누르려고 하였다. 영조의 업적으로는 사원 정리, 균역법 실시, 가혹한 형벌 폐지, 삼심제 실시, 청계천 준설, 『속대전』 편찬 등이 있다.

오답분석
ㄱ·ㄴ. 정조의 업적이다.

21 정답 ④

정간보는 세종대왕이 창안한 악보로, 동양에서 가장 오래된 악보이다. 1행에 32칸을 '우물 정(井)'자 모양으로 칸을 그리고, 한 칸을 1박으로 쳐서 음의 길이를 정확하게 표시하였다.

오답분석
① 악학궤범 : 성종 24년(1493년)에 성현 등이 왕명을 받아 편찬한 악전이다. 한글로 가사를 표기하였고, 그림을 실어 궁중악·당악·향악에 대해 설명하였다.
② 석보상절 : 세종 28년(1446년)에 수양대군이 왕명을 받아 세종의 아내 소헌왕후의 명복을 빌기 위해 지은 불경 언해집이다.
③ 악장가사 : 고려 말기부터 조선 초기의 악장과 속요를 모아 편찬한 책으로, 훈민정음이 창제된 이후 문자로 정착된 고려가요들이 실려 있다.

22 정답 ①

군사제도의 개편(ⓒ), 태양력의 사용(ⓒ), 종두법의 실시(ⓜ)는 을미개혁(1895)의 주요 내용이다.

오답분석
㉠ 광무개혁(1897)의 주요 내용이다.
㉣·ⓗ 갑오개혁(1894)의 주요 내용이다.

23　정답 ②

제시문은 헌병 경찰제도에 대한 설명으로, 이는 1910년대의 통치 방식이다. 조선어, 조선역사 과목이 폐지된 것은 1930년 이후 민족 말살 통치 기간의 교육정책이고, 1910년대에는 역사·지리 과목은 존재했지만 교육이 사실상 금지되었다.

24　정답 ④

고부 농민 봉기(㉠) → 황토현 전투 → 전주성 점령 → 전주 화약 → 집강소 설치 → 2차 농민 봉기(㉡) → 우금치 전투 순으로 동학 농민 운동이 전개되었다.

25　정답 ①

3·1 운동 이후 일제는 이른바 문화 통치를 표방하여 가혹한 식민 통치를 은폐하려고 하였다.

26　정답 ④

대한민국 임시정부는 미국에 구미위원부를 설치하여 대사관들과 접촉을 하였으나 큰 성과를 거두지 못했다. 이것은 사회주의자들과 무장독립투쟁론자들이 이탈하는 빌미가 되었다.

27　정답 ④

㉡ 봉오동전투(1920.6) → ㉢ 청산리전투(1920.10) → ㉣ 간도참변(1920.10) → ㉠ 자유시참변(1921.6) 순이다.

28　정답 ④

카이로 회담은 미국의 루즈벨트, 영국의 처칠, 중국의 장제스가 카이로에서 연 회담이며, 한국의 독립이 언급되었다.

29　정답 ③

제시문은 김원봉의 부탁으로 신채호가 쓴 의열단의 지침인 '조선혁명선언(의열단 선언)'이다. 나석주는 의열단원으로 동양척식주식회사에 폭탄을 투척하였고, 그 외 의열단원으로는 총독부에 폭탄을 던진 김익상, 종로경찰서를 습격한 김상옥, 일본 황궁에 폭탄 투척을 시도한 김지섭 등이 있다. 1921년 김익상은 총독 암살 임무를 받고 상하이에서 귀국하여 조선총독부에 잠입 후 폭탄을 투척하였다.

오답분석

① 1909년 12월에 이재명이 명동성당에서 나오던 이완용을 습격하여 중상을 입혔다.

② 장인환은 1908년 미국 샌프란시스코에서 일제의 외교 고문이었던 스티븐스를 사살하였다. 이때 공모하지 않았으나 전명운 역시 같은 날 스티븐스를 암살하기 위해 기다리고 있었다.

④ 1932년 4월 상해의 훙커우 공원에서 열린 일본군 전승축하기념식에서 한인애국단 소속의 윤봉길이 폭탄을 투척하여 일본군 지휘관 시라카와 등 고위 인사들이 죽거나 중상을 입었다. 이 사건을 계기로 임시정부는 중국 국민당 정부의 지원을 받게 되었다.

30　정답 ①

제시된 사건은 6월 민주항쟁이다. 1987년 1월에 발생한 박종철 고문치사 사건은 6월 민주항쟁의 원인 중 하나이다.

31　정답 ①

일제가 독도를 불법적으로 시마네현에 편입시킨 것은 러·일 전쟁 중인 1905년의 일이다.

오답분석

② 『고려사』 1권에 따르면 태조 13년(930) 우릉도(芋陵島, 울릉도)가 백길과 토두라는 인물을 보내어 토산물을 바쳤다는 기록이 있다.

32　정답 ④

발해는 거란족의 세력 확대와 내분 때문에 국력이 약해졌고, 926년 거란족(요나라)의 침입으로 멸망했다.

33　정답 ②

제시된 유언은 안중근 의사가 남긴 것이다.

34　정답 ③

제시된 조약은 제물포 조약의 내용으로, 임오군란이 원인이 되어 체결되었다. 그 결과 군란 주모자들은 처벌하고, 배상금을 지불하였으며, 일본은 공사관의 경비를 구실로 1개 대대 병력을 한성에 파견하였다.

35　정답 ①

이산가족 상봉은 1985년에 처음 열렸다.

오답분석

② 1970년에 해당한다.

③ 1972년에 해당한다.

④ 1978년에 해당한다.

36 정답 ②

반달돌칼은 청동기 시대에 곡식의 이삭을 자르는 데 사용했던 도구로, 고조선의 강역 구분과는 관련이 없다.

오답분석

① 비파형 동검 : 비파형으로 생긴 칼날과 손잡이가 따로 주조된 조립식 동검(중국식은 칼날과 손잡이가 일체형)으로, 고조선의 영역에서 출토되었다.
③ 미송리식 토기 : 미송리 동굴 유적에서 발견된 토기로, 손잡이가 있고 적갈색인 것이 특징이다. 고조선의 영역에서 출토되었다.
④ 북방식 고인돌 : 지상에 4개의 판석형 돌을 세워서 장방형의 무덤칸을 구성하고, 그 위에 거대하고 편평한 덮개돌을 올려놓은 형태의 고인돌로, 고조선 영역에서 출토되었다.

37 정답 ④

제시문은 안중근 의사가 옥중에서 집필한 『동양평화론』에 대한 내용이다. 안중근 의사는 동양평화 실현을 위해 『동양평화론』을 집필하기 시작하였으나, 완성되기 전 사형이 집행되어 미완성의 논책으로 남아있다.

오답분석

① 이병도에 대한 설명이다.
② 사회경제사학에 대한 설명이다. 대표적 학자로는 백남운, 이청원, 박극채 등이 있다.
③ 신채호에 대한 설명이다.

38 정답 ②

흥선대원군은 임진왜란 때 불탄 이후 폐허가 된 경복궁을 재건하여 왕실의 위엄을 높이려 하였으나, 그 과정에서 강제 노동과 원납전 징수 등으로 백성의 원성이 높았으며, 또한 국가 재정을 악화시키기도 하였다.

오답분석

① 당시 서원은 많은 혜택을 누렸으며, 서원의 폐단으로 인해 백성들의 원성이 높았다. 이에 흥선대원군은 전국 서원 중 47개소만 남기고 전부 철폐하였다.
③ 흥선대원군은 오랫동안 세도정치를 했던 안동 김씨 일가를 완전히 몰아내고 세도정치를 척결하였다.
④ 흥선대원군은 서구와의 교류보다는 나라 안의 안정이 먼저라고 생각하고 쇄국정책을 시행하였다.

39 정답 ②

오답분석

① 도병마사 : 중서문하성과 중추원의 고관으로 구성되는 회의기관으로, 중요 정책을 협의하였다(재추의 합좌기관).
③ 중추원 : 왕명의 출납과 군사기밀을 담당하던 기관이다.
④ 고려 시대의 삼사는 화폐와 곡식의 출납 및 회계를 관장하던 기관으로, 언론 기관의 역할을 한 삼사는 조선 시대의 삼사이다. 사헌부, 사간원, 홍문관이 이에 해당한다.

40 정답 ②

제시된 사료에서 설명하는 인물은 장영실이다. 1434년 세종 때 장영실과 합작해 물시계인 자격루를 만들었다. 자격루는 정밀 기계 장치와 자동시보 장치를 갖춘 뛰어난 물시계였다. 이후 1437년에는 정초와 함께 앙부일구(해시계)를 제작하였는데 이는 세계에서 유일하게 반구로 된 해시계였다.

오답분석

① 효종 4년(1653)에 김육의 건의에 따라 시헌력을 채택했다.
③ 비격진천뢰는 선조 때 화포장 이장손이 발명하였다.
④ 정조 16년(1792)에 정약용은 도르래를 이용한 거중기를 고안해 화성을 축조하는 데 크게 이바지했다.

01	02	03	04	05	06	07	08	09	10
①	③	①	①	②	③	③	④	③	③
11	12	13	14	15	16	17	18	19	20
③	②	②	②	④	①	④	②	④	③
21	22	23	24	25	26	27	28	29	30
②	②	②	①	①	②	③	③	②	④
31	32	33	34	35	36	37	38	39	40
②	③	①	②	③	③	④	①	③	③

01 　　　　　정답 ①

제시문은 거시경제학을 비롯하여 미시경제학, 경제사, 경제통계학에 큰 기여를 한 밀턴 프리드먼(Milton Friedman)에 대한 설명이다.

오답분석

② 앵거스 디턴(Angus Deaton) : 미국의 경제학자로, 소득의 불평등에 관한 연구로 2015년 노벨경제학상을 수상했다.
③ 소스타인 베블런(Thorstein Veblen) : 미국의 경제학자로, 저서 『유한계급론』(1899)을 통해 과시적 소비 문제를 지적했다.
④ 로버트 솔로(Robert Solow) : 미국의 경제학자로, 경제성장이론에 대한 연구로 1987년 노벨경제학상을 수상했다.

02 　　　　　정답 ③

트리핀의 딜레마는 미국 예일대학의 경제학자 로버트 트리핀 교수가 제시한 개념으로, 한 나라의 통화를 국제 통화로 사용할 경우에 국제 유동성이 커지면 국제 수지 적자로 그 통화의 신뢰도가 떨어지고, 그 나라가 적자를 줄여 통화의 신뢰도를 높이면 국제 유동성이 작아지는 현상을 뜻한다. 예컨대, 미국 달러화를 기축통화로 설정한 국가는 언제나 어느 정도의 무역 적자를 봐야 한다는 것이다. 흑자를 보게 되면 달러 통화량이 부족해 세계경제가 둔화된다.

오답분석

① 디커플링(Decoupling) : 동조화(Coupling)의 반대 개념(탈동조화)으로, 한 나라의 경제가 그 나라와 연관이 많은 주변국이나 세계 경제의 흐름과 달리 독자적으로 움직이는 현상을 뜻한다.
② 시뇨리지(Seigniorage) : 유럽의 중세 봉건제 시대의 영주였던 시뇨르(Seigneur)가 화폐 주조를 통해 이득을 얻었던 것에서 유래한 용어로, 중앙은행이 발행한 화폐의 실질가치에서 제조와 유통 등의 발행비용을 뺀 차익을 말한다. 이는 곧 정부의 이익이 되는데, 가령 제조 비용이 100원을 들여 액면가 1,000원의 화폐를 제조하는 경우 나머지 900원이 정부의 시뇨리지가 되는 것이다.
④ 스미스의 역설 : 사용 가치가 큰 상품은 교환 가치가 작고, 반대로 사용 가치가 작은 상품의 교환 가치가 큰 이율배반적 현상을 이르는 말이다. 애덤 스미스가 『국부론』에서 처음 사용한 말이다.

03 　　　　　정답 ①

순환경제는 자원을 아껴 쓰고 재활용하는 방식으로 지속 가능한 경제 활동을 추구하는 친환경 경제 모델을 일컫는 용어이다. 채취하고 생산하고 소비하며 폐기하는 기존의 선형경제와 상대되는 경제 모델이다. 재활용이 가능한 원자재를 사용하고, 썩지 않는 플라스틱 등의 폐기물을 없애는 방식의 형태로 나타난다.

오답분석

② 선형경제 : 선형성을 기본 전제로 채택하면서 선형수학을 분석의 수단으로 이용하는 경제 이론을 뜻한다.
③ 무중량경제 : 금융 상품, 디자인, 아이디어, 컴퓨터 소프트웨어 등 지적 재산처럼 눈에 보이지 않으며 무게가 없는 비물질적인 생산물에 가치를 두는 경제 활동을 뜻한다.
④ 모노컬처(Monoculture) 경제 : 한 나라의 경제가 매우 적은 수의 1차 상품 생산으로 유지되는 것을 뜻한다. 브라질의 커피, 말레이시아의 고무와 주석, 인도네시아의 석유와 고무, 가나의 카카오 등이 그 나라의 경제를 유지하는 데서 그 예를 찾아볼 수 있다.

04
정답 ①

먼로주의(Monroe Doctrine)는 미국의 제5대 대통령 J. 먼로가 의회에 제출한 연례교서에서 밝힌 외교 방침으로, 유럽으로부터의 간섭을 받지 않기 위해 선언한 외교정책이다.

오답분석
② 패권주의 : 강대한 군사력에 의하여 세계를 지배하려는 강대국의 제국주의적 대외정책을 중국이 비난하면서 나온 용어이다.
③ 티토이즘 : 자주적이고 민족주의적인 공산주의 사회의 실현을 목표로 한 유고슬라비아의 지도자 티토의 정책을 말한다.
④ 삼민주의 : 쑨원이 제창한 중국 근대 혁명의 기본 이념으로, 민족주의, 민권주의, 민생주의로 이루어져 있다.

05
정답 ②

간접광고의 크기(간접광고로 노출되는 상표, 로고 등 상품을 알 수 있는 표시의 크기를 말한다)는 화면의 4분의 1을 초과하지 않아야 한다. 다만, 이동멀티미디어방송의 경우에는 화면의 3분의 1을 초과할 수 없다(방송법 시행령 제59조의3 제4항 제1호).

오답분석
① 간접광고의 시간은 해당 방송프로그램 시간의 100분의 7 이하로 한다(방송법 시행령 제59조의3 제3항).
③ 간접광고는 교양 또는 오락에 관한 방송프로그램에만 허용된다. 다만, 교양 또는 오락에 관한 방송프로그램 중 어린이를 주 시청대상으로 하는 방송프로그램과 보도 · 시사 · 논평 · 토론 등 객관성과 공정성이 요구되는 방송프로그램은 허용되지 아니한다(방송법 시행령 제59조의3 제1항 제1호 · 제2호).
④ 방송프로그램에 간접광고가 포함되는 경우 해당 방송프로그램 시작 전에 간접광고가 포함되어 있음을 자막으로 표기하여 시청자가 명확하게 알 수 있도록 해야 한다(방송법 시행령 제59조의3 제4항 제2호).

06
정답 ③

생산가능곡선은 주어진 요소가 모두 가동되고 있음을 전제하고 있으므로 완전고용이 전제되어 있다. 따라서 실업의 감소와는 관련이 없다.

07
정답 ③

범위의 경제란 결합생산의 이점으로 두 재화를 동시에 생산할 때 비용이 더 적게 드는 경우를 의미한다. 따라서 유사한 생산기술이 여러 생산물에 적용될 때 발생할 가능성이 높다.

08
정답 ④

BCG매트릭스에서 원의 크기는 매출액의 크기를 의미한다. BCG매트릭스란 미국의 보스턴 컨설팅 그룹이 개발한 사업전략의 평가 기법으로, '성장 – 점유율 분석'이라고도 한다. 상대적 시장점유율과 시장성장률 2가지를 각각 X, Y축으로 하여 매트릭스(2차원 공간)에 해당 사업을 위치시켜 사업전략을 위한 분석과 판단에 이용한다.

09
정답 ③

기업가의 위험부담에 대한 보수는 정상이윤이다. 초과이윤은 모든 비용을 제외한 이윤이며, 이는 기업가의 잔여소득이다.

10
정답 ③

생산요소의 한계생산물 가치가 생산요소의 가격을 초과할 때, 생산요소의 고용량을 증가시키면 한계생산물 가치가 작아져서 생산요소 가격과 한계생산물 가치가 일치하게 된다.

11
정답 ③

차등의결권은 적대적 인수합병(M&A)에 대응하기 위한 기업의 경영권 방어 전략으로, 일부 주주에게 특별히 많은 수의 의결권을 주어 지배력을 강화시키는 것이다. 적대적 인수합병에서는 인수 주체 기업이 인수되는 기업을 장악하고 경영권을 위협할 수 있기 때문에, 인수되는 기업이 대표나 소수의 경영진에게 많은 의결권을 부여해 이를 방어하게 한다.

12
정답 ②

한계생산력에 따라 생산물을 분배하게 되면 노동과 자본은 자신이 기여한 한계생산물의 가치만큼 보수를 받으므로 이는 자원의 공평한 배분을 의미한다.

13
정답 ②

노동시장이 수요독점화되면 완전경쟁시장보다 고용량이 감소하고 임금도 수요독점적 착취가 발생하여 하락한다. 따라서 노동자에게 돌아가는 총보수도 감소한다.

14 정답 ②

[오답분석]

① 세렌디피티 : '뜻밖의 재미'라는 뜻으로, 플레밍이 우연하게 페니실린을 개발한 것처럼 우연에 의해 획기적인 발견·발명이 이루어지는 것을 가리킨다.

③ 앵커링 효과 : 최초의 숫자가 기준점 역할을 해 합리적인 사고를 하지 못하고 이후의 판단에 영향을 받는 현상을 가리킨다.

④ 리모트워크 : 사무실이 아닌 다른 곳에서 자유롭게 일하는 것을 가리킨다.

15 정답 ④

코즈 마케팅(Cause Marketing)은 기업의 경영 활동과 사회적 이슈를 연계시키는 마케팅으로, 기업과 소비자의 관계를 통해 기업이 추구하는 사익(私益)과 사회가 추구하는 공익(公益)을 동시에 얻는 것을 목표로 한다.

[오답분석]

① 뉴로 마케팅(Neuro Marketing) : 뇌 속에서 정보를 전달하는 신경인 뉴런(Neuron)과 마케팅을 결합한 용어로, 소비자의 무의식에서 나오는 상품에 대한 감정, 구매 행위를 분석해 기업의 마케팅 전략에 효과적으로 적용하는 기법이다.

② 노이즈 마케팅(Noise Marketing) : 자신들의 상품을 각종 구설수에 휘말리도록 함으로써 소비자들의 이목을 집중시켜 판매를 늘리는 마케팅 기법이다.

③ 앰부시 마케팅(Ambush Marketing) : 게릴라 작전처럼 기습적으로 행해지며, 교묘히 규제를 피해 가는 마케팅 기법이다.

16 정답 ①

자동안정화장치는 경기변동의 주기, 진폭을 완화시키는 효과가 있으므로 국민소득변동의 크기를 줄이는 효과가 있다.

17 정답 ④

서킷브레이커(CB; Circuit Breaker)는 주식에서 주가가 급락하는 경우 시장에 미치는 충격을 완화하기 위하여 30분간 주식매매를 일시 정지하는 제도로, '주식거래중단제도'라고도 한다.

18 정답 ②

경제성장률은 측정기간 동안의 실질 GDP(국내총생산) 증가율로 측정한다.

19 정답 ④

장기적인 국가생활수준의 향상은 경제성장이며, 경제성장의 가장 중요한 요인은 기술진보에 의한 생산성 증가에 있다.

20 정답 ③

교역조건이란 수출품 1단위와 교환되는 수입품 1단위의 교환 비율을 말하며, 이를 상품의 교역조건 또는 순교역조건이라고 한다.

21 정답 ②

파레토의 법칙은 전체 결과의 80%가 전체 원인의 20%에서 일어나는 현상을 가리킨다. 반면 롱테일의 법칙은 전체 제품의 하위 80%에 해당하는 다수가 상위 20%보다 더 뛰어난 가치를 창출한다는 법칙이다.

22 정답 ②

'테넌트(Tenant)'는 세입자, 임차인이라는 뜻이며, '키 테넌트(Key Tenant)'는 뛰어난 집객 능력으로 건물의 가치를 높이는 입주 점포를 가리킨다. 영화관, 대형 서점, 유명 커피숍, 기업형 슈퍼마켓(SSM) 등이 대표적이다.

[오답분석]

① 플래그 숍(Flag Shop) : 유통업에서 본점 또는 그 점포군을 대표하는 가게를 가리키며, 흔히 '특화 매장'이라는 뜻으로 사용된다.

③ 크로스 도킹(Cross Docking) : 물류 기지로 입고되는 상품을 보관하지 않고 분류해 곧바로 배송하는 시스템을 뜻한다.

④ 오프쇼어 센터(Offshore Center) : 비거주자를 위한 금융 서비스에 조세나 외국환 관리의 규제를 완화하는 특전이 주어진 금융 시장을 뜻한다.

23 정답 ②

MBO(Management By Objectives)란 목표에 의한 관리 방법으로, 경영자와 조직의 구성원들이 공동으로 목표를 설정함으로써 협동적 관계를 형성하고 목표를 보다 구체화하여 조직의 목표 달성과 효율성을 높이는 것을 뜻한다.

24

오답분석

② 순투자 : 기업이 고정자산을 구매하거나, 유효수명이 당 회계연도를 초과하는 기존의 고정자산 투자에 돈을 사용할 때 발생한다.

③ 재고투자 : 기업의 투자활동 중 재고품을 증가시키는 투자활동 또는 증가분을 말한다.

④ 민간투자 : 사기업에 의해서 이루어지는 투자로, 사적투자라고도 한다.

25

정답 ①

경영이념이란 경영자가 기업을 영위하는 데 있어 지침이 되는 기본적인 의식으로, 경영신조·경영철학이라고도 한다. 즉, 기업이 사회적 존재 이유를 표시하고 경영활동을 방향 짓게 하는 기업의 신조를 말한다. 경영이념은 기업의 신조인 동시에 경영자의 이념이기 때문에, 경영목적의 달성을 위해 구체화할 수 있는 현실적 지침이 되는 것으로, 구체적으로는 사시(社是)·사훈(社訓) 등으로 표현된다.

26

정답 ④

자기주식처분이익은 자본잉여금에 포함된다.

27

정답 ③

적소시장 전략은 대기업과 충돌을 피하고자 하는 소규모 기업들이 그들의 전문화를 통하여 효과적으로 활동하고, 주요 기업들이 간과하고 있거나 무시하고 있는 적소시장을 차지하고자 하는 전략이다. 시장의 적소화는 소비자의 선호를 구축하여 주요 경쟁자의 공격으로부터 자신을 방어할 수 있도록 한다.

28

정답 ③

경영자혁명은 자본주의 경제체제하에서 경영자의 지배 현상이 심화되어 경영자들이 지배계급을 형성하여 사회의 변혁을 주도하게 되는 현상을 말한다. 따라서 현대 기업의 구조적 특징으로 볼 수 없다.

29

정답 ②

수레바퀴형은 커뮤니케이션에서 특정 개인의 중심도가 가장 높은 네트워크 형태로, 중심이 되는 사람과 소통하는 방식이다.

30

정답 ④

인바스켓 훈련에서 참가자들은 관리자에게 자주 발생하는 일에 관한 메모, 보고서, 전화, 메시지 등과 같은 많은 업무용 자료를 받게 된다. 참가자는 이 자료에 포함된 정보에 따라 행동하도록 요구되며, 각 사안에 대한 우선순위를 정하는 것이 필요하다.

31

정답 ②

멀티브랜드(Multi Brand)는 기업이 동일 시장 내에서 두 가지 이상의 브랜드를 출시하는 것으로, 소비자들의 다양한 니즈를 모두 충족시킴으로써 해당 분야 내에서 시장 점유율을 높이고 경쟁사의 위협으로부터 자사 브랜드를 보호하기 위한 전략이다.

32

정답 ③

신용판매의 결정변수로는 신용기준, 신용기간, 현금할인, 신용한도, 수금정책 등이 있다.

33

정답 ①

총괄생산계획의 도표적 접근 방법은 생산할 제품의 품목 수가 적고, 생산공정이 단순한 생산계획에 그래프나 표를 이용하여 계획기간의 총생산비용을 최소로 하는 전략대안을 모색하는 기법이다.

34

정답 ②

보험차익은 유형자산에서 발생하든 재고자산에서 발생하든 특별이익에 포함된다.

35

정답 ③

예산 편성은 전략적 계획이 아닌 계획을 실천하기 위한 운영계획으로, 계수적인 프로그램의 결정이다.

36

정답 ③

과정자문법은 외부 전문가의 도움을 통해 의사소통, 집단문제해결, 집단규범 등을 개선하고자 하는 방법이다.

37

정답 ④

조직구조의 구성 요소로는 복잡성, 공식화, 집권화가 있다.

38

정답 ①

집권화는 조직의 중요한 의사결정이 조직의 상층부에서 이루어지는 것을 말하고, 분권화는 조직의 전반에 걸쳐 의사결정 권한이 대폭 이양되어 있는 상태를 말한다.

39

정답 ③

O2O 마케팅(Online To Offline)은 모바일 서비스를 기반으로 한 오프라인 매장의 마케팅 방법이다. 즉, 온라인을 통해 오프라인 매장에 대한 정보를 습득하고, 매장에서 이용할 수 있는 공동구매나 쿠폰 등을 온라인에서 얻는 것을 말한다.

40

정답 ③

카페테리아식 복리후생제도는 종업원들이 기업에서 제공하는 복리후생제도나 시설 중에서 원하는 것을 선택함으로써 자신의 복리후생을 원하는 대로 설계하는 것이다.

PART 2

01

02

03

04

CHAPTER 04 과학 / IT / 공학상식

01	02	03	04	05	06	07	08	09	10
④	②	③	①	①	①	③	①	①	④
11	12	13	14	15	16	17	18	19	20
①	③	③	①	①	①	④	④	①	①
21	22	23	24	25	26	27	28	29	30
②	②	①	②	②	④	③	①	③	②
31	32	33	34	35	36	37	38	39	40
③	②	④	②	②	①	②	②	④	①

01　정답　④

리튬은 2차 배터리의 핵심 광물로, 최근 전기차의 대중화와 여기에 더불어 사용되는 2차 배터리의 수요가 급증하면서 '하얀 석유'라고 불리며 가치가 증대되고 있다. 리튬은 2차 배터리의 양극재로 사용되며, 가볍고 무른 성질을 갖고 있다. 보통 탄산리튬, 수산화리튬으로 가공되어 유통되고, 2차 배터리를 제조·유통하는 기업들이 리튬을 확보하기 위해 노력하고 있다.

02　정답　②

양자컴퓨터는 양자역학의 원리에 따라 작동되는 미래형 첨단 컴퓨터로, 반도체가 아니라 원자를 기억소자로 활용하는 컴퓨터이다. 고전적 컴퓨터가 한 번에 한 단계씩 계산을 수행했다면, 양자컴퓨터는 모든 가능한 상태가 중첩된 얽힌 상태를 이용한다. 양자컴퓨터는 0 혹은 1의 값만 갖는 2진법의 비트(Bit) 대신 양자 정보의 기본 단위인 큐비트를 사용한다.

오답분석
① 에지컴퓨팅 : 중앙의 클라우드 서버가 아니라 이용자의 단말기 주변(Edge)이나 단말기 자체에서 데이터를 처리하는 기술을 뜻한다. 인터넷을 통한 데이터 전송을 줄일 수 있어 보안성이 뛰어나며, 자율주행자동차, 사물인터넷(IoT) 등에서 활용 가능성이 높다.
③ 바이오컴퓨터 : 인간의 뇌에서 이루어지는 인식·학습·기억·추리·판단 등 정보 처리 시스템을 모방한 컴퓨터로, 단백질과 유기분자, 아미노산 결합물을 이용한 바이오칩을 컴퓨터 소자로 활용한다.

④ 하이브리드 컴퓨터 : 아날로그 컴퓨터와 디지털 컴퓨터의 장점을 결합해 하나로 만든 컴퓨터로, 정확도, 처리 속도 등이 우수하며 가격도 저렴하다.

03　정답　③
국제단위계(SI)의 미세 단위 접두사
- 밀리 : $\frac{1}{10^3}$, 즉 1,000분의 1
- 마이크로 : $\frac{1}{10^6}$, 즉 100만분의 1
- 나노 : $\frac{1}{10^9}$, 즉 10억분의 1
- 피코 : $\frac{1}{10^{12}}$, 즉 1조분의 1
- 펨토(Femto) : $\frac{1}{10^{15}}$, 즉 1,000조분의 1
- 아토(Atto) : $\frac{1}{10^{18}}$ 즉 100경분의 1
- 젭토(Zepto) : $\frac{1}{10^{21}}$, 즉 10해분의 1
- 욕토(Yocto) : $\frac{1}{10^{24}}$, 즉 1자분의 1

04　정답　①

2차 전지는 전기 에너지를 화학 에너지로 바꾸어 모아 두었다가 필요한 때에 전기로 재생하는 장치로, 방전 후에는 충전이 불가능한 1차 전지와 달리 충전을 통해 반영구적으로 사용할 수 있다. 이 중 리튬이온 배터리(전해질이 액체)를 대체할 차세대 2차 전지로 각광받고 있는 전고체 배터리(Solid State Battery)는 배터리의 양극과 음극 사이에 있는 전해질이 고체로 이루어진 2차 전지이다. 고체 전해질은 액체 전해질보다 에너지 밀도가 높아 배터리 용량에서도 유리하다. 또한 전고체 배터리는 전해질이 고체이며 불연성이라는 특성 때문에 안전하고 에너지 효율이 높다.

오답분석
② 알칼리 배터리 : 전해액으로 강한 알칼리 용액을, 양극으로 수산화니켈을, 음극으로 철 또는 카드뮴을 사용하여 만든 2차 전지로, 가볍고 수명이 길다.

③ 리튬이온 배터리 : 리튬 이온을 이용하는 2차 전지로, 액체 상태의 전해질을 사용한다. 무게가 가볍고 고용량의 전지를 만드는 데 유리하지만, 발열로 인한 발화 위험성이 있고 가격이 비싼 편이다.

④ 알카라인 배터리 : 아연과 이산화망간의 반응에 의해서 만들어진 1차 전지이다. 액체 상태의 전해질을 사용한다.

05 　　정답　①

산소 농도가 높을수록 연소 반응 속도가 빠르다.

06 　　정답　①

셰일가스(Shale Gas)는 탄화수소가 풍부한 셰일층(근원암)에서 개발, 생산하는 천연가스를 말한다. 셰일이란 우리말로 혈암(頁岩)이라고 하며, 입자 크기가 작은 진흙이 뭉쳐져서 형성된 퇴적암의 일종으로, 셰일가스는 이 혈암에서 추출되는 가스를 말한다. 전통적인 가스전과는 다른 암반층으로부터 채취하기 때문에 비전통 천연가스로 불린다.

07 　　정답　③

크리스퍼 가위는 인간을 포함한 동물이나 식물의 세포에서 특정 유전자만 골라 잘라내는 3세대 유전자 편집 기술이다.

08 　　정답　①

엔트로피는 무질서한 상태 또는 물리량의 단위이다. 세상의 모든 물질은 반드시 엔트로피가 증대되는 방향으로 나아가며, 이를 열역학 제2법칙이라고도 한다.

오답분석

② 보손 : 스핀이 정수인 입자이며, 보스 – 아인슈타인 통계를 따르는 매개 입자이다. 인도의 물리학자 사티엔드라 나트 보스의 이름에서 유래되었다.
③ 스펙트럼 : 흔히 빛을 프리즘 등의 도구로 색깔에 따라 분해해서 살펴보는 것을 일컫는다. 넓은 의미로는 어떤 복합적인 신호를 가진 것을 1 ~ 2가지 신호에 따라 분해해서 표시하는 기술을 일컫는다.
④ 모멘트 : 어떤 점을 중심으로 회전하려고 하는 힘을 뜻한다.

09 　　정답　①

백야 현상은 보통 고위도 지방에서 한 여름에 발생하며, 길게 나타날 경우 최장 6개월 동안 해가 지지 않는다.

오답분석

② 일면 통과 현상 : 지구에서 보았을 때 내행성이 태양면을 통과하는 현상으로, 수성과 금성의 일면 통과를 관찰할 수 있다.

③ 식 현상 : 천문학에서 한 천체가 다른 천체를 가리거나 그 그림자에 들어가는 현상으로, 개기 또는 개기식이라고도 한다. 일반적으로 월식, 일식 등으로 사용된다.
④ 오로라 현상 : 지구 밖에서 입사하는 대전 입자가 지구 대기권 상층부의 기체와 마찰하여 빛을 내는 현상이다.

10 　　정답　④

슈퍼 전파자란 동일한 바이러스나 세균에 감염된 다른 개인보다 특별히 많은 2차 접촉자를 감염시키는 사람을 말한다. 일부 슈퍼 전파자는 약 20%의 감염된 개인들이 80%의 전파 원인이 되는 80 : 20의 법칙을 따르지만, 그보다 높거나 낮은 비율로 전파하는 경우도 슈퍼 전파자라 할 수 있다.

11 　　정답　①

탄소섬유는 유기섬유를 비활성 기체에서 가열 및 탄화하여 만든 섬유로, 플라스틱 등과 함께 사용되어 섬유강화플라스틱과 같은 복합 재료를 만들기도 한다. 이는 주로 골프 샤프트, 테니스 라켓 등의 스포츠 용품에 사용되고, 내열성이 뛰어나 스페이스셔틀(우주왕복선)의 표면 재료로도 활용된다.

오답분석

② 아라미드섬유 : 열에 강하고 튼튼한 방향족 폴리아마이드 섬유로, 항공 · 우주 분야나 군사용으로 많이 사용된다.
③ 세라믹섬유 : 내열성 · 내식성(耐蝕性) · 내마찰성이 뛰어난 세라믹계 물질로 만든 섬유로, 주로 건축에 사용된다.
④ 유리섬유 : 세라믹 섬유의 하나로, 유리질을 섬유화시킨 것이다. 내화물질이나 전기 절연재료 등의 용도로 널리 쓰이며, 건축 관계에서는 보온 · 보냉재(保冷材), 흡음 · 방음재, 공기 여과 등에 사용된다.

12 　　정답　③

광합성은 식물이 빛을 이용하여 물과 이산화탄소를 원료로 포도당과 같은 유기 양분을 만드는 과정을 말한다.

13 　　정답　③

중력은 물체의 질량에 비례하며, 지구가 물체를 지구 중심 방향으로 끌어당기는 힘이다.

14 　　정답　①

카오스 이론은 예측 불가능한 뒤죽박죽의 상태 속에서 질서정연함을 밝히는 것이 목적이다.

15

정답 ①

블랙홀 이론은 아인슈타인의 일반 상대성 이론을 기반으로 출발하였으며, 스티븐 호킹이 최초로 입자물리학 이론을 통해 거시적인 블랙홀의 양태를 증명하였다.

16

정답 ①

뉴턴의 운동 법칙으로는 관성의 법칙, 작용·반작용의 법칙, 가속도의 법칙이 있다. 그러나 만유인력의 법칙은 뉴턴의 운동 법칙이 아니다.

17

정답 ④

1864년 영국의 물리학자인 맥스웰(J. C. Maxwell)이 주창한 전자기파설이 독일의 물리학자 헤르츠(H. R. Hertz)에 의해 불꽃간극이 있는 전기 진동 회로로부터 전자기파를 발생시킴으로써 실험적으로 증명되었고, 그 결과 전자기파는 파장이 다른 점을 제외하면 반사·간섭·회절·편의 및 빛과 완전히 같은 성질을 나타내며, 전파속도도 빛과 같음이 확인되었다.

18

정답 ④

팬데믹(Pandemic)은 'Pan'은 '모두', 'Demic'은 '사람'이라는 뜻을 가진 그리스어로, 전염병이 세계적으로 전파되어 모든 사람이 감염된다는 의미를 지니고 있다. 세계보건기구(WHO)는 전염병의 위험도에 따라 전염병 경보단계를 1단계에서 6단계까지 나누는데, 팬데믹은 최고 경고 등급인 6단계이다.

오답분석

①은 2단계, ②는 3단계, ③은 4단계이다.

19

정답 ①

라돈은 주기율표 제88번 원소인 라듐이 알파 붕괴할 때 생기는 기체 상태의 방사성 비활성 원소로, 프랑스의 퀴리 부부가 우라늄 광석에서 발견했다. 공업용으로 많이 쓰이며 라돈을 흡입할 경우 인체에 악영향을 미친다.

20

정답 ①

자전은 지구가 남극과 북극을 잇는 선을 축으로 반시계 방향으로 회전하는 현상이다.

오답분석

② 지구의 자전은 지구에 밤과 낮이 발생하는 원인이 되며, 별이 북극을 중심으로 반시계 방향으로 동심원을 그리며 움직이는 일주운동 역시 지구의 자전운동으로 인해 나타나는 현상이다.
③ 우리나라에서는 조선 숙종 때 김석문이 지구가 회전한다는 지전설을 처음으로 주장하였다.
④ 지구의 자전 속도는 약 1,600km/h로, 태양을 기준으로 24시간마다 한 바퀴 회전한다.

21

정답 ②

유비쿼터스(Ubiquitous)는 라틴어로 '언제, 어디에나 있는'을 의미하며, 사용자가 시공간의 제약 없이 자유롭게 네트워크에 접속할 수 있는 환경을 말한다.

22

정답 ②

스스로 빛을 내는 현상을 이용한 디스플레이는 OLED(Organic Light Emitting Diodes)이다.

> **RFID(Radio Frequency Identification)**
> 생산에서 판매에 이르는 전 과정의 정보를 극소형 IC칩에 내장시켜 이를 무선 주파수로 추적할 수 있도록 함으로써 다양한 정보를 관리하는 인식 기술이다. 실시간으로 사물의 정보와 유통 경로, 재고 현황까지 파악할 수 있어 바코드를 대체하는 기술로 평가받는다.

23

정답 ①

SMR(Small Modular Reactor : 소형 모듈 원전)은 발전용량 300MW급의 소형 원전을 뜻하며, 차세대 원전으로 떠오르고 있다. 대형 원전에 비해 크기는 작지만 그만큼 빠른 건설이 가능하고 효율이 높다.

24

정답 ②

오답분석

① ADAS(Advanced Driver Assistance Systems : 첨단운전자지원시스템) : 차선 이탈경보장치, 충돌 예방장치 등 자동차의 운전자가 안전하게 운전할 수 있도록 지원하는 시스템이다.
③ BB8 : 그래픽 프로세서 전문업체 엔비디아가 개발한 인공지능 자동차의 이름이다.
④ 에스트로(Etri Smart Transport Robot) : ETRI(한국전자통신연구원)에서 개발한 원내 자율 셔틀 자동차의 이름이다.

25

정답 ②

'웹(Web)'과 '알코올 중독(Alcoholism)'의 합성어인 웨바홀리즘은 일상생활에서 정신적·심리적으로 인터넷에 과도하게 의존하는 중독 증세이다. 이들은 인터넷에 접속하지 않으면 불안감을 느끼고 일상생활을 하기 어려울 정도로 힘들어하며, 수면 부족, 생활패턴의 부조화, 업무 능률 저하 등을 겪기도 한다.

26

정답 ④

빅데이터의 공통적 속성(3V) 외에 새로운 V에는 정확성(Veracity), 가변성(Variability), 시각화(Visualization)가 있다.

[오답분석]

① 데이터의 크기(Volume) : 단순 저장되는 물리적 데이터의 양을 나타내며, 빅데이터의 가장 기본적인 특징이다.
② 데이터의 속도(Velocity) : 데이터의 고도화된 실시간 처리를 의미한다.
③ 데이터의 다양성(Variety) : 다양한 형태의 데이터(사진, 오디오, 비디오, 소셜 미디어 데이터, 로그 파일 등)를 의미한다.

27

정답 ③

인터넷이 이끈 컴퓨터 정보화 및 자동화 생산시스템이 주도한 것은 3차 산업혁명으로, 제조업의 디지털화가 촉진되었다. 반면, 4차 산업혁명의 특징은 로봇이나 인공지능(AI)을 통한 사물인터넷 등의 가상 물리 시스템의 구축이다.

28

정답 ①

[오답분석]

② 와이파이 : 'Wireless Fidelity'의 약자로, 무선 접속 장치(AP)가 설치된 곳에서 전파나 적외선 전송 방식을 이용하여 일정 거리 안에서 무선 인터넷을 할 수 있는 근거리 통신망을 칭하는 기술이다.
③ 와이브로 : 'Wireless Broadband Internet'의 줄임말로, 무선 광대역 인터넷 서비스 및 무선 광대역 인터넷을 뜻한다.
④ 로밍 : 서로 다른 통신 사업자의 서비스 지역 안에서도 통신이 가능하게 연결해 주는 서비스이다.

29

정답 ③

스마트 하이웨이(Smart Highway)란 주행 중인 자동차 안에서 도로상황 등 각종 교통정보를 실시간으로 주고받으며 소음이나 교통체증을 줄여 시속 160km로 주행할 수 있는 도로기술로, 정보통신기술과 자동차기술 등을 결합하여 이동성, 편리성, 안전성 등을 향상시킨 차세대 고속도로이다.

30

정답 ②

스트라이샌드 효과(Streisand Effect)란 정보를 검열하거나 삭제하려다가 오히려 그 정보가 더 공공연히 확산되는 인터넷 현상이다. 이러한 정보 차단의 시도로는 사진과 숫자, 파일, 또는 웹사이트를 예로 들 수 있다. 이때 정보는 억제되는 대신에 광범위하게 알려지게 되고, 종종 인터넷의 미러나 파일 공유 네트워크를 통해 퍼지게 된다.

31

정답 ③

독일의 천문학자인 요하네스 케플러는 덴마크의 천문학자인 티코 브라헤 밑에서 조수로 일했다. 스승의 사후에는 그의 천문 관측 결과를 정리하며 행성의 움직임에 대한 다음 세 가지의 법칙을 도출할 수 있었다. 모든 행성의 궤도는 모항성을 중심으로 하는 타원궤도이며, 모항성과 행성을 가상으로 이은 선분은 항상 일정한 면적을 쓸고 지나간다. 또한 행성의 공전 주기의 제곱은 궤도의 긴 반경의 세제곱에 비례한다는 것이다.

32

정답 ②

싱귤래리티(Singularity)는 '특이성'을 의미하는 영어 단어로, 미래학자이자 발명가인 커즈와일은 '인공지능이 인류의 지능을 넘어서는 기점'을 싱귤래리티로 정의하였다.

33

정답 ④

스마트 팩토리(Smart Factory)란 정보통신기술이 융합되어 제품을 생산하고 유통하는 전 과정이 자동으로 이루어지는 공장을 의미한다. 공장 내 모든 설비와 장치가 연결되어 실시간으로 모든 공정을 모니터링하고 분석할 수 있다.

34

정답 ②

파스타(PaaS-TA)는 과학기술정보통신부와 한국정보화진흥원이 함께 개발한 개방형 클라우드 플랫폼으로, 'PaaS에 올라타.' 또는 'PaaS야, 고마워(Thank You).'라는 의미를 지닌다.

35

정답 ②

CBR 시험은 도로 등 포장 두께를 결정하기 위하여 포장을 지지하는 노상토의 강도나 압축성, 팽창성 등을 결정하는 시험이다.

36

오답분석

② 핀펫 : 얇은 지느러미 모양의 전계 효과 트랜지스터이다.
③ 어플라이언스 : 운영체제(OS)나 응용 소프트웨어의 설치, 설정 등을 행하지 않고 구입해서 전원을 접속하면 바로 사용할 수 있는 정보 기기이다.
④ 키젠 : 소프트웨어 프로그램용 키나 콤팩트디스크(CD) 키를 만드는 데 사용되는 프로그램이다.

37

정답 ②

스마트 계약이란 블록체인을 기반으로 프로그래밍이 된 조건이 모두 충족되면 자동으로 계약을 이행하는 자동화 계약 시스템으로, 금융거래, 부동산 계약 등 다양한 형태의 계약이 가능하다.

38

정답 ②

탄닌(Tannin)은 포도를 비롯한 식물에 자연적으로 들어 있는 유기화합물로, 떫은맛을 낸다. 탄닌산은 해독 작용과 살균·지혈·소염작용을 하며, 적포도주의 경우 숙성 과정에서 포도껍질·씨와 오랜 시간 접촉하므로, 백포도주보다 탄닌 성분이 많이 함유되어 자연스러운 떫은맛을 낸다.

39

정답 ④

질소(N_2)는 대기 중에 분자 형태로 존재하며 대기의 약 78%를 차지하는 매우 안정한 기체이다. 식물에는 질소를 분해할 수 있는 효소가 없기 때문에 대기 중의 질소를 직접 흡수하여 이용할 수 없다. 대기 중의 질소는 뿌리혹박테리아와 같은 질소 고정 세균과 번개에 의해 식물이 이용할 수 있는 이온의 형태로 변하게 되는데 이 과정을 질소 고정이라고 한다. 흡수된 질소는 단백질, 핵산과 같이 생명 현상을 유지하는 데 필요한 물질로 합성되어 이용된다.

40

정답 ①

랜섬웨어(Ransomware)는 '몸값(Ransom)'과 '소프트웨어 (Software)'의 합성어로, 데이터를 암호화하여 사용할 수 없도록 하고, 이를 인질로 금전을 요구하는 악성 프로그램이다.

오답분석

② 다크 데이터 : 정보를 저장만 하고 분석을 하지 않은 데이터이다.
③ 셰어웨어 : 모두가 사용할 수 있도록 공개하고 있는 소프트웨어이다.
④ 키 로거 : 사용자의 키보드 움직임을 탐지해 개인정보를 탈취하는 것이다.

2025 최신판 시대에듀 공사공단 고졸채용
인·적성검사 초(超)단기완성 + 무료상식특강

개정13판1쇄 발행	2024년 10월 30일 (인쇄 2024년 09월 03일)
초 판 발 행	2012년 03월 10일 (인쇄 2012년 02월 08일)
발 행 인	박영일
책 임 편 집	이해욱
편 저	SDC(Sidae Data Center)
편 집 진 행	김재희·김미진
표지디자인	조혜령
편집디자인	김경원·장성복
발 행 처	(주)시대고시기획
출 판 등 록	제10-1521호
주 소	서울시 마포구 큰우물로 75 [도화동 538 성지 B/D] 9F
전 화	1600-3600
팩 스	02-701-8823
홈 페 이 지	www.sdedu.co.kr
I S B N	979-11-383-7802-4 (13320)
정 가	25,000원

공사공단

고졸채용

인·적성검사
초(超)단기완성

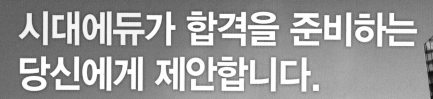

시대에듀가 합격을 준비하는
당신에게 제안합니다.

결심하셨다면 지금 당장 실행하십시오.
시대에듀와 함께라면 문제없습니다.

성공의 기회!
시대에듀를 잡으십시오.

NEXT STEP!

기회란 포착되어 활용되기 전에는 기회인지조차 알 수 없는 것이다. — 마크 트웨인 —